KB270323

ZIP
사이버범죄
수사론

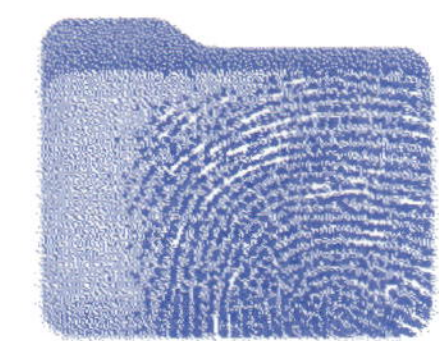

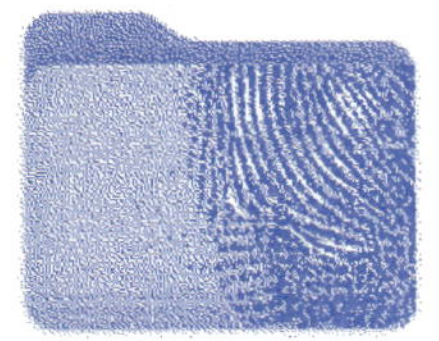
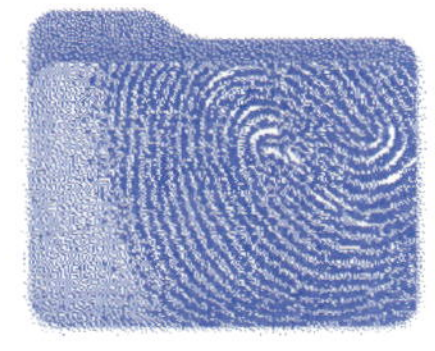

밝은서가

서문

저는 한국인터넷진흥원에서 해킹보안 및 개인정보 보호와 관련한 정보보호 법제도를 전문으로 하는 연구원으로 21년 동안 근무해 왔습니다. 자연스럽게 다양한 사이버범죄를 접하게 되었고, 이를 연구하는 과정에서 사이버범죄를 체계적으로 정리한 자료나 교과서가 없다는 것을 알게 되었습니다. 나름대로 우리나라를 비롯한 전 세계 사이버범죄의 유형과 규제 법률에 대한 자료를 찾아보고 정리했습니다. 이를 계기로 한양사이버대학교에서 「사이버수사개론」을 강의하게 된 지 벌써 10년이 되었습니다. 강의 과정에서 나눈 다양한 질의와 응답을 통해 의외로 많은 학생이 범죄에 대한 개념과 적용 법률, 수사 절차 등 기본적인 법 개념이 부족하여 사이버범죄를 이해하는 데 어려움을 겪고 있음을 알았습니다. 이를테면 정보통신망을 해킹하여 개인정보를 유출하는 행위에 대해 어떤 법을 적용할 것인가? 유사한 인터넷상의 댓글이 어떤 경우에는 명예훼손죄에 해당하고, 어떤 경우에는 해당하지 않는 이유는 무엇인가? 혐의자 컴퓨터에서 범죄 행위가 명백한 내용의 파일을 복사하여 증거로 제출했는데 왜 증거로 인정되지 않을까? 디지털포렌식은 무엇인가? 압수수색영장은 어떤 경우에 어떻게 청구하는가? 등의 기본 개념에 대한 설명이 필요함을 알게 되었습니다.

저는 「사이버수사개론」을 강의하며 사이버범죄와 관련한 법 개념과 체계를 더 쉽게 이해하도록 설명하는 방법에 대해 고민해 왔습니다. 이 책은 그 과정에서 축적된 경험을 바탕으로 수정하고 보완한 자료들로 구성되었습니다.

이 책을 통해 독자들이 사이버범죄의 개념과 이들 범죄에 적용되는 「형법」, 「형사소송법」뿐만 아니라 「통신비밀보호법」, 「저작권법」 등 주요 개별법의 내용을 쉽게 접할 수 있기를 바랍니다. 무엇보다 수사 체계와 적법 절차 및 수사 원칙에 대한 법적 개념을 이해하는 데 도움이 되기를 바랍니다.

2025년 8월

강달천

차례

제2부 · 사이버범죄 수사 각론

제1부

사이버범죄 수사 총론

제1장

사이버범죄 개념과 유형

I. 사이버범죄(Cyber Crime) 개념

1. 사이버의 개념
(1) 사이버(Cyber)의 의미[1]

사이버란 용어는 인공두뇌학을 의미하는 사이버네틱스(Cybernetics)에서 온 말로, 윌리엄 깁슨(William Gibson)이 자신의 소설 《Neuromancer》(1984년)에서 사이버 공간(Cyber Space)이라는 용어를 처음 사용함으로써 일반 대중들에게 소개되었다. 깁슨은 사이버공간이라는 용어를 정보통신이 극도로 발달한 사회의 컴퓨터, 전자기술과 관련된 것으로 인식하고 사용하고 있는데 사이버공간을 기술적 환경, 즉 컴퓨터 그래픽에 몰입된 '현실이 아닌 환상'의 세계로 그렸다.

아직까지 사이버 또는 사이버공간이라는 개념은 여전히 모호하여 구체적이고 공식적으로 정의된 바는 없지만 많은 문헌들을 살펴보면 사이버공간은 급증하는 컴퓨터 연결 체계 등을 일컫는 말로서, 컴퓨터와 전자기술을 이용하여 만들어져 사람과 사람 또는 사람과 사물, 사물과 사물 간의 소통 또는 연결이 이루어져 다양한 사회문화적 현상이 일어나는 가상공간의 일종이라고 할 수 있다. 공간을 강조하는 이유는 그 속에서 물질이나 물체가 존재하지 않더라도 이를 통하여 현실과 똑같이 문화를 누리는 등 삶을 영위함에 있어서 실질적인 효용을 제공하기 있기 때문이다. 이 공간은 현대인에게 하나의 중요한 생활 공간으로 자리매김 하였고, 컴퓨터 네트워크를 사용할 때 존재하는 장소를 나타내는 말로 통용되고 있다.

한편 사이버라는 용어는 공간으로서의 의미 뿐만 아니라 이러한 공간에서 활동하는데 필요한 기술이나 장비, 기법 등을 의미할 수도 있으며, 네트워크망이나 정보통신기반시설이라는 물리적 설비를 지칭하는 의미를 포함하기도 한다.

---

[1] 다음 문헌을 참조함. 박성호, 「사이버공간의 매체적 특성과 사회적 영향에 관한 연구 ― 사이버공간의 자유와 규제를 중심으로」, 『한국방송학보』 17(1), 한국방송학회, 2003, 배덕현, 「사이버공간의 정의와 특징 ― 몇가지 사례를 중심으로」, 『문화역사지리』 제27권 제1호, 2016, 강준수, 「뉴로맨서에 나타난 기술공포주의」, 『스토리앤이미지텔링』(12), 건국대학교 스토리앤이미지텔링연구소, 2016.12, 이성대, 「신종 사이버범죄에 대응하기 위한 법제 정비 방안」, 『형사법의 신동향』 (통권 제67호) 대검찰청, 2020.

우리나라는 아직까지는 사이버공간이라는 용어를 공식적으로 채택하고 있지는 않은 것으로 보인다. 법률 분야에서는 사이버공간이라는 용어 대신 정보통신망이라는 기술적 개념을 사용하고 있다. 「정보통신망법」(제2조 제1호)은 정보통신망을 "전기통신(전기통신을 하기 위한 기계·기구·선로 또는 그 밖에 전기통신에 필요한 설비)을 이용하거나 전기통신설비와 컴퓨터 및 컴퓨터의 이용기술을 활용하여 정보를 수집·가공·저장·검색·송신 또는 수신하는 정보통신체제"라고 정의하고 있다.

2. 범죄의 개념

세상에는 사회적으로 많은 악한 행위들이 있지만 이러한 행위 중에서도 국가로부터 처벌을 받는 행위를 범죄라고 한다. 국가는 '법률'로써 무엇이 범죄이고 어떻게 처벌하는지 정하고 있는데, 이것이 '죄형법정주의'이다. 여기에서 법률이란 국회에서 제정한 형식적 의미의 법률을 의미한다.

용어 설명

죄형법정주의

• 범죄와 형벌이 법률로써 정해져야 한다는 원칙이다. "법률이 없으면 범죄도 없고, 법률이 없이는 형벌도 없다"라는 이 원칙은 범죄와 형벌을 미리 법률로써 규정하여야 한다는 근대 형벌제도를 지배해 온 원칙이다.

• 죄형법정주의의 근본적 의의는 국가가 형벌권을 자의적으로 행사하는 것으로부터 개인의 자유와 권리를 보장하려는 데 있다. 즉 무엇이 범죄행위가 되고 무엇이 처벌되는 행위인가를 국민이 예측 가능한 형식으로 미리 규정하도록 하여 개인의 법적 안전성을 보호하고, 성문의 형벌 법규 체계를 확립하는 것이다.[2]

• 이에 따라, 아무리 사회적으로 비난받아야 할 행위라 할지라도 법률이 범죄로서 규정하지 않았다면 처벌할 수 없으며, 범죄에 대하여 법률이 규정한 형벌 이외의 처벌을 과할 수 없다는 것이 이 죄형법정주의의 본래적 의미이다.

---

2 권영성, 『헌법학원론』, 법문사, 2010, 419면.

일반적으로 「형법」, 「행정법」 등 법률에서 절도, 사기, 질서위반 등 사회 공동생활의 존립과 기능을 현저히 침해하는 행위를 '범죄'로 규정하고 있으며, 이러한 범죄에 대해서는 일반적으로 징역이나 벌금 등의 처벌을 부과한다.

3. 사이버범죄의 개념[3]

사이버범죄는 그 연구의 범위와 내용에 따라 다양하게 해석되고 있어서 일의적으로 정의하기는 어렵다. 결국은 사이버범죄는 인터넷범죄, 컴퓨터범죄 등을 포괄하는 불확정적인 개념이고, 기술의 발달과 변화에 따라 유동적인 형태를 취하지 않을 수 없다는 점에서 사이버범죄의 개념과 범위의 불확정성은 필연적이다.

하지만, 사이버범죄의 정의가 어려울지라도 사이버범죄의 문제 해결을 위해서는 사이버범죄가 무엇인지에 대한 개념 정리는 필요하다. 사이버범죄는 ① 범죄의 대상과 행위방법에 있어서 기존의 오프라인상의 범죄 행위들과는 분명히 구별되는 부분이 있고, ② 웹사이트에서의 사기, 가상자산 탈취 등 유형·무형 재산에 대한 물리적 침해행위는 물론이고, ③ 정보시스템 등 기계적 작용에 의한 정보라는 무형의 재산에 대한 직접적·간접적 침해행위 역시 범죄의 평가 대상에 포함되기 때문이다.

사이버범죄를 간단히 정의하자면 컴퓨터와 전자기술을 이용하여 만들어진 일종의 가상공간인 사이버공간에서 발생하거나 또는 사이버공간과 연관되어 발생하는 범죄의 총칭이다. 즉 사이버범죄는 사이버공간에서 발생하는 사기 등 범죄뿐만 아니라 컴퓨터 훼손, 정보통신망 침입 등을 통한 다양한 범죄행위를 포괄하며 이것이 현실적 공간에까지 영향을 미치는 행위라고 할 수 있다.

특히 사이버범죄는 전례없는 새로운 형태로 나타나는 경우가 많기 때문에, "법률에 정함이 있어야 한다"는 죄형법정주의 원칙에 비추어 신종 범죄는 당장 범죄로서 규율하기 어렵다는 문제를 해결하기 위해서도 사이버범죄

---

3   강석구, 이원상, 「사이버범죄 관련 법령 정비 방안」, 『한국형사정책연구원』, 2014, 30~33면, 이성대, 「신종 사이버범죄에 대응하기 위한 법제 정비 방안」, 『형사법의 신동향』(통권 제67호), 대검찰청, 2020.

를 정의하고 구분하는 것은 입법 및 정책적 측면에서도 의미가 있다. 대표적으로, 우리나라는 1995년 12월에 산업화·정보화 추세에 따른 컴퓨터범죄 등 신종범죄에 효율적으로 대처하여 국민생활의 안정을 도모한다는 배경 하에서 「형법」 또는 「정보통신망법」 등 특별법에 컴퓨터비밀침해죄, 컴퓨터업무방해죄, 정보통신망비밀침해죄 등 IT 분야의 새로운 범죄 구성요건을 다수 신설하기도 하였다.

II. 사이버범죄의 변화 과정[4]

사이버범죄의 변화과정을 살펴보는 것은 중요하다. 과거의 전(前) 세대까지 살펴본다는 것이 시간이 경과하였다는 사실로 그 의미가 퇴색될 수 있다고 볼 수 있지만, 세대의 구분과 세대 간의 범죄행위로부터 현재 나타나는 사이버범죄 개념이 확장되는 모습을 설명할 수 있기 때문이다. 사이버범죄는 세대별로 다음과 같이 2010년대 초반까지 3세대로 구분할 수 있다.

1. 제1세대 사이버범죄(전형적 컴퓨터범죄)

제1세대 사이버범죄는 가장 전형적인 범죄 형태로 컴퓨터범죄의 개념(범죄의 수단인 컴퓨터에 주목한 개념)이 주를 이룬다. 이 시대의 사이버공간은 Stand-Alone 컴퓨터(다른 컴퓨터와의 연결 없이 독립적으로 존재)의 공간 안이며, 따라서 컴퓨터시스템의 전산오류나 허점을 이용한 범죄로서 전형적이고 평범한 사이버범죄라고 할 수 있다.

제1세대 사이버범죄는 주로 돈을 목적으로 하거나 제한된 정보의 파괴나 도용과 관계가 있는 전통적인 범죄 유형의 특징을 가진다. 예컨대 은행거래에서 남는 잔액 1원 단위를 자신의 통장에 입금되도록 컴퓨터 시스템의 허점을 이용하는 범죄를 예로 들 수 있다. 이러한 1세대의 전형적이고 평범한 범죄는 범죄 준비를 위한 소통, 예비정보(살인방법, 마약제조 방법 등)의 수집 등을 위해 컴퓨터가 사용되었다는 점에서 낮은 수준의 사이버범죄이다.

2. 제2세대 사이버범죄(글로벌 네트워크 기반 범죄)

제2세대 사이버범죄는 글로벌 네트워크를 통해 발생하는 범죄이다. 따라서 컴퓨터범죄와 네트워크 범죄가 혼합된 개념의 범죄가 등장하기 시작한다. 무엇보다 사이버공간이 상업화됨에 따라 아날로그 범죄가 디지털 범죄로 변화되는 모습을 보이기도 하므로 이를 혼합형 또는 적응형 범죄라고도

---

4 데이비드 월(David Wall) 저, 정태진 역, 『사이버범죄』, 진영사, 2013, 64~70면을 요약하여 정리하였다(데이비드 월 영국 리즈대학교 로스쿨 교수는 1~3세대 사이버범죄에 대해 설명하고 있고, 이 책의 발간시점인 2013년 이후의 4세대 사이버범죄에 대해서는 무선인터넷, 상황인지 네트워크를 기반으로 하는 범죄 유형이 예상된다고만 간단히 요약하고 있다.).

한다.

　제2세대 사이버범죄는 해킹, 크래킹과 같이 네트워크를 통해 발생하였다. 이는 초기 컴퓨터 기사의 기술과 무료 통화를 만들기 위해 기존 전화 시스템을 무너뜨린 폰프리커(Phone Phreaker)의 통신 기술이 결합해서 탄생하였다. 이러한 기술의 결합으로 해커가 탄생한 것이다.

폰프리커

• 반전문화와 히피문화, 록문화로 대변되는 1970년대의 제2세대 해커는 폰프리커의 세대라 불리며, 미국이 특별세법을 만들어 베트남 참전비용을 마련하기 위해 전화사용료에 세금을 별도로 부과하려 하자 프릭(Phreak)이라는 공짜전화사용법을 유통시켜 전화사용료 거부 운동을 전개하였다.

　1970년~1980년대에 최초의 개인컴퓨터를 사용하게 된 때에는 근거리통신망(LAN)의 전화선에 연결하였고, 초기의 해커는 인터넷 게시판을 이용하여 해킹에 대한 정보와 철학을 공유하였다. 이러한 인터넷 게시판은 초기의 가상 거래 장소로 발전하여 정보서비스와 상품이 거래되고, 상품과 서비스의 절도와 구입에 대한 범죄가 발생하는 원인을 제공하였다. 인터넷이 일반적인 상업적인 목적으로 사용되고, TCP/IP가 표준으로 받아들여지면서 2세대 사이버범죄는 활기를 띠게 되었다.

　1990년대 초반부터 인터넷의 엄청난 잠재적 장단점이 인식되면서, 인터넷으로 인한 초국가적 환경이 조성되었고, 아동포르노, 사기 등 전통적 범죄(현실공간에서의 범죄)가 아동포르노 인터넷 거래, 인터넷 경매사이트 사기범죄 등(사이버 공간에서의 범죄)으로 변화하였다. 이는 인터넷을 통한 범죄 기회의 수준이 높아진 것과 네트워크 환경에서의 범죄에 대한 아이디어들도 확산되고 있음을 잘 보여준다. 나아가 국가가 운영하는 전산망에도 침입하여 정보를 훔쳐오기도 하였다. 네트워크로 연결된 수천대의 컴퓨터가 일시에 정지된 1988년의 '인터넷 웜'사건이 크래킹의 대표적인 사례로 들 수 있는데, 이를 계기로 1988년에 해커에 대응하기 위한 조직 CERT-CC(Computer Emergency Response Team, CERT)가 미국에 창설되었다.

3. 제3세대 사이버범죄(기술 의존적 사이버범죄)

제3세대 사이버범죄는 기술에 전적으로 영향을 받는 범죄로 확산과 자동화의 특성을 갖게 된다. 따라서 봇넷이나 자동 스팸메일 등과 같이 인간의 추가적인 행위가 필요하지 않은 기술적이고 자동화된 범죄들이 사이버범죄의 개념 속에 들어오게 된다. 이러한 유형의 범죄(진정한 사이버범죄라고도 볼 수 있다.)는 인터넷이 사라지면 같이 사라지게 될 것이다.

2000년대 초반부터 초고속인터넷으로 통칭되는 브로드밴드(Broadband)의 도입으로 기존의 전화모뎀은 사라지게 되었고, 사이버범죄가 더 자동화되었다. 이메일을 통한 봇넷(Botnet)은 감염 컴퓨터에 대한 통제권 박탈과 정보 수집 및 유출하는 등 복합적 위협의 다양성을 보여주고 있다. 해킹으로 개인정보를 빼내는 행위, 사이버 성폭행, 음악이나 영화의 불법 다운로드 등은 사이버범죄의 큰 변화를 의미하고, 인터넷의 모든 변화된 특징을 포함하고 있다.

III. 사이버범죄의 유발 원인과 특성

1. 익명성·비대면성·규제곤란성

　사이버공간에서는 자신의 이름, 나이, 성별, 주소 등 본인의 신분이 노출되지 않는 익명성으로 인해 발각의 염려가 적다는 생각은 더욱 대담하게 범죄 행동을 유발하게 된다. 또한 사이버공간에서는 서로를 직접 대면하지 않는 비대면성으로 인하여 대화하거나 통신할 때 상대의 존재를 덜 의식하게 되고, 덜 친밀하게 인식하게 된다.

　이러한 익명성과 비대면성으로 인해 상대의 피해를 못 보기 때문에 죄책감은 더욱 희박해지고 범죄는 더욱 대담해질 가능성이 높다. 즉 사이버공간에서 각 개인들에게 요구하는 도덕, 법률 등 규범의 수준이 현실세계에서 요구하는 수준에 비해 낮을 수밖에 없다.

　무엇보다도 사이버공간에서는 각 개인들에게 요구되는 도덕, 법률 등 개인들의 활동이 반사회적·반도덕적 행위 또는 범죄행위로 의심된다고 하여 현실세계보다도 사전에 규제할 수 있는 방법과 수단이 매우 부족할 수밖에 없다.

2. 사이버범죄의 특성

(1) 범죄자의 전문성 및 원인파악 곤란성

　사이버범죄는 주로 컴퓨터나 인터넷 등 정보통신에 대한 지식과 사용 경험이 많은 상대적으로 전문적 기술을 가진 사람들에 의해 저질러지는 경향이 많다. 예컨대, 디도스 공격 및 바이러스 프로그램의 제작 등 일정 기술 이상의 전문적인 지식과 기술이 요구된다.

　또한 사이버범죄의 경우에 뚜렷한 범행동기를 찾기 어려운 경우가 많다는 특징도 존재한다. 일반적 형사 사건은 금전이나 인간관계(원한관계) 등 비교적 범행동기가 명확하지만, 사이버범죄의 경우에는 범죄자가 명확히 범죄목적(금전목적의 랜섬웨어 유포 등)을 밝히지 않는 한 범죄자가 검거된 이후에야 정확한 범죄원인을 알 수 있는 경우가 많다(평소엔 내성적이고 예의 바르던 자가 사이버공간상의 성폭력범죄자로 밝혀지는 경우 등).

(2) 피해의 대량성과 포괄성

사이버범죄의 피해자적 특징 중 가장 두드러진 것이 짧은 기간에 대량의 피해자가 발생한다는 것이다. 사이버범죄의 폐해는 빠른 전파력으로 광역적으로 펼쳐지며, 그 피해는 엄청난 규모로 발생한다. 예를 들어 소액결제를 이용한 전자상거래 사기와 같이 피해자 개인 차원에서는 소액의 피해가 발생하였지만 피해자가 전국적으로 수백 명에 이르는 경우에는 그 피해규모가 일반인의 상상을 훨씬 초월하는 것을 쉽게 볼 수 있다.

또한 사이버범죄는 직접 피해자 외에 그로 인한 간접, 즉 2차 또는 3차의 피해자가 나오는 경우가 많다. 예를 들어 인터넷 쇼핑몰이 해킹되어 고객들의 개인정보가 유출된 경우에 1차적으로는 인터넷 쇼핑몰 운영자에게 피해가 발생한 것이지만, 유출된 개인정보의 주체인 고객들에게도 개인정보 오남용 등 피해가 발생할 수 있고, 오히려 1차 피해보다 2차, 3차 피해가 더 큰 피해가 될 수도 있다.

(3) 범죄의 은닉성·전문성과 수사 전문성 요구

사이버공간의 익명성, 비대면성은 범죄를 숨기는데 좋은 조건을 제공한다. 범죄행위 관련 로그기록 등 관련 자료를 삭제하거나, 추적이 어렵도록 네트워크 추적경로를 우회 또는 은폐하는 경우가 많다. 또한 추적 곤란한 인터넷의 쌍방향 대화 기술, 다크웹(Dark web)에서의 범죄 공모 등은 수사기관의 고도의 추적기술 등 전문성이 요구된다. 예컨대 다크웹에서 서로 모르는 사람끼리 만나서 범행을 모의하는 경우에는 그 추적이 용이하지 않다. 증거를 잡은 경우에도 디지털로 이루어진 증거의 경우에는 변조 가능성 등 증거능력의 입증이 일반 증거보다 매우 어렵기 때문에 특수 분야의 전문가도 필요하다.

수사기관이 정보통신 기술에 대한 충분한 이해와 활용능력이 없다면, 피해자나 피의자 등 사건관계인의 진술에 의존하는 수사를 할 수밖에 없다. 따라서 범죄의 효과적 수사를 위해 고도의 IT 기술이 요구된다. 제한적일 수 밖에 없는 수사력을 효율적으로 운용하기 위해서는 IT기술을 통해 사건관계인의 진술에 의존하지 않고 필요한 자료를 적극적으로 찾아서 수사단서, 나아가 범죄를 입증할 수 있는 증거로 활용할 수 있어야 한다.

　　사이버공간에서는 사이버범죄가 언제, 어디서나 발생할 수 있다는 면에서 직접 수사의 어려움에 마주치게 된다. 예컨대, 범죄가 외국의 해커가 국내에 침입하거나 디도스 공격을 감행하는 경우 국내 범죄자가 외국에서 범죄를 저지르는 경우 등 글로벌 범죄에 대해서는 직접 수사보다는 국제적 협력이 필요하여 수사의 신속성, 효율성이 떨어지게 된다.

IV. 사이버범죄의 유형별 분류[5]

* 본 장에서는 사이버범죄 유형을 경찰청의 분류에 따라 그 개요만을 서술하였다.

* 각 사이버범죄의 구체적 내용은 이해를 돕기 위해 각론에서 정보통신, 형사법(형법 및 기타 형사법 분야), 금융, 개인정보 등 분야별로 나누어 서술하였다.

1. 사이버범죄 유형별 분류

(1) 사이버범죄 유형

사이버범죄를 유형별로 분류하는 기준은 범죄에 사용된 기술, 도구, 피해 내용 등에 따라 다양하다. 따라서 어느 분류가 가장 타당한 것인지 논의는 의미가 없어 보인다.[6] 본 서에서는 여러 분류 방식 중 일반적으로 잘 알려져 있는 경찰청이 공개하고 있는 사이버범죄 분류 방식에 따라 서술하고자 한다. 경찰청 분류에 따르면 사이버범죄는 다음과 같이 3개 유형 범죄로 대분류할 수 있다.[7]

5　경찰청 국가수사본부(사이버수사국), 사이버범죄 신고시스템, (https://ecrm.police.go.kr/minwon/crs/quick/cyber1),「사이버범죄 트렌드」(2023)」(국가수사본부, 사이버수사국) 등 참조.

6　사이버범죄 분류는 학자 등 견해에 따라 다양한 방식으로 분류되고 있다. 이성대,「신종 사이버범죄에 대응하기 위한 법제 정비 방안」,『형사법의 신동향』(통권 제67호 2020·여름), 234~235면.

7　〈그림 1〉에서 "기타 전기통신금융사기"는 피해자의 컴퓨터, 스마트폰, 정보통신망을 통하여 피해자의 계좌로부터 자금을 이체받거나 소액결제가 발생한 경우(메신저 피싱 등)를 말한다. "기타 정보통신망 이용 범죄"는 컴퓨터 등 사용사기(「형법」제347조의2) 등), 전자화폐등에 의한 거래 행위(「전자금융거래법」제49조 제1항 제7호, 9호), 정보통신망 인증 관련 위반 행위(정통망법 제74조 제1항 제1호) 등을 말한다.

〈그림 1〉 사이버범죄 유형(경찰청 분류)

	사이버범죄 유형	
정보통신망 침해 범죄	**정보통신망 이용 범죄**	**불법 콘텐츠 범죄**
▪ 해킹 - 계정도용 - 단순침입 - 자료 유출 - 자료 훼손 ▪ 서비스 거부 공격 ▪ 악성 프로그램 ▪ 기타 정보통신망 침해 범죄	▪ 사이버 사기 - 직거래사기/ 쇼핑몰 사기/ 게임 사기/ - 기타 사이버사기 ▪ 사이버금융범죄 - 피싱/ 파밍/ 스미싱/ 메모리 해킹/ 몸캠피싱 - 기타 전기통신금융사기* ▪ 개인·위치정보 침해 ▪ 사이버 저작권 침해 ▪ 사이버 스팸메일 ▪ 기타정보통신망이용 범죄**	▪ 사이버 성폭력 - 불법 성 영상물 - 아동 성착취물 - 불법 촬영물 유포 ▪ 사이버 도박 ▪ 사이버 스토킹 ▪ 사이버 명예훼손·모욕

2. 사이버범죄 유형별 발생 건수

사이버범죄의 유형별 발생 건수를 살펴보면 〈그림 2〉[8]와 같다. 이들 사이버범죄는 유형별 단일한 형태로 발생하기도 하지만 가짜 사이트를 만들어 악성코드에 감염시켜 정보를 빼내거나, 불법정보를 유통하는 등 여러 유형이 복합된 형태의 범죄가 발생하기도 한다.

사이버범죄의 유형별 비중을 살펴보면, 사이버사기(155,715건)가 전체 사이버범죄(230,355건) 발생건수의 67.6%로 가장 큰 비중을 차지하였다. 다음으로 사이버명예훼손·모욕(29,258건)이 12.7%, 사이버금융범죄(28,546건)가 12.4%를 차지하였으며 그 외에 사이버저작권침해(3,302 건) 1.4%, 사이버성폭력(3,201건) 1.3%가 그 뒤를 이었다. 이들 사이버범죄 유형을 요약하면 다음과 같다.

첫째, 사이버사기는 전통적으로 중고거래 카페·앱, 인스타그램·페이스북 등 SNS 플랫폼, 쇼핑몰 등 다양한 경로를 통해 이뤄지고 있으며 범죄 발생건수도 지속적으로 증가하고 있다.

---

  8 「사이버범죄 트렌드(2023)」(국가수사본부, 사이버수사국)

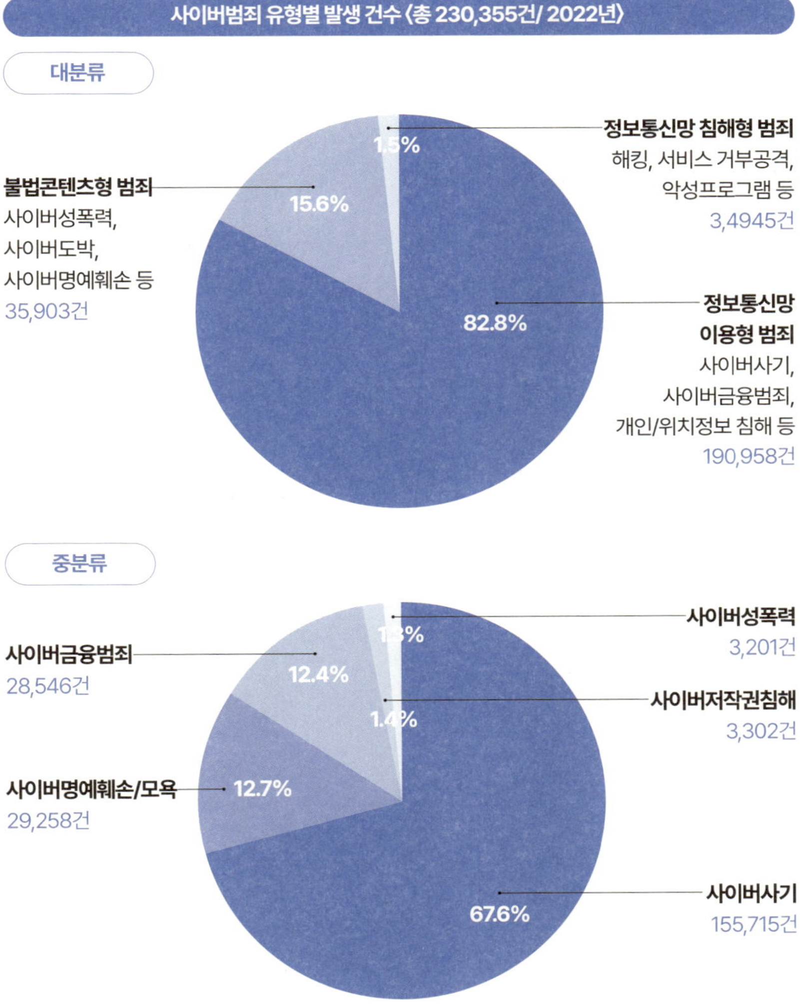

두 번째로 사이버명예훼손·모욕 범죄를 살펴보면 일상생활이 사이버 공간으로 확대됨에 따라 인터넷상의 뉴스전파, SNS, 온라인 커뮤니티의 참여, 인터넷 구매 후기 등 다양한 활동이 많아지며 이에 관련한 분쟁도 증가하였다. 이에 따라 유튜버·연예인 등 사회 유명인에 대한 무분별한 악성 댓글과 인터넷을 이용한 가짜뉴스 등의 피해사건이 늘어나면서 사이버명예훼손·모욕 범죄도 증가한 것으로 판단된다.

세 번째의 사이버금융범죄 발생건수는 소폭 증가(1.5%▲)하는 경향을 보였다. 특히 몸캠피싱(3,026건→4,313건, 42.5%↑)·피싱(2,731건→3,028건, 10.9%↑) 등은 범죄 건수가 전년 대비 증가하였으나, 스미싱(1,336건→799건, 40.2%↓)은 큰 폭으로 하락한 모습을 보여주었다. 그러나 스미싱 발생건수 자체가 줄어들었다고는 볼 수 없다. 범죄자들은 스미싱을 통해 획득한 정보를 바탕으로 피싱이나 사이버사기 등을 저지르기 때문에, 범죄피해자는 최종 범죄인 피싱이나 사이버사기로 신고한다. 스미싱은 최종 범죄의 수단으로서 포함되기 때문에, 통계상 스미싱 자체 발생건수가 하락한 것으로 판단된다.

네 번째로 사이버저작권침해(2,423건→3,302건, 36.3%↑)는 급격하게 증가하였다. 대한민국의 웹툰·웹소설 같은 K-콘텐츠의 열풍으로, 헤비업로더들이 웹툰·드라마·영화 등을 대량으로 불법 유통시키면서 그에 따른 저작권법 위반 사례도 다양한 형태로 이어지고 있다. 또한 국민들의 저작권 인식향상으로 인해 저작권 등록과 저작권 침해 고소가 늘어나면서 발생건수가 증가한 것으로 판단된다.

V. 사이버범죄 유형별 구체적 내용

1. 정보통신망 침해범죄[9]

　정보통신망 침해범죄에 해당하는 사건은 정당한 접근 권한 없이 또는 허용된 접근 권한을 넘어 컴퓨터 또는 정보통신망(컴퓨터 시스템)에 침입하거나 시스템, 데이터 프로그램을 훼손, 멸실, 변경한 경우 및 정보통신망(컴퓨터 시스템)에 장애(성능저하, 사용불능)를 발생하게 한 경우의 사건을 말한다.

　경찰청은 정보통신망 침해범죄를 ① 해킹(가장 협의의 해킹), ② 서비스 거부공격, ③ 악성프로그램 배포, ④ 인증 우회 프로그램 설치 행위 등으로 구분하고 있다. 이들 행위는 주로 「정보통신망법」 제48조에서 규제하고 기타 「형법」(비밀침해, 업무방해 등) 등 개별법 규정에서 규제되고 있다.

　현실적으로 정보통신망 침해범죄는 단순히 침입하여 자료나 정보를 유출 또는 훼손시키는 것에 그치지 않고, 비밀침해, 업무방해, 사기죄(인터넷사기, 금융사기범죄, 컴퓨터사용사기 등), 인터넷도박, 불법정보 유통 등 범죄에 서로 다양하고 복잡하게 관련되어 있는 경우가 많아 동시에 다른 법률도 적용될 수 있으므로, 정보통신망 침해범죄 이외의 범죄가 존재하는지 여부에 대해서도 치밀한 분석이 필요하다.

　결국 사이버범죄의 구체적인 유형들은 세세한 기술적 변화에 영향을 받기는 했으나 해킹(광의의 해킹) 및 정보침해를 기반으로 재산상의 이익이나 업무방해 등을 목적으로 한다는 기본적인 특성이 있음에 주목해야 한다.

(1) 해킹(Hacking)

　해킹은 개념상 내포하는 내용과 범위가 다양하여 그 정의도 다양하다. 일반적으로 해킹이란 "시스템의 관리자가 구축해 놓은 보안망을 어떤 목적에서건 무력화시키는 모든 행위를 광범위하게 이르는 말"로 이해되고 있다.

---

[9]　정보통신망 침해 범죄에 대해서 본 장에서는 개념만 설명하고, 자세한 내용은 정보통신분야 사이버범죄(제2부 1장)에서 설명한다.

해킹(Hacking)

• 해킹은 개념상 내포하는 내용과 범위가 다양하여 그 정의도 다양하다. 일반적으로 해킹이란 시스템의 관리자가 구축해 놓은 보안망을 어떤 목적에서건 무력화시키는 모든 행위를 광범위하게 이르는 말로 이해되고 있다.

1. 정보통신용어사전(TTA: 한국정보통신기술협회)

① 정보 시스템의 취약성을 이용하거나 기존에 알려진 공격 방법을 활용하여 정보 시스템의 프로그램 소스 코드를 임의로 보거나 변경하는 행위

② 접근을 허가받지 않은 정보 시스템에 불법으로 침투하거나 허가되지 않은 권한을 불법으로 갖는 행위

2. 경찰학사전

타인의 컴퓨터 시스템에 무단으로 침입하여 정보를 빼내거나 프로그램 등을 파괴하는 것으로 흔히 고의성이 있는 경우를 의미한다. 여기에는 단순침입, 사용자 도용, 파일 등 삭제변경, 자료유출, 폭탄스펨메일, 서비스 거부공격 등이 있다. 그리고 해킹 이외에 악성프로그램 유포행위가 사이버테러형 범죄에 속한다. 악성프로그램에는 악성 애드웨어와 스파이웨어가 있다.

한편 경찰청은 정보통신망 침해 범죄 유형을 「정보통신망법」 제48조를 기준으로 분류한 것으로 보인다. 이에 따라 제48조제1항의 접근권한 없는 정보통신망 침입을 해킹으로 명칭하여 분류하고 있다. 이는 협의의 해킹이라고 할 수 있다.[10] 즉 「정보통신망법」 제48조제1항은 협의의 해킹을 말하며, 이에 계정도용을 포함한다. 경찰청은 이를 해킹이라 명칭하고, 이하에서 서술하는 ① 계정도용, ② 단순침입, ③ 자료유출, ④ 자료훼손 등 4가지로 분류하고 있다.

---

[10] 일반적으로 해킹이라 함은 무단침입 이외의 악성프로그램 배포, 디도스 공격 등도 포함하고 있기 때문이다.

가. 계정도용

계정도용은 정당한 접근권한* 없이 또는 허용된 접근권한을 넘어 타인의
계정(ID, Password, 게임계정 포함)을 임의로 이용하는 행위를 말한다.

* **접근권한**이란 행위자에게 해당 정보통신망의 자원(Resource)를 임의로 사용할 수 있는 권한을
의미한다.

나. 단순침입

단순침입은 가장 협의의 해킹으로 정당한 접근권한 없이 또는 허용된 접
근권한을 넘어 컴퓨터 또는 정보통신망에 침입*하는 행위를 말한다. 즉 침입
행위만 존재하고 이외의 정보훼손이나 정보유출 등 행위는 없는 행위가 단
순침입에 해당한다. 즉 단순 침입행위(가장 협의의 해킹) 자체만으로 형사처
벌을 받을 수 있다.[11]

* **정보통신망에 '침입'한다**는 의미는 행위자가 해당 정보통신망의 자원을 사용하기 위해서 거쳐야
하는 인증절차를 거치지 않거나 비정상적인 방법을 사용해 해당 정보통신망의 접근권한을 획득
하는 것을 의미한다. 즉 정보통신망의 자원을 임의대로 사용할 수 있는 상태가 되었을 때 침입이
이루어진 것이라고 할 수 있다.

> **「정보통신망법」**
>
> **제48조(정보통신망 침해행위 등의 금지)** ① 누구든지 정당한 접근권한 없이 또는
> 허용된 접근권한을 넘어 정보통신망에 침입하여서는 아니 된다.

다. 자료 유출

자료유출은 정당한 접근권한 없이 또는 허용된 접근권한을 넘어 컴퓨터
또는 정보통신망에 침입 후, 데이터를 유출·누설하는 행위를 말한다.

라. 자료 훼손

정당한 접근권한 없이 또는 허용된 접근권한을 넘어 컴퓨터 또는 정보통

---

[11] 이 경우 「형법」에는 해당 규정이 없으므로, 「형법」이 아닌 「정보통신망법」 제71조 제
11호에 의해 처벌된다.

신망에 침입 후, 타인의 정보를 훼손(삭제, 변경 등)하는 행위를 말한다. 자료훼손에는 홈페이지 변조도 포함된다. 한편 「정보통신망법」은 자료훼손 및 비밀보호 등과 관련하여 다음과 같이 규정하고 있다.

「정보통신망법」

제71조(벌칙) ① 다음 각 호의 어느 하나에 해당하는 자는 5년 이하의 징역 또는 5천만원 이하의 벌금에 처한다.

  14. 제49조를 위반하여 타인의 정보를 훼손하거나 타인의 비밀을 침해·도용 또는 누설한 자

제49조(비밀 등의 보호) 누구든지 정보통신망에 의하여 처리·보관 또는 전송되는 타인의 정보를 훼손하거나 타인의 비밀을 침해·도용 또는 누설하여서는 아니 된다.

(2) 서비스 거부공격(DDoS)

　　서비스거부 공격(Denial of Service)이란 정보통신망에 대량의 신호·데이터를 보내거나 부정한 명령을 처리하도록 하여 정보통신망에 장애(사용불능, 성능저하)를 야기하는 행위를 말한다. 일정한 시간 동안 대량의 데이터를 전송시키거나 처리하게 해서 정보통신망에 과부하를 주어 정상적인 서비스가 불가능한 상태를 야기시키는 일체의 행위라고 할 수 있다. 이는 넓은 의미의 해킹의 일종으로 이해된다. 「정보통신망법」은 서비스거부 공격에 대해 다음과 같이 규정하고 있다.

「정보통신망법」

제48조(정보통신망 침해행위 등의 금지)
③ 누구든지 정보통신망의 안정적 운영을 방해할 목적으로 대량의 신호 또는 데이터를 보내거나 부정한 명령을 처리하도록 하는 등의 방법으로 정보통신망에 장애가 발생하게 하여서는 아니 된다.

　　서비스거부 공격의 일종인 분산 서비스거부(DDoS; Distributed Denial of Service) 공격은 여러 대의 컴퓨터가 분산된 위치에서 동시에 공격을 한다는 점에서 진화된 서비스거부 공격이다. DDoS 공격은 방대한 양의 인터넷 트래픽을 유발하여 대상과 그 주변의 인프라를 제압함으로써 서버, 서비스 또는 네트워크의 정상 트래픽을 방해하려는 악의적 시도를 말한다. DDoS 공격은 다수의 감염된 컴퓨터 시스템(컴퓨터, IoT 디바이스 등 네트워크 리소스)을 공격 트래픽의 소스로서 활용하여 효율성을 극대화한다. 이 공격은 웹 사이트나 호스트에서 발생할 수 있는 가장 흔한 유형의 인터넷 공격 중 하나로서 더욱 빈번하게 발생하고 보다 복잡해지고 있다. 한편 DDoS 공격은 「형법」의 컴퓨터 업무방해죄(제314조 제2항[12])에 의해 규제될 수 있다.

---

12 「형법」 제314조(업무방해) ①제313조의 방법 또는 위력으로써 사람의 업무를 방해한 자는 5년 이하의 징역 또는 1천500만원 이하의 벌금에 처한다.
　　②컴퓨터등 정보처리장치 또는 전자기록등 특수매체기록을 손괴하거나 정보처리장치에 허위의 정보 또는 부정한 명령을 입력하거나 기타 방법으로 정보처리에 장애를

(3) 악성 프로그램 유포 등

　악성프로그램은 정보통신시스템, 데이터 또는 프로그램 등을 훼손·멸실·변경·위조하거나 그 운용을 방해할 수 있는 프로그램을 말한다. 정당한 사유 없이 악성프로그램을 전달 또는 유포하는 행위는 법률(「정보통신망법」)로써 금지하고 있다. 악성프로그램은 바이러스, 웜, 랜섬웨어, 스파이웨어 등 매우 다양한 형태로 존재한다.

　한편, 악성프로그램의 범위를 컴퓨터 바이러스와 인터넷 웜으로 한정시키는 일부의 견해가 있으나, 프로그램의 기능이 컴퓨터 바이러스와 인터넷 웜에 포함되지 않더라도 정보통신시스템 등을 훼손, 멸실, 변경, 위조 또는 운용을 방해하는 경우에는 악성프로그램의 범위에 포함시킬 수 있다. 「정보통신망법」은 다음과 같이 규정하고 있다.

「정보통신망법」

제48조(정보통신망 침해행위 등의 금지)
② 누구든지 정당한 사유 없이 정보통신시스템, 데이터 또는 프로그램 등을 훼손·멸실·변경·위조하거나 그 운용을 방해할 수 있는 프로그램(이하 "악성프로그램"이라 한다)을 전달 또는 유포하여서는 아니 된다.

　악성프로그램전달·유포죄(「정보통신망법」 제70조의2)는 그 행위의 결과에 따라 데이터 조작행위의 경우에 「정보통신망법」의 자료훼손, 비밀침해죄(「형법」 제318조), 업무방해죄(「형법」 제314조), 전자기록손괴죄(「형법」 제366조) 등으로 규제될 수 있다. 또한 메모리해킹[13]을 통하여 개인정보를 무단으로 수집하거나 재산상 이익을 얻으면 구체적인 사안에 따라 컴퓨터등 사용사기(「형법」 제347조의2[14]) 또는 개인정보보호법상 개인정보침해로 처벌할 수도 있다. 특히

발생하게 하여 사람의 업무를 방해한 자도 제1항의 형과 같다.
13　메모리해킹은 해킹범이 사용자의 PC에 잠입하여 PC의 메모리에 해킹프로그램을 저장시켜 놓음으로써 이루어진다.
14　「형법」 제347조의2(컴퓨터등 사용사기) 컴퓨터등 정보처리장치에 허위의 정보 또는 부정한 명령을 입력하거나 권한 없이 정보를 입력·변경하여 정보처리를 하게 함으로

메모리해킹은 전자금융범죄[15]에도 많이 사용되고 있다.

2. 정보통신망 이용범죄

　　정보통신망 이용범죄는 정보통신망(컴퓨터 시스템)을 범죄의 본질적 구성요건*에 해당하는 행위를 행하는 주요 수단으로 이용하는 경우의 사건을 말한다. 이는 컴퓨터 시스템을 전통적인 범죄를 행하기 위하여 이용하는 범죄(인터넷 사용자 간의 범죄)라고 할 수 있다.

* **범죄의 구성요건** : 무엇이 범죄인가는 법률상 특정 행위로 규정되어 있다(죄형법정주의). 이렇게 법률에서 특정된 행위의 유형을 규정하고 있는 내용을 구성요건이라고 한다. 즉, 범죄가 성립하려면 우선 구성요건에 해당해야 한다.
(예: 「형법」 제347조 제1항은 "사람을 기망하여 재물의 교부를 받거나 재산상의 이익을 취득한 자는 10년 이하의 징역 또는 2천만원 이하의 벌금에 처한다"고 규정하고 있는데, '기망하여 재물의 교부를 받는 행위' 또는 '기망하여 재산상의 이익을 취득한 행위'에 해당하는 것이 바로 사기죄의 구성요건이다.)

　　쉽게 말하면 정보통신망 이용범죄는 범죄수행의 수단으로 사이버공간을 선택한 것일 뿐 기본적인 속성은 여타의 범죄와 다르지 않다는 것이다. 예를 들면 인터넷에 허위 쇼핑몰을 개설하여 기망행위로 재산상 이득을 취득한 행위는 사기라는 행위가 정보통신망을 수단으로 하여 이루어진 사이버범죄에 해당하고 형법상 사기죄로 규제된다.

　　정보통신망 이용범죄는 크게 ① 인터넷사기, ② 사이버금융범죄, ③ 개인

써 재산상의 이익을 취득하거나 제3자로 하여금 취득하게 한 자는 10년 이하의 징역 또는 2천만원 이하의 벌금에 처한다.

15　예컨대 메모리에 해킹프로그램이 저장된 상태에서 사용자가 인터넷뱅킹을 실시하게 되면 사용자가 입력한 이체정보(이체계좌번호, 이체금액, OTP 번호)가 금융서버로 전송되지 않고 해킹범이 해킹프로그램에 미리 설정해놓은 해킹이체정보(해킹계좌번호, 해킹이체금액, OTP 번호(OTP 번호만 사용자가 입력한 것임))가 금융서버로 전송되어 이체작업이 이루어지고, 최종적으로 금융서버에서 PC로 이체정보의 확인을 요청할 때에는 해킹프로그램이 저장하고 있던 화면 내용(사용자가 입력한 이체정보 내용)을 PC의 모니터 화면에 출력해줌으로써 자금이체가 해킹범의 계좌로 이체되는 것이다.

위치정보 침해, ④ 사이버 저작권 침해, ⑤ 사이버 스팸메일 등으로 구분할 수 있다(경찰청 분류).[16]

가. 사기죄의 의미

「형법」은 사기죄에 대해 다음과 같이 규정하고 있다.

「형법」

제347조

① 사람을 기망하여 재물의 교부를 받거나 재산상의 이익을 취득한 자는 10년 이하의 징역 또는 2천만원 이하의 벌금에 처한다.

용어 설명

기망

사기죄의 요건으로서의 기망은 널리 재산상의 거래관계에서 서로 지켜야 할 신의와 성실의 의무를 저버리는 적극적 또는 소극적 행위를 말하는 것으로서, 상대방을 착오에 빠지게 하여 행위자가 희망하는 재산적 처분행위를 하도록 하기 위한 판단의 기초 사실에 관한 것이어야 한다.

이 규정은 ① 타인을 속여서 ② 재물의 교부를 받거나 재산상의 이익을 취득한 행위에 대한 처벌을 정하고 있다. 따라서 인터넷상에서 이 규정에 해당하는 행위를 한 자는 형법상 사기죄로 처벌을 받을 수 있다.

---

[16] 한편 경찰청은 온라인을 이용한 기망행위가 있더라도, 피해자와 피의자가 직접 대면하여 거래한 경우 등에는 사이버범죄 통계에서 제외하고 있다. 예를 들면, on-line에서 기망행위 후 off-line에서 만나 현금·물품을 편취하거나, off-line에서 기망행위 후 on-line에서 대금을 송금 편취한 행위는 사이버 범죄에서 제외한다.

나. 인터넷사기와 사이버사기

인터넷사기와 사이버사기는 실제로 동의어로 이해할 수 있는데, 실제로 인터넷 또는 사이버라는 용어에 대한 구분이 실익이 없기 때문이다. 정확하게는 인터넷사기에는 피싱, 파밍 등 사이버금융범죄도 포함되지만, 경찰청은 인터네사기 중 피싱, 파밍 및 기타 전기통신금융사기를 사이버금융범죄로 분류하고 있다.[17] 이하에서는 경찰청 분류에 따라 인터넷사기와 사이버금융범죄를 구분하여 별도로 나누어 설명한다.

다. 인터넷 사기

인터넷 사기란 정보통신망(컴퓨터 시스템)을 통하여, 이용자들에게 물품이나 용역을 제공할 것처럼 기망하여 피해자로부터 금품을 편취(타인을 속여서 재물이나 이익을 빼앗음)한 행위를 말한다.

① 직거래 사기

직거래 사기는 정보통신망(컴퓨터 시스템)을 통하여, 물품 거래 등에 관한 허위의 의사표시를 게시하여 발생한 대금을 편취(남을 속여 재물이나 이익 따위를 빼앗음)하는 행위를 말한다. 사이버사기의 가장 대표적인 수법이 바로 중고거래 카페·앱에서 개인 간 거래를 빙자하여 이뤄지는 '직거래 사기'이다. 최근에는 해외 사무실을 두고 체계적 조직을 구성하여 치밀하게 범행을 저지르기도 한다.

② 쇼핑몰 사기

쇼핑몰 사기는 정보통신망(컴퓨터 시스템)을 통하여, 허위의 인터넷 쇼핑몰 등을 개설하여 발생한 대금을 편취하는 행위를 말한다.

③ 게임사기

게임사기는 정보통신망(컴퓨터 시스템)을 통하여, 게임 캐릭터 및 아이템 등 인터넷 게임과 관련하여 발생한 대금을 편취하는 행위를 말한다.

---

17 인터넷사기, 사이버사기 등 부분은 형법분야, 금융분야 등 개별 장에서 자세히 설명한다.

(예: 아이템을 사려고 현금을 입금했는데 상대방이 아이템을 넘겨주지 않았거나, 아이템을 팔려고 하다가 아이템만 넘겨주고 현금을 받지 못한 경우 등의 행위는 사기죄에 해당될 수 있다)

④ 기타 사이버사기

기타 사이버사기는 위의 직거래, 쇼핑몰, 게임사기에 해당하지 않고 정보통신망(컴퓨터 시스템)을 통한 기망행위를 통해 재산적 이익을 편취한 행위를 말한다. '리딩방' 사기가 이에 해당한다. 재테크 등 투자에 대한 관심이 과열됨에 따라, 주식·가상자산투자를 미끼로 한 소위 '리딩방' 사기 피해사례가 속출하고 있는데, 기존 투자사기가 오프라인에서 오픈 채팅 등 온라인으로 그 공간이 변화함에 따라 기존 경제범죄에서 사이버사기로 진화하고 있다.

라. 사이버금융 범죄[18]

경찰청 분류에 따르면 사이버금융범죄 유형은 ① 신종범죄(피싱, 파밍, 스미싱, 메모리해킹, 몸캠피싱 등 5개 유형)와 ② 기타 전기통신금융범죄로 구분하고 있다. 여기서 기타 전기통신금융사기는 ①의 5개 유형 외의 유형 또는 메신저피싱(피해자의 컴퓨터, 스마트폰, 정보통신망을 통하여 피해자의 계좌로부터 자금을 이체받거나, 소액결제가 발생한 경우) 등을 말한다.

마. 개인정보·위치정보 침해[19]

개인정보·위치정보 침해 관련 사이버범죄는 정보통신망(컴퓨터 시스템)을 통하여, 디지털 자료화되어 저장된 타인의 개인정보를 침해, 도용, 누설하는 범죄를 말한다. 이들 범죄에 대해서는 주로 「개인정보보호법」, 「위치정보법」을 통해 규제하지만, 이 외에도 「정보통신망법」, 「신용정보법」, 「의료법」 등 각 분야에 산재해 있는 개별법의 개인정보 관련 조항을 적용하여 규제하고 있다.

---

18 사이버금융범죄에 대해서는 제2부 3장 금융분야 사이버범죄의 장에서 자세히 설명한다.

19 개인정보, 위치정보 관련 사이버범죄는 제2부 4장 개인정보 침해 범죄에서 자세히 설명한다.

바. 사이버 저작권 침해[20]

사이버저작권 침해는 정보통신망(컴퓨터 시스템)을 통하여 디지털 자료화된 저작물 또는 컴퓨터프로그램저작물에 대한 권리를 침해하는 행위를 말한다. 디지털화된 창작물로서 텍스트, 소리, 영상, 음악, 영화, 데이터베이스, 소프트웨어 등 디지털콘텐츠는 저작권 보호를 받고 있기 때문에 이들을 함부로 자의적으로 복제하고 배포하는 등 행위는 저작권을 침해하는 행위에 해당한다.

사. 사이버 스팸메일

정보통신망(컴퓨터 시스템)을 통하여 법률에서 금지하는 재화 또는 서비스에 대한 광고성 정보를 전송하는 행위를 말한다. 그리고 불법 광고성 정보를 전송하기 위해 수신거부나 철회 등을 방해하는 기술적 조치 등을 행한 경우도 해당한다.[21]

「정보통신망법」

제50조의5

⑤ 전자적 전송매체를 이용하여 영리목적의 광고성 정보를 전송하는 자는 다음 각 호의 어느 하나에 해당하는 조치를 하여서는 아니 된다.

1. 광고성 정보 수신자의 수신거부 또는 수신동의의 철회를 회피·방해하는 조치
2. 숫자·부호 또는 문자를 조합하여 전화번호·전자우편주소 등 수신자의 연락처를 자동으로 만들어 내는 조치
3. 영리목적의 광고성 정보를 전송할 목적으로 전화번호 또는 전자우편주소를 자동으로 등록하는 조치
4. 광고성 정보 전송자의 신원이나 광고 전송 출처를 감추기 위한 각종 조치
5. 영리목적의 광고성 정보를 전송할 목적으로 수신자를 기망하여 회신을 유도하는 각종 조치

---

[20] 저작권 관련 사이버범죄에 대해서는 정보통신분야(제2부 1장 2절 저작권법 부분)에서 자세히 설명한다.

[21] 이 행위는 법률에서 금지하는 재화·서비스를 전송하는 경우로서 불법콘텐츠 관련 사이버범죄에 해당될 수 있으나, 경찰청(사이버수사국)은 불법 광고전송과 관련하여 수신거부 방해를 위한 금지된 기술적 조치에 대한 형사처벌 규정 존재 등을 고려하여 정보통신망 이용범죄로 구분하고 있다.

아. 기타 정보통신망 이용범죄

① 컴퓨터 등 사용사기[22]

컴퓨터 등 사용사기는 컴퓨터 등 정보처리장치에 허위의 정보 또는 부정한 명령을 입력하거나 권한 없이 정보를 입력·변경하여 정보처리를 하게 함으로써 재산상의 이익을 취득하거나 제3자로 하여금 취득하게 하는 범죄를 말한다.

② 전자화폐 등에 의한 거래 행위 [23]

정보통신망(컴퓨터 시스템)을 통하여, 다른 가맹점의 이름으로 전자화폐 등에 의한 거래를 한 행위, 가맹점이 아닌 자가 가맹점의 이름으로 전자화폐

---

22 컴퓨터등사용사기죄는 제2부 2장 형법 분야 사이버범죄의 장에서 자세히 설명한다.

23 전자화폐 위·변조 관련 범죄는 제2부 3장 금융분야 사이버범죄의 장에서 자세히 설명한다.

등에 의한 거래를 한 행위 등 범죄를 말한다(「전자금융거래법」 제49조 제1항 제7호, 9호).

③ 정보통신망 인증 관련 위반 행위

정보통신망(컴퓨터 시스템)을 통하여, 정보통신망의 인증을 받지 아니한 자가 그 제품이 표준에 적합한 것임을 나타내는 표시와 비슷한 표시를 한 제품을 표시·판매·판매 목적으로 진열한 행위를 말한다(「정보통신망법」 제74조 제1항 제1호).

3. 불법 콘텐츠 범죄

경찰청은 불법 콘텐츠 범죄를 크게 ① 사이버 성폭력, ② 사이버 도박, ③ 사이버 명예훼손·모욕, 사이버스토킹 등으로 구분하고 있는데 불법 콘텐츠 범죄를 "정보통신망(컴퓨터 시스템)을 통하여, 법률에서 금지하는 재화, 서비스 또는 정보를 배포, 판매, 임대, 전시하는 행위, 그리고 정보통신망을 통하여그 자체로 불법적인 '콘텐츠'(불법정보)를 유통하는 행위의 범죄를 말한다"고 정의한다.

(1) 사이버 성폭력[24]

사이버 성폭력은 정보통신망(컴퓨터 시스템)을 통하여, 음란한 부호·문언·음향·화상 또는 영상을 배포·판매·임대하거나 공공연하게 전시하는 행위를 말한다.

과거에는 사이버성폭력 범죄 분야에서 불법 성착취물 구매·소지·시청 행위가 가장 많이 발생하는 범죄 유형이었다. 그러나 최근에는 불법 성착취물을 구매하여 시청·소비하는 단순 수요적 행위를 넘어, 아동성착취물 제작·판매 등과 같은 공급적 행위가 큰 비중을 차지하는 모습을 볼 수 있다. 또한 사이버성폭력 아동·청소년 피해자가 증가한 것뿐만 아니라 가해자 또한 10대가 가장 많은 비중을 차지하는 등 관련자들의 연령이 낮아지고 있는 추세이다.

---

24 불법콘텐츠범죄에 대해서는 제2부 1장 제1절 정보통신분야 사이버범죄의 장에서 자세하게 다룬다.

이는 코로나19 이후 비대면·온라인 중심의 일상생활로 변화되면서 인터넷·스마트폰 사용 시작 연령은 점점 낮아지고, 동영상·게임 등 온라인 콘텐츠 이용이 급증한 영향도 크다고 볼 수 있다.

가. 불법 성(性)영상물 배포 등

불법 성영상물 배포 등 행위는 정보통신망(컴퓨터 시스템)을 통하여, 일반 보통인의 성욕을 자극하여 성적 흥분을 유발하고 정상적인 성적 수치심을 해하여 성적 도의 관념에 반하는 내용의 표현물을 배포·판매·임대·전시하는 행위를 말한다.

「정보통신망법」

제44조의7(불법정보의 유통 금지 등)

① 누구든지 정보통신망을 통하여 다음 각 호의 어느 하나에 해당하는 정보를 유통하여서는 아니 된다.

1. 음란한 부호·문언·음향·화상 또는 영상을 배포·판매·임대하거나 공공연하게 전시하는 내용의 정보

제74조(벌칙)

① 다음 각 호의 어느 하나에 해당하는 자는 1년 이하의 징역 또는 1천만원 이하의 벌금에 처한다.

2. 제44조의7제1항제1호를 위반하여 음란한 부호·문언·음향·화상 또는 영상을 배포·판매·임대하거나 공공연하게 전시한 자

나. 아동 성착취물 배포 등

아동 성착취물 배포 등 관련 범죄는 특히 아동과 관련하여 정보통신망(컴퓨터 시스템)을 통하여, 아동·청소년 또는 아동·청소년으로 명백하게 인식될 수 있는 사람이나 표현물이 등장하여 ① 성교 행위, 유사 성교 행위, ② 일반인의 성적 수치심이나 혐오감을 일으키는 행위, ③ 자위 행위를 하거나 그 밖의 성적 행위를 하는 내용의 표현물을 배포·판매·임대·전시하는 행위를 말한다(「아동·청소년의 성보호에 관한 법률」, 「청소년 성보호법」, 제2조 참조). 이 범죄에 대해서는 위에서 기술한 불법 성영상물 범죄보다 무거운 처벌을 부과하고 있다.

제2조(정의)

5. "아동·청소년성착취물"이란 아동·청소년 또는 아동·청소년으로 명백하게 인식될 수 있는 사람이나 표현물이 등장하여 제4호 각 목의 어느 하나에 해당하는 행위를 하거나 그 밖의 성적 행위를 하는 내용을 표현하는 것으로서 필름·비디오물·게임물 또는 컴퓨터나 그 밖의 통신매체를 통한 화상·영상 등의 형태로 된 것을 말한다.

※ (제4호 각 목) 가. 성교 행위 /나. 구강·항문 등 신체의 일부나 도구를 이용한 유사 성교 행위/ 다. 신체의 전부 또는 일부를 접촉·노출하는 행위로서 일반인의 성적 수치심이나 혐오감을 일으키는 행위/ 라. 자위 행위

제11조(아동·청소년성착취물의 제작·배포 등)

② 영리를 목적으로 아동·청소년성착취물을 판매·대여·배포·제공하거나 이를 목적으로 소지·운반·광고·소개하거나 공연히 전시 또는 상영한 자는 5년 이상의 유기징역에 처한다.

③ 아동·청소년성착취물을 배포·제공하거나 이를 목적으로 광고·소개하거나 공연히 전시 또는 상영한 자는 3년 이상의 유기징역에 처한다.

그리고 아동 성착취물 제작, 수입 등에 대해서는 아동 성착취물 배포, 판매 등 행위와는 별도 조항을 두어 배포 등 행위보다 더욱 엄격하게 규제하고 있다.

제11조(아동·청소년성착취물의 제작·배포 등) ① 아동·청소년성착취물을 제작·수입 또는 수출한 자는 무기 또는 5년 이상의 징역에 처한다.

④ 아동·청소년성착취물을 제작할 것이라는 정황을 알면서 아동·청소년을 아동·청소년성착취물의 제작자에게 알선한 자는 3년 이상의 유기징역에 처한다.

⑤ 아동·청소년성착취물을 구입하거나 아동·청소년성착취물임을 알면서 이를 소지·시청한 자는 1년 이상의 유기징역에 처한다.

다. 불법 촬영물 유포 등

불법 촬영물 유포 등은 카메라 등을 이용하여 성적 욕망 또는 수치심을 유발할 수 있는 사람의 신체를 "촬영대상자의 의사에 반하여" 촬영한 촬영물 또는 복제물을 영리목적 혹은 영리목적 없이 반포·판매·임대·제공 또는 공공연하게 전시·상영하거나 촬영 당시에는 촬영대상자의 의사에 반하지 아니한 경우에도 사후에 그 촬영물 또는 복제물을 촬영대상자의 의사에 반하여 반포 등 행위를 말한다.

위의 불법 성영상물을 인터넷을 통해 배포했다면 이 규정을 위반한 혐의로 1년 이하의 징역이나 1천만원 이하의 벌금에 처해진다. 하지만 유포한 동영상이 '불법촬영물'이라면 처벌 정도가 크게 높아진다.

불법촬영물

성적 욕망이나 수치심을 유발할 수 있는 사람의 신체를 촬영대상자의 의사에 반하여 카메라나 그 밖에 이와 유사한 기능을 갖춘 기계 장치로 촬영한 촬영물 및 복제물, 복제물의 복제물을 모두 포함하는 개념이다.

「성폭력범죄의 처벌 등에 관한 특례법」「성폭력처벌법」

제14조(카메라 등을 이용한 촬영) ① 카메라나 그 밖에 이와 유사한 기능을 갖춘 기계 장치를 이용하여 성적 욕망 또는 수치심을 유발할 수 있는 사람의 신체를 촬영대상자의 의사에 반하여 촬영한 자는 7년 이하의 징역 또는 5천만원 이하의 벌금에 처한다.

② 제1항에 따른 촬영물 또는 복제물(복제물의 복제물을 포함한다. 이하 이 조에서 같다)을 반포·판매·임대·제공 또는 공공연하게 전시·상영(이하 "반포등"이라 한다)한 자 또는 제1항의 촬영이 촬영 당시에는 촬영대상자의 의사에 반하지 아니한 경우(자신의 신체를 직접 촬영한 경우를 포함한다)에도 사후에 그 촬영물 또는 복제물을 촬영대상자의 의사에 반하여 반포등을 한 자는 7년 이하의 징역 또는 5천만원 이하의 벌금에 처한다.

(2) 사이버 도박[25]

경찰청은 사이버도박을 정보통신망(컴퓨터 시스템)을 통하여 도박사이트를 개설하거나 도박행위(또는 사행행위)를 한 경우를 말한다. 예를 들면 정보통신망(컴퓨터 시스템)을 통하여 ① 스포츠토토, ② 경마·경륜·경정 등의 경주 등을 이용하여 도박을 하게 하는 행위로 정의한다.

사이버도박은 이미 사이버 공간 곳곳 깊숙이 파고들어 성행하고 있으며, 심지어 합법을 가장한 교묘한 수법까지 동원하고 있어 더욱 큰 문제가 되고 있다. 불법 도박사이트의 경우 회원가입 시 무료가입 포인트와 높은 환급률로 홍보하지만, 사이트 폐쇄 이후 잠적하거나 강제로 회원을 탈퇴시키는 등의 방법으로 금전을 지급하지 않는 피해사례도 다수 존재한다. 또한 불법 사이트의 경우 도박 횟수 및 최대금액이 제한되어 있지 않아 도박 중독으로 인한 금전적 피해가 확산될 수 있다.

사이버도박에 대해서는 「형법」이외에 「사행행위 등 규제 및 처벌 특례법」, 「게임산업진흥에 관한 법률」, 「국민체육진흥법」, 「경륜·경정법」 등 개별법에서 처벌규정을 두고 있다.

참고 **형법상 도박 관련 범죄**

제246조(도박, 상습도박) ① 도박을 한 사람은 1천만원 이하의 벌금에 처한다. 다만, 일시 오락 정도에 불과한 경우에는 예외로 한다.

② 상습으로 제1항의 죄를 범한 사람은 3년 이하의 징역 또는 2천만원 이하의 벌금에 처한다.

제247조(도박장소 등 개설) 영리의 목적으로 도박을 하는 장소나 공간을 개설한 사람은 5년 이하의 징역 또는 3천만원 이하의 벌금에 처한다.

※ 우리 법은 도박에 대한 특별한 개념 정의를 하지 않은 채 도박행위자와 도박장 개설자를 처벌하고 있다.

※ 법원은 도박을 "참여한 사람들이 서로 재물을 걸고 우연한 사정이나 사태에 따라 재물의 득실을 결정하는 것"이라고 정의하고 있다(대법원 2017. 4. 7. 선고 2016도19704 판결).

---

25 사이버도박 범죄에 대해서는 제2부 2장 제2절 기타 형사법 분야의 사이버범죄의 장에서 자세하게 다룬다.

(3) 사이버 명예훼손·모욕, 사이버스토킹[26]

가. 사이버 명예훼손·모욕

정보통신망(컴퓨터 시스템)을 통하여 다른 사람의 명예를 훼손하는 행위, 공연히 사람을 모욕하는 행위를 말한다. 예를 들어 인터넷 게시판이나 카페 등에 실명 또는 익명으로 개인의 사생활이나 아직 검증되지 않은 내용을 공개적으로 게시하는 행위가 이 범죄에 해당될 수 있다.

「정보통신망법」

제70조(벌칙) ① 사람을 비방할 목적으로 정보통신망을 통하여 공공연하게 사실을 드러내어 다른 사람의 명예를 훼손한 자는 3년 이하의 징역 또는 3천만원 이하의 벌금에 처한다.

② 사람을 비방할 목적으로 정보통신망을 통하여 공공연하게 거짓의 사실을 드러내어 다른 사람의 명예를 훼손한 자는 7년 이하의 징역, 10년 이하의 자격정지 또는 5천만원 이하의 벌금에 처한다.

참고 형법상 명예훼손죄

제307조(명예훼손) ①공연히 사실을 적시하여 사람의 명예를 훼손한 자는 2년 이하의 징역이나 금고 또는 500만원 이하의 벌금에 처한다.

② 공연히 허위의 사실을 적시하여 사람의 명예를 훼손한 자는 5년 이하의 징역, 10년 이하의 자격정지 또는 1천만원 이하의 벌금에 처한다.

※「정보통신망법」과 달리, 「형법」은 "사람을 비방할 목적으로"라는 범죄요건을 필요로 하지 않는다. 따라서 사이버공간에서 "사람을 비방할 목적" 없이 사실을 적시한 경우라면 형법상 명예훼손죄에 해당할 수 있다.

제311조(모욕) 공연히 사람을 모욕한 자는 1년 이하의 징역이나 금고 또는 200만원 이하의 벌금에 처한다.

---

26 사이버명예훼손죄 및 사이버스토킹 범죄에 대해서는 제2부 1장 정보통신분야 사이버 범죄의 장에서 자세하게 다룬다.

- **명예훼손**: 적시한 사실 또는 거짓이 사람의 사회적 평가를 저하시키는 것을 말한다.
- **모욕**: (사실을 적시하지 아니하고) 사람의 사회적 평가를 저하시킬 만한 추상적 판단이나 경멸적 감정을 표현하는 것을 의미한다.

나. 사이버 스토킹(Stalking)

사이버스토킹 범죄라 함은 「정보통신망법」에 따르면 정보통신망(컴퓨터 시스템)을 통하여 공포심이나 불안감을 유발하는 부호·문언·음향·화상 또는 영상을 반복적으로 상대방에게 도달하도록 하는 행위를 말한다.

이에 더하여 「스토킹처벌법」에 따르면 정보통신망을 통한 개인정보, 개인위치정보의 게시 등 행위 또는 정보통신망에서 타인인 것처럼 가장하는 행위 등도 사이버스토킹에 해당된다.[27]

「정보통신망법」

제44조의7(불법정보의 유통 금지 등)
① 누구든지 정보통신망을 통하여 다음 각 호의 어느 하나에 해당하는 정보를 유통하여서는 아니 된다.
3. 공포심이나 불안감을 유발하는 부호·문언·음향·화상 또는 영상을 반복적으로 상대방에게 도달하도록 하는 내용의 정보

제74조(벌칙)
① 다음 각 호의 어느 하나에 해당하는 자는 1년 이하의 징역 또는 1천만원 이하의 벌금에 처한다.

---

27 스토킹범죄의 처벌 등에 관한 법률 「스토킹처벌법」의 개정(2023. 7. 11. 시행)에 따라 사이버스토킹의 범위가 정보통신망을 통한 개인정보, 개인위치정보 게시 등 행위, 정보통신망에서 타인인 것처럼 가장하는 행위 등 사이버스토킹 범죄의 범위가 넓어져 보다 엄격하게 규제되고 있다.

3. 제44조의7제1항제3호를 위반하여 공포심이나 불안감을 유발하는 부호·문언·음향·화상 또는 영상을 반복적으로 상대방에게 도달하게 한 자

사이버스토킹 과정에서 추가적으로 비방이나 욕설 등 행위에 대해서는 형법상 명예훼손죄가 성립될 수 있으며, 협박이나, 성추행, 주거침입 등 시도가 있었다면, 이 행위에 대해 각각 형법상의 협박죄, 강제추행죄, 주거침입죄 등을 적용할 수 있다.

(4) 기타 불법 콘텐츠 범죄(예시)

① 인터넷을 통하여 유통되는 매체물 중 청소년 유해 매체물 미표시, 영리목적 제공 또는 광고, 공개 전시하는 행위(「정보통신망법」 제73조 제2, 3호).

② 정보통신망(컴퓨터 시스템)을 통하여 거짓의 주민등록번호를 만들어 자기 또는 다른 사람의 재물이나 재산상 이익을 위하여 사용한 행위(「주민등록법」 제37조 제1호).

③ 정보통신망(컴퓨터 시스템)을 통하여 거짓의 주민등록번호를 만드는 프로그램을 다른 사람에게 전달하거나 유포하는 행위(「주민등록법」 제37조 제4호).

제2장

수사체계 및 수사의 이념

I. 수사의 개념

수사란 "범죄혐의의 유무를 명백히 하여 공소를 제기·유지할 것인가의 여부를 결정하기 위하여 범인을 발견·확보하고 증거를 수집·보전하는 수사기관의 활동"이다.[1]

이러한 의미에서 수사란 범인을 발견하여 신체를 보전하고 또한 증거를 수집·보전하는 수사기관의 활동을 말하며[2] 수사활동이 연속적으로 진행되는 일련의 과정을 수사절차라고 할 수 있다. 중요한 것은 수사활동은 수사 목적을 달성함에 필요한 경우에 한하여 사회통념상 상당하다고 인정되는 방법 등에 의하여 수행되어야 한다.

> **참고** 공소의 제기 → 검사의 독점적 권한
> - 공소란 검사가 법원에 대하여 특정한 형사사건의 재판을 요구하는 소송행위를 말한다.
>   - 즉 법원에 공소장을 제출해 범인의 처벌을 구하는 것이다.
>   - 검사는 수사의 결과 범죄의 객관적 혐의가 인정되고 유죄의 판결을 받을 수 있다고 판단할 때에는 공소를 제기하는데 이를 기소라고 한다.
> - 공소제기의 권한(공소권)은 원칙적으로 검사에게만 있으므로 형사사건에서는 검사만이 공소장을 법원에 제출하여 소송을 제기할 수 있다.

기술한 수사의 개념에서 ①범인을 발견·확보하고 증거를 수집·보전하는 활동은 주로 사법경찰관이 수행하는 업무로서 범죄의 구성요건에 해당하는 사실관계를 확정하기 위한 작용이다. 그리고 ②범죄혐의의 유무에 따라 공소를 제기·유지하는 활동은 오직 검사만이 수행하는 업무로서 확정된 사실관계에 범죄 내용을 어떻게 형벌규정에 적용할 것인지 판단하는 작용이다. 이 두 개의 활동은 개념적으로 분리되기는 하지만 서로가 긴밀하게 연결되어 있다.

---

[1] 대법원 1999.12.7. 선고 98도3329.
[2] 이재상, 『형사소송법』(제10판), 2015, 187면.

II. 수사 체계

1. 수사기관 개요

수사기관에는 검사와 사법경찰관리 및 고위공직자범죄수사처(공수처)의 검사[3]가 있다. 수사기관은 수사 등 직무를 수행할 때에 헌법과 법률에 따라 국민의 인권을 존중하고 공정하게 하여야 하며, 실체적 진실을 발견하기 위하여 노력하여야 할 법규상 또는 조리상의 의무가 있다. 특히 피의자가 소년 등 사회적 약자인 경우에는 수사과정에서 방어권 행사에 불이익이 발생하지 않도록 더욱 세심하게 배려할 직무상 의무가 있다.[4]

2. 수사기관의 직무와 권한

(1) 검사

가. 검사의 성격

검사는 검찰권을 행사하는 국가기관(법무부 소속 행정기관)을 말한다. 검사의 경우 ① (준사법기관) 검찰권은 행정부 소속이지만 그 내용에서 형사사법의 운용에 중대한 영향을 미치고, 검사에게도 사법권 독립과 같은 성격도 요구된다. 이처럼 공소 유지 등 법원과 함께 형사사법에 공동으로 기여해야 하는 특수한 성격을 가지므로, 검사는 행정기관이면서 동시에 사법기관의 성격도 가진다. ② (단독제 관청) 검사는 검찰사무를 처리하는 단독제 관청이다. 즉 검사 각자가 독자적인 권한을 가지고 검찰사무를 수행한다.[5] ③ (검사동일체 원칙) 검사는 검찰권 행사의 공정성을 위해 검찰총장을 정점으로 일체불가분의 유기적 통일체로서 활동한다. 검사는 소속 상급자의 지휘·감독에 따르지만(상명하복 관계) 이는 검찰사무의 처리 과정에의 상사의 지휘·감독을 의미할 뿐이며 단독제 관청으로서 자신의 법적 확신에 따라 독자

---

3 공수처에 소속된 수사검사는 고위공직자범죄수사처 설치 및 운영에 관한 법률(「공수처법」)에 정해진 일정한 범죄(고위공직자 관련 사건 등)에 대하여 수사권과 기소권이 인정되지만, 검사와는 그 직무와 권한에서 차이가 있다.

4 대법원, 2020. 4. 29, 2015다224797 선고.

5 검찰청은 검사의 사무를 총괄하는 기관으로 검사의 검찰사무를 총괄할 뿐, 그 자체로는 아무런 권한이 없는 관서이다.

적인 권한을 가지고 업무를 수행하는 것이다.

나. 검사의 직무

검사는 법에 정한 범위 내의 범죄에 대한 수사권(직접수사 개시, 수사종결)의 주체가 되며, 공소를 담당하는 공소권의 주체이다. 또한 형사사법 재판집행 지휘·감독 등 직무를 수행한다.

「형사소송법」

제196조(검사의 수사) ① 검사는 범죄의 혐의가 있다고 사료하는 때에는 범인, 범죄사실과 증거를 수사한다.

② 검사는 제197조의3제6항, 제198조의2제2항 및 제245조의7제2항에 따라 사법경찰관으로부터 송치받은 사건에 관하여는 해당 사건과 동일성을 해치지 아니하는 범위 내에서 수사할 수 있다.

「형사소송법」

제246조(국가소추주의) 공소는 검사가 제기하여 수행한다.

* 국가기관이 공소제기의 주체인 것을 국가소추주의라고 한다.

제247조(기소편의주의) 검사는 「형법」 제51조의 사항을 참작하여 공소를 제기하지 아니할 수 있다.

* 형법 제51조(양형의 조건) : 양형을 결정함에 있어 범인의 연령, 성행, 지능과 환경, 범행 동기, 결과 등을 참작하여야 한다.

한편 검사가 수사를 개시할 수 있는 범죄의 범위는 「검찰청법」 및 동법 시행령으로 정하는 바에 따라 크게 2대 범죄 등으로 제한된다.[6] 이에 따르면, 검사의 수사권은 수사개시가 인정되는 중요 범죄 및 사법경찰관리가 수사하여 송치한 사건에 대해 동일성을 해치지 않는 범위 내에서만 수사가 가능하다.

---

6 2022. 9월에 윤석열 정부는 「검사의 수사개시 범죄 범위에 관한 규정」(대통령령)을 개정하여 기존의 6대 범죄를 2대 범죄(부패, 경제) 및 사법질서 저해죄 등으로 개정하여 축소하였고, 2대 범죄(부패, 경제)의 범위를 크게 확대하였다.

제4조(검사의 직무) ① 검사는 공익의 대표자로서 다음 각 호의 직무와 권한이 있다.

1. 범죄수사, 공소의 제기 및 그 유지에 필요한 사항. 다만, 검사가 수사를 개시할 수 있는 범죄의 범위는 다음 각 목과 같다.

   가. 부패범죄, 경제범죄 등 대통령령으로 정하는 중요 범죄

   나. 경찰공무원(다른 법률에 따라 사법경찰관리의 직무를 행하는 자를 포함한다) 및 고위공직자범죄수사처 소속 공무원(「고위공직자범죄수사처 설치 및 운영에 관한 법률」에 따른 파견공무원을 포함한다)이 범한 범죄

   다. 가목·나목의 범죄 및 사법경찰관이 송치한 범죄와 관련하여 인지한 각 해당 범죄와 직접 관련성이 있는 범죄

2. 범죄수사에 관한 특별사법경찰관리 지휘·감독

3. 법원에 대한 법령의 정당한 적용 청구

4. 재판 집행 지휘·감독

5. 국가를 당사자 또는 참가인으로 하는 소송과 행정소송 수행 또는 그 수행에 관한 지휘·감독

6. 다른 법령에 따라 그 권한에 속하는 사항

검사가 직접 수사개시할 수 있는 2대 범죄 등은 「검사의 수사개시 범죄 범위에 관한 규정」(대통령령)에 규정되어 있다.

제2조(중요 범죄) 「검찰청법」(이하 "법"이라 한다) 제4조제1항제1호가목에서 "부패범죄, 경제범죄 등 대통령령으로 정하는 중요 범죄"란 다음 각 호의 범죄를 말한다.

1. 부패범죄: 다음 각 목의 어느 하나에 해당하는 범죄로서 별표 1에 규정된 죄

   가. 사무의 공정을 해치는 불법 또는 부당한 방법으로 자기 또는 제3자의 이익이나 손해를 도모하는 범죄

   나. 직무와 관련하여 그 지위 또는 권한을 남용하는 범죄

   다. 범죄의 은폐나 그 수익의 은닉에 관련된 범죄

2. **경제범죄**: 생산·분배·소비·고용·금융·부동산·유통·수출입 등 경제의 각 분야에서 경제질서를 해치는 불법 또는 부당한 방법으로 자기 또는 제3자의 경제적 이익이나 손해를 도모하는 범죄로서 별표 2에 규정된 죄

3. 다음 각 목의 어느 하나에 해당하는 죄

  가. 무고·도주·범인은닉·증거인멸·위증·허위감정통역·보복범죄 및 배심원의 직무에 관한 죄 등 국가의 사법질서를 저해하는 범죄로서 별표 3에 규정된 죄

  나. 개별 법률에서 국가기관으로 하여금 검사에게 고발하도록 하거나 수사를 의뢰하도록 규정된 범죄

  *별표 1, 2, 및 3은 본서에서 생략함

(2) 사법경찰관리

가. 사법경찰관리의 종류

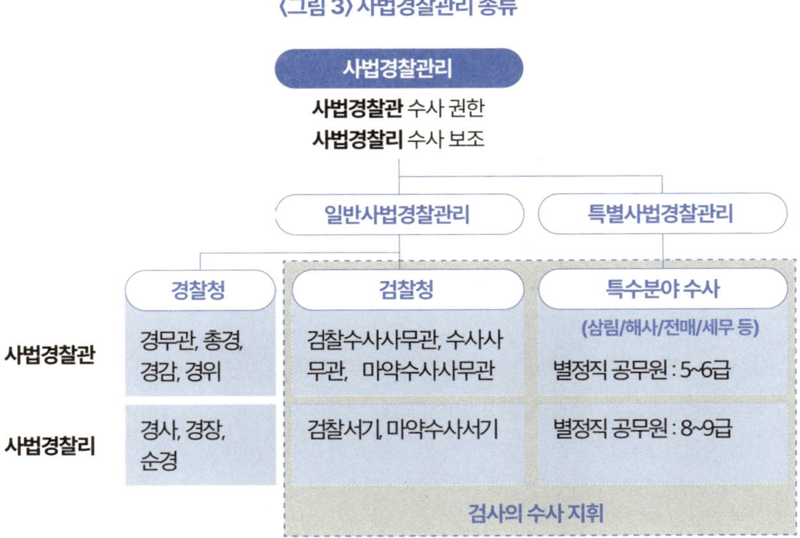

<그림 3> 사법경찰관리 종류

사법경찰관리에는 직무권한에 따라 수사권자인 사법경찰관과 수사보조자인 사법경찰리가 있고, 소속기관에 따라 경찰청 직원인 사법경찰관리와 검찰청 직원인 사법경찰관리가 있다. 그리고 특수분야의 수사를 담당하는

사법경찰관리를 특별사법경찰관리라고 한다.

「형사소송법」

제197조(사법경찰관리) ① 경무관, 총경, 경정, 경감, 경위는 사법경찰관으로서 범죄의 혐의가 있다고 사료하는 때에는 범인, 범죄사실과 증거를 수사한다.
② 경사, 경장, 순경은 사법경찰리로서 수사의 보조를 하여야 한다.

한편, 특별사법경찰관리는 법에 따라 직무의 범위가 정해져 있고, 모든 수사에 대해 검사의 지휘를 받는다(「검찰청법」 제47조, 「형사소송법」 제25조의10제2항).

「검찰청법」

제47조(사법경찰관리로서의 직무수행) ① 검찰주사, 마약수사주사, 검찰주사보, 마약수사주사보, 검찰서기, 마약수사서기, 검찰서기보 또는 마약수사서기보로서 검찰총장 또는 각급 검찰청 검사장의 지명을 받은 사람은 소속 검찰청 또는 지청에서 접수한 사건에 관하여 다음 각 호의 구분에 따른 직무를 수행한다.
(※ 각 호의 직무는 사법경찰관리의 직무를 명시하고 있음)

「형사소송법」

제245조의10(특별사법경찰관리) ① 삼림, 해사, 전매, 세무, 군수사기관, 그 밖에 특별한 사항에 관하여 사법경찰관리의 직무를 행할 특별사법경찰관리와 그 직무의 범위는 법률로 정한다.
② 특별사법경찰관은 모든 수사에 관하여 검사의 지휘를 받는다.
※ 제1항의 법률은 "사법경찰관리의 직무를 수행할 자와 그 직무범위에 관한 법률"을 말함

나. 사법경찰관리의 직무

사법경찰관은 범죄의 혐의가 있다고 인정되는 사료하는 때에는 범인, 범죄사실과 증거를 수사한다. 사법경찰리는 수사의 보조를 담당하여야 한다.

2020년 형사소송법의 개정으로 검사와 경찰 관계가 협력관계로 변경되면

서, 검사의 수사지휘권은 폐지 및 검사의 수사개시 권한이 축소되었다. 대부분의 범죄에 대한 1차적인 수사권과 수사종결권이 사법경찰관에 의해서만 이루어지게 되면서 사법경찰관의 수사권은 대폭 강화되었다.

다. 사법경찰관의 사건 송치 등
① 사법경찰관이 기소의견으로 사건 송치 및 자료 송부

사법경찰관은 범죄를 수사한 때에는, 범죄의 혐의가 있다고 인정되는 경우에는 지체 없이 검사에게 사건을 송치하고, 관계 서류와 증거물을 검사에게 송부하여야 한다(형소법 제245조의5 제1호). 즉 사법경찰관이 혐의가 없다고 판단하는 사건에 관하여는 사법경찰관에게 1차적인 수사종결권을 부여한 것으로 해석할 수 있다.

「형사소송법」

제245조의5(사법경찰관의 사건송치 등) 사법경찰관은 고소·고발 사건을 포함하여 범죄를 수사한 때에는 다음 각 호의 구분에 따른다.
1. 범죄의 혐의가 있다고 인정되는 경우에는 지체 없이 검사에게 사건을 송치하고, 관계 서류와 증거물을 검사에게 송부하여야 한다.

용어 설명

송치

우리나라 형사절차에서 송치란 경찰에서 검찰로 사건이 넘어가는 것을 말한다. 즉 사법경찰관은 사건 수사 후 종결한 사건은 검찰로 송치한다. (사전적 의미는 서류나 물건 등을 정해진 곳에 보낸다는 의미이다.)

* 검찰은 송치된 형사사건을 조사한 뒤 피의자에 대해 기소 또는 불기소 처분을 결정한다. 기소 처분이 내려진 사건에 대해서는 재판이 진행되며, 불기소의 경우에는 피의자가 재판에 회부되지 않는다.

② 사법경찰관의 불기소 의견으로 사건 미송치 및 고소인 등에게 통지

사법경찰관은 범죄의 혐의가 있다고 인정되는 경우 외에는, 그 이유를 명시한 서면과 함께 관계 서류와 증거물을 지체 없이 검사에게 송부하여야 한다. 이 경우 검사는 송부받은 날부터 90일 이내에 사법경찰관에게 반환하여야 한다(형소법 제245조의5 제2호).

「형사소송법」

제245조의5(사법경찰관의 사건송치 등) 사법경찰관은 고소·고발 사건을 포함하여 범죄를 수사한 때에는 다음 각 호의 구분에 따른다.

2. 그 밖의 경우에는 그 이유를 명시한 서면과 함께 관계 서류와 증거물을 지체 없이 검사에게 송부하여야 한다. 이 경우 검사는 송부받은 날부터 90일 이내에 사법경찰관에게 반환하여야 한다.

사법경찰관은 서면으로 고소인·고발인·피해자 등에게 사건을 검사에게 송치하지 아니하는 취지와 그 이유를 통지하여야 한다(형소법 제245조의6). 이 통지를 받은 사람(고발인 제외)은 해당 사법경찰관의 소속 관서의 장에게 이의를 신청할 수 있다(형소법 제245조의7 제1항). 사법경찰관은 이 신청을 받은 때에는 지체 없이 검사에게 사건을 송치하고 관계 서류와 증거물을 송부하여야 하며, 처리결과와 그 이유를 해당 신청인에게 통지하여야 한다(형소법 같은 조 제2항).

(3) 검사와 사법경찰관리의 관계

〈그림 4〉 검사와 사법경찰관과의 관계

① 검사와 사법경찰관과의 협력 의무

검사와 사법경찰관은 수사, 공소제기 및 공소유지에 관하여 서로 협력하여야 한다(형소법 제195조 제1항). 그리고 검사와 사법경찰관의 협의는 신속하게 이루어져야 하며 수사 또는 절차가 지연되어서는 안 된다(「검사와 사법경찰관의 상호협력과 일반적 수사준칙에 관한 규정」 제6조).

「형사소송법」

제195조(검사와 사법경찰관의 관계 등) ① 검사와 사법경찰관은 수사, 공소제기 및 공소유지에 관하여 서로 협력하여야 한다.

「검사와 사법경찰관의 상호협력과 일반적 수사준칙에 관한 규정」(대통령령)

제6조(상호협력의 원칙) ① 검사와 사법경찰관은 상호 존중해야 하며, 수사, 공소제기 및 공소유지와 관련하여 협력해야 한다.

② 검사와 사법경찰관은 수사와 공소제기 및 공소유지를 위해 필요한 경우 수사·기소·재판 관련 자료를 서로 요청할 수 있다.

③ 검사와 사법경찰관의 협의는 신속히 이루어져야 하며, 협의의 지연 등으로 수사 또는 관련 절차가 지연되어서는 안 된다.

검사와 사법경찰관의 협력관계에 비추어 볼 때 본질적으로 경찰은 범인을 발견·확보하고 증거를 수집·보전하는 활동에 집중하면서 범죄의 성립 여부와 공소제기 가능성을 고려하여야 하고, 검찰은 범죄혐의의 유무에 따라 공소를 제기·유지하는 활동에 집중하면서 경찰의 수사가 적법절차를 준수하면서 범죄혐의를 명백히 밝힐 수 있도록 수사에 개입할 수 있어야 한다.[7]

한편 검사의 수사지휘권 폐지 등 사법경찰관의 수사권한이 강화됨에 따라 수사권 남용, 법령위반 등 인권 침해의 우려를 최소화하기 위해 예외적인 경우에 검사의 수사감독 권한을 제도적으로 보장하고 있다.

② 검사의 예외적 수사감독 권한
(a) 검사의 재수사 요청

검사는 제245조의5제2호의 경우에 사법경찰관이 사건을 송치하지 아니한 것이 위법 또는 부당한 때에는 그 이유를 문서로 명시하여 사법경찰관에게 재수사를 요청할 수 있다(제245조의8 제1항). 이 경우 사법경찰관은 사건을 재수사하여야 한다(같은 조 제2항). 이는 사법경찰관의 1차적인 수사종결권에 대해 검사가 수사기록을 확인하고 그 내용이 위법 또는 부당한 때에는 재수사 요청이 가능토록 함으로써 제한된 범위 내에서 사법경찰권의 수사종결권을 제한하는 것이 목적이다.

(b) 검사의 보완수사 요구

검사는 ① 송치사건의 공소제기 여부 결정 또는 공소의 유지에 관하여 필요한 경우 ② 사법경찰관이 신청한 영장의 청구 여부 결정에 관하여 필요한 경우 사법경찰관에게 보완수사를 요구할 수 있다(형소법 제197조의2 제1항). 사법경찰관은 정당한 이유가 없는 한 보완수사를 하고 그 결과를 검사에게 통보해야 한다(같은 조 제2항).

---

7 장승혁, 「검찰권의 제한 ―개정 형사소송법, 검찰청법 및 공수처법에 대한 평가와 향후 과제」, 『형사법연구』 제32권 제2호(2020 여름), 273면.

(c) 검사의 시정조치 요구

검사는 사법경찰관리의 수사과정에서 법령위반, 인권침해 또는 현저한 수사권 남용이 의심되는 사실의 신고가 있거나 그러한 사실을 인식하게 된 경우에는 사법경찰관에게 사건기록 등본의 송부를 요구할 수 있고, 송부받은 검사는 필요하다고 인정되는 경우에는 사법경찰관에게 시정조치를 요구할 수 있다(형소법 제197조의2 제1항, 제3항). 시정조치가 이루지지 않은 경우에는 사건의 송치를 요구할 수 있다(같은 조 제4항).

사법경찰관이 사건기록 등본을 요구받은 경우에는 지체 없이 검사에게 사건기록 등본을 송부하여야 하고, 검사의 시정조치 요구 및 송치 요구에 대해서도 정당한 사유가 없으면 지체 없이 이행하여야 한다(같은 조 제4항, 제6항).

(4) 고위공직자 범죄수사처

「고위공직자 범죄수사처 설치 및 운영에 관한 법률」(「공수처법」)에 따라 대통령을 포함한 고위공직자의 범죄에 대해서는 공수처가 독립적으로 수사 및 공소제기와 그 유지에 필요한 직무를 수행한다. 따라서 고위공직자의 범죄는 검사의 수사 또는 공소제기 대상에 제외된다. 여기에서 독립적의 의미는 직무행사의 정치적 독립성을 보장하기 위해 행정부, 입법부 또는 사법부 등 어디에도 소속되지 않는 독립기구임을 의미한다. 공수처의 수사대상 범죄는 고위공직자로 재직 중에 고위공직자 본인과 그 가족(배우자, 직계존속 및 직계비속)이 범한 고위공직자 범죄와 관련 범죄이다.

용어 설명

고위공직자 범위

대통령, 국회의장, 국회의원, 대법원장, 대법관, 중앙행정기관 등의 정무직공무원, 검찰총장, 특별시장, 광역시장 및 교육감, 판사, 검사, 경무관 이상 경찰공무원 등으로 재직 중인 사람 또는 그 직에서 퇴직한 사람을 말한다(공수처법 제2조 제1호)

* 고위공직자 범죄란 고위공직자 본인 또는 본인의 가족이 범한 죄 중 형법상 직무유기죄, 직권남용죄, 가혹행위죄, 공무상 비밀누설죄, 알선수뢰죄, 횡령죄 등을 말한다(자세한 대상 범죄의

내용은 「공수처법」 제2조 3호, 제4호 참조)

한편으로 유의할 점이 있는데 현행 공수처법은 공수처 검사를 원칙적 사법경찰(수사권자), 예외적 검사(공소권자)로 구성하고 있다고 볼 수 있다. 즉 공수처 검사는 모든 관할 범죄에 대한 수사권을 가지지만 공소권(공소의 제기와 유지에 관한 권한)은 대법원장, 대법관, 검찰총장, 판사, 검사, 경무관 이상 경찰공무원이 재직 중에 본인 또는 가족이 범한 고위공직자범죄 및 관련범죄(수사·사법고위공직자범죄등)에 대하여만 예외적으로 인정된다. 따라서 수사·사법고위공직자가 아닌 대통령, 국회의원 등과 같은 일반 고위공직자와 관련된 관할범죄(일반고위공직자범죄등)에 대하여는 수사권만 있다(「공수처법」 제3조 제1항).

「형사소송법」

제3조(고위공직자범죄수사처의 설치와 독립성) ① 고위공직자범죄등에 관하여 다음 각 호에 필요한 직무를 수행하기 위하여 고위공직자범죄수사처(이하 "수사처"라 한다)를 둔다.

1. 고위공직자범죄등에 관한 수사
2. 제2조제1호다목, 카목, 파목, 하목에 해당하는 고위공직자로 재직 중에 본인 또는 본인의 가족이 범한 고위공직자범죄 및 관련 범죄의 공소제기와 그 유지

III. 수사의 의의 및 이념

1. 수사의 의의

수사는 궁극적으로 국가형벌권의 유효·적절한 행사를 위한 것이므로, 단순히 공소제기 및 그 유지에 필요한 범죄사실의 유무나 발견만으로 충분하지 않다. 국가형벌권 행사의 기초자료로서 밝혀져야 할 모든 사항을 철저히 규명하여야 한다.

수사는 범행의 동기, 피해상황 및 그 회복 여부, 범인의 소행·경력·전과 등뿐만 아니라 소추요건, 처벌가치, 형의 가중·감경·면제 사유 유무, 사회에 미치는 영향 등에 대해서도 수사하여야 한다.

수사와 기타 활동과의 구분

수사는 수사기관의 활동이라는 점에서 사인(私人)에 의한 범인의 발견·확보 및 증거의 발견·수집·보전 활동이나 행정기관에 의한 조사 활동과 구별된다.

* 사인(私人)에 의한 현행범인의 체포, 피의자나 변호인이 행하는 각종 증거 수집활동이나 행정관청이 특정한 행정처분을 하기 위한 준비로서 각종 법령 위반사실을 조사하는 것은 수사에 해당하지 않는다.

---

2. 형사소송 절차의 이념[8]

(1) 실체적 진실의 발견

실체적 진실의 발견은 기본적 인권의 보장과 함께 수사절차에서 뿐만 아니라 형사소송절차 전체를 일관하는 기본이념이라 할 수 있다. 실체적 진실주의는 당사자의 주장, 인정하는 것과 부인하는 것 또는 입증에 구속되지 않고 객관적인 사실의 진상을 규명하려는 절차법상의 이념이다.

「형법」 등 법률이 적용되기 위해서는 사건의 진상을 파악하여 범죄에 대

---

8 이재상 외, 『형사소송법』(제15판), 박영사, 2023, 23~28면 참조.

한 혐의의 진부를 명백히 하고, 죄 있는 자와 죄 없는 자를 구별하여 죄 있는 자를 처벌하고 죄 없는 자를 벌하지 않음으로써 판결의 실질적 정당성을 확보하여야 한다. 이러한 의미에서 형사소송의 최고 이념은 실체 진실의 발견(실체적 진실주의)에 있다. 이를 제도적으로 구현하기 위해 「형사소송법」은 법원에 의한 직권 증거조사, 합리적 사실인정을 위한 증거법칙 등을 두고 있다.

그러나 실체적 진실주의는 「형사소송법」의 최고 이념이지만 형사절차의 유일한 목적이 될 수는 없다. 형사절차의 실체적 진실을 발견하는 데에는 다음과 같은 한계에 직면하게 된다. 인간의 능력으로 모든 실체적 진실을 온전히 밝혀내는 것은 사실상 불가능하다. 또한 영장주의, 무죄추정의 원칙 등 적법절차와 신속한 재판의 원칙이라는 제도적 장치에 의한 제한과 충돌이 따르게 된다.

따라서 형사절차의 원리는 인권 침해라는 속성을 가진 실체적 진실주의 이외에 피의자 또는 피고인 보호라는 속성을 가진 적법절차 원칙이라는 이념 하에 지배된다.

(2) 일방적 실체적 진실주의와 인권보장의 충돌

근대 형사소송법의 역사는 곧 인권발달사의 핵심을 이루고 있다고 할 수 있다. 실체적 진실만을 형사소송의 유일한 목적으로 이해할 때에는, 수사기관은 실체진실을 발견하기 위하여 피의자의 인권을 침해하는 가혹한 수단을 사용할 수 있게 된다. 법관의 경우에도 범죄의 혐의를 밝히는데만 주력한다면 피고인은 단순한 심리의 대상으로 전락할 위험에 빠지게 된다.

용어 설명

심리(審理)

재판의 기초가 되는 사실 및 법률 관계를 명확히 하기 위해 법원이 조사하는 행위를 말한다.

즉, 수사란 침해된 공공질서를 회복하기 위해 범인을 발견해가는 과정에서 개인의 기본권과 충돌이 불가피한 국가작용이다. 실제로 그동안 국가가 공공질서유지 및 회복에 주안점을 두면서 국민 개인의 인권은 비교적 등한시 되기도 하였다. 고문, 폭행, 협박, 강압행위 등의 위법한 수사나 이를 통해 취득한 자백에 의해 무고한 자를 처벌하는 것은 국가권력에 의한 회복할 수 없는 범죄행위라고 할 수 있다.

> **참고** **수사의 시대적 변화 과정**
> ① **중세**: 피의자는 단순히 조사의 객체에 불과(고문이 합법적으로 허용되기 시작하였음)
> - 검사와 같은 소추기관 없이 법원이 직권으로 형사재판을 주도(규문주의*)
> * 법원이 소추기관의 소추 없이 직권으로 형사절차를 개시하여 심리·재판하는 주의(범죄인은 단순히 조사와 심리의 객체로 될 뿐, 소송주체로서의 지위를 인정받지 못함)
> ② **프랑스 혁명 이후**: 고문 및 규문주의 폐지, 무죄추정의 원칙 도입
> - 기소권자(규탄하는 자)와 판사(판단하는 자)가 분리됨으로써 근대적 의미의 형사절차 탄생(탄핵주의 : 검사와 판사 직무의 구분)
> - 법원은 공소제기된 사건만을 심판할 수 있고, 피고인도 소송의 단순 객체가 아닌 주체로서의 소송에 참여함
> - 기본적으로 '검사 대 피고인'이라는 대립구조에서 판사는 중립적 위치에서 판단함
> ③ **현대**: 기소권과 수사권을 분리하는 추세

(3) 소송절차 이전의 수사활동의 의미

탄핵주의를 배경으로 탄생하게 된 근대적 의미의 수사절차는 초기에는 공판절차를 위한 준비절차에 불과하였다. 최근까지 수사의 개념을 "공소를 제기 및 유지하기 위해 범죄의 혐의가 있을 경우 범인을 발견, 확보하고 증거를 수집, 보전하는 활동"으로 정의해 왔던 것은 이러한 역사적 배경에서 기인한다.

공판절차는 공개된 장소에서 법률에 정해진 절차에 따라 진행되지만, 수사절차는 그 이전에 별도로 개개 범죄의 특성에 따라 다양한 수사방법을 동

원하여 진행된다. 즉 수사는 탄생초기부터 그만큼 형식상 자유로울 수밖에 없는 내재적 재량권을 가지고 있었다. 수사기관은 법률로 금지되어 있지 않는 한, 수사 수단과 절차 등에 관해서는 재량을 가지고 있는 것으로 생각하기 쉽다.

따라서 국민의 인권보호에 중점을 두고 발전해 온 형사절차가 올바른 길을 가기 위해서는 수사절차의 자유성을 감시·통제할 수 있는 엄격한 법률적 장치 마련과 아울러 수사기관은 「헌법」이 보장하고 있는 인권개념을 구체적으로 체화시키는 노력이 필요하게 되었다. 결국 수사에 있어서 실체적 진실의 발견은 어떤 희생을 치르더라도 달성해야 할 형사소송의 유일한 목적이 될 수 없다. 이것은 이하에서 언급하는 적법절차와 신속한 재판의 이념에 따른 제한이 뒤따르기 때문이다.

수사에 있어서 적법절차와 신속한 재판의 이념은 근본적으로 피고인의 기본권을 보장하고 방어권을 보호하는 것을 이념으로 하는 원리라는 점에서 실체적 진실주의와 대립될 수 밖에 없다. 이 때문에 수사절차와 관련한 형사소송법의 규정은 대부분 수사기관의 수사활동에 대한 제약 규정으로 이루어져 있다.

3. 적법절차 원칙

(1) 적법절차(適法節次) 원칙의 의의

적법절차의 원칙은 모든 국가 작용은 정당한 법률을 근거로 적법한 절차에 의해 행해져야 한다는 헌법상의 원칙을 말한다. 즉 개인의 권리를 제한하거나 침해하는 국가 작용은 법률로 정한 절차를 거쳐야 한다는 원칙이다. 이 원칙은 입법·사법·행정 등 모든 국가 작용에 적용되는 원칙이며 공권력 남용을 막고 개인의 기본적 인권을 보장하는 것이 목적이다.

「헌 법」

제12조 ①모든 국민은 신체의 자유를 가진다. 누구든지 법률에 의하지 아니하고는 체포·구속·압수·수색 또는 심문을 받지 아니하며, 법률과 적법한 절차에 의하지 아니하고는 처벌·보안처분 또는 강제노역을 받지 아니한다.

특히 이러한 헌법적 이념은 형사절차 전반을 지배하는 대원칙인 동시에 그 첫 단계인 수사절차를 규율하는 핵심적인 지도원리를 규정한 것으로 이해할 수 있다. 또한 수사절차를 포함한 형사절차를 규율하는 법은 형식적 의미의 법률로 정해져야 할 뿐만 아니라 그 법률의 내용이 사회 정의에 합치되어야 함을 의미한다. 이러한 맥락에서 「형사소송법」은 헌법의 적법절차 원칙을 구체화한 법률이라고 보아야 한다.

(2) 「헌법」의 적법절차의 구체적 내용

「헌법」은 제12조 제1항에서 형사절차상의 적정을 보장하기 위한 일반적·총칙적 규정을 두는데 그치지 않고, 제12조 제2항 이하에서 형사절차의 내용적 적정성을 요구하는 개별적 적법절차 조항들까지 규정하고 있다.

「헌법」 제12조는 고문의 금지, 불리한 진술거부권(제2항), 체포·구속·압수 또는 수색 시의 영장주의(제3항), 변호인의 조력을 받을 권리(제4항), 변호인 조력권과 구속이유 등을 통지받을 권리(제5항), 구속적부의 심사청구 권리(제6항), 임의성이 없는 자백의 증거능력 제한(제7항) 등을 천명하고 있다. 그리고 「헌법」의 다른 조항에서도 소급처벌의 금지 및 이중처벌의 금지(제13조 제1항), 주거에 대한 압수·수색 시 영장주의(제16조), 신속한 재판을 받을 권리 및 무죄추정의 원칙(제27조 제3항, 제4항) 등을 명시하고 있다.

(3) 「형사소송법」에서의 헌법상 적법절차의 구현

수사는 법률에 근거한다 하더라도 수사와 관련된 모든 행위를 자유롭게 할 수 있는 것이 아니라, 국민의 기본권과 충돌할 때부터 이미 그 한계를 가지게 된다. 이러한 한계는 「형사소송법」 등 법률에 다시 자세하게 규정되거나 포괄적인 기본원칙으로 나타나게 된다.

「형사소송법」은 수사절차상 인권보장에 관한 헌법상의 규정에서 한걸음 더 나아가 다양한 인권 보장적 규정과 절차를 마련함으로써 「헌법」의 취지를 적극적으로 수용하고 있다. 또한 「형사소송법」은 수사를 범죄의 혐의가 있다고 사료되는 경우에만 허용하는 내재적 한계를 설정하고 있고 불구속 수사 원칙, 강제수사의 제한, 피의자 등의 인권을 존중하도록 규정을 두고 있다.

가. 불구속 수사의 원칙

불구속수사·재판의 원칙은 바로 신체의 자유와 무죄추정의 원칙에서 도출된다. 헌법재판소는 "헌법상 보장된 신체의 자유와 무죄추정의 원칙은 수사와 재판 또한 원칙적으로 불구속 상태에서 이루어질 것을 요구한다. 그러므로 구속은 예외적으로 구속 이외의 방법에 의하여서는 범죄에 대한 효과적인 투쟁이 불가능하여 형사소송의 목적을 달성할 수 없다고 인정되는 경우에 한하여 최후의 수단으로만 사용되어야 한다"[9]고 판시한 바 있다.

「형사소송법」

제198조(준수사항) ①피의자에 대한 수사는 불구속 상태에서 함을 원칙으로 한다.

②검사·사법경찰관리와 그 밖에 직무상 수사에 관계있는 자는 피의자 또는 다른 사람의 인권을 존중하고 수사과정에서 취득한 비밀을 엄수하며 수사에 방해되는 일이 없도록 하여야 한다.

③검사·사법경찰관리와 그 밖에 직무상 수사에 관계있는 자는 수사과정에서 수사와 관련하여 작성하거나 취득한 서류 또는 물건에 대한 목록을 빠짐 없이 작성하여야 한다.

참고 무죄추정(無罪推定)의 원칙

- **의의** 형사절차에서 피의자 또는 피고인은 유죄판결이 확정될 때까지는 무죄로 추정된다는 원칙 → 범죄자 아닌 자에 대한 인신보호

「헌법」

제27조 ④ 형사<u>피고인</u>*은 유죄의 판결이 확정될 때까지는 무죄로 추정된다.

* 피고인이 무죄로 추정되므로 그 이전 단계의 피의자에게도 당연히 무죄추정 원칙이 적용

* 공소제기 전(형사재판 개시 이전)에는 피의자, 공소제기 후에는 피고인이라고 명칭함

- 원래 무죄추정의 문언적 의미는 "법원이 의심을 극복할 수 없는 경우에는(유죄가 아닐 수 있다는 합리적인 의심의 여지를 버릴 수 없다면) 무죄를 선고하여야 한다"라는 개념이다. (확신을 요구 → 의심스러울 때는 피고인의 이익으로)

　9　헌법재판소 2010. 11. 25. 2009헌바8.

• 무죄추정의 원칙의 기능

① 불구속 수사 원칙을 요구: 무죄 추정 혐의자를 구속하는 것은 그 자체로 헌법 위반

② 수사활동이 무제한으로 확장되는 것을 제한 : 유죄인으로 확정하여 수사함을 방지

③ 구속이 형벌의 성격을 가지므로 인신구속이라는 사전형벌적 성격을 최소화

나. 강제수사의 제한(강제수사 법정주의)

「형사소송법」은 강제수사는 특별한 규정이 있는 경우에만 허용된다고 규정하고, 이 경우에도 강제수사는 필요한 최소한도의 범위 안에서만 하도록 제한한다.

수사는 원칙적으로 임의수사에 의하고, 강제수사는 임의수사로 수사목적을 달성하지 못할 경우에 한하여 예외적으로 법률에 규정된 요건과 절차에 의하여 행해야 한다. 이렇게 법률에 특별한 규정이 없으면 강제수사를 하지 못한다는 원칙을 강제수사 법정주의라고 하며, 이에 따라 강제수사의 종류와 요건 및 그 절차를 「형사소송법」 등 법률에 규정하여야 한다.

한편 강제처분을 수반하지 않는 임의수사라 하더라도 그 자체에 인권침해의 가능성은 항상 내포되어 있기 때문에 아무런 요건 없이 무제한적으로 허용되는 것은 아니며 비밀엄수, 인권존중 등 최소한도의 법적 절차는 준수되어야 한다. 이외에 「형사소송법」은 강제수사와 관련하여 다음과 같은 사

항을 규정하고 있다.

강제수사의 제한 관련 규정

- 체포·구속의 대인적 강제수사의 영장주의 원칙
- 이미 석방된 자에 대한 재체포와 재구속의 원칙적 금지
- 긴급체포된 자에 대한 지체 없는 영장 청구
- 구속영장 발부할 때 실질적 심사를 위한 판사의 피의자 직접대면권

다. 피의자 등의 권리보호

「형사소송법」은 피의자, 피고인 등에게 정당한 방어권을 보장할 수 있도록 한다. 피고인의 진술거부권에 대한 고지의무, 신체 구속된 피의자에게 변호인의 조력을 받을 권리에 대한 고지의무, 어떠한 제한 규정도 없는 자유로운 접견교통권의 보장 등이 피의자 등의 권리보호를 위한 수사과정의 적법화 및 투명화를 위한 구체적인 절차 규정에 해당한다. 이외에도 위법수집증거배제원칙 등 사후적 인권보장 장치도 두고 있다.

위법수집증거배제원칙(형소법 제308조의2)은 위법행위로 얻은 결과물을 증거로 채택하지 못하게 함으로써 국가기관이 수사과정에서 위법행위를 하려는 의도를 원천적으로 제거하는 것이 목적이다. 법원도 "헌법과 형사소송법이 정한 절차에 따르지 아니하고 수집한 증거는 기본적 인권 보장을 위해 마련된 적법한 절차에 따르지 않은 것으로서 원칙적으로 유죄 인정의 증거로 삼을 수 없다."[10]고 하여 위법수집증거의 증거능력을 원칙적으로 배제한다.[11]

(4) 「검사와 사법경찰관의 상호협력과 일반적 수사준칙에 관한 규정」(대통령령)에서의 적법절차 구현

이 규정(이하 수사준칙)은 검사와 사법경찰관의 상호협력에 필요한 사항과 수사를 할 때 지켜야 하는 일반적인 수사준칙을 규정함으로써, 검찰과 경찰로 하여금 국민의 안전과 인권 수호를 위해 서로 협력하게 하고, 수사권이

---

[10] 대법원 2007. 11. 15. 선고 2007도3061 전원합의체 판결.

[11] 위법수집증거배제원칙은 제4장에서 구체적으로 설명한다.

국민을 위해 민주적이고 효율적으로 행사되도록 하려는 것을 목적으로 한다 (수사준칙 제1조). 수사준칙은 수사의 적법절차 준수(수사준칙 제3조 제1항), 권한남 용 금지(같은 조 제2항), 실체적 진실발견 시의 유의사항 등을 규정하고 있다(같 은 조 제3항).

수사준칙은 이외에도 임의동행 요구시의 동행거부권 존재의 고지, 심야 조사 또는 장시간의 조사 제한 등 규정을 두고 있고, 신뢰관계인의 동석, 수 사과정의 기록 의무 등 규정을 두어 기본적 인권을 보호하고 있다.

IV. 수사를 위한 필요 조건

1. 수사 조건의 의미

　　수사는 일반적으로 범죄혐의의 발견에서 시작하여 공소제기 또는 불기소처분 등의 수사종결처분에 의하여 종료하며, 이러한 일련의 과정을 수사절차라고 한다. 이러한 수사절차의 개시와 그 진행, 유지에 필요한 조건을 수사조건이라고 한다. 이와 관련하여 수사기관에게 무제한으로 수사를 개시하거나 실행할 수 있도록 수사권을 부여하는 것은 인권침해 방지를 위해서도 타당하지 않다. 이에 따라 수사의 조건이 고려되지 않을 수 없다. 수사의 조건으로는 수사의 필요성, 수사의 상당성이라는 요건이 충족되어야 한다.

2. 수사의 필요성

　　수사기관은 수사에 관하여 그 목적을 달성하기 위하여 필요한 조사를 할 수 있다. 필요한 조사란 수사의 목적을 달성하기 위해 필요한 경우로 한정되는 조사를 말한다. 수사기관은 수사의 필요성을 합리적으로 판단하여야 하며, 이때에 합리성의 기준은 합리적인 평균인을 기준으로 하여야 한다. 여기에서 '그 목적을 달성하기 위하여'는 실체적 진실을 밝혀내는 것을 의미한다.

> **「형사소송법」**
>
> **제199조(수사와 필요한 조사)** ① 수사에 관하여는 그 목적을 달성하기 위하여 필요한 조사를 할 수 있다. 다만, 강제처분은 이 법률에 특별한 규정이 있는 경우에 한하며, 필요한 최소한도의 범위 안에서만 하여야 한다.

　　「형사소송법」은 이외에도 피의자 신문을 위한 출석요구, 참고인 진술을 위한 출석요구, 감정·통역·번역 위촉 등 경우에 "수사가 필요한 때… 요구할 수 있다"등으로 명시하여 수사의 필요성을 조건으로 하고 있음을 알 수 있다.

　　그런데 검사와 사법경찰관은 범죄의 혐의가 있다고 사료하는 때에 수사를 개시할 수 있다(형소법 제196조, 제197조). 따라서 범죄의 혐의가 없는 것이 명백한 사건에 대해서는 수사가 허용되지 않는다고 해석된다. 여기에서 수사의 개시를 위한 범죄 혐의는 수사기관의 주관적 판단에 의한 혐의를 의미하며 객관적 혐의일 것까지 요구되는 것을 의미하는 것은 아니다. 그렇다고 해서 수사기관이 판단한 주관적 혐의에 따른 수사가 자의적 수사를 허용하는 것은 아니다. 범죄 혐의의 유무를 수사기관이 주관적으로 판단한다고 할지라도 주위의 사정을 합리적으로 고려하여 구체적인 사실에 근거하여 혐의 유무를 판단하여야 할 것이라고 해석해야 한다.

한편, 수사의 제1차적 임무는 공소제기 여부를 결정하는 것이므로, 공소제기의 가능성이 없는 경우에는 수사가 허용되지 않는다고 보아야 한다. 수사기관이 행하는 수사절차는 법원에서 이루어지는 소송절차의 전 단계이기 때문에 소송조건이 결여된 경우에는 수사는 어렵다고 보아야 한다.

3. 수사의 상당성

수사기관은 수사의 목적을 달성하기 위해서는 법률에 근거해야 하는 강제처분을 제외하고는 원칙적으로 수사상 필요한 한도 내에서 어떠한 형태의 조사활동도 수행할 수 있다. 그러나 그 수사활동은 상당하다고 인정되는 방법으로 하여야 한다.

수사의 상당성은, 수사는 신의에 따라 성실히 수행되어야 하며(신의칙),[12] 수사처분이 그 목적을 달성하기 위해 최소한도에 그쳐야 한다(비례의 원칙)는 조건을 충족하여야 한다. 비례성의 원칙이란 국가형벌권의 실현을 위한 수사(특히 강제수사)는 구체적인 사건의 중대성과 의미에 비추어 ① 적합한 것이어야 하고(처분의 적합성), ② 다른 수단에 의해서는 그 목적을 달성할 수 없을 뿐만 아니라(처분의 필요성), ③ 수사결과에 의한 이익과 수사로 인한 법익 침해가 부당하게 균형을 잃어서는 안된다. 즉 수사의 결과가 범죄혐의 정도에 비추어 상당해야 한다(처분의 상당성)는 것을 말한다.

---

12 예를 들어, 수사기관이 사술(詐術)을 사용하여 국민이 범죄를 범하도록 유도한 함정수사는 신의칙 원칙에 위반한 것이다[다만 범죄의도, 범의(犯意))를 가진 자에 대하여 범행의 기회를 주거나 범행을 용이하게 한 것에 불과한 경우에는 함정수사라고 할 수 없다. [대법원 2007.5.31. 선고 2007도1908판결].

즉 수사기관은 그 수사의 목적을 달성함에 있어서 가장 적합한 방법을 선택해야 한다. 그리고 수사 활동을 통해 국민의 자유와 권리를 제한하는 것과 그 제한을 통해 얻는 공익을 엄격히 따져 공익이 더 클 때 비로소 수사가 가능하다.

제3장

수사절차와 수사 방법

I. 수사절차

수사절차의 개요는 〈그림 5〉와 같다.

<그림 5> 수사절차 개요

(경찰청 직원) 사법경찰관리					검사	법원
내사	수사 개시 혐의 인지 = 입건	수사의 실행	수사 종결	사건 처리		재판

적극 단서	소극 단서	임의 수사	강제 수사	1차 수사종결	수사종결
▪ 현행범체포 ▪ 불심검문 ▪ 언론, 내사 등	▪ 고소,고발,자수 ▪ 진정 ▪ 탄원 등	▪ 피의자신문 ▪ 사실조회 등	▪ 체포·구속 ▪ 압수·수색 등	▪ 송치 ▪ 불송치	▪ 기소 ▪ 불기소

송치　　　기소

혐의자	피의자	피고인

입건　　　기소

1. 수사의 개시

(1) 수사의 단서

수사기관은 범죄의 혐의가 있다고 사료하는 때에는 범인·범죄사실과 증거를 수사하여야 한다(형소법 제196조, 제197조).

「형사소송법」

제196조(검사의 수사) ① 검사는 범죄의 혐의가 있다고 사료하는 때에는 범인, 범죄사실과 증거를 수사한다.

제197조(사법경찰관리) ① 경무관, 총경, 경정, 경감, 경위는 사법경찰관으로서 범죄의 혐의가 있다고 사료하는 때에는 범인, 범죄사실과 증거를 수사한다.

이 때에 수사기관이 범죄혐의가 있다고 판단하게 되는 원인을 수사의 단서라고 한다. 수사 단서에는 적극적 수사 단서와 소극적 단서로 구분할 수 있다(〈표 1〉 참조). 하지만 수사혐의를 인식하는데는 단서로만 한정하는 것

을 의미하는 것은 아니며, 어떠한 사회현상이든 범죄와 관계있는 것으로 인정되는 것은 단서로 할 수 있다.

<표 1> 단서의 종류

적극적 수사 단서 (수사기관의 체험에 의한 단서)	소극적 수사 단서 (타인의 체험의 청취)
▪ 현행범 체포 ▪ 변사자 검시 ▪ 불심검문 ▪ 다른 사건 수사 중 범죄발견 ▪ 언론매체 기사, 풍설, 세평 등	▪ 고소/ 고발 ▪ 자수 ▪ 진정 ▪ 탄원·투서·익명의 신고 ▪ 피해신고 등

고소·고발·자수가 있는 때에는 즉시 수사가 개시된다(피고소인 등은 피의자의 지위를 갖게 된다). 이 외에는 수사의 단서가 있다고 하여 바로 수사가 개시되는 것은 아니며, 수사기관이 범죄혐의를 인지하는지 여부에 따라 비로소 수사가 개시된다. 수사 개시 이전의 단계는 내사 단계에 불과하다고 본다.

용어 설명

• **고소**: 피해자가 '범인(가해자)을 처벌해 달라'고 경찰 등에 요구하는 것

• **고발**: 제3자가 '범인을 처벌해 달라'고 경찰 등에 요구하는 것

• **자수**: 범인 스스로 '범인(자신)을 처벌해 달라'고 경찰 등에 요구하는 것

---

(2) 입건과 수사의 개시

가. 입건(立件)의 의의

수사기관이 수사를 개시하여 형사사건의 수사대상으로 삼을 경우 사건부에 일련번호를 붙여 사건명·인적사항 등을 기재하는데, 이를 '입건한다'라고 한다. 즉 수사기관이 형사사건을 최초로 수리하여 수사를 개시하는 것을 입

건이라고 한다. 이때에 정식으로 수사가 개시되며 혐의자는 피의자의 신분으로 전환된다.

예를 들면 살인사건이 발생한 경우 범인으로 의심될 만한 정황이 있으나 혐의를 입증하기 어려운 단계에 있는 사람을 흔히 혐의자(또는 용의자)라고 한다. 이 혐의자에 대하여 조사가 진행되어 범죄의 혐의를 인정할 만한 자료가 발견될 경우 입건을 하게 되고 범인은 '피의자'의 신분으로 전환되어 조사를 받게 된다.

수사준칙(제16조 제1항)에 따르면 피혐의자의 수사기관 출석조사, 피의자신문조서의 작성, 긴급체포 등의 경우는 수사를 개시한 것으로 보아 즉시 입건을 하여야 한다.

「검사와 사법경찰관의 상호협력과 일반적 수사준칙에 관한 규정」(대통령령)

제16조(수사의 개시) ① 검사 또는 사법경찰관이 다음 각 호의 어느 하나에 해당하는 행위에 착수한 때에는 수사를 개시한 것으로 본다. 이 경우 검사 또는 사법경찰관은 해당 사건을 즉시 입건해야 한다.

1. 피혐의자의 수사기관 출석조사
2. 피의자신문조서의 작성
3. 긴급체포
4. 체포·구속영장의 청구 또는 신청
5. 사람의 신체, 주거, 관리하는 건조물, 자동차, 선박, 항공기 또는 점유하는 방실에 대한 압수·수색 또는 검증영장(부검을 위한 검증영장은 제외한다)의 청구 또는 신청

경찰관이 수사를 개시할 때에는 범죄의 여러 사정을 고려하여 수사의 시기 또는 방법을 신중하게 결정하여야 한다.

(경찰청)「범죄수사규칙」(경찰청 훈령)

제44조(수사의 개시) 경찰관은 수사를 개시할 때에는 범죄의 경중과 정상, 범인의 성격, 사건의 파급성과 모방성, 수사의 완급 등 제반 사정을 고려하여 수사의 시기 또는 방법을 신중하게 결정하여야 한다.

나. 내사(입건 전 조사)

① 내사의 의미

내사는 입건 전에 범죄를 의심할만한 정황이 있어 수사 개시 여부를 결정하기 위한 사실관계의 확인 등 필요한 조사를 말한다. 범죄에 관한 보도·풍설·진정·탄원·투서·익명의 신고 등이 있을 때 수사의 대상이 될 범죄혐의의 존재가 있는지 유무를 확인하기 위한 수사기관의 조사절차라고 할 수 있다.

그런데 수사의 개시에 앞서 이루어지는 조사활동과 이에 기초한 범죄의 혐의가 있는가 여부에 관한 판단, 즉 수사를 개시할 것인가 또는 조사활동을 종결할 것인가의 판단은 수사기관이 제반 상황에 대응하여 자신에게 부여된 권한을 적절하게 행사할 수 있도록 합리적인 재량에 위임되어 있는 행위이다.[1] 이러한 면에서 내사는 입건(立件) 전(前) 단계의 조사라는 점에서 입건 이후의 수사와 구별된다.

② 내사와 수사의 경계

수사기관의 입장에서 보면 내사는 수사와 용어만 다를 뿐이지 그 조사범위와 방법에 있어서 전혀 다르지 않다고 인식될 정도이다. 현재 실무상 내사는 그 활동방법 및 기간이 정해져 있지 않고, 그 과정도 비밀리에 진행된다.

피혐의자 또는 사건관계인은 범죄혐의를 받기 이전의 지위에 있다는 점에서 그 기본적 인권이 정식 수사단계의 피의자보다 더 엄격히 보호받아야

　　1　대법원 2006.12.07. 선고 2004다14932 판결

한다. 그럼에도 피혐의자에 대하여 그 기본권을 보호하는 법규가 없다는 점에서 피의자보다 훨씬 더 심각한 인권침해 위험에 노출되어 있다. 수사 개시 후의 피의자 신분에서는 「형사소송법」에서 정한 진술거부권, 변호인선임권 등 권리를 보장받을 수 있지만, 입건 이전의 혐의자 또는 사건관계인의 지위에서는 입건 후의 피의자와 같은 법적 보호장치가 없기 때문이다.

③ 내사에 대한 제한

수사기관은 수사 개시 이전의 내사에 대해서는 적법절차를 준수하고 조사를 신속하게 종료하여야 한다. 그리고 입건하지 않을 것을 결정한 때에는 피혐의자 및 사건관계인에게 그 사실을 통지하여야 한다(수사준칙 제16조 제3항, 제4항).

「검사와 사법경찰관의 상호협력과 일반적 수사준칙에 관한 규정」(대통령령)

제16조(수사의 개시)

③ 검사 또는 사법경찰관은 입건 전에 범죄를 의심할 만한 정황이 있어 수사 개시 여부를 결정하기 위한 사실관계의 확인 등 필요한 조사를 할 때에는 적법절차를 준수하고 사건관계인의 인권을 존중하며, 조사가 부당하게 장기화되지 않도록 신속하게 진행해야 한다.

④ 검사 또는 사법경찰관은 제3항에 따른 조사 결과 입건하지 않는 결정을 한 때에는 피해자에 대한 보복범죄나 2차 피해가 우려되는 경우 등을 제외하고는 피혐의자 및 사건관계인에게 통지해야 한다.

경찰관은 내사한 사건에 대해서는 ① 입건(범죄의 혐의가 있어 수사를 개시하는 경우), ② 내사종결(혐의가 없거나 죄가되지 않는 경우 등), ③ 내사중지(혐의자 등 소재불명 경우 등) 등으로 구분하여 처리한다(경찰수사규칙 제19조 제2항).

2. 수사의 실행[2]

수사를 실행하는 방법에는 임의수사와 강제수사가 있다. 임의수사란 임의적인 조사에 의한 수사, 즉 강제력을 행사하지 않고 상대방의 동의나 승낙을 받아서 행하는 수사를 말한다. 강제수사는 체포, 구속, 압수 등 강제처분에 의한 수사를 말한다.

3. 수사의 종결
(1) 수사 종결의 의미

수사의 종결이란 수사기관이 수사를 개시하여 공소를 제기·유지할 것인가를 결정할 수 있을 정도로 피의사건이 규명되고 공소의 제기 또는 불기소의 형태로 수사절차를 마치는 수사기관의 공식적이고 외부적인 결정을 말한다. 이는 수사절차가 종료되어 다음 단계인 공판절차로 이행할 것인지 여부를 결정하는 단계임을 의미한다. 즉 수사기관은 범죄사실이 명백하여 공판절차로 이행하게 되었을 때, 또는 더 이상 수사를 계속할 필요가 없는 경우에 수사를 종결하게 된다. 수사종결은 사법경찰관의 사건유형 결정(송치, 불송치 등) 및 검사의 사건처리 결정(기소처분, 불기소 처분 등)으로 구분된다.

(2) 사법경찰관의 수사 종결

사법경찰관은 사건을 수사한 경우에는 검찰송치, 불송치(혐의 없음, 죄가 안됨, 공소권 없음 등), 수사중지 등 결정을 한다(수사준칙 제51조 제1항).

「검사와 사법경찰관의 상호협력과 일반적 수사준칙에 관한 규정」(대통령령)

제51조(사법경찰관의 결정) ① 사법경찰관은 사건을 수사한 경우에는 다음 각 호의 구분에 따라 결정해야 한다.

1. 법원송치

2. 검찰송치

3. 불송치

　가. 혐의없음 - 1) 범죄인정 안됨, 2) 증거불충분

　2　수사의 실행 방법은 본장에서 구체적으로 설명한다.

　　나. 죄가안됨

　　다. 공소권없음

　　라. 각하

　4. 수사중지 - 가. 피의자중지, 나. 참고인중지

　5. 이송

사법경찰관은 원칙적으로 범죄의 혐의가 있다고 인정되는 경우에만 사건을 검사에게 송치(검찰송치)한다(형소법 제245조의5). 이는 검사와 고위공직자범죄수사처의 사건을 제외한 일반 형사사건에 대해서는 사법경찰관이 1차적으로 수사종결권을 가지는 것으로 이해된다. 이 외의 경우에는 관계 서류 등을 검사에게 송부함으로써 사건을 종결한다.

「형사소송법」

제245조의5(사법경찰관의 사건송치 등) 사법경찰관은 고소·고발 사건을 포함하여 범죄를 수사한 때에는 다음 각 호의 구분에 따른다.

1. 범죄의 혐의가 있다고 인정되는 경우에는 지체 없이 검사에게 사건을 송치하고, 관계 서류와 증거물을 검사에게 송부하여야 한다.
2. 그 밖의 경우에는 그 이유를 명시한 서면과 함께 관계 서류와 증거물을 지체 없이 검사에게 송부하여야 한다. 이 경우 검사는 송부받은 날부터 90일 이내에 사법경찰관에게 반환하여야 한다.

한편 사법경찰관의 자의적 수사종결에 대한 견제장치로서, 검사는 사법경찰관이 사건을 송치하지 않은 것이 위법하거나 부당하다고 판단하게 되면 이유를 명시한 서면으로 재수사를 요청할 수 있고 사법경찰관은 검사의 요구대로 재수사를 수행하여야 한다(형소법 제245조의8).

(3) 검사의 수사 종결

검사는 사법경찰관으로부터 사건을 송치받은 경우 또는 직접 수사한 경우에는 기소 또는 불기소 등 결정을 하여야 한다(국가소추주의: 형소법 제246조 및

기소편의주의: 제247조). 검사의 공소제기는 수사종결의 가장 전형적인 경우에 해당한다. 검사는 공소제기 결정 이외에 불기소(기소유예, 혐의없음, 죄가안됨, 공소권없음 등), 기소중지, 보완수사 요구, 소년보호사건 송치 등을 결정해야 한다(수사준칙 제52조제1항, 검찰사건사무규칙 제98조).

「검사와 사법경찰관의 상호협력과 일반적 수사준칙에 관한 규정」(대통령령)

제52조(검사의 결정) ① 검사는 사법경찰관으로부터 사건을 송치받거나 직접 수사한 경우에는 다음 각 호의 구분에 따라 결정해야 한다.

1. 공소제기
2. 불기소 – 가. 기소유예/ 나. 혐의없음/ 다. 죄가안됨/ 라. 공소권없음/ 마. 각하
3. 기소중지
4. 참고인중지
5. 보완수사요구
6. ~ 11. (생략)

참고

불기소 처분의 유형별 의미

가. 기소유예: 피의사실이 범죄의 혐의가 인정되고 소송조건이 구비되었으나 ㉠범인의 연령, 성행, 지능과 환경, ㉡피해자에 대한 관계, ㉢범행의 동기, 수단과 결과, ㉣범행 후의 정황 등을 참작하여 공소 제기 하지 않는 처분. 이는 기소편의주의로 검사의 재량이 요구된다(형소법 제247조).

나. 혐의없음: 공소를 제기할 충분한 객관적 혐의가 없은 경우의 처분(증거 불충분 등)

다. 죄가 안됨: 피의사실이 범죄에 해당하지만 법률상 범죄의 성립을 조각*하는 사유가 있어 범죄를 구성하지 아니하는 경우의 처분.

    * 위법성 조각 사유는 어떤 행위가 범죄로 인정되지만 정당방위, 긴급피난, 미성년자의 행위 등 경우에는 위법성의 예외로 인정되는 사유를 말한다. 예를 들어 피의자가 미성년자 또는 심신상실인 경우에는 실무적으로는 "피의자는 죄가 되지 아니한다"라고 표현한다.

검사는 위 처분들 외에 사건의 내용 및 관할에 따라 소년보호사건·가정보호사건·성매매보호사건·아동보호사건의 송치 및 검찰청 이외의 기관에 이송·이첩 등 송치결정을 한다(수사준칙 제18조, 검찰사건사무규칙 제128조~제131조).

(4) 수사결과의 통지

사건의 관련자들에게는 수사기관의 수사결과 어떠한 처분이 결정되었는지는 중요한 사안이다. 고소인에 대한 수사결과 통지는 그의 권리를 보호하기 위한 검사의 기소독점주의에 대한 견제장치로서의 의미가 있다. 한편 피의자에 대한 통지는 그의 권리보호를 위해 수사결과에 대한 정당한 대처 및 불안감 해소를 목적으로 한다(형소법 제258조 제1항, 수사준칙 제53조 제1항).

제53조(수사 결과의 통지) ① 검사 또는 사법경찰관은 제51조 또는 제52조에 따른 결정을 한 경우에는 그 내용을 고소인·고발인·피해자 또는 그 법정대리인(피해자가 사망한 경우에는 그 배우자·직계친족·형제자매를 포함한다. 이하 "고소인등"이라 한다)과 피의자에게 통지해야 한다.

다만, 제51조제1항제4호가목에 따른 피의자중지 결정 또는 제52조제1항제3호에 따른 기소중지 결정을 한 경우에는 고소인등에게만 통지한다.

제258조(고소인등에의 처분고지) ① 검사는 고소 또는 고발있는 사건에 관하여 공소를 제기하거나 제기하지 아니하는 처분, 공소의 취소 또는 제256조의 송치를 한 때에는 그 처분한 날로부터 7일 이내에 서면으로 고소인 또는 고발인에게 그 취지를 통지하여야 한다.

II. 임의수사

1. 임의수사 원칙

　임의수사는 임의적인 조사에 의한 수사로서 강제력을 행사하지 않고 피의자 등 수사 대상자의 자유로운 의사에 따른 동의나 승락을 받아서 행하는 수사를 말한다(형소법 제199조, 수사준칙 제10조 제1항, 검찰사무규칙 제14조 제2항). 임의수사의 핵심은 ① 수사의 필요성과 상당성이 인정되어야 하고, 동시에 ② 그 성질상 대상자의 자유의사에 의한 승낙이 필요하다.

「형사소송법」

제199조(수사와 필요한 조사) ① 수사에 관하여는 그 목적을 달성하기 위하여 필요한 조사를 할 수 있다. 다만, 강제처분은 이 법률에 특별한 규정이 있는 경우에 한하며, 필요한 최소한도의 범위 안에서만 하여야 한다.

「검사와 사법경찰관의 상호협력과 일반적 수사준칙에 관한 규정」(대통령령)

제10조(임의수사 우선의 원칙과 강제수사 시 유의사항) ① 검사와 사법경찰관은 수사를 할 때 수사 대상자의 자유로운 의사에 따른 임의수사를 원칙으로 해야 하고, 강제수사는 법률에서 정한 바에 따라 필요한 경우에만 최소한의 범위에서 하되, 수사 대상자의 권익 침해의 정도가 더 적은 절차와 방법을 선택해야 한다.

　위 조항에 따르면 임의수사는 대상자의 동의·승낙을 얻은 경우나, 성질상 어느 누구의 동의·승낙 없이도 행할 수 있는 것이면 어떠한 방법에 의하여도 가능하다고 해석할 수 있다. 그러나 임의수사의 경우에도 수사의 성질상 인권침해의 위험이 따르므로 적법절차 및 수사의 필요성과 상당성 등 원칙에 따라 피의자 또는 기타 관계인의 권리침해나 불편이 최소한도에 그치도록 하여야 하고, 특별히 법률이 정하는 바가 있으면 그에 따라야 한다. 「형법」은 수사기관의 불법체포, 감금, 폭행, 가혹행위, 피의사실 공포 등 행위에 대해 징역, 자격정지 등 처벌 규정을 두고 있다(「형법」 제124조 ~ 제126조)

　결국은 임의수사의 기본원칙은 기본적 인권보호를 위해 강제력이 전혀 없이 수사 대상자의 진술 등 임의성을 확보하는 것에 있다. 이에 경찰관은 수사 시에 정당하고 합리적인 방법으로 진술 등의 임의성을 확보하여야 한다.

2. 임의수사 방법

임의수사의 방법으로는 대표적으로 피의자신문, 참고인조사, 사실조회 등을 들 수 있다.[3]

(1) 피의자신문

가. 출석요구 및 피의자신문 개요

검사 또는 경찰이 피의자에게 검찰청 또는 경찰서로 출석을 요구해 진술을 듣는 것을 피의자신문이라고 한다. 이는 피의자가 사건의 경위를 누구보다도 잘 알고 있기 때문에 그 진술을 통해 진실을 발견하고, 피의자에게도 변명할 기회를 주기 위한 수사방법이다.

---

3 이재상 외, 『형사소송법』, 박영사, 2023. 146~159면 참조

피의자신문은 피의자의 임의의 진술을 듣는 임의수사에 불과하다. 따라서 수사기관은 진술거부권이 보장되어 있는 피의자에 대하여 진술을 강제할 수 없다. 피의자는 수사기관의 출석요구에 응할 의무가 없고, 출석을 한 경우에도 언제나 퇴거할 수 있다.

나. 출석요구 방법

검사 또는 사법경찰관은 피의자에게 출석을 요구할 때에는 먼저 전화 등 출석요구 이외의 방법을 선택하여야 하고, 출석요구 시에는 피의자의 사생활 보호 및 출석시간의 협의 등을 고려하여야 한다.

「검사와 사법경찰관의 상호협력과 일반적 수사준칙에 관한 규정」(대통령령)

제19조(출석요구) ① 검사 또는 사법경찰관은 피의자에게 출석요구를 할 때에는 다음 각 호의 사항을 유의해야 한다.

1. 출석요구를 하기 전에 우편·전자우편·전화를 통한 진술 등 출석을 대체할 수 있는 방법의 선택 가능성을 고려할 것
2. 출석요구의 방법, 출석의 일시·장소 등을 정할 때에는 피의자의 명예 또는 사생활의 비밀이 침해되지 않도록 주의할 것
3. 출석요구를 할 때에는 피의자의 생업에 지장을 주지 않도록 충분한 시간적 여유를 두도록 하고, 피의자가 출석 일시의 연기를 요청하는 경우 특별한 사정이 없으면 출석 일시를 조정할 것
4. 불필요하게 여러 차례 출석요구를 하지 않을 것

② 검사 또는 사법경찰관은 피의자에게 출석요구를 하려는 경우 피의자와 조사의 일시·장소에 관하여 협의해야 한다. 이 경우 변호인이 있는 경우에는 변호인과도 협의해야 한다.

(경찰청)「범죄수사규칙」(경찰청 훈령)

제61조(출석요구) 경찰관은 「형사소송법」 제200조 및 같은 법 제221조의 출석요구에 따라 출석한 피의자 또는 사건관계인에 대하여 지체 없이 진술을 들어야 하며 피의자 또는 사건관계인이 장시간 기다리게 하는 일이 없도록 하여야 한다.

다. 진술거부권과 변호인의 피의자신문 참여권의 고지

수사기관은 피의자를 신문하기 전에 피의자에게 진술거부권과 변호인의 피의자신문참여권을 고지하여야 한다(형소법 제244조의3제1항). 여기에서 피의자가 진술할 것인지 여부는 피의자가 임의로 결정하며, 거부할 수 있는 진술의 내용에도 제한이 없다. 이는 「헌법」(제12조)의 불리한 진술거부권 등 기본적 인권을 보장하기 위한 법적 규제이다. 이는 인간의 존엄성을 보장하고, 비인간적인 자백의 강요와 고문을 근절하기 위한 것이다.[4]

「헌 법」

제12조 ② 모든 국민은 고문을 받지 아니하며, 형사상 자기에게 불리한 진술을 강요당하지 아니한다.

「형사소송법」

제244조의3(진술거부권 등의 고지) ① 검사 또는 사법경찰관은 피의자를 신문하기 전에 다음 각 호의 사항을 알려주어야 한다.

1. 일체의 진술을 하지 아니하거나 개개의 질문에 대하여 진술을 하지 아니할 수 있다는 것
2. 진술을 하지 아니하더라도 불이익을 받지 아니한다는 것
3. 진술을 거부할 권리를 포기하고 행한 진술은 법정에서 유죄의 증거로 사용될 수 있다는 것
4. 신문을 받을 때에는 변호인을 참여하게 하는 등 변호인의 조력을 받을 수 있다는 것

또한 경찰관은 조사 중에 상당한 시간 중단하거나, 회차를 달리하거나, 담당 경찰관이 교체된 경우에도 진술거부권에 대해 다시 고지하여야 한다(범죄수사규칙 제64조).

---

  4 헌법재판소 1990. 8. 27. 선고 89헌가118.

라. 변호인의 조력을 받을 권리의 보장

변호인의 조력을 받을 권리란 국가권력의 일방적인 형벌권행사에 대항하여 자신에게 부여된 헌법상, 소송법상의 권리를 효율적이고 독립적으로 행사하기 위하여 변호인의 도움을 얻을 피의자·피고인의 권리를 의미한다.[5]

피의자신문과정에 피의자가 변호인을 참여시키는 것은 검사와 수사관의 질문 및 자신의 진술의 법적 의미를 제대로 이해하고, 유도신문 등의 인권침해를 예방하여 피의자의 방어권 행사를 실질적으로 적정하게 하기 위한 것이며, 「헌법」의 적법절차원칙 및 공정한 재판을 받을 권리를 실질적으로 보장하기 위한 것이다.

변호인의 조력을 받을 권리는 변호인을 자유롭게 접견할 수 있는 권리(변호인교통접견권)가 핵심이다. 이는 피고인 또는 피의자의 인권보장과 방어를 위한 불가피한 권리이다.

아울러 「형사소송법」은 피의자 신문 시에 변호인이 참여할 수 있는 권리를 규정하고 있다. 수사기관은 정당한 사유[6]가 없는 한 변호인을 피의자의

---

5 헌법재판소 2004. 9. 23. 선고 2000헌마138.

6 정당한 사유라 함은 변호인이 피의자신문을 방해하거나 수사기밀을 누설할 염려가

신문에 참여하게 하여야 한다.

제243조의2(변호인의 참여 등) ① 검사 또는 사법경찰관은 피의자 또는 그 변호인·법정대리인·배우자·직계친족·형제자매의 신청에 따라 변호인을 피의자와 접견하게 하거나 정당한 사유가 없는 한 피의자에 대한 신문에 참여하게 하여야 한다.

한편 변호인의 조력을 받을 권리가 구속되지 아니한 불구속 피의자, 그리고 피고인 모두에게 포괄적으로 인정되는지 여부에 관하여는 명시적으로 규율하고 있지는 않다. 이에 대해 헌법재판소는 "불구속 피의자나 피고인의 경우 형사소송법상 특별한 명문의 규정이 없더라도 스스로 선임한 변호인의 조력을 받기 위하여 변호인을 옆에 두고 조언과 상담을 구하는 것은 수사절차의 개시에서부터 재판절차의 종료에 이르기까지 언제나 가능하다"라고 결정한 바 있다.[7]

즉 피의자·피고인의 구속 여부를 불문하고 조언과 상담을 통하여 이루어지는 변호인의 조력자로서의 역할은 변호인선임권과 마찬가지로 변호인의 조력을 받을 권리의 내용 중 가장 핵심적인 것이다. 이에 따라 수사기관은 피의자신문 시에 피의자가 합리적이고 정당하게 변호인의 조력을 받을 수 있도록 변호인의 옆자리 착석 등 필요한 조치를 하여야 한다(수사준칙 제13조).

제13조(변호인의 피의자신문 참여·조력) ① 검사 또는 사법경찰관은 피의자신문에 참여한 변호인이 피의자의 옆자리 등 실질적인 조력을 할 수 있는 위치에 앉도록 해야 하고, 정당한 사유가 없으면 피의자에 대한 법적인 조언·상담을 보장해야 하며, 법적인 조언·상담을 위한 변호인의 메모를 허용해야 한다.

있음이 객관적으로 명백한 경우 등을 말한다.

 7 헌법재판소, 2004. 9. 23. 2000헌마138

- 기록에 의하면, 사법경찰관이 변호인 참여 아래 피의자 신문을 하면서 피의자 옆에 나란히 앉아 있는 변호인에게 피의자로부터 떨어진 곳으로 옮겨 앉을 것을 요구한 사실, 변호인이 피의자 옆에 계속 앉아 있겠다면서 위 요구에 불응하자 변호인에게 퇴실을 명한 사실, 당시 변호인이 피의자신문을 방해하거나 수사기밀을 누설할 염려가 있었다는 등의 특별한 사정은 발견할 수 없는 사실을 알 수 있다.
- 사법경찰관이 변호인에게 퇴실을 명한 행위는 변호인의 피의자신문 참여권을 침해한 처분에 해당한다.

마. 진술거부권 미고지 시의 진술의 증거능력

진술거부권과 변호인의 조력을 받을 권리를 행사할 것인지의 여부에 대한 피의자의 답변은 반드시 조서에 기재하여야 한다.

「형사소송법」

제244조의3(진술거부권 등의 고지)

② 검사 또는 사법경찰관은 제1항에 따라 알려 준 때에는 피의자가 진술을 거부할 권리와 변호인의 조력을 받을 권리를 행사할 것인지의 여부를 질문하고, 이에 대한 피의자의 답변을 조서에 기재하여야 한다. 이 경우 피의자의 답변은 피의자로 하여금 자필로 기재하게 하거나 검사 또는 사법경찰관이 피의자의 답변을 기재한 부분에 기명날인 또는 서명하게 하여야 한다.

여기에서 중요한 것은 진술거부권을 고지하지 않고 신문한 진술을 기재한 피의자조서는 증거능력이 없다는 것이다.

 진술거부권과 증거능력 대법원 (2009. 8. 20. 선고, 2008도8213 판결)

- 피의자의 진술을 녹취 내지 기재한 서류 또는 문서가 수사기관에서의 조사 과정에서 작성된 것이라면, 그것이 '진술조서, 진술서, 자술서'라는 형식을 취하였다고 하더라도 피의자신문조서와 달리 볼 수 없다.
- 「형사소송법」이 보장하는 피의자의 진술거부권은 「헌법」이 보장하는 형사상 자기에게 불리한 진술을 강요당하지 않는 자기부죄거부의 권리에 터 잡은 것이므로, 수사기관이 피의자를 신문함에 있어서 피의자에게 미리 진술거부권을 고지하지 않은 때에는 그 피의자의 진술은 위법하게 수집된 증거로서 진술의 임의성이 인정되는 경우라도 증거능력이 부인되어야 한다.

바. 자료·의견의 제출기회 보장

수사기관은 피의자 신문 때에 피의자에게 이익되는 사실을 진술할 기회를 부여하여야 한다(형소법 제242조).

「형사소송법」

제242조(피의자신문사항) 검사 또는 사법경찰관은 피의자에 대하여 범죄사실과 정상에 관한 필요사항을 신문하여야 하며 그 이익되는 사실을 진술할 기회를 주어야 한다.

(2) 참고인조사

수사기관은 피의자가 아닌 제3자에 대하여도 출석을 요구할 수 있다. 여기에서 '피의자 아닌 제3자'를 참고인이라고 한다. 즉 출석요구는 목격자, 피해자 등 피의자 이외의 제3자에게도 적용된다. 참고인조사는 피의자가 범행을 부인하는 경우가 많기 때문에 매우 절실한 수사방법이다. 한편 참고인에게 범죄혐의가 없는 이상 참고인을 체포, 구속할 방법이 없고 참고인에게도 역시 진술을 강제할 수 없다.

제221조(제3자의 출석요구 등) ① 검사 또는 사법경찰관은 수사에 필요한 때에는 피의자가 아닌 자의 출석을 요구하여 진술을 들을 수 있다. 이 경우 그의 동의를 받아 영상녹화할 수 있다.

참고인에 대한 출석요구와 진술조서의 작성방법은 피의자신문의 경우와 같다. 한편 참고인은 진술 여부를 스스로 결정할 수 있지만 피의자의 경우처럼 진술거부권 고지를 받지는 않는다. 참고인 진술을 영상녹화할 때에는 피의자의 경우와 달리 반드시 참고인의 동의를 얻어야 한다.

3. 임의수사와 강제수사의 경계

(1) 임의동행의 적법성

임의동행이란 수사기관이 피의자의 동의를 얻어(승낙을 전제로 하여) 수사기관까지 동행하는 것을 말한다. 형사소송법상의 임의동행은 피의자신문을 위한 보조수단의 성질을 가진다. 검사 또는 사법경찰관은 임의동행을 요구하는 경우 상대방에게 동행을 거부할 수 있다는 것과 동행하는 경우에도 언제든지 자유롭게 동행 과정에서 이탈하거나 동행 장소에서 퇴거할 수 있다는 것을 알려야 한다(검경수사준칙 제20조). 그리고 임의동행의 과정에서 강제력이나 심리적 압박이 개입되는 경우에는 임의동행의 한계를 벗어나게 되어 적법성을 인정받기 어렵다.

> **참고** **임의동행의 적법성 요건 | 대법원 2011. 6. 30. 선고 2009도6717 판결**
> • 수사관이 동행에 앞서 피의자에게 동행을 거부할 수 있음을 알려 주었거나 동행한 피의자가 언제든지 자유로이 동행과정에서 이탈 또는 동행장소에서 퇴거할 수 있었음이 인정되는 등 오로지 피의자의 자발적인 의사에 의하여 수사관서 등에 동행이 이루어졌다는 것이 객관적인 사정에 의하여 명백하게 입증된 경우에 한하여 동행의 적법성이 인정된다고 보는 것이 타당하다.

(2) 사진촬영의 적법성

수사과정에서의 사진촬영은 우리나라의 통설은 「형사소송법」 제199조의 강제수사에 해당한다고 보고 있다. 따라서 사진촬영은 엄격한 요건이 갖추어진 경우에 한하여 인정된다. 수사과정에서 현재 범행이 행하여지고 있거나 행하여진 직후이고, 증거보전의 필요성과 긴급성이 있어야 하며 일반적으로 허용되는 상당한 방법으로 촬영할 것이 요구된다.[8]

(3) 위치추적(GPS 수사)의 적법성

혐의자 또는 피의자에 대한 위치추적은 주로 휴대전화의 기지국 추적, 차량 등에 위치추적 발신기 부착 등 방법으로 이루어지는데, 이에 대해서는 임의수사인지 강제수사인지 여부는 견해가 대립되고 있다. 개인의 위치정보의 보호는 「위치정보의 보호 및 이용 등에 관한 법률」(「위치정보법」)에서 규정하고 있는데 이 법에서는 경찰관서에서는 긴급구조 필요 시에 일정한 조건 하에서만 위치정보 수집이 가능하다고 규정한다(「위치정보법」 제18조 제2항).

한편, 「통신비밀보호법」은 휴대전화기기의 위치를 확인할 수 있는 접속지 추적자료를 '통신사실확인자료'의 하나라고 정의하여, 이 정보는 법원의 허가(영장)를 얻어 이동통신사 등 전기통신사업자에게 해당 자료를 열람하거나 제출을 요구할 수 있다고 규정하고 있다. 특히 기지국 정보는 수사의 필요성뿐만 아니라 다른 방법으로는 범죄의 실행을 저지하기 어렵거나 범인의 발견·확보 또는 증거의 수집·보전이 어려운 경우에 한해서 해당 자료의 열람이나 제출을 요청할 수 있다(「통신비밀보호법」 제13조).

---

[8] 대법원 2023. 4. 27. 2018도8161(경찰관이 나이트클럽에서 음란공연 촬영이 적법하다고 한 사례)

제13조(범죄수사를 위한 통신사실 확인자료제공의 절차) ① 검사 또는 사법경찰관은 수사 또는 형의 집행을 위하여 필요한 경우 「전기통신사업법」에 의한 전기통신사업자(이하 "전기통신사업자"라 한다)에게 통신사실 확인자료의 열람이나 제출(이하 "통신사실 확인자료제공"이라 한다)을 요청할 수 있다.

② 검사 또는 사법경찰관은 제1항에도 불구하고 수사를 위하여 통신사실확인자료 중 다음 각 호의 어느 하나에 해당하는 자료가 필요한 경우에는 다른 방법으로는 범죄의 실행을 저지하기 어렵거나 범인의 발견·확보 또는 증거의 수집·보전이 어려운 경우에만 전기통신사업자에게 해당 자료의 열람이나 제출을 요청할 수 있다. (단서 생략)

1. 제2조제11호바목·사목 중 실시간 추적자료

2. 특정한 기지국에 대한 통신사실확인자료

바. 정보통신망에 접속된 정보통신기기의 위치를 확인할 수 있는 발신기지국의 위치추적자료

사. 컴퓨터통신 또는 인터넷의 사용자가 정보통신망에 접속하기 위하여 사용하는 정보통신기기의 위치를 확인할 수 있는 접속지의 추적자료

③ 제1항 및 제2항에 따라 통신사실 확인자료제공을 요청하는 경우에는 요청사유, 해당 가입자와의 연관성 및 필요한 자료의 범위를 기록한 서면으로 관할 지방법원(군사법원을 포함한다. 이하 같다.) 또는 지원의 허가를 받아야 한다. (단서 생략)

위치정보는 충분한 보호가 필요한 민감정보에 해당하고, 휴대전화 실시간 위치정보 추적은 필연적으로 개인의 사생활 비밀의 자유의 권리를 침해하는 수사이므로 「통신비밀보호법」규정에 따른 강제수사에 해당하고, 법에 정해진 절차(적법절차)에 따라 수사가 이루어져야 한다.

III. 강제수사

1. 강제수사 개요

(1) 강제처분의 유형

강제처분이란 공권력에 의한 강제력의 행사를 요소로 하는 처분을 총칭하는 말이며, 〈표 2〉와 같이 크게 2가지 유형으로 구분할 수 있다. 직접적 물리력을 행사하는 강제처분은 좁은 의미의 강제처분이고, 소환 등 특정 행위명령을 하는 처분까지 포함하여 넓은 의미의 강제처분이라 한다.

<표 2> 강제처분의 유형

① 직접적인 물리력의 행사를 내용으로 하는 것
   (예) 체포, 구속, 압수, 수색 등
② 특정의 행위를 하도록 상대방에게 명하고 이에 응할 법적 의무를 과하는 것을 내용으로 하는
것
   (예) 소환, 제출명령, 동행명령, 검증, 증인신문, 감정·통역·번역·명령 등
※ 예를 들면, 증인에게 출석·선서 등 의무를 이행하지 않을 경우 직·간접적으로 강제가 가해지므
   로 증인신문은 강제처분으로서의 성질을 가진다.

(2) 「형사소송법」의 강제처분

형사소송에서 강제처분은 소송의 진행과 형벌의 집행을 확보하기 위해 강제력을 사용하는 것을 말한다. 강제처분은 그 주체가 누구인가에 따라 법원의 강제처분[9]과 수사기관의 강제처분으로 구분할 수 있다. 여기에서 수사기관의 강제처분을 강제수사라고 한다.

강제처분은 그 객체(대상)에 따라 대인적 강제처분과 대물적 강제처분으로 구분할 수 있다. 체포와 구속은 개인의 신체의 자유를 구속하는 처분이므로 대인적 강제처분에 해당되고, 압수와 수색은 재산권과 주거권 등 권리를 침해하는 처분이므로 대물적 강제처분에 해당한다(〈그림 6〉 참조).

---

  9 또한 수사기관의 청구에 의해 판사가 행하는 강제처분도 있다.

<그림 6> 「형사소송법」의 강제처분 유형[10]

강제처분				
대인적 강제처분 **(신체의 자유 침해)**			**대물적 강체처분** **(재산권/ 주거권 침해)**	
체포	**구속**		**압수**	**수색**
	피의자 구속 (수사기관)	피고인 구속 (법원)		

〈체포 요건〉
▪ 범죄혐의 상당성 +
  출석불응 우려
	〈구속 요건〉
	▪ 범죄혐의 상당성 + (주거불명 or 증거인
	  멸 or 도망)
			〈압수·수색 요건〉
			▪ 범죄 의심 정황 + 해당 사건과 관련성	

▪ 피의자 인치 ▪ 단시간 ▪ 수사관서 등 장소	▪ 피의자 구금 ▪ 단시간 ▪ 교도소/구치소	▪ 피고인구금/구인 ▪ (비교적) 장시간 ▪ 교도소/일정장소	▪ 물건 점유	▪ 주거/신체/장소 수색

용어 설명

- **인치(引致):** 신체의 자유를 구속한 자를 일정한 장소에 연행하는 강제처분(구인의 효력)
- **구인(拘引):** 피고인 또는 피의자를 법원 등 기타 일정한 장소에 인치하는 강제처분
- **구금(拘禁):** 피고인 또는 피의자를 교도소 또는 구치소에 감금하는 강제처분

「형사소송법」은 법원의 강제처분(피고인의 소환, 구속/ 압수·수색/ 검증)을 원칙으로 규정한다(형소법 제68조~제145조). 그리고 수사기관의 강제수사에 관하여는 체포와 구속 및 압수·수색·검증에 관한 규정을 두면서, 이들 규정은 법원의 강제처분에 관한 규정을 준용토록 하고 있다.

---

10 〈그림 6〉은 강제처분의 유형과 그 요건의 핵심 내용을 요약하여 도표화한 것인데, 이하의 강제수사를 학습할 때에 도움이 되도록 구성하였다.

2. 강제수사의 한계

(1) 강제수사와 기본권 침해의 문제

강제수사는 필연적으로 「헌법」에 의하여 보장되고 있는 기본적 인권(신체의 자유, 재산권 등)을 침해할 수 밖에 없다. 체포, 구속, 압수, 수색 등 물리적 강제력을 행사하는 처분이기 때문이다.

예를 들면, 수사기관의 입장에서는 안면인식정보 이용, 위치정보 추적 등 과학적 기술수단을 이용한 감시수사는 대상자에게 직접적이고 물리적인 압력이 가하지 않고서 비대면 상태에서도 정보(데이터)를 수집하여 분석함으로 수사의 효율성을 극대화할 수 있다. 그러나 대상자의 입장에서는 공권력에 의한 감시와 같이 프라이버시 침해 등 중대한 기본권을 침해당할 수 있다. 이와 같은 기본권 침해를 최소화하기 위해 「형사소송법」은 수사기관은 강제수사를 하기 위해서는 반드시 법률에 근거한 절차와 방법에 근거하는 경우에만 그 적법성 및 정당성을 인정받을 수 있다.

(2) 강제처분 법정주의와 비례성 원칙

가. 강제수사 법정주의

수사상 강제처분은 법률에 특별한 규정이 없으면 할 수 없는데 이를 강제처분 법정주의라고 한다. 이는 인권침해의 위험을 방지하기 위하여 강제수사의 허용조건을 법률에 규정함으로써 강제처분을 제한하는 억제 장치를 의미한다. 이에 따라 강제처분은 법률이 규정하고 있는 유형의 강제처분에 한하여 법률이 정한 요건을 충족하는 경우에 한하여 법이 정한 절차에 따라 행할 수 있다(형소법 제100조 제1항 단서).

> **「형사소송법」**
>
> **제199조(수사와 필요한 조사)** ① 수사에 관하여는 그 목적을 달성하기 위하여 필요한 조사를 할 수 있다. 다만, 강제처분은 이 법률에 특별한 규정이 있는 경우에 한하며, 필요한 최소한도의 범위 안에서만 하여야 한다.

나. 비례성의 원칙

「형사소송법」은 법에 근거한 강제처분의 경우에도 필요한 최소한도의 범위 안에서만 가능하다고 규정한다. 즉 법률에 근거한 강제처분의 경우에도 형사절차에 의한 개인의 기본권 침해는 사건의 내용 및 의미와 그에 상응하는 형벌에 비추어 그 침해의 상당성이 인정될 때에만 허용된다는 것을 의미한다(비례성의 원칙).[11] 즉, 강제처분은 임의수사만으로는 형사소송의 목적을 달성할 수 없는 경우에 최후의 수단으로만 인정되어야 한다는 제한을 받게 된다.

> **판례** 비례성 관련 판례 | 대법원 2004. 3. 23. 2003모126 판결
> • "범죄수사에 필요한 때"라 함은 단지 수사를 위해 필요할 뿐만 아니라 강제처분으로서 압수를 행하지 않으면 수사의 목적을 달성할 수 없는 경우를 말하고,
> - 그 필요성이 인정되는 경우에도 무제한적으로 허용되는 것은 아니며,
> - 압수물이 증거물 내지 몰수하여야 할 물건으로 보이는 것이라 하더라도, 범죄의 형태나 경중, 압수물의 증거가치 및 중요성, 증거인멸의 우려 유무, 압수로 인하여
> - 피압수자가 받을 불이익의 정도 등 제반 사정을 종합적으로 고려하여 판단해야 할 것이다.

(3) 영장주의와 강제수사의 제한[12]

가. 영장주의 개념과 의의

영장주의는 기본적 인권을 보호하고 수사기관의 강제수사를 적법절차로 이끄는 가장 대표적인 법적 규제 장치로서의 기능을 담당한다. 이에 「헌법」은 체포·구속·압수 또는 수색을 할 때에는 적법한 절차에 따라 검사의 신청에 의하여 법관이 발부한 영장을 제시하여야 한다고 규정함으로써 헌법적 차원에서 영장주의를 명시하고 있다.

---

11 비례성의 원칙에 대해서는 제2장 4. 수사를 위한 필요조건에서도 설명하고 있다.

12 자세한 내용은 다음 문헌을 참조. 헌법재판연구원, 「영장주의에 관한 헌법적 연구」, 2019. 참조

제12조 ③ 체포·구속·압수 또는 수색을 할 때에는 <u>적법한 절차에 따라</u> 검사의 신청에 의하여 <u>법관이 발부한 영장</u>을 제시하여야 한다. 다만, 현행범인인 경우와 장기 3년 이상의 형에 해당하는 죄를 범하고 도피 또는 증거인멸의 염려가 있을 때에는 사후에 영장을 청구할 수 있다.

제118조(영장의 제시) 압수·수색영장은 처분을 받는 자에게 반드시 제시하여야 한다.

또한 영장을 법관이 발부하도록 한 것은 헌법상 신분이 보장되고, 직무상 독립성이 담보되는 법관이 발부한 영장을 제시하도록 하여 수사기관의 자의적 강제수사 절차를 제한하기 위한 것이다. 영장신청은 헌법 및 형사소송법에 따라 검사만이 판사에게 할 수 있다. 사법경찰관이 영장을 발부받기 위해서는 먼저 검사에게 신청하고, 검사의 청구로 관할지방법원판사의 영장을 발부받아야 한다(〈그림 7〉 참조).

〈그림 7〉 영장신청 절차

나. 영장주의 원칙의 구체적 내용

영장은 ① 법관에 의해 발부되어야 하며(법관 발부), ② 영장발부는 강제수사를 이행하기 이전에 발부되어야 한다(사전영장). 그리고 범죄사실 등 ③ 수사의 범위가 특정되어야 한다(일반영장 금지). 또한 영장을 수행하기 위해서는 ④ 피의자 등 관계인에게 제시하여야 한다(영장제시).

① 법관에 의한 영장발부의 원칙

영장은 적법한 절차에 따라 검사의 신청에 의하여 법관이 발부한 것이어야 한다. 여기에서 법관이란 사법권의 독립이 담보된 사법부에 속하는 법률전문가를 말한다.

② 사전영장 발부의 원칙

강제수사를 위한 모든 영장은 원칙적으로 사전에 발부되어야 한다. 이는 수사기관의 영장청구 이전에 임의적으로 압수·수색 등 강제수사가 이루어지면 이를 사전에 인지하지 못한 개인의 인권침해가 발생하는 것을 방지하기 위한 기본적 원칙이다.

③ 일반영장 금지의 원칙

일반영장은 그 안에 대상이 되는 사람과 죄명, 장소, 사물과 유효기간 등을 제한하지 않은 영장을 말한다. 따라서 일반영장이 허용된다면 그 영장을 소지한 사람으로 하여금 언제든지 그가 원하는 사람과 장소를 무제한적으로 수색하는 것이 가능하게 된다. 그렇다면 영장주의의 의미를 무색하게 한다.

즉 영장이라는 형식과 제도의 존재만으로는 기본권 보호에 충실할 수 없기 때문에, 일반영장은 그 자체로 헌법정신에 위반되는 것이다. 즉 일반영장 금지의 원칙은 법관이 발부하는 영장은 범죄사실, 피의자, 인치 또는 구금할 장소, 압수·수색의 대상 등 그 내용이 특정되어야 한다는 원칙을 말한다.

「형사소송법」은 체포, 구속, 압수·수색 등 강제수사 시에 영장의 방식을 규정하고 있다.

「형사소송법」

제75조(구속영장의 방식) ① 구속영장에는 피고인의 성명, 주거, 죄명, 공소사실의 요지, 인치 구금할 장소, 발부년월일, 그 유효기간과 그 기간을 경과하면 집행에 착수하지 못하며 영장을 반환하여야 할 취지를 기재하고 재판장 또는 수명법관이 서명날인하여야 한다.

114조(영장의 방식) ① 압수·수색영장에는 다음 각 호의 사항을 기재하고 재판장이나 수명법관이 서명날인하여야 한다. 다만, 압수·수색할 물건이 전기통신에 관한 것인 경우에는 작성기간을 기재하여야 한다. 〈시행 2021. 12. 9.〉

1. 피고인의 성명
2. 죄명
3. 압수할 물건
4. 수색할 장소·신체·물건
5. 영장 발부 연월일
6. 영장의 유효기간과 그 기간이 지나면 집행에 착수할 수 없으며 영장을 반환하여야 한다는 취지
7. 그 밖에 대법원규칙으로 정하는 사항

④ 영장제시의 원칙

영장은 피의자 등 처분 대상자에게 반드시 제시되어야 한다. 즉 수사기관은 피압수자로 하여금 영장에 의한 압수·수색이라는 사실을 확인함과 동시에 영장에 기재된 사항(혐의 내용, 수사의 범위, 일시 등)을 충분히 알 수 있도록 제시해야 한다. 영장을 제시하는 이유는 영장주의의 절차적 보장과 더불어 개인의 사생활과 재산권 침해를 최소화하기 위한 것이다. 또한 준항고[13] 등 피압수자의 불복신청 기회를 실질적으로 보장하기 위한 목적도 있다.

---

[13] 준항고란 재판장 또는 수명법관의 일정한 재판, 또는 검사 또는 사법경찰관의 일정한 처분에 대하여 그 소속법원 또는 관할법원에 취소 또는 변경을 청구하는 불복신청방법을 말한다.

3. 체포와 구속

(1) 체포

가. 체포의 개요

체포란 죄를 범하였다고 의심할만한 상당한 이유가 있는 피의자를 단시간 동안 수사관서 등 일정한 장소에 인치하는 제도이다. 구속은 피고인 또는 피의자를 비교적 장기간에 걸쳐 구금하는 제도이고, 그 요건이 엄격하다. 반면에 체포는 수사 초기에 단기간에 걸친 피의자의 간편한 신병을 확보하기 위한 구속의 전(前) 단계의 처분으로서 체포기간이 단기간이고 그 요건이 완화되어 있다는 점에서 구속과 구별된다.

나. 체포의 요건

① 범죄혐의의 상당성과 출석요구 불응 우려

수사기관이 체포 수단으로서의 체포영장을 발부받기 위하여는 ① 피의자가 죄를 범하였다고 의심할 만한 상당한 이유가 있고, 동시에 ② 정당한 이유 없이 수사기관의 출석요구에 응하지 아니하거나 응하지 아니할 우려가 있어야 한다.

따라서 체포의 요건으로는 ① 범죄혐의의 상당성과, ② 체포의 사유로서 출석요구의 불응 또는 불응의 우려가 존재하여야 한다. 여기에서 범죄혐의는 수사기관의 주관적 혐의로는 충분하지 않고, 객관적 혐의가 있어야 한다. 즉 체포를 하기 위해서는 무죄의 추정을 깨뜨릴 수 있을 정도의 유죄판결에 대한 고도의 개연성 내지 충분한 범죄혐의가 있어야 한다.

체포는 검사의 청구에 의하여 관할 지방법원판사가 발부한 체포영장에 의한다. 사법경찰관은 검사에게 신청하여 검사의 청구로 체포영장을 발부받아야 한다.

② 체포의 필요성

체포의 요건이 충족되더라도 판사는 피의자의 연령과 경력, 가족관계 등 여러 사정을 고려하여 체포의 필요성이 명백하지 않다면 체포영장을 발부하지 않아야(기각) 한다(형사소송규칙(대법원 규칙) 제96조의2). 예를 들면, 피의자의 연령과 경력, 가족관계나 교우관계, 범죄의 경중 및 태양, 기타 제반사항에 비추어 명백히 피의자의 도망, 증거인멸 우려가 없는 경우에는 체포의 필요성이 없으므로 판사는 영장발부를 기각한다.

다. 체포의 절차

체포는 체포영장의 청구 → 체포영장의 발부 → 체포영장의 집행 순으로 이루어진다. 「형사소송법」은 피의자를 체포할 경우 체포영장에 의한 체포를 원칙으로 한다. 한편 긴급체포와 현행범의 경우에는 영장없는 체포를 허용한다. 영장없는 체포의 경우에는 체포영장 대신에 구속영장을 청구하면 충분하고 사후에 체포영장을 받아야 하는 것은 아니다(〈그림 8〉 참조).

〈그림 8〉체포 절차

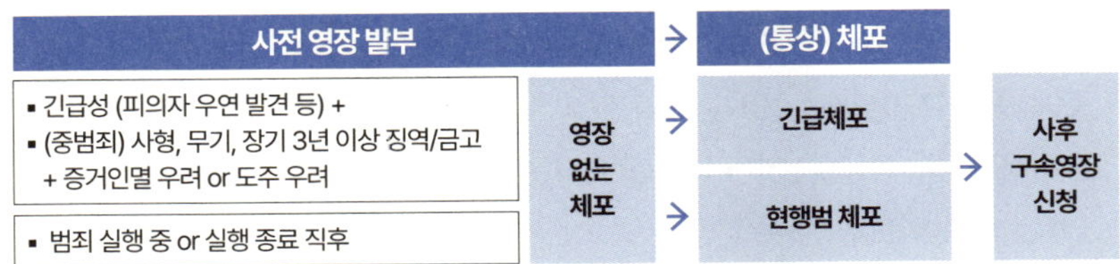

라. 「체포영장 청구서」의 기재사항

「형사소송규칙」(대법원 규칙)

제95조(체포영장청구서의 기재사항) 체포영장의 청구서에는 다음 각 호의 사항을 기재하여야 한다.

1. 피의자의 성명(분명하지 아니한 때에는 인상, 체격, 그 밖에 피의자를 특정할 수 있는 사항), 주민등록번호 등, 직업, 주거

2. 피의자에게 변호인이 있는 때에는 그 성명

3. 죄명 및 범죄사실의 요지

4. 7일을 넘는 유효기간을 필요로 하는 때에는 그 취지 및 사유

5. 여러 통의 영장을 청구하는 때에는 그 취지 및 사유

6. 인치구금할 장소

7. 법 제200조의2제1항에 규정한 체포의 사유

8. 동일한 범죄사실에 관하여 그 피의자에 대하여 전에 체포영장을 청구하였거나 발부받은 사실이 있는 때에는 다시 체포영장을 청구하는 취지 및 이유

9. 현재 수사 중인 다른 범죄사실에 관하여 그 피의자에 대하여 발부된 유효한 체포영장이 있는 경우에는 그 취지 및 그 범죄사실

제96조(자료의 제출등) ① 체포영장의 청구에는 체포의 사유 및 필요를 인정할 수 있는 자료를 제출하여야 한다

마. 체포영장의 방식

체포영장의 청구를 받은 지방법원판사는 상당하다고 인정할 때에는 체포영장을 발부한다. 체포영장 방식은 법원의 구속영장 방식을 준용한다.

제75조(구속영장의 방식) ① 구속영장에는 피고인의 성명, 주거, 죄명, 공소사실의 요지, 인치 구금할 장소, 발부년월일, 그 유효기간과 그 기간을 경과하면 집행에 착수하지 못하며 영장을 반환하여야 할 취지를 기재하고 재판장 또는 수명법관이 서명날인하여야 한다.

바. 체포 등의 고지

수사기관이 체포영장을 집행할 때에는 체포영장을 피의자에게 제시하여야 한다. 체포영장은 검사의 지휘에 의하여 사법경찰관리가 집행한다. 이 경우 수사기관은 피의사실의 요지, 체포의 이유와 변호인을 선임할 수 있음을 말하고 변명의 기회를 주어야 한다(형소법 제200조의 5). 그리고 불리한 진술을 거부할 권리가 있음을 고지하여야 한다(수사준칙제32조).

사. 체포 기간

수사기관은 체포한 피의자에 대해 48시간 이내에 구속영장을 청구하여야 한다. 반드시 구속영장을 발부받아야 하는 것은 아니다. 그러나 48시간 이내에 청구하지 않거나, 청구 후에도 구속영장을 발부받지 못하면 피의자를 즉시 석방하여야 한다(형소법 제202조의2 제5항).

(2) 구속

가. 구속의 개념과 목적[14]

구속이란 피의자 또는 피고인의 신체의 자유를 체포에 비하여 장기간에 걸쳐 제한하는 강제처분이다. 피고인 또는 피의자의 자유를 제한함으로써 형사소송 절차에의 출석을 보장하고, 증거인멸에 의한 수사와 심리의 방해를 제거 및 확정된 형벌의 집행을 확보하기 위한 제도이다. 즉 구속은 형사소송의 진행과 형벌의 집행을 확보함을 목적으로 한다.

그러나 구속은 단순히 수사를 용이하게 하기 위한 제도는 아니다. 구속은

---

  14 이재상 외, 『형사소송법』, 박영사, 2023, 176면.

피의자나 피고인 뿐만 아니라 그의 가족 등에게 생계유지 어려움, 방어기회의 제한 등 중대한 영향을 미치므로 "피의자에 대한 수사는 불구속 상태에서 함을 원칙으로 한다"(형소법 제198조제1항). 따라서 구속 이외의 방법으로는 수사목적이 달성될 수 없는 경우에 한하여 최후의 수단으로 행해져야 한다. 즉 피의자 등의 자백을 받기 위하여 구속하거나, 수사의 편의를 위하여 구속하는 것은 허용되지 않아야 한다.

나. 구속의 요건

구속은 상당한 범죄의 혐의와 동시에 주거 불명확 또는 증거인멸 우려의 존재를 요건으로 한다. 여기에서 구속의 요건이 되는 범죄혐의는 무죄의 추정을 깨뜨릴 정도로 유죄판결에 대한 고도의 개연성이 인정되는 경우로 제한된다. 부당한 구속이나 구속의 남용으로부터 개인의 자유를 보장하기 위해 「형사소송법」은 법원과 수사기관에 의한 피고인 및 피의자에 대한 구속요건과 구속 사유를 규정하고 있다(형소법 제70조, 제201조).

구속의 사유로서 증거인멸의 위험은 인적·물적 증거방법에 부정하게 영향을 미쳐 사실인정이 침해되는 것을 방지하는 기능을 가진 구속 사유이다. 한편 도망이나 도망의 위험은 피고인 또는 피의자가 형사소송에 출석할 것을 확보하기 위한 구속 사유이다. 피고인을 구속하는 경우에는 법원이 구속영장을 발부하며, 피의자에 대한 구속영장 방식은 법원의 구속영장 방식을 준용한다.

「형사소송법」

제70조(구속의 사유) ① 법원은 피고인이 죄를 범하였다고 의심할 만한 상당한 이유가 있고 다음 각 호의 1에 해당하는 사유가 있는 경우에는 피고인을 구속할 수 있다.
  1. 피고인이 일정한 주거가 없는 때
  2. 피고인이 증거를 인멸할 염려가 있는 때
  3. 피고인이 도망하거나 도망할 염려가 있는 때
② 법원은 제1항의 구속사유를 심사함에 있어서 범죄의 중대성, 재범의 위험성, 피해자 및 중요 참고인 등에 대한 위해(危害) 우려 등을 고려하여야 한다.

> **제201조(구속)** ① 피의자가 죄를 범하였다고 의심할 만한 상당한 이유가 있고 제 70조제1항 각 호의 1에 해당하는 사유가 있을 때에는 검사는 관할지방법원판사에 게 청구하여 구속영장을 받아 피의자를 구속할 수 있고 사법경찰관은 검사에게 신 청하여 검사의 청구로 관할지방법원판사의 구속영장을 받아 피의자를 구속할 수 있다. (단서 생략)
> ② 구속영장의 청구에는 구속의 필요를 인정할 수 있는 자료를 제출하여야 한다.

다. 「구속영장청구서」의 기재사항

「형사소송규칙」 (대법원 규칙)

제95조의2(구속영장청구서의 기재사항) 구속영장의 청구서에는 다음 각 호의 사 항을 기재하여야 한다.

1. 제95조제1호부터 제6호까지 규정한 사항 (※ 피의자 성명, 범죄사실 요지, 구 금장소 등)
2. 법 제70조제1항 각 호에 규정한 구속의 사유 (※ 주거불명, 증거 인멸, 도망우 려 등)
3. 피의자의 체포여부 및 체포된 경우에는 그 형식
4. 법 제200조의6, 법 제87조에 의하여 피의자가 지정한 사람에게 체포이유 등 을 알린 경우에는 그 사람의 성명과 연락처

라. 판사의 구속 전 피의자심문(영장실질심사제도)

판사는 체포영장에 의해 구속된 피의자에 대하여 구속영장을 청구받으면 지체 없이 피의자를 심문하여야 하고(형소법 제201조의2 제1항), 체포되지 아니 한 피의자에 대해서는 상당한 범죄혐의가 있다고 인정하는 경우에는 구인을 위한 구속영장을 발부하여 피의자를 구인한 후 심문한다(같은 조 제2항).

판사의 구속 전 피의자심문은 판사나 피의자가 판단 또는 선택하여 결정 하는 것이 아니고 필수적으로 실시되는 절차이다. 이는 피의자의 구속을 제 한하기 위한 중요한 장치이다.

- **신문(訊問)**은 법원이나 기타 국가 기관이 어떤 사건에 관하여 증인, 당사자, 피고인 등에게 말로 물어 조사하는 것을 말함

  (예: 검찰이나 경찰이 범죄를 밝히기 위해 '피의자 신문'이나 '참고인 신문'을 하고, 법원이 재판에서 진실을 가리기 위해 '피고인 신문'이나 '증인 신문'을 하는 것)

- **심문(審問)**은 법원이 당사자나 그 밖에 이해관계가 있는 사람에게 서면이나 구두로 개별적으로 진술할 기회를 주는 것을 말함

마. 구속영장의 발부와 집행

구속영장의 청구를 받은 지방법원판사는 신속히 구속영장의 발부 여부를 결정하여야 하며, 상당하다고 인정할 때에는 구속영장을 발부한다(형소법 제201조 제3항, 제4항). 구속영장은 검사의 지휘 하에 사법경찰관리가 집행한다(형소법 제209조).

바. 구속영장 집행 후 절차

검사 또는 사법경찰관이 피의자를 구속하는 때에는 즉시 피의사실의 요지, 구속의 이유와 변호인을 선임할 수 있음을 말하고 변명의 기회를 주어야 한다(형소법 제209조, 제200조의 5).

또한 지체 없이 변호인 또는 변호인선임권자(법정대리인, 배우자, 직계친족과 형제자매)에게 피의사건명, 구속일시, 장소, 범죄사실의 요지, 구속의 이유와 변호인을 선임할 수 있는 취지를 알려야 한다(형소법 제209조, 제87조). 그리고 불리한 진술을 거부할 권리가 있음을 고지하여야 한다(수사준칙 제32조).

사. 구속기간

제202조(사법경찰관의 구속기간) 사법경찰관이 피의자를 구속한 때에는 10일 이내에 피의자를 검사에게 인치하지 아니하면 석방하여야 한다.

제203조(검사의 구속기간) 검사가 피의자를 구속한 때 또는 사법경찰관으로부터 피의자의 인치를 받은 때에는 10일 이내에 공소를 제기하지 아니하면 석방하여야 한다.

제205조(구속기간의 연장) ① 지방법원판사는 검사의 신청에 의하여 수사를 계속함에 상당한 이유가 있다고 인정한 때에는 10일을 초과하지 아니하는 한도에서 제203조의 구속기간의 연장을 1차에 한하여 허가할 수 있다.

한편 법원이 피고인을 구속하는 경우에 구속기간은 2개월이며, 이는 필요할 때에 심급마다 2개월 단위로 2차에 한하여 연장할 수 있다.

아. 체포·구속 적부심사제도

체포·구속적부심사제도란 수사기관에 의하여 체포되거나 구속된 피의자(피고인은 청구권이 없음)에 대하여 법원이 체포 또는 구속의 적법 여부 또는 정당성과 필요성을 심사하여 체포 또는 구속이 부적법하고 부당한 경우에 피의자를 석방시키는 제도를 말한다. 법원은 구속적부심사를 위한 피의자 심문이 종료된 때부터 24시간 이내에 그 청구에 대한 결정을 하여야 한다(형사소소규칙 제106조).

제214조의2(체포와 구속의 적부심사) ① 체포되거나 구속된 피의자 또는 그 변호인, 법정대리인, 배우자, 직계친족, 형제자매나 가족, 동거인 또는 고용주는 관할법원에 체포 또는 구속의 적부심사(適否審査)를 청구할 수 있다.

② 피의자를 체포하거나 구속한 검사 또는 사법경찰관은 체포되거나 구속된 피의자와 제1항에 규정된 사람 중에서 피의자가 지정하는 사람에게 제1항에 따른 적부심사를 청구할 수 있음을 알려야 한다.

4. 압수와 수색

(1) 압수·수색의 의의[15]

압수와 수색은 장래에 공소를 제기하기 위한 증거의 보전을 위해서 이루어지는 대물적 강제처분이다. 대물적 강제처분은 그 직접적 대상이 물건이라는 점에서, 체포나 구속 등 사람을 대상으로 하는 대인적 강제처분과 구분된다. 형사소송법상 대물적 강제처분에는 압수·수색과 검증이 있다.

① 압수라 함은 물건의 점유를 취득하는 강제처분을 말하며, ② 수색이란 압수해야 할 물건이나 또는 체포할 사람의 발견을 위해 주거·물건·사람의 신체 또는 기타의 장소에 대하여 행하는 강제처분을 말한다. 수색은 실제로 압수와 함께 행해지는 것이 통례이고, 실무상으로도 압수·수색영장이라는 단일영장이 발부되고 있다. ③ 검증이란 신체검사, 부검, 현장의 사진촬영 등 사람, 장소, 물건의 성질, 형상을 오관의 작용에 의하여 인식하는 강제처분을 말한다.

위와 같은 대물적 강제처분은 그 주체에 따라 법원이 증거수집을 위해 행하는 경우와 수사기관이 행하는 경우로 구분할 수 있다. 수사기관의 대물적 강제처분을 대물적 강제수사라고 한다.

(2) 압수·수색의 요건

압수·수색 역시 강제처분이므로 이에 상응하는 요건이 갖추어져야 한다. 수사기관이 압수·수색을 하기 위해서는 법관이 발부한 영장이 필요한데, 이 영장을 발부하기 위해서는 ① 수사의 필요성, ② 범죄를 의심할만한 정황이 있어야 하고, 동시에 ③ 해당 사건과 관계가 있어야 한다(제215조제1항).[16]

---

15 이재상 외, 『형사소송법』, 박영사, 2023. 216~217면.

16 법원은 필요한 때 피고사건과 관계가 있다고 인정할 수 있는 것에 한하여, ①증거물 등을 압수할 수 있고(형소법 제106조제1항), ②피고인의 신체, 물건 또는 주거, 그 밖의 장소를 수색할 수 있다(형소법 제109조제1항).

제215조(압수, 수색, 검증) ① 검사는 범죄수사에 <u>필요한</u> 때에는 피의자가 죄를 범하였다고 <u>의심할 만한</u> 정황이 있고 해당 사건과 <u>관계가 있다고</u> 인정할 수 있는 것에 한정하여 지방법원판사에게 청구하여 발부받은 영장에 의하여 압수, 수색 또는 검증을 할 수 있다.

② 사법경찰관이 범죄수사에 필요한 때에는 피의자가 죄를 범하였다고 의심할 만한 정황이 있고 해당 사건과 관계가 있다고 인정할 수 있는 것에 한정하여 검사에게 신청하여 검사의 청구로 지방법원판사가 발부한 영장에 의하여 압수, 수색 또는 검증을 할 수 있다.

가. 범죄를 의심할 만한 정황

수사기관이 압수·수색을 위해서는 '피의자가 죄를 범하였다고 의심할만한 정황' 즉 단순한 혐의가 인정되는 경우라면 영장을 청구할 수 있다고 해석된다. 따라서 압수·수색의 요건은 구속요건에서의 '죄를 범하였다고 의심할만한 상당한 이유' 즉 범죄혐의의 상당성이 인정되어야 영장을 청구(형소법 제201조)할 수 있는 정도로 엄격한 요건이 필요한 것은 아니라고 해석된다.

그럼에도 압수·수색은 강제처분이므로 체포·구속과 마찬가지로 검사의 청구에 의한 판사의 영장발부가 필요하다. 또한 수사기관은 압수·수색영장 청구서와 함께 압수·수색의 필요성과 해당 사건과의 관련성이 인정되는 자료를 제출하여야 한다(형사소송규칙 제108조).

나. 수사의 필요성

수사기관은 압수·수색을 할 때에는 그 필요성이 인정되어야 한다. 여기에서 필요성이란 단순히 범죄수사를 위해 필요할 뿐만 아니라 강제처분인 압수·수색을 하지 않으면 수사의 목적을 달성할 수 없을 정도의 필요성이 요구되는 것으로 이해하여야 한다.

즉 임의수사에 의해 압수·수색의 목적을 달성할 수 있는 때에는 압수·수색을 할 수 없다고 보아야 한다. 그리고 그 필요성이 인정되는 경우에도 무제한적으로 허용되는 것은 아니며 범죄의 경중, 대상물의 증거가치와 중요

성 등 범죄의 여러 상황을 종합적으로 고려하여야 한다.[17]

다. 해당 사건과의 관련성

압수·수색은 해당 사건과의 관련성이 인정되는 범위 내에서만 할 수 있다. 이는 수사의 필요성 이외에도 해당 사건과의 관련성이라는 요건이 필요하다는 의미이다. 관련성은 압수물 등이 증거로 될 수 있다는 개연성이 있음을 의미한다. 즉 논리적으로도 사건과 관련이 없는 물건 등을 압수·수색하는 것은 그 필요성도 인정되지 않으며, 관련성 없이 취득한 압수물을 위법수집증거로서 증거능력을 인정받을 수 없다.

결국 관련성 요건은 영장을 집행함에 있어서 그 압수·수색의 대상물을 제한하는 기능을 수행하는 것이다. 이는 압수·수색의 집행은 국민의 자유에 대한 필요 최소한도의 간섭에 그쳐야 한다는 비례성의 원칙의 적용이기도 하다.

(3) 압수·수색의 목적물

가. 압수의 목적물

압수의 대상은 증거물과 몰수할 것으로 사료되는 물건이다. 압수의 목적물은 동산이든 부동산이든 불문한다. 이외에도 압수의 목적물이 컴퓨터용디스크, 그 밖에 이와 비슷한 정보저장매체(정보저장매체등)인 경우에는 기억된 정보의 범위를 정하여 출력하거나 복제하여 제출받아야 한다. 다만, 범위를 정하여 출력 또는 복제하는 방법이 불가능하거나 압수의 목적을 달성하기에 현저히 곤란하다고 인정되는 때에는 정보저장매체등을 압수할 수 있다(형소법 제106조 제3항).[18]

한편, 수사기관이 금융거래정보에 대한 압수·수색이 필요한 경우에는 「금융실명거래 및 비밀보장에 관한 법률」(「금융실명법」)에 따라 별도의 금융계좌추적용 압수·수색영장 서식에 의하여야 한다(「금융실명법」 제4조 제2항). 실제로

---

17 대법원 2008.7.10. 2008도2245 판결.
18 정보저장매체등의 압수·수색에 대해서는 해당 장(디지털포렌식)에서 구체적으로 서술한다.

압수·수색 대상자의 금융거래정보에 대한 포괄적 계좌추적은 허용되지 않는다. 즉 계좌거래내역, 직전 또는 직후의 연결계좌의 거래개설 정보에 한하여 「금융실명법」에서 정한 서식의 영장이 발부되고 있다.[19]

나. 수색의 목적물

수색의 목적물은 사람의 신체, 물건 또는 주거, 기타 장소이다. 이 경우에도 압수 시와 마찬가지로 피의사건과 관계가 있다고 인정할 수 있는 것에 한하여 수색이 인정된다. 피고인 또는 피의자에 대한 수색은 널리 허용되지만 피고인 또는 피의자 아닌 자의 신체, 물건 또는 주거, 기타 장소에 관하여는 압수할 물건이 있음을 인정할 수 있는 경우에 한하여 수색할 수 있다.

다. 목적물에 대한 압수·수색의 한계

압수·수색의 목적물은 군사상 비밀, 공무상 비밀 및 업무상 비밀에 관한 것인 경우에는 해당 기관 책임자의 승낙 필요 등 한계가 따른다(형소법 제110조 ~ 제112조).

(4) 압수·수색 절차

가. 압수·수색 영장의 발부

검사는 범죄수사에 필요한 때에는 지방법원 판사에게 청구하여 발부받은 영장에 의하여 압수·수색을 할 수 있다. 사법경찰관이 범죄수사에 필요한 때에는 검사에게 신청하여 검사의 청구로 지방법원판사가 발부한 영장에 의하여 압수·수색을 할 수 있다(형소법 제215조).

검사 또는 사법경찰관은 체포현장에서 압수한 물건을 계속 압수할 필요가 있는 경우에는 체포한 때로부터 48시간 이내에 압수·수색영장을 청구하여야 한다(형소법 제217조 제2항).

---

  19 이는 특별법에 의한 대물적 강제처분에 해당한다.

- 사법경찰관은 피고인 A에 대하여 음란물 유포의 범죄혐의를 이유로 압수·수색영장을 발부받았다. 압수·수색 과정에서 사법경찰관은 피고인A의 주거지를 수색하는 과정에서 대마를 발견하자 피고인 A를 마약류 관리에 관한 법률 위반죄의 현행범으로 체포하였다. 그러나 다음 날에 피고인은 석방하였으나 사후 압수·수색영장을 발부받지 않았다.
- (법원 판결) 형사소송법 제 피의자를 체포하는 경우에 필요한 때에는 영장 없이 체포현장에서 압수·수색을 할 수 있고, (…) 사후에 영장을 받도록 규정하고 있는 바, (…) 이 사건 압수물과 압수조서의 기재는 형사소송법상 영장주의 원칙에 위배하여 수집하거나 그에 기초한 증거로서 그 절차위반행위가 적법절차의 실질적인 내용을 침해하는 정도에 해당한다 할 것이다.

한편 소유자, 소지자 또는 보관자가 임의로 제출한 물건 또는 유류한 물건(임의제출물)은 영장없이 압수할 수 있다(형소법 제108조).

나. 압수·수색 대상의 특정(영장의 방식)

압수·수색의 대상과 장소는 영장에 구체적으로 명시되어야 하며, 탐색적·포괄적으로 기재한 영장은 허용되지 않는다. 따라서 압수·수색영장에는 압수·수색의 대상, 장소 등이 사전에 특정되어야 한다. 이는 개인의 프라이버시 보호를 위하여 일반적·탐색적 압수·수색을 금지하기 위한 취지이다.

「형사소송법」

제114조(영장의 방식) ① 압수·수색영장에는 다음 각 호의 사항을 기재하고 재판장이나 수명법관이 서명날인하여야 한다. 다만, 압수·수색할 물건이 전기통신에 관한 것인 경우에는 작성기간을 기재하여야 한다.

1. 피고인의 성명, 2. 죄명, 3. 압수할 물건, 4. 수색할 장소·신체·물건
5. 영장 발부 연월일
6. 영장의 유효기간과 그 기간이 지나면 집행에 착수할 수 없으며 영장을 반환하여야 한다는 취지
7. 그 밖에 대법원규칙으로 정하는 사항

〈사실관계〉

- A회사는 노조활동 방해 혐의로 기소되었다. 검찰은 당초 A회사의 x. y. z 사옥에 대한 압수수색영장을 발부받았다. 그런데 검찰은 A회사의 다른 사옥 s 사옥에서 PC 등 증거물을 압수하였다. 이에 A회사는 "증거가 수집된 곳은 영장에 기재된 압수수색 장소가 아니었고 영장에 기재된 범죄사실과도 관련성이 없어 위법하다"고 주장했다.

〈법원판결〉

- 이 사건 전자정보와 그 출력물은 이 사건 영장의 장소적 효력범위에 위반하여 집행되었을 뿐만 아니라, 영장 제시의무를 위반하는 등 영장주의 원칙 및 헌법과 형사소송법이 정한 적법절차의 실질적인 내용을 침해하여 취득한 증거이고,
- 예외적으로 증거능력이 인정되는 경우에 해당한다고 할 수도 없으며,
- 이 사건 전자정보 출력물을 제시받거나 그 내용에 기초하여 진술한 증거 역시 위법하게 수집된 이 사건 전자정보를 기초로 획득한 2차적 증거로서 증거수집 과정에서의 절차적 위법과 사이에 직접적인 인과관계가 인정된다고 보아 그 증거능력을 배척한 원심의 결론은 정당하다.

다. 압수·수색영장의 집행

압수·수색영장은 검사의 지휘에 의하여 사법경찰관리가 집행한다. 압수·수색영장은 처분을 받는 자에게 반드시 제시되어야 한다. 그 대상이 여러 명인 경우에는 각자에게 개별적으로 제시하여야 한다.

「형사소송법」

제115조(영장의 집행) ① 압수·수색영장은 검사의 지휘에 의하여 사법경찰관리가 집행한다. 단, 필요한 경우에는 재판장은 법원사무관등에게 그 집행을 명할 수 있다.

제118조(영장의 제시) 압수·수색영장은 처분을 받는 자에게 반드시 제시하여야 한다.

- 수사기관이 압수·수색에 착수하면서 그 장소의 관리책임자에게 영장을 제시하였다고 하더라도, 물건을 소지하고 있는 다른 사람으로부터 이를 압수하고자 할 때에는 그 사람에게 따로 영장을 제시하여야 한다.

한편 동일한 영장으로 같은 장소에 여러 번 압수·수색할 수는 없다. 따라서 수사기관이 압수·수색영장을 제시하고 집행에 착수하여 이를 종료한 때에는 영장의 유효기간이 경과하지 않은 때에도 새로운 압수·수색영장을 발부받아야 동일한 장소 또는 목적물에 대하여 다시 압수·수색할 수 있다.

- 「형사소송법」 제215조에 의한 압수·수색영장은 수사기관의 압수·수색에 대한 허가장으로서 거기에 기재되는 유효기간은 집행에 착수할 수 있는 종료시기를 의미하는 것일 뿐이다.
- 수사기관이 압수·수색영장을 제시하고 집행에 착수하여 압수·수색을 실시하고 그 집행을 종료하였다면 이미 그 영장은 목적을 달성하여 효력이 상실되는 것이고,
- 동일한 장소 또는 목적물에 대하여 다시 압수·수색할 필요가 있는 경우라면 그 필요성을 소명하여 법원으로부터 새로운 압수·수색영장을 발부 받아야 하는 것이지,
- 앞서 발부 받은 압수·수색영장의 유효기간이 남아있다고 하여 이를 제시하고 다시 압수·수색을 할 수는 없는 것이다.

라. 압수·수색 시 당사자 등의 참여와 통지

압수·수색 시 당사자 등이 통지를 받고 참여를 하는 것은 그 절차의 공정을 확보하고 집행을 받는 자의 이익을 보호하기 위한 것이다. 다만 '급속을 요할 때' 등 경우에는 예외로 하는데, 예를 들면 압수·수색 사실을 미리 알려주면 증거물을 은닉할 염려 등이 있어 압수·수색의 실효를 거두기 어려운 경우이다(대법원 2012.10.11. 선고 2012도7455 판결).

제121조(영장집행과 당사자의 참여) 검사, 피고인 또는 변호인은 압수·수색영장의 집행에 참여할 수 있다.

제122조(영장집행과 참여권자에의 통지) 압수·수색영장을 집행함에는 미리 집행의 일시와 장소를 전조에 규정한 자에게 통지하여야 한다. 단, 전조에 규정한 자가 참여하지 아니한다는 의사를 명시한 때 또는 급속을 요하는 때에는 예외로 한다.

마. 증명서·압수목록의 교부

제129조(압수목록의 교부) 압수한 경우에는 **목록을 작성하여** 소유자, 소지자, 보관자 기타 이에 준할 자에게 교부하여야 한다.

[판례] 대법원 2009. 3. 12. 선고 2008도763 판결

- 공무원인 수사기관이 작성하여 피압수자 등에게 교부해야 하는 압수물 목록에는 작성연월일이 기재되고, 그 내용도 사실에 부합하여야 한다. 또, 압수물 목록은 피압수자 등이 압수물에 대한 환부·가환부신청을 하거나 압수처분에 대한 준항고를 하는 등 권리행사절차를 밟는 가장 기초적인 자료가 되므로, 이러한 권리행사에 지장이 없도록 압수 직후 현장에서 바로 작성하여 교부해야 하는 것이 원칙이다.
- 같은 취지에서, 작성월일을 누락한 채 일부 사실에 부합하지 않는 내용으로 작성하여 압수·수색이 종료된 지 5개월이나 지난 뒤에 이 사건 압수물 목록을 교부한 행위는 형사소송법이 정한 바에 따른 압수물 목록 작성·교부에 해당하지 않는다고 본 원심의 판단은 정당하고, 압수물 목록 작성·교부에 관한 법리오해 등의 위법은 없다.

(5) 압수·수색영장의 예외

강제처분 법정주의에 따라 범죄수사 목적의 압수·수색을 행할 필요가 있는 경우에는 사전에 법관의 영장을 발부받고, 처분을 받는 자에게 이를 제시하여야 한다. 그러나 예외적으로 압수·수색영장이 없더라도 압수·수색이 허용되는 경우가 있을 수 있다.

　「형사소송법」은 ① 체포·구속을 위한 피의자를 수사(수색)하기 위한 경우, ② 체포현장에서 압수·수색하는 경우에는 사전 영장주의의 예외를 인정하고 있다(형소법 제216조). 수사기관은 체포 또는 구속을 위해 피의자를 수사하는 과정에서, 피의자가 타인의 주거나 타인이 간수하는 가옥, 건조물, 항공기, 선차 내에 숨어있다고 인정되는 경우에 피의자를 발견하기 위해 압수·수색영장 없이 가옥 등에 들어갈 수 있다. 이는 피해자 수사의 본질이 압수·수색이라기 보다는 피의자에 대한 체포 또는 구속 행위 자체로 보아야 하기 때문이다.

　그리고 체포현장에서는 피의자의 ① 흉기 위협, ② 증거의 파괴·은닉 등을 예방하기 위한 긴급행위로서 이들에 대한 압수·수색영장의 예외가 인정된다고 보아야 한다. 이에 따르면 체포 시의 압수·수색의 대상은 체포 시에 위험을 야기할 우려가 있는 무기, 도주의 수단이 되는 물건, 그리고 체포의 원인이 되는 범죄사실에 대한 증거물에 한정된다.

　압수·수색 시에 별건(다른 범죄 사건)의 증거를 발견한 때에는 임의제출을 구하거나 영장에 의하여야 한다. 이는 일반 영장주의의 포괄적 수색이 허용될 수 없기 때문이다.

「형사소송법」

제216조(영장에 의하지 아니한 강제처분) ① 검사 또는 사법경찰관은 제200조의2·제200조의3·제201조 또는 제212조의 규정에 의하여 피의자를 체포 또는 구속하는 경우에 필요한 때에는 영장없이 다음 처분을 할 수 있다.

　1. 타인의 주거나 타인이 간수하는 가옥, 건조물, 항공기, 선차 내에서의 피의자 수색. 다만, 제200조의2 또는 제201조에 따라 피의자를 체포 또는 구속하는 경우의 피의자 수색은 미리 수색영장을 발부받기 어려운 긴급한 사정이 있는 때에 한정한다.

　2. 체포현장에서의 압수, 수색, 검증

제217조(영장에 의하지 아니하는 강제처분) ① 검사 또는 사법경찰관은 제200조의3에 따라 체포된 자가 소유·소지 또는 보관하는 물건에 대하여 긴급히 압수할 필요가 있는 경우에는 체포한 때부터 24시간 이내에 한하여 영장 없이 압수·수색 또는 검증을 할 수 있다.

(6) 압수물과 증거능력

수사기관이 적법절차에 의하지 않고 취득한 압수물은 증거능력이 없다.[20]

제308조의2(위법수집증거의 배제) 적법한 절차에 따르지 아니하고 수집한 증거는 증거로 할 수 없다.

판례 대법원 2007. 11. 15. 선고 2007도3061 판결

〈사실관계〉

- 피고인은 공소제기 직후부터 일관하여 검사가 실시한 압수수색은 압수수색영장의 효력이 미치는 범위, 영장의 제시 및 집행에 관한 사전통지와 참여, 압수목록 작성·교부 등에 관하여 법이 정한 여러 절차 조항을 따르지 않은 위법한 것이어서 이를 통하여 수집된 이 사건 압수물을 유죄 인정의 증거로 삼아서는 안 된다고 주장한다.

〈법원판단〉

- 원심으로서는 검사가 이 사건 압수물을 수집하는 과정에서 실제로 위 피고인들이 주장하는 바와 같은 헌법 및 형사소송법이 정한 절차 조항을 위반한 위법이 있는지를 확인해 보았어야 할 것이고,
- 특히 주장된 구체적 위법사유 중 영장에 압수할 물건으로 기재되지 않은 물건의 압수, 영장 제시 절차의 누락, 압수목록 작성·교부 절차의 현저한 지연 등으로 적법절차의 실질적인 내용을 침해한 점이 있는지 여부 등을 심리해 보았어야 할 것이다.
- 그럼에도 불구하고, 원심이 이 점에 관하여 충분히 심리하지 아니한 채,
- 그냥 압수절차가 위법하더라도 압수물의 증거능력은 인정된다는 이유만으로 이 사건 압수물의 증거능력을 인정하고 이를 유죄 인정의 유력한 증거로 채택하여 위 피고인들에 대한 이 사건 공소사실 중 유죄 부분에 대하여 죄책을 인정한 것은,
- 적법한 절차에 따르지 아니하고 수집한 증거의 증거능력에 관한 법리오해, 채증법칙 위반 등의 위법을 범한 것으로, 이는 판결에 영향을 미쳤음이 분명하다.

---

  20 위법수집증거배제의 원칙은 4장 증거능력 법칙에서 상세하게 설명한다.

판례 대법원 1990.9.14. 90도1263 판결

· 〈사실관계〉

   사법경찰관이 사후영장을 발부받지 못한 채, 검증조서 및 압수조서를 작성하였다.

· 〈법원판결〉

   사법경찰관 작성의 검증조서는 범죄현장에서 급속을 요한다는 이유로 압수수색 영장 없이 행하여졌고 그 후 법원의 사후영장을 받은 흔적이 없다.

   - 따라서 이 검증조서는 유죄의 증거로 쓸 수 없는데다가,

   - 설사 피고인이 동의하여 증거능력이 있다 하더라도, (⋯) 또 압수조서도 그와 같은 물건들이 현장에서 압수되었다는 사실 외에 피고인의 범행사실을 인정할 만한 증거가치는 없는 것이다.

판례 대법원 2009. 7. 22. 2009도14376 판결

〈사실관계〉

· 경찰이 피고인의 집에서 20m 떨어진 곳에서 피고인을 체포하여 수갑을 채운 후, 피고인의 집으로 가서 집안을 수색하여 칼과 합의서를 압수하고, 그 압수물에 대해 사후 임의제출 동의서를 받았다. 하지만 적법한 시간 내에 압수수색영장을 청구하여 발부받지도 않았다.

〈법원판결〉

· 사법경찰관이 형사소송법 규정을 위반하여 영장없이 물건을 압수한 경우 그 압수물은 물론 이를 기초로 하여 획득한 2차적 증거 역시 유죄 인정의 증거로 사용할 수 없는 것이고,

   - 이와 같은 법리는 「헌법」과 「형사소송법」이 선언한 영장주의의 중요성에 비추어 볼 때 위법한 압수가 있은 직후에 피고인으로부터 작성받은 그 압수물에 대한 임의제출동의서도 특별한 사정이 없는 한 마찬가지라고 할 것이다.

· 그렇다면 위의 칼과 합의서는 임의제출물이 아니라 영장없이 위법하게 압수된 것으로서 증거능력이 없고, 따라서 이를 기초로 한 2차 증거인 임의제출동의서, 압수조서 및 목록, 압수품 사진 역시 증거능력이 없다고 할 것이다.

 대법원 2019. 3. 14. 선고 2018도2841 판결

〈영장기재와 별개 증거 압수한 경우의 증거가 인정된 경우〉

• 영장 발부의 사유로 된 범죄 혐의사실과 무관한 별개의 증거를 압수하였을 경우 이는 원칙적으로 유죄 인정의 증거로 사용할 수 없다. 그러나 압수·수색의 목적이 된 범죄나 이와 관련된 범죄의 경우에는 그 압수·수색의 결과를 유죄의 증거로 사용할 수 있다.

• 압수·수색영장의 범죄 혐의사실과 관계있는 범죄라는 것은 압수·수색영장에 기재한 혐의사실과 객관적 관련성이 있고 압수·수색영장 대상자와 피의자 사이에 인적 관련성이 있는 범죄를 의미한다.

- 그중 혐의사실과의 객관적 관련성은 압수·수색영장에 기재된 혐의사실 자체 또는 그와 기본적 사실관계가 동일한 범행과 직접 관련되어 있는 경우는 물론, 범행 동기와 경위, 범행 수단과 방법, 범행 시간과 장소 등을 증명하기 위한 간접증거나 정황증거 등으로 사용될 수 있는 경우에도 인정될 수 있다.

- 그 관련성은 압수·수색영장에 기재된 혐의사실의 내용과 수사의 대상, 수사 경위 등을 종합하여 구체적·개별적 연관관계가 있는 경우에만 인정된다고 보아야 하고, 혐의사실과 단순히 동종 또는 유사 범행이라는 사유만으로 관련성이 있다고 할 것은 아니다.

제4장

증거의 개념과 증거능력 법칙

I. 증거의 의의 및 종류

1. 증거의 개념

증거란 법관이 피고인에 대한 범죄 유무(사실인정)를 판단하는 근거가 되는 자료를 말한다. 증거는 증거방법과 증거자료의 두 가지 의미를 포함하는 개념이다.

① 증거방법은 증거조사의 대상이 될 수 있는 사람, 물건 등 유형물 자체를 말한다. 예를 들면, 증인, 감정인, 증거물, 증거서류 등을 말한다.

② 증거자료는 ①의 증거방법을 조사하여 얻어진 내용을 말한다. 예를 들면 증인의 증언, 감정인의 감정 결과, 증거물의 조사 등에 의해 알게 된 증거물의 성질·상태 또는 의미·내용 등을 말한다.

2. 증거의 의의

형사재판에서 범죄사실의 인정은 법관으로 하여금 합리적인 의심을 할 여지가 없을 정도의 확신을 가지게 하는 증명력을 가진 엄격한 증거에 의하여야 한다. 즉 사실인정은 통상인이면 어느 누구도 의심하지 않을 정도로 보편타당성을 가져야 한다. 그리고 합리적 의심이라 함은 논리와 경험칙에 근거하여 범죄의 중요한 사실에 대해 아닐 수도 있다는 합리성 있는 의문을 의미한다. 즉 형사소송에서 아닐 수도 있다는 합리적인 의심이 있는 경우에는 해당 피고인을 유죄로 할 수 없다.

검사의 증명이 판사로 하여금 유죄의 확신을 가지게 하는 정도에 충분히 이르지 못한 경우에는 판사는 비록 피고인의 주장이나 변명이 모순되거나 석연치 않은 면이 있는 등 유죄의 의심이 간다고 하더라도 피고인이 유죄라고 확정할 수 없게 된다. 결국 수사기관의 가장 큰 임무 중의 하나는 바로 범죄와 관련한 명백한 증거를 확보하는 것이다. 범죄사실관계를 인정하는 데 사용되는 객관적인 자료, 즉 증거를 가지고 사건의 진상을 명확히 밝혀 형법을 적정하게 적용할 수 있도록 해야 한다.

3. 증거의 종류

형사 절차에서 증거는 그 구별기준에 따라 여러 가지 유형으로 분류할 수 있다.[1]

〈그림 9〉 증거의 구별과 종류

증거

직접 증거	간접 증거	인적 증거	물적 증거	증거 서류	진술증거	비진술증거
직접 사실 증명	간접 사실 증명	사람 진술 내용	물건 존재, 상태	서면내용을 증거	사람의 진술	서면 의미, 내용
▪ 직접 목격자 증언	▪ 범행 현장 지문	▪ 증인 증언 ▪ 감정인 감정	▪ 범행사용 흉기 ▪ 절도의 장물	▪ 공판조서/검증조서 ▪ 수사기관 조서 ▪ 의사 진단서	▪ 진술 ▪ 진술 기재 서면	▪ 서증 ▪ 물적 증거

증거물인 서면

서면내용 + 존재, 상태
▪ 법원에서 제시

구별됨

▶ 법원에서 낭독/고지

원진술 (본래증거)	전문증거
▪ 직접 경험 진술	▪ 타인으로부터 들은 사실 진술

---

1 이재상 외, 『형사소송법』(제15판), 박영사, 2023, 604~607면
　 이규호, 『형사소송법상 증명의 기본원칙』, 사법행정, 2019.3. 48~50면 참조.

(1) 직접증거와 간접증거

가. 직접증거

직접증거란 요증사실의 증명에 이용되는 증거를 말하는데, 별도의 추론 단계를 거치지 않고 직접 요증사실을 인정할 수 있는 증거를 말한다. 예를 들면 범행현장을 직접 목격한 증인의 증언, 피해자의 진술 등이 직접증거에 해당한다.

요증사실

형사소송법에서 엄격한 증명을 요하는 주요 사실을 말한다.

나. 간접증거

간접증거란 요증사실을 간접적으로 인정할 수 있는 사실, 즉 간접사실을 증명함으로써 일정한 사실을 추론하여 요증사실을 증명할 수 있는 증거를 말한다. 이를 정황증거라고도 하는데 예를 들면 범행현장에 남아있는 지문, 혈흔, 범행동기 등은 간접증거에 해당한다.

직접증거와 간접증거와의 증명력에 있어서는 차이가 없다. 즉 간접증거로도 증명력이 있는 것으로 판단되고, 증거능력이 있다면 유죄의 증거로 인정될 수 있다.

(2) 인적 증거, 물적 증거, 서류 증거

가. 인적 증거

인적 증거란 사람의 진술내용이 증거로 되는 것을 말한다. 예를 들면 증인의 증언, 감정인의 감정이 인적 증거에 해당한다. 인적 증거에 대한 조사는 신문의 방식으로 한다.

나. 물적 증거

물적 증거란 물건의 존재 또는 상태가 증거로 되는 것을 말한다. 예를 들면 범행에 사용된 흉기, 절도죄의 장물, 필적 등이 물적 증거에 해당한다. 물적 증거에 대한 조사는 검증의 방법에 의한다.

다. 서류 증거

서류 증거란 서류의 내용이나 의미가 증거로 되는 것을 말한다. 서류 증거는 증거물인 서면과 구별된다(〈표 3〉 참조).[2] 이 둘을 구별하는 이유는 「형사소송법」에서 증거조사 방식을 구분하고 있기 때문이다(형소법 제292조, 제292조의 2).

〈표 3〉 증거서류와 증거물인 서면의 구별

구분	증거서류	증거물인 서면
의미	서면의 내용을 증거로 하는 것	서면 내용과 동시에 그 존재 또는 물적 상태를 증거로 하는 것
예시	공판조서, 신문조서, 피의자신문조서, 진술조서, 진단서 등	문서위조죄의 위조문서, 명예훼손인쇄물, 협박편지 등
증거조사 방식	공판정에서 낭독 또는 내용을 고지	공판정에서 제시

(3) 진술증거와 비진술증거

가. 진술증거

진술증거란 사람의 진술을 증거로 하는 것을 말한다. 진술은 구두 또는 서면으로 할 수 있다. 예를 들면 피고인의 진술, 증인의 증언 등 진술과 그 진술이 기재된 신문조서, 진술조서 등이 진술증거에 해당한다.

진술증거는 다시 원본증거와 전문증거(傳聞證據, Hearsay Evidence)로 구분된다. 증인이 직접 경험한 사실을 진술한 것을 원본증거라고 하고, 타인으

---

2 서류증거와 증거물인 서면을 합쳐서 서증이라고 한다.

로부터 전해 들은 사실을 진술한 것을 전문증거라고 한다.

이렇게 원본증거와 전문증거를 구분하는 이유는 진술증거에는 전문법칙(傳聞法則)이 적용되기 때문이다. 즉 「형사소송법」은 특별한 경우를 제외하고는 전문증거를 증거로서 인정하지 않는다는 규정을 두고 있는데, 타인으로부터 전해들은 사실을 진술하는 것은 증거로서 증거능력이 없다는 원칙이다.

나. 비진술증거

비진술증거는 진술증거 이외의 증거로서 단순한 증거물이나, 사람의 신체·상태 등이 증거로 되는 경우 등의 증거를 말한다.

위에서 설명한 증거 이외에도 본증(거증책임을 지는 당사자가 제출하는 증거)과 반증(본증에 대한 부인을 위해 제출하는 증거), 실질증거(주요사실의 존부를 증명하는 증거)와 보조증거(실질증거의 증명력을 다투기 위한 증거) 등으로 구별할 수 있다.

II. 증명의 기본원칙

1. 증거능력과 증명력의 개념 구분

증거능력과 증거의 증명력은 구별되는 개념이다(〈표 4〉 참조).

〈표 4〉 증거능력과 증거의 증명력의 구별

구분	증거능력	증명력
의미	• 엄격한 증명의 자료로 사용될 수 있는 법률상의 자격 • 법관이 자의적으로 결정하지 못함	• 사실인정을 위한 증거의 실질적 가치 • 법관의 자유심증으로 결정
이념	• 증거재판주의	• 법관의 자유심증주의
증명 대상	• 구성요건 해당 사실 • 위법성/ 책임지우는 사실 • 처벌조건	• 증인의 증언 • 피해자 진술 • 피고인 진술

증거능력은 증거가 엄격한 증명의 자료로 사용될 수 있는 법률상의 자격을 말한다. 즉 어떤 증거가 법률에 의해 증거로서 사용될 수 있는지 여부가 형식적으로 결정되어 있다는 의미이다. 따라서 어떤 증거가 증거로서의 가치가 있는 증거라고 할지라도 증거능력 없는 증거는 사실인정의 자료가 될 수 없다. 또한 공판정에서 증거로 제출하여 증거조사를 하는 것도 허용되지 않는다(증거재판주의).

증명력은 사실인정을 위한 증거의 실질적 가치를 의미한다. 어떤 증거가 증명력이 있는지 여부는 법관의 자유심증에 맡겨져 있다. 따라서 증거능력은 요구되지 않는다(법관의 자유심증주의).

2. 증거재판주의

(1) 증거재판주의 의의

형사소송에 있어서 법관이 자의적으로 사실인정을 하게 된다면 피고인의 기본적 인권이 침해될 우려가 크므로 반드시 증거에 의하여야 한다. 이와 같이 사실의 인정은 모두 증거에 의하여야 한다는 것을 증거재판주의라고 한다.

(2) 사실인정과 '엄격한 증명'

사실인정이란 법관이 요증사실(엄격한 증명이 요구되는 중요한 사실)의 존부에 관하여 심증을 형성하는 것, 즉 합리적 의심이 없을 정도의 확신을 얻은 상태에 이르는 것을 말한다. 여기에서 사실은 엄격한 증명이 요구되는 주요 사실을 의미한다.

이러한 사실인정은 반드시 증거에 의하여야 하는데. 여기에서 증거는 증거능력이 있고 적법하게 확보한 증거여야 한다. 이러한 의미에서 증거재판주의는 실체진실을 발견하기 위한 증거법의 기본원칙이라고 할 수 있다. 예를 들면 민사소송에 있어서는 당사자가 자백한 사실에 대해서는 증명할 필요가 없다. 그러나 형사소송에 있어서는 자백한 사실일지라도 그 사실은 증거에 의하지 않으면 인정할 수 없다. 이와 같이 사실의 인정은 모두 증거에 의하여야 한다는 점에 증거재판주의의 고유한 의미가 있다.

엄격한 증명이란 법률상 증거능력 있고 적법한 증거조사를 거친 증거에 의한 증명을 말한다. 형사소송의 목적은 범죄의 유무와 이에 대한 형벌권의 범위를 확정하는 데 있다. 따라서 어떤 사실이 주요 사실이 되는가를 명확히 하여야 한다. 이를 확정하기 위해 기초로 되는 사실 즉 주요 사실은 엄격한 증명이 요구된다. 예를 들면 공소장에 기재된 공소범죄사실(존재 유무, 위법성 조각사유의 부존재, 범죄 의도 등), 처벌조건(친족관계 존재 등), 형의 종류와 형량, 간접사실(알리바이 증명과 같이 주요사실을 간접적으로 알 수 있는 사실 등) 등은 엄격한 증명이 요구된다.

3. 법관의 자유심증주의

(1) 자유심증주의 의의

자유심증주의란 증거의 증명력을 적극적이거나 소극적인 방법을 불문하고 법으로 정하지 않고 법관의 자유로운 판단에 맡기는 원칙을 말한다. 즉 법관은 사실을 인정하는 데 아무런 법률적 구속을 받지 아니하고 구체적으로 타당한 증거가치를 판단하여 사건의 진상을 파악할 수 있다. 이는 수없이 다양한 증거의 증명력을 획일적으로 정하기는 어렵기 때문에 사실인정을 위해 어떤 증거가 필요한지 또는 증거가치가 있는지, 어떤 증거를 채택할지 등에 대한 판단은 법관이 자유롭게 할 수 있도록 한 것이다. 그러나 엄격한 증명을 요구하는 경우에는 증거능력 있고 적법한 증거조사를 거쳐 증거에 의하여만 법관의 자유판단이 가능하다.

> **「형사소송법」**
>
> 제308조(자유심증주의) 증거의 증명력은 법관의 자유판단에 의한다.

(2) 자유심증주의 판단의 기준

자유심증주의는 법관에게 증거(증명력) 판단에 대한 재량권을 부여하고 있지만 이것이 법관의 자의적인 판단을 허용하는 것은 아니다. 즉 법관의 사실인정의 합리성을 확보하기 위해서는 그 자유판단에 대한 객관적 기준이 필요하다. 그 기준이 되는 것이 바로 객관적으로 인정된 '논리법칙과 경험법칙'[3]이다.

논리법칙은 명백하고 모순없는 논리적 증명을 전제로 하는 개념이다. 계산과정의 착오나 특정한 개념의 혼동과 같은 판결이유의 모순이 있는 경우 논리법칙에 반하는 것으로 판단할 수 있다.[4] 예를 들어 일관성 없는 진술, 애

---

[3] 이들 법칙을 합쳐서 실무적으로 채증법칙이라고 한다.

[4] 백원기, 「형사소송법 제308조가 규정하고 있는 자유심증주의의 의미와 그 한계에 관하여」, 『형사법의 신동향』(70), 대검찰청, 2021.03.

매하고 모순되는 진술 또는 객관적 합리성이 없어 신빙성이 없는 증거를 채택하여 사실을 인정하는 것은 논리법칙에 반하는 것으로 허용되지 않는다.

경험법칙은 사회현상에 대한 일상적인 관찰을 통해 얻은 관념을 일반화해 경험적으로 얻은 법칙을 말한다. 곧 경험법칙은 인간의 개별적인 체험으로부터 귀납적으로 얻어진 법칙이다. 결과발생의 확실성을 기준으로 해서 결과발생이 필연적이라면 법관의 심증은 이에 따라야 하고, 결과발생에 개연성이 있다면(예외가 존재할 수 있다면) 법관은 자유심증이 가능하고, 반대의 증거를 인정할 수도 있다.

결국 법관은 증거를 판단함에 있어 제한을 받지 않지만, 충분한 증명력이 있는 증거를 합리적인 근거 없이 배척하거나 반대로 객관적인 사실에 명백히 반하는 증거를 아무런 합리적인 근거 없이 채택·사용할 수 없다, 이는 법관은 논리와 경험의 법칙에 어긋나는 것이 아닌 이상, 자유심증으로 증거를 선택하여 사실을 인정할 수 있음을 의미한다.[5]

(3) 증거재판주의(제307조)와 자유심증주의(제308조)의 관계

「형사소송법」은 증거에 의하여 사실을 인정하되(제307조제1항), 증거의 증명력은 법관의 자유판단에 의하도록(제308조) 규정하고 있다. 이는 법관이 증거능력 있는 증거 중 필요한 증거를 선별하고, 그 실질적 가치를 평가하여 사실을 인정하는 것은 자유심증에 속한다는 것을 의미한다.

4. 거증책임(증명의 책임)

형사소송에 있어서 증명이 요구되는 사실에 대하여 증명하지 못하게 되면 불이익을 받게 된다. 이러한 불이익을 받을 지위를 거증책임이라고 한다. 법원은 사실인정을 위해 경우에 따라 소송당사자(검사 또는 피고인)에게 입증할 책임을 부담시키게 되는데 이러한 위험부담이 바로 거증책임이다. 이를 실질적 거증책임이라고 한다.

「형사소송법」에서는 원칙적으로 검사가 거증책임을 진다. 즉 공소범죄사실, 형의 가중 또는 감면 사실 등은 검사가 입증을 하여야 한다. 검사가 거증

책임을 지는 근거는 무죄추정의 원칙(「헌법」, 「형사소송법」)과 의심스러울 때에는 피고인의 이익으로 원리 등이 있다.

제275조의2(피고인의 무죄추정) 피고인은 유죄의 판결이 확정될 때까지는 무죄로 추정된다.

제325조(무죄의 판결) 피고사건이 범죄로 되지 아니하거나 범죄사실의 증명이 없는 때에는 판결로써 무죄를 선고하여야 한다.

판례 '피고인의 이익으로' 관련 판례 | 대법원 2001. 8. 21. 선고 2001도2823 판결

〈사실관계〉

- (1심: 유죄인정) 피고인은 음주운전으로 피해자를 사망케 하고 도주함
- (2심: 유죄인정) 피고인은 "음주운전 중 이미 사망하여 노상에 누워있는 피해자를 발견하지 못하고 치었다"고 주장함, 그러나 법원은
  - 피해자가 이미 누워 있었다는 피고인의 진술에 신빙성 없고, 차량상태로 보아 그 사고의 흔적을 설명할 수 없음
  - 각종 진술, 현장증거에 의하면, 살아있는 피해자를 친 것으로 인정하기 충분함
  - 동행자의 진술에 신빙성이 없음
- 〈대법원: 무죄〉
  - 피고인은 일관되게 이미 사망한 피해자를 친 것이라고 주장하고, 피고인의 진술은 유죄의 증거로 할 수 없고,
  - 3명의 동승자의 진술도 모두 배제한 것도 수긍하기 어려움
  - 출동한 경찰 등의 진술은 피고인의 변론을 탄핵하기 위한 증거일 뿐, 직접적 증거가 될 수 없음
  - 사고현장 사진, 전문가 감정서 등에서 살아있는 피해자를 친 것으로 보는 것이 자연스러운 추정이라는 점은 일응 수긍할 수 있음
  - 그러나 이들 증거는 강한 추정을 가능하게 할 뿐, 그와 같은 사고 발생을 단정케 하는 정도의 결정적인 증거가 되는 것으로 보이지는 않음
  - 사고 직후 촬영된 사고차량의 하부구조물과 사고현장의 사진은 위 각 감정인들의 의견을 뒷받침하는 유력한 자료들이 되고 있음은 사실이나, 그 자체로써 이 사건 공소사실을 입증하는 증거가 될 수 없음

<결론> 형사재판에서 공소된 범죄사실에 대한 입증책임은 검사에게 있는 것이고, 유죄의 인정은 법관으로 하여금 합리적인 의심을 할 여지가 없을 정도로 공소사실이 진실한 것이라는 확신을 가지게 하는 증명력을 가진 증거에 의하여야 하므로, 그와 같은 증거가 없다면 설령 피고인에게 유죄의 의심이 간다 하더라도 피고인의 이익으로 판단할 수밖에 없다.

III. 증거능력에 관한 법칙

1. 증거능력에 관한 법칙 개요

「형사소송법」은 증거능력에 관한 법칙으로 자백배제법칙, 위법수집증거배제법칙, 그리고 전문법칙을 규정하고 있다. 자백배제법칙은 강제로 받아낸 자백은 증거능력이 없다는 원칙이고, 위법수집증거배제법칙은 적법한 절차에 따르지 않고 수집한 증거는 증거능력이 없다는 원칙이다. 그리고 전문법칙은 전문증거(타인으로부터 전해들은 본인이 경험하지 않는 사실에 대한 진술)는 증거가 아니기 때문에 증거능력이 없다는 원칙이다.

〈그림 10〉 증거능력에 관한 법칙

	자백배제법칙	위법수집증거배제법칙	전문법칙
의미	• 강제로 받아낸 자백은 증거능력 없음	• 적법절차에 따르지 않고 수집한 증거는 증거능력 없음	• 전문증거는 원칙적으로 배제 • 특정한 경우에 증거능력 인정
취지	• 오판의 소지 방지 및 인권보호	• 적정절차의 보장 • 위법수사의 억지 (인권보호)	• 전문증거는 신용성 희박하여 증거능력이 부정됨
적용 범위	• 자백(진술)에만 적용	• 진술, 비진술 증거에 적용	• 진술증거에만 적용

자백배제법칙은 수사기관이 받아낸 자백의 강제성 및 기망성의 존재 여부가 판단 기준이 될 것이고, 위법수집증거배제법칙은 수사과정에서 적법절차에 따랐는지 여부가 판단기준이 될 것이다. 이들 증거능력 법칙은 비교적 판단과정이 간단하다,

하지만 전문법칙은 다른 증거능력법칙과 달라서 상대적으로 복잡하여 판단하기 어려운 증거능력법칙이다. 전문법칙은 진술증거에 적용되는 것이고, 이 진술증거가 요증사실을 증명하기 위한 것인지 아닌지의 여부에 따라 원

본(본래)증거 또는 전문증거가 될 수도 있어 그 판단이 결코 쉽지 않기 때문이다. 특히 전문법칙은 정보저장매체에서 채집한 디지털증거와의 관계에서 많은 경우에 그 증거의 형태와 내용에 따라 전문법칙의 적용 여부가 결정되므로 수사과정에서 신중하게 접근할 필요가 있다.

2. 자백배제의 원칙

(1) 자백배제의 원칙의 의의

자백이란 피고인 또는 피의자가 범죄사실의 전부 또는 일부를 인정하는 진술을 말한다.[6] 구두 또는 서면에 의한 진술도 자백에 해당하고, 재판상의 자백과 재판 외의 자백도 모두 자백에 해당한다. 이때 진술의 형식이나 상대방이 누구인지 불문한다.

만일 수사과정에서 피의자가 자백을 하면 수사는 매우 손쉽게 진행될 수 있으며 증거수집도 자백에 따라 보다 효율적으로 이루어지게 된다. 따라서 수사기관에서는 자백에 대한 의존도가 커질 수밖에 없기 때문에 피의자로부터 자백을 얻기 위하여 고문과 같은 위법한 수사의 유혹을 항상 받게 된다고 하겠다.

따라서 자백은 진술자의 임의성이 인정되는 것이 중요하다. 결국 자백배제법칙이란 위법한 방법에 의하여 임의성이 의심스러운 자백의 증거능력을 부정하는 법칙을 말한다.

「헌법」

제12조

⑦ 피고인의 자백이 고문·폭행·협박·구속의 부당한 장기화 또는 기망 기타의 방법에 의하여 자의로 진술된 것이 아니라고 인정될 때 또는 정식재판에 있어서 피고인의 자백이 그에게 불리한 유일한 증거일 때에는 이를 유죄의 증거로 삼거나 이를 이유로 처벌할 수 없다.

---

6   이재상 외, 『형사소송법』, 박영사, 2023, 634면.

이와 같이 자백은 유죄를 인정하는 가장 중요한 증거인 것은 사실이다. 그럼에도 임의성 없는 자백의 증거능력을 부정하는 취지는 허위진술을 유발 또는 강요할 위험성이 있는 상태 하에서 행하여진 자백은 그 자체로 실체적 진실에 부합하지 아니하여 오판의 소지가 있기 때문이다. 무엇보다도 진술의 진위 여부를 떠나서 자백을 얻기 위하여 피의자의 기본적 인권을 침해하는 위법부당한 압박이 가하여지는 것을 사전에 막기 위한 것이다.

(2) 검사의 임의성 여부에 대한 입증책임

자백은 그 자체로 임의성이 있는 것이라고 추정되는 것은 아니다. 피고인이 임의성을 인정하거나 증거에 동의한 때에 임의성이 사실상 추정되는 것일 뿐이다. 따라서 피고인이 조서에 기재된 진술이 임의에 의한 진술한 것이 아니라고 주장하는 한 이에 대해서는 검사가 그 임의성을 입증하지 못한다면 증거능력이 부정된다.

그러므로 그 임의성에 다툼이 있을 때에는 그 임의성을 의심할 만한 합리적이고, 구체적인 사실을 피고인이 입증할 것이 아니고 검사가 그 임의성의 의문점을 해소할 수 있는 입증을 하여야 한다.

(3) 임의성 없는 자백의 증거능력 사례

법원은 임의성 없는 자백의 증거능력은 오판의 소지와 기본적 인권의 침해를 막기 위한 것이라는 입장을 취하고 있다.[7]

---

[7] 자백배제원칙은 결국 수사과정에서의 위법을 배제하는 것이 그 근거이므로 뒤에서 서술하는 위법수집증거배제원칙의 일부라고 할 수 있다.

가. 무리한 신문방법에 의한 자백의 증거능력을 부정한 사례

- 〈**사실관계**〉 피고인 1은 검찰에서 비리혐의와 관련하여 자진출석하여 밤새 조사를 받고 피의자신문조서를 작성하였음. 피고인 2 역시 임의출석하여 48시간 이상 잠을 자지 못하면서 조사를 받았음
  - 피고인들은 진술과정에서 수사기관이 폭행, 폭언을 하였고, 이에 따라 강압에 의해 억지로 진술하였다고 주장함
- 〈**법원 판결**〉 위와 같은 사정과 특히 피고인들에게는 진술거부권이 있는 점, 피고인들이 검찰에 임의출석하여 조사를 받았다고 하더라도 귀가하지 못한 채 구속영장이 집행될 때까지 검찰청사에 계속 머물렀던 것이므로 밤샘조사를 받을 수도 있었다고 강하게 의심이 가는 점 등을 감안하여 볼 때,
  - 피고인들의 검찰에서의 자백이 그들 주장대로 잠을 재우지 아니한 상태에서 폭언과 강요 속에 신문을 계속한 것이 사실이라면, 그 자백은 **임의로 진술한 것이 아니라고 의심할 만한 상당한 이유가 있고,**
  - 이와 같은 경우 피고인들이 임의출석하여 조사를 받았다고 하더라도 검찰청사에 머무르면서 조사를 받았으나 필요한 수면을 취하였다는 등 그 임의성의 의문점을 해소하는 입증은 이를 검사가 하여야 할 것인바,
  - 따라서 피고인들이 검찰에서 행한 각 진술이 이 사건에서 문제가 되고 있는 철야조사 및 폭언과 강요 등이 있어 그 때문인지 여부를 심리·판단하지 아니하고는 결국 유죄의 증거로 삼을 수 없다고 할 것이다.
- 〈**판결요지**〉 피고인의 검찰에서의 자백이 잠을 재우지 아니한 채 폭언과 강요, 회유한 끝에 받아낸 것으로 임의로 진술한 것이 아니라고 의심할 만한 상당한 이유가 있는 때에 해당한다면 형사소송법 제309조의 규정에 의하여 그 피의자신문조서는 증거능력이 없고,
  - 임의성 없는 자백의 증거능력을 부정하는 취지가 허위진술을 유발 또는 강요할 위험성이 있는 상태하에서 행하여진 자백은 그 자체가 실체적 진실에 부합하지 아니하여 오판의 소지가 있을 뿐만 아니라 그 진위 여부를 떠나서 자백을 얻기 위하여 피의자의 기본적 인권을 침해하는 위법부당한 압박이 가하여지는 것을 사전에 막기 위한 것이므로,
  - 그 임의성에 다툼이 있을 때에는 그 임의성을 의심할 만한 합리적이고, 구체적인 사실을 피고인이 입증할 것이 아니고 검사가 그 임의성의 의문점을 해소하는 입증을 하여야 한다.

나. 진술거부권/변호인선임권 등 미고지 경우의 자백의 증거능력을 부정한 사례

> **판례** 대법원 2010. 5. 27. 선고 2010도1755 판결
>
> - 〈법원 판결〉 형사소송법이 보장하는 피의자의 진술거부권은 헌법이 보장하는 형사상 자기에 불리한 진술을 강요당하지 않는 자기부죄거부의 권리에 터 잡은 것이므로 수사기관이 피의자를 신문함에 있어서 피의자에게 미리 진술거부권을 고지하지 않은 때에는 그 피의자의 진술은 위법하게 수집된 증거로서 진술의 임의성이 인정되는 경우라도 증거능력이 부인되어야 한다.

> **판례** 대법원 1990. 9. 25. 선고 90도1586 판결
>
> - 〈사실관계〉 피고인은 국가보안법 간첩죄 혐의로 기소됨
>   - 피의자신문조서 작성과정에서 변호인접견권이 부당하게 제한당하였다고 주장함
> - 〈법원 판결〉 헌법상 보장된 변호인과의 접견교통권이 위법하게 제한된 상태에서 얻어진 피의자의 자백은 그 증거능력을 부인하는 유죄의 증거에서 실질적이고 완전하게 배제하여야 한다.

다. 이익과 결부된 자백의 증거능력

> **판례** 대법원 1984. 5. 9. 선고 83도2782 판결
>
> - 〈사실관계〉 피고인이 처음 검찰조사 시에 범행을 부인하다가 뒤에 자백을 하는 과정에서, 검찰은 자백을 하면 「특정범죄 가중처벌 등에 관한법률」 위반으로 중형을 받지 않고, 단순수뢰죄의 가벼운 형으로 처벌되도록 하겠다고 약속하고 자백을 유도함
> - 〈법원 판결〉 위 사실은 수사기관이 피고인에게 단순수뢰죄의 가벼운 형으로 처벌되게 하여 준다는 약속을 하고 자백을 유도한 것으로도 보여지고, 이와 같은 상황하에서 한 자백은 <u>그 임의성에 의심이 가고</u> 따라서 진실성이 없다는 취지에서 이를 배척한 것은 수긍할 수 있다.

3. 위법수집증거배제의 원칙

(1) 위법수집증거배제 원칙의 의의

위법수집증거배제 원칙은 위법한 절차에 의하여 수집된 증거의 증거능력을 부정하는 원칙을 말한다. 이 원칙은 ① 적법절차의 보장과 ② 위법수사의 억제를 근거로 한다.[8] 이 법칙의 적용대상은 위법하게 수집한 진술증거와 비진술증거 등 모든 증거에 대해 적용된다.[9]

「형사소송법」

제308조의2(위법수집증거의 배제) 적법한 절차에 따르지 아니하고 수집한 증거는 증거로 할 수 없다. (2008. 1. 1. 시행)

판례 대법원 2007. 11. 15. 선고 2007도3061 판결

〈사실관계〉

- 피고인은 공소제기 직후부터 일관하여 검사가 실시한 압수·수색은 압수·수색영장의 효력이 미치는 범위, 영장의 제시 및 집행에 관한 사전통지와 참여, 압수목록 작성·교부 등에 관하여 법이 정한 여러 절차 조항을 따르지 않은 위법한 것이어서 이를 통하여 수집된 이 사건 압수물을 유죄 인정의 증거로 삼아서는 안 된다고 주장한다.

〈법원판단〉

- 헌법과 형사소송법이 정한 절차에 따르지 아니하고 수집한 증거는 기본적 인권 보장을 위해 마련된 적법한 절차에 따르지 않은 것으로서 원칙적으로 유죄 인정의 증거로 삼을 수 없다.
- 수사기관의 위법한 압수·수색을 억제하고 재발을 방지하는 가장 효과적이고 확실한 대응책은 이를 통하여 수집한 증거는 물론 이를 기초로 하여 획득한 2차적 증거를 유죄 인정의 증거로 삼을 수 없도록 하는 것이다.

---

[8] 대법원 2007. 11. 15. 선고 2007도3061 판결.

[9] 진술증거 중 자백은 앞의 자백배제법칙에 따른다.

(2) 위법수집증거배제원칙의 근거와 내용

가. 적법절차의 보장

진실의 발견은 적정한 절차에 따라야 할 것이 요구되므로 헌법상 허용될 수 없는 절차에 의하여 수집된 증거에 대해서는 진실발견을 위한 자격을 박탈함이 당연한 것이다. 또한 수사기관의 위법한 증거수집을 허용하는 것은 법원이 위법행위에 가담하는 것과 같은 결과가 되어 사법의 염결성(청렴, 결백성)을 해하는 것이다.[10] 즉 증거 자체의 신용력 여부를 불문하고 증거를 수집하는 과정에 위법한 요소가 개입한 경우에는 이를 증거로 사용할 수 없다고 해야 할 것이다.[11]

나. 위법수사의 억지

위법수집증거배제 원칙은 위법수사를 방지하고 억제하는 데 가장 유효한 방법이라고 할 수 있다. 만일 증거수집절차에 위법이 있음에도 불구하고 위법하게 수집된 증거의 증거능력이 인정될 수 있다면 증거 획득을 위하여 위법한 수사가 자행될 것이고 이는 피의자나 피고인만이 아니라 궁극적으로 일반 국민 모두에게 정의롭지 못한 결과를 초래할 것이기 때문이다.[12]

(3) 위법수집증거 배제의 기준

수사기관이 위법하게 증거를 수집하였다고 하여 무조건 그 증거능력을 부정하는 것은 아니다. 실체적 진실 규명을 통한 정당한 형벌권의 실현도 「헌법」과 「형사소송법」이 형사소송 절차를 통하여 달성하려는 중요한 목표이자 이념이기 때문이다. 따라서 예외적으로 법이 정한 절차에 따르지 아니하고 수집한 압수물의 증거능력 인정 여부를 최종적으로 판단함에 있어서는 수사기관의 증거수집 과정에서 이루어진 절차 위반행위와 관련된 모든 사정, 즉 다음과 같은 사정들을 종합적으로 고려해야 한다.

---

10 이재상 외, 『형사소송법』, 박영사, 2023, 655면.

11 한편, 위법수집증거를 사용하는 경우에 비하여 명백한 죄인을 증거수집의 기술을 이유로 무죄판결하는 것이 사법에 대한 국민의 신뢰를 더욱 침해한다는 비판도 있다.

12 이광수, 「위법수집증거의 증거능력배제 기준에 관한 고찰」, 『일감법학』 제14호, 2008, 60면.

위 사항들을 고려했을 때, ① 수사기관의 절차 위반행위가 적법절차의 실질적인 내용을 침해하는 경우에 해당하지 아니하고, ② 오히려 그 증거의 증거능력을 배제하는 것이 「헌법」과 「형사소송법」의 '적법절차의 원칙과 실체적 진실 규명의 조화'를 통한 형사 사법 정의 실현이라는 취지에 반대되는 결과를 초래하는 예외적인 경우라면, 법원은 그 증거를 유죄 인정의 증거로 사용할 수 있다고 보아야 한다.

(4) 위법 수집증거의 유형[13]

위와 같은 위법수집증거배제 기준에 비추어 보면 영장주의 위반, 참여권 보장 위반, 증거조사 절차 위반 등 헌법정신과 적정절차를 위반한 경우 등에는 적법절차의 실질적 내용을 침해한 것으로서 이 과정에서 채집한 증거는 증거능력이 없다고 보아야 한다(〈표 5〉 참조).

---

13 이재상 외, 『형사소송법』, 박영사, 2023, 658~662면.

영장주의 위반
- 영장 없이 압수·수색한 증거물
- 영장자체에 하자가 있는 경우
- 영장기재의 압수물건에 포함되지 않는 다른 증거물의 압수·수색 등

적정절차 위반
- 압수·수색영장의 제시 위반
- 압수목록의 교부규정에 위반
- 당사자 참여권 보장하지 않은 검증과 감정 등

증거조사 절차 위반
- 거절권을 침해한 압수·수색
- 당사자 참여권 보장하지 않은 검증
- 증언거부권 미고지 등

(5) 위법수집증거에 대해 증거능력을 부정한 판례

판례 **영장없는 압수·수색 | 법원 2011. 4. 28. 2009도2109 판결**

- 〈사실관계〉 피고인이 운전 중 교통사고를 내고 의식을 잃은 채 병원 응급실로 호송되자, 출동한 경찰관이 영장 없이 의사로 하여금 채혈을 하도록 함
- 〈법원 판결〉 혈액을 이용한 혈중알콜농도에 관한 감정서 등의 증거능력을 부정하여 피고인에 대한 구 도로교통법 위반(음주운전)의 공소사실을 무죄로 판단함
  - 헌법과 형사소송법이 정한 절차에 따르지 아니하고 수집한 증거는 물론 이를 기초로 하여 획득한 2차적 증거 역시 기본적 인권 보장을 위해 마련된 적법한 절차에 따르지 않은 것으로서 원칙적으로 유죄 인정의 증거로 삼을 수 없다.

판례 **영장없는 압수·수색 | 법원 2010.10.14. 선고 2010도9016 판결**

- 〈사실관계〉 피고인 A는 마약을 B에게 매도하였다. B는 검찰에서 이 사건의 범행을 진술하는 등 다른 마약사범에 대한 수사에 협조하고 있었고 그러던 중, 필로폰을 투약한 혐의 등으로 구속되었다.
  - B는 구치소에서 이 사건에 관한 증거를 확보할 목적으로 검찰로부터 자신의 압수된 휴대전화를 제공받아 구속수감 상황 등을 숨긴 채 피고인 A와 통화하고 그 내용을 녹음한 다음 그 휴대전화를 검찰에 제출하였다.
  - 이에 따라 작성된 이 사건 수사보고는 B가 피고인 A로부터 걸려오는 전화를 자신이 직접 녹음한 후 이를 수사기관에 임의 제출하였다.

- 첨부된 녹취록에는 피고인이 이전에 B에게 준 필로폰의 품질에는 아무런 문제가 없다는 피고인의 통화 내용이 포함되어 있었다.
- 〈법원 판결〉 이와 같이 수사기관이 구속수감된 자로 하여금 피고인의 범행에 관한 통화 내용을 녹음하게 한 행위는 수사기관 스스로가 주체가 되어 구속수감된 자의 동의만을 받고 상대방인 피고인의 동의가 없는 상태에서 그들의 통화 내용을 녹음한 것으로서 범죄수사를 위한 통신제한조치의 허가 등을 받지 아니한 불법감청에 해당한다고 보아야 할 것이므로,
- 그 녹음 자체는 물론이고 이를 근거로 작성된 이 사건 수사보고의 기재 내용과 첨부 녹취록 및 첨부 mp3파일도 모두 피고인과 변호인의 증거동의에 상관없이 증거능력이 없다고 할 것이다.

4. 전문증거(傳聞證據[14], Hearsay) 배제의 원칙

(1) 전문증거 의의

전문증거(傳聞證據)란 사실인정의 기초가 되는 경험적 사실을 경험자 자신이 직접 법원에 진술하지 않고 다른 형태로 간접적으로 보고하는 하는 경우에 그 보고를 말한다. 예를 들면 ① 경험자 자신이 경험사실을 서면에 기재하는 경우(진술서), ② 경험사실을 들은 타인이 서면에 기재하는 경우(진술녹취서), ③ 그 경험사실을 들은 타인이 법원에 직접 보고하는 경우(전문진술 또는 전문증언) 등이 전문증거에 해당한다.[15] 이러한 의미에서 전문증거란 "원진술의 내용이 되는 사실의 진실성을 증명하는데 사용되는 증거이지만 공판준비 또는 공판기일에서의 진술에 대신하는 서류 또는 공판기일 외에서의 타인의 진술을 내용으로 하는 진술"이라고 할 수 있다.

결국 전문증거는 ① 경험사실을 들은 타인이 법원에 진술하는 것, ② 경험자의 진술을 검사조서 등 전문서류나 기계장치기록물에 기록하여 법원에 제출하는 것으로 분류할 수 있다. 이와 같은 전문증거가 형사소송에서 중요한 이유는 사람 또는 서류에 의한 진술증거가 전문증거에 해당되면 증거능

---

14 전문(傳聞)이란 "다른 사람을 통해 전하여 듣다"라는 의미이다.

15 이재상 외, 『형사소송법』, 박영사, 2023, 669면.

력이 부정되기 때문이다.

(2) 원진술(본래증거)와 전문증거의 구별

진술증거는 요증사실과의 관계에 따라 전문증거에 해당될 수도 있고 해당되지 않을 수도 있다. 전문법칙이 적용되어 증거로 채택되지 않는 전문증거에 해당하는 것은 타인의 진술이나 서류에 포함된 원진술자의 진술내용의 진실성이 요증사실로 되는 경우이다. 즉 다른 사람의 진술(원진술의 내용)이 요증사실인 경우에는 전문증거이지만, 원진술의 존재 자체가 요증사실인 경우에는 본래증거이지 전문증거가 아니다.[16]

〈그림 11〉에서 보는 바와 같이 갑의 절도죄에 관한 형사소송에서 A(원진술자)가 친구 B에게 "C가 물건을 훔치는 것을 보았다"라고 말한 경우에, 이 사건의 요증사실은 실제로 물건을 훔쳤는지 여부(절도죄 실행 여부)이다. 즉 진술을 했다는 그 자체가 아니라 진술의 내용(실제로 훔쳤는가)이 쟁점이 된다.

그렇다면 (가) A가 공판기일에 "갑이 훔치는 것을 보았어요"라고 진술했다면 이는 원진술로서 절도죄의 요증사실에 관한 진술이다. 다음으로 (나) A가 검사에게 경험사실("C가 물건을 훔치는 장면을 보았다")을 진술하면 이는 요증사실에 대한 원진술이고 (나-2) 검사가 A의 진술을 조서에 기재하여 법원에 제출하였다면 그 조서는 전문(傳聞)서류가 된다. 그리고 (다) A가 지인 B에게 진술하였다면 이는 원진술이고 (다-2) B가 공판기일에 직접 A로부터 들은 말을 증언했다면 A의 진술은 원진술이 되고 B의 증언은 전문진술이 된다.

즉 이 사건에서 A가 공판점에서 직접 진술한 (가) 이외에는 결과적으로 전문증거(나-2, 다-2)가 되어 증거능력이 부정된다. 한편, 이 사건의 요증사실이 절도죄 아닌 다른 명예훼손죄와 관련된 사항이라면 앞의 진술이 전문

---

[16] 대법원 2013. 6. 13. 선고 2012도16001 판결: 어떤 진술이 기재된 서류가 그 내용의 진실성이 범죄사실에 대한 직접증거로 사용될 때는 전문증거가 된다고 하더라도, 그와 같은 진술을 하였다는 것 자체 또는 그 진술의 진실성과 관계없는 간접사실에 대한 정황증거로 사용될 때는 반드시 전문증거가 되는 것은 아니다. (同旨: 대판 2019. 8. 29. 2018도2738 판결)

증거인지 여부를 다시 살펴볼 필요가 있다. 「명예훼손죄」는 진술의 내용이 아닌 진술했다는 그 자체가 쟁점이 되어 전문증거에 해당되지 않아 증거로 채택될 수 있기 때문이다(《표 6》참고). 이처럼 요증사실이 무엇인지에 따라 전문법칙이 적용될지 여부가 결정된다.

〈그림 11〉 원진술(본래증거)와 전문증거의 구별

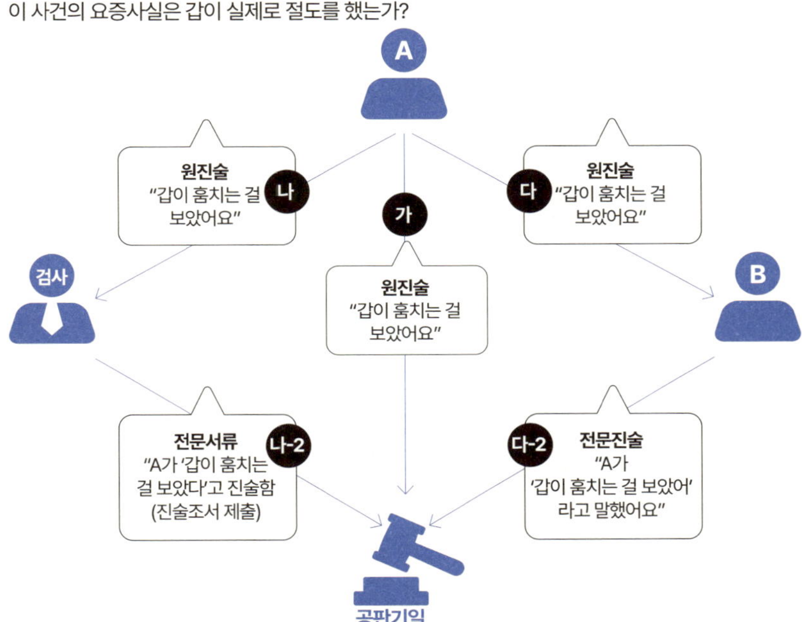

(2) 전문법칙

가. 전문법칙의 의의

전문법칙은 전문증거는 증거가 아니며, 따라서 증거능력이 인정될 수 없다는 원칙이다. 전문법칙의 핵심은 법정에서 직접 진술하지 않고 전달된 전문증거는 본질적으로 부정확한 전달의 위험(신용성의 희박)이 존재하고, 당사자의 반대신문권이 보장되어 있지 않으므로 증거로 채택하기에 타당하지 않다고 보는 것에 있다고 해석된다.

나. 전문법칙의 적용 요건

전문증거는 요증사실을 직접 경험한 자의 진술을 말한다. 따라서 전문법칙은 ① 진술증거에 대해서만 적용된다. 더 나아가 전문법칙이 적용되는 전문증거는 원진술에 기초한 ② 요증사실을 증명하기 위해 제출된 경우에만 적용된다. 결국 진술증거는 요증사실을 입증하기 위한 것인지 여부에 따라 전문증거가 되기도 하고, 전문증거가 되지 않기도 한다(〈표 6〉 참조).

〈표 6〉 진술증거의 전문증거 여부 사례

〈A의 진술 "갑이 훔치는 것을 보았다"는 전문증거 해당 여부〉
① **(갑의 절도죄 여부 재판)** "갑이 훔치는 것을 보았다"는 진술이 갑의 절도죄의 요증사실(갑이 실제로 물건을 훔쳤는가?)을 입증하기 위한 진술인 경우에는 전문증거가 된다.
② **(A의 명예훼손죄 여부)** "갑이 훔치는 것을 보았다"는 진술이 A의 갑에 대한 명예훼손죄의 요증사실(A가 실제로 그런 말을 하였는가?)을 증명하기 위해 제출된 증거라면, A의 진술은 그 진술의 존재 자체가 요증사실이 되므로 전문증거가 되지 않는다.

→ 즉 A의 진술은 갑의 절도죄 여부 재판에서는 전문증거로서 증거능력이 없지만, A의 명예훼손죄 여부 재판에서는 전문증거가 아니므로 증거능력이 인정될 수 있다.

다. 전문법칙이 적용되지 않는 경우

진술증거 중에 외형적으로 전문증거인 것처럼 보이지만 전문법칙이 적용되지 않는 경우가 있다. 진술내용이 요증사실의 구성요소[17]를 이루는 경우라면 전문증거가 아니어서 전문법칙이 적용되지 않는다(〈표 6〉 참조). 이 외에도 원진술이 경험적 사실의 증명이 아닌 경우[18] 등에는 전문법칙이 적용되지 않는다.

---

[17] 구성요소: 형법 등 법률은 어떤 행위가 범죄에 해당하는지 조건을 규정하고 있다. 예를 들면 「형법」 제329조는 "타인의 재물을 절취한 자는 6년 이하의 징역 또는 1천만원 이하의 벌금에 처한다."고 규정하고 있다. 여기에서 '타인의 재물을 절취한 행위'가 구성요건에 해당하는 범죄로서 규제된다. 따라서 이 경우 위법성조각사유(정당방위, 자구행위 등)과 책임조각사유(만 14세 미만, 정신지체 등)가 없는 한 범죄는 성립한다.

[18] 정보통신망을 통해 협박문자를 보낸 행위의 공소사실에 대하여 휴대전화기에 저장된 문자정보가 그 증거가 되는 경우, 그 문자정보는 범행의 직접적인 수단이고 경험자의 진술에 갈음하는 대체물에 해당하지 않으므로, 「형사소송법」 제310조의2에서 정한 전문법칙이 적용되지 않는다(대법원 2008. 11. 13. 선고 2006도2556 판결).

〈사실관계〉 피고인 A는 B에게 뇌물을 제공하였다.

• 〈원심〉 다음과 같은 이유로 유죄판결
- 공소외 1, 2의 진술이 다소 일관되지 않지만, 모두 A의 뇌물제공 사실을 일관되게 진술하고, 객관적 자료에 의해 확인되었다.
- 공소외 1, 2의 뇌물 제공방법이 경험하지 않고서는 진술할 수 없을만큼 구체적임
- 피고인에게 제공하였다는 미화(美貨)의 출처에 관하여도 공소외 1, 2가 준비한 사실이 확인되었다.

• 〈대법원〉 다음과 같은 이유로 무죄판결
- 공소사실을 뒷받침하는 객관적 물증이 없는 상태에서,
- 금품공여의 시기와 방법, 외화의 출처, 환전과정에 관한 금품공여자들의 진술이 전후 일관되지 않거나 서로 모순, 상반되고 객관적 상황과도 일치하지 않는 부분이 있어 금품공여자의 진술을 전적으로 신빙하기 어렵고,
- 따라서 공소사실 전부에 관한 합리적 의심이 모두 배제되었다고 보기 어려운데도, 금품공여자들의 진술 중 공소사실에 부합하는 부분만 선택적으로 믿고, 이에 배치되는 피고인의 주장을 모두 배척함으로써 위 공소사실을 모두 유죄로 인정한 원심판결에 증명의 정도에 관한 법리 오해 또는 논리와 경험법칙을 위반하여 합리적인 자유심증의 범위와 한계를 넘어서 사실을 인정한 위법이 있다.

라. 「형사소송법」의 전문법칙

「형사소송법」은 원칙적으로 전문증거의 증거능력을 인정하지 않고, 제311조부터 제316조까지 정한 요건을 충족하는 경우에만 예외적으로 증거능력을 인정한다(제310조의2).

제310조의2(전문증거와 증거능력의 제한) 제311조 내지 제316조에 규정한 것 이외에는 공판준비 또는 공판기일에서의 진술에 대신하여 진술을 기재한 서류나 공판준비 또는 공판기일 외에서의 타인의 진술을 내용으로 하는 진술은 이를 증거로 할 수 없다.

위 조항은 다음과 같이 나누어 설명해 볼 수 있다.

① 제311조 내지 제316조에 규정한 것 → **전문서류** → **전문법칙의 예외 인정**
② 공판준비 또는 공판기일에서의 진술 → **원본증거**(본래증거, 직접증거)
③ ②의 진술을 대신하여 기재한 서류나 공판준비 또는 공판기일 외에서의 타인의
　진술을 내용으로 하는 진술 → **전문증거**

위 구분에 따르면, ②의 공판준비 또는 공판기일에 행한 진술(원진술)은 원본증거이므로 증거능력이 인정된다. 이는 진술자가 직접 공판기일에 진술하는 경우에 반대신문을 통해 그 진술에 대한 부정확성과 허위의 위험을 제거할 수 있기 때문이다. 한편 ③의 공판준비 또는 공판기일 외에서의 타인의 진술을 내용으로 하는 진술은 전문증거로서 원칙적으로 증거능력이 없다(〈표 7〉 참조).

〈표 7〉 공판준비 또는 공판기일 외에서의 타인의 진술을 내용을 하는 진술

- 경험사실을 들은 타인이 전문한 사실을 법원에서 한 진술(전문진술, 전문증언)
- 경험자 자신이 경험사실을 기재한 서면(진술서)
- 경험사실을 들은 타인이 기재한 서면 등(진술녹취서)

마. 전문서류에 대한 전문법칙의 예외

「형사소송법」은 제311조 내지 제316조에 규정한 전문서류의 경우에는 전문증거이지만 진정성과 신용성 등이 높다고 인정하여 전문법칙의 예외를

인정하여 그 증거능력을 인정하고 있다(형소법 제310조의2, 〈표 8〉 참조).

〈표 8〉 증거능력 인정되는 전문서류

1. **(법원 또는 법관의 조서)** 법원 또는 법관 앞에서 피고인이나 피고인 외의 진술을 기재한 조서(제311조)
2. **(피의자신문조서)** 검사 또는 사법경찰관의 조서(제312조)
 - 다만, 피고인 또는 변호인이 공판기일에 그 내용을 인정하여야 증거능력 인정
3. **(참고인조서)** (제313조) 피고인 아닌 자가 작성한 진술서/ 그 진술을 기재한 서류
 - 다만, 참고인이 공판기일에 작성자 본인이 그 내용의 진실을 인정한 경우에 인정
 - 진술이 문자, 사진, 영상 등의 형태인 경우에는 그 진술과 동일하다는 것이 객관적 방법으로 증명되어야 인정[19]
 - (제314조) 피의자신문조서, 참고인조서의 경우에 진술자가 사망, 질병 등 사유로 진술 불가 시에는 신빙성 있는 상태 하에서 적성되었음이 증명된 때에 한하여 증거능력을 예외로 인정
4. **(당연 증거능력 서류)** 가족관계기록에 관한 증명서, 상업장부 등(제315조)
5. **(참고인, 조사자 등의 진술)** 피고인의 진술이 그 내용을 할 때에는 해당 진술이 특히 신빙할 수 있을 때에 행하여졌음이 증명된 때에 한하여 증거로 인정함(제316조)

※ 여기서의 '특히 신빙할 수 있는 상태'라 함은 진술 내용이나 조서의 작성에 허위개입의 여지가 거의 없고, 진술 내용의 신빙성이나 임의성을 담보할 구체적이고 외부적인 정황이 있는 것을 말한다(대법원 2006. 9. 28. 선고 2006도3922 판결 등 참조)

---

[19] 형소법 제313조에 관해서는 제5장 디지털증거, 3.「형사소송법」의 디지털증거 인정요건 부분에서 더 자세히 서술한다.

디지털증거의 증거능력

I. 디지털증거의 정의·종류 및 특성

1. 디지털증거의 정의
(1) 일반적 정의

디지털증거란 "디지털, 즉 정보의 표기 및 저장이나 전달의 형태가 0과 1의 조합인 이진수 방식으로 이루어진 증거로서의 가치를 지닌 정보"를 말한다.[1] 즉 디지털증거는 0과 1의 이진수방식(디지털 형태)으로 존재하는 정보이고, 정보체와 별개인 무체(형태가 없는)의 정보이지만, 증거로서 가치를 가지고 있는 정보라고 할 수 있다.

디지털증거임을 결정짓는 표지는 그 내용이 아니라 형식이다. 예를 들어 디지털카메라로 사진을 촬영한 경우 출력된 사진은 전통적 의미의 증거방법이다. 한편 사진의 이미지 파일 자체는 디지털증거이다. 수집된 원본이 디지털 정보라면 디지털증거가 되는 것이다.[2]

이러한 의미에서 컴퓨터 시스템 또는 그와 유사한 장치에 의해서 전자적으로 생성되고, 저장되고, 전송되는 증거가치 있는 디지털 데이터를 디지털증거라고 할 수 있다. 디지털증거는 그 저장여부와 장소에 따라 좁게는 개인용 컴퓨터로부터 네트워크 서버 또는 인터넷 가상메모리 공간에 저장되어 있는 경우가 있고 정보통신망을 통하여 전송 중에 있는 경우도 있을 수 있다.

(2) 법률에서의 정의

우리나라 법률에서는 디지털증거라는 용어를 직접적으로 사용하고 있지는 않다. 「형사소송법」은 "압수대상이 정보저장매체등인 경우에 그에 저장된 정보"라고 표현하고 있고(형소법 제106조제3항), 「검사와 사법경찰관의 상호협력과 일반적 수사준칙에 관한 규정」(이하 '수사준칙규정')은 전자정보라는 용어를 사용한다.

---

1 이숙연, 「디지털증거 및 그 증거능력과 증거조사방법: 형사절차를 중심으로 한 연구」, 『사법논집』 제53집, 2011, 249면, 『과학수사론』 사법연수원, 2015, 20면.

2 김윤섭, 박상용, 「형사증거법상 디지털증거의 증거능력— 증거능력의 선결요건 및 전문법칙의 예외요건을 중심으로」, 『형사정책연구』 26(2), 2015(여름), 168면.

제106조(압수)

③ 법원은 압수의 목적물이 컴퓨터용디스크, 그 밖에 이와 비슷한 정보저장매체(이하 이 항에서 "정보저장매체등"이라 한다)인 경우에는 기억된 정보의 범위를 정하여 출력하거나 복제하여 제출받아야 한다. 다만, (생략)

제41조(전자정보의 압수·수색 또는 검증 방법) ① 검사와 사법경찰 정보의 압수·수색 (또는 검증 방법) ② 검사 또는 사법경찰관은 법 제219조에서 준용하는 법 제106조제3항에 따라 컴퓨터용디스크 및 그 밖에 이와 비슷한 정보저장매체(이하 이 항에서 "정보저장매체등"이라 한다)에 기억된 정보(이하 "전자정보"라 한다)를 압수하는 경우에는 해당 정보저장매체등의 소재지에서 수색 또는 검증한 후 범죄사실과 관련된 전자정보의 범위를 정하여 출력하거나 복제하는 방법으로 한다.

그리고 「디지털증거의 수집분석 및 관리규정」(대검찰청예규) 및 「디지털증거의 처리 등에 관한 규칙」(경찰청훈령)은 다소 상이하지만 전자정보와 디지털증거라는 용어를 정의하고 있는데, 이 정의조항들을 요약하면 디지털증거란 정보저장매체등에 기억된 전자정보 중 범죄와 관련하여 증거로서의 가치가 있는 전자정보라고 정리할 수 있다.

제3조(정의) 이 규정에서 사용하는 용어의 뜻은 다음과 같다.

1. "전자정보"란 정보저장매체등에 기억된 정보를 말한다.
2. "디지털 증거"란 범죄와 관련하여 디지털 형태로 저장되거나 전송되는 증거로서의 가치가 있는 정보를 말한다.

2. 디지털증거의 종류

디지털증거의 종류는 다양하다. 디지털증거는 그 내용, 형태, 속성에 따라 수집절차 및 방법, 증거능력 증거조사 방법 등에서 차이가 있다. 디지털증거는 크게 〈그림 12〉와 같이 구분해 볼 수 있다.[3]

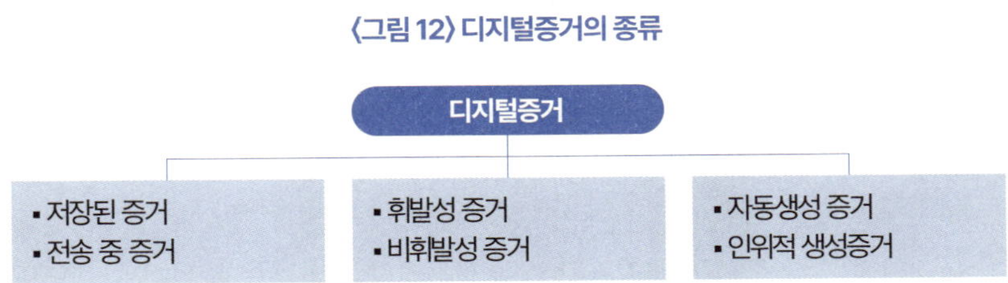

〈그림 12〉 디지털증거의 종류

(1) 저장된 증거와 전송 중인 증거

가. 저장된 증거

디지털증거는 가장 대표적으로 저장되어 있는 증거와 전송 중인 증거로 구별할 수 있다. 이렇게 구별하는 것은 증거조사의 방법에서 차이가 있기 때문에 의미가 있다. 저장된 디지털증거에 대한 수집방법은 「헌법」 제12조에 따라서 법관이 발부한 영장에 의해서만 가능하다. 따라서 물리적 증거와 마찬가지로 「형사소송법」에 규정된 압수·수색영장 발부, 피고인의 성명과 그 대상의 특정 등 영장주의 원칙을 준수해야 한다.

---

3 권오걸, 「디지털증거의 개념·특성 및 증거능력의 요건」, 『IT와 법연구』 제5집, 302~305면, 노명선 외 2인, 『디지털포렌식』, 고시계사, 2017. 39면」, 박종혁, 「디지털증거」, 2011, (http://www.parkjonghyuk.net/lecture/2011-2nd-lecture/computersecurity/chap04.pdf).

나. 전송 중 증거

전송 중 데이터는 통신비밀에 해당된다. 인터넷을 통해 전송 중인 데이터의 내용을 수집하는 것은 「통신비밀보호법」의 통신제한조치로서 '감청'에 해당한다. 따라서 개인의 통신의 자유, 사생활의 비밀의 자유 등 핵심적 기본권과 밀접하게 연관되어 있기 때문에 매우 제한적인 경우에 한하여 압수·수색이 가능하도록 엄격하게 규제되고 있다. 즉, 검사가 신청하고 법관이 발부한 통신제한조치허가서에 의해서만 증거수집이 가능하다.

(2) 휘발성 증거와 비휘발성 증거

디지털증거는 휘발성 유무에 따라 크게 휘발성 정보, 비휘발성 정보로 분류할 수 있다.

가. 휘발성 정보

휘발성 정보는 전원 공급이 차단되면 기억매체에서 사라지는 정보를 말한다. 구체적으로는 컴퓨터에서 주기억장치로 사용되는 RAM, 비디오 및 네트워크 카드 등에 존재하는 Onboard 메모리 등이 대표적이다.

이러한 휘발성 증거는 임시적으로 존재하거나 사라지는 특성이 있으므로 파일 형태로 별도 저장하거나, 사진촬영 등의 방법으로 수집하는 등 각별한 주의가 필요하다. 휘발성 증거는 저장이나 사진촬영의 과정에서 인위적 위·변작의 가능성이 높기 때문에 그 원본성과 진정성의 문제가 부각될 수 있기 때문이다.

나. 비휘발성 정보

비휘발성 정보는 휘발성 정보와 달리 전원 공급이 차단되거나 시스템이 종료되더라도 사라지지 않고 계속 유지되는 정보를 말한다. 일반 컴퓨터의 하드디스크, 로그데이터, 설치된 소프트웨어, CD·DVD·디지털 카메라·ROM 등에 저장된 정보는 비휘발성 정보에 해당한다. 비휘발성 정보는 사실상 반영구적인 상태로 원본 보존이 가능하기 때문에 휘발성 정보에 비해서 원본성과 진정성의 문제가 덜 심각하다고 볼 수 있다.

(3) 자동생성 증거와 인위적 생성 증거

자동생성 증거는 인터넷 등을 사용하면 자동으로 생성되는 증거를 말한다. 예를 들어 인터넷 사용기록, 방화벽 로그, 운영체제 이벤트 로그, 각종 메터데이터 등은 자동으로 생성되는 증거라고 할 수 있다. 자동생성 증거는 전문증거가 아니고 비진술증거에 해당한다. 따라서 그 진성성만 인정되면 증거로 사용될 수 있다.

한편 인위적으로 생성되는 증거는 문서파일, 전자파일, 동영상 및 사진, 소프트웨어, 암호데이터 등을 들 수 있다. 인위적 생성증거는 그 형태와 내용 및 속성 등에 따라 사건의 요증사실에 따라 상대적으로 전문증거인지, 비전문증거인지 확인하여야만 결정할 수 있다.

3. 디지털증거의 특성[4]

(1) 비가시성, 비가독성(무체정보성)

디지털 정보는 눈에 보이지 않는 0과 1의 조합인 전자적 형태로 저장되어 이를 쉽게 은닉할 수 있을 뿐만 아니라, 육안으로 식별할 수 없다. 따라서 판독장치가 있어야만 그 내용을 확인할 수 있다. 즉 비가시성과 비가독성으로 인하여 실제로 그 파일의 내용을 확인해 보지 않고는 범죄사실과의 관련성을 따져보기 어렵다는 점에서 그 수집과 증명에 일정한 한계가 있을 수밖에 없다. 예를 들면, 컴퓨터 안에 있는 파일형태 문서의 내용은 볼 수 없으므로 모니터상에 나타나게 하거나, 그 내용을 프린터로 인쇄하여 제시하는 등 일일이 열어보아야 한다.

이처럼 디지털증거는 인간의 지각능력으로는 그 존재 및 내용을 인식할 수 없기 때문에 디지털로 된 정보는 잠재적인 증거로서 변화절차를 거쳐야만 현시적인 증거로서 기능을 할 수 있는 것이다.

형사소송 실무 관점에서는 증거가 증거물인 서면인 경우에는 증거조사 방

---

4 손지영, 김주석, 「디지털증거의 증거능력 판단에 관한 연구」, 『사법정책연구원 연구총서』, 2015. 25~30면, 권오걸, 「디지털증거의 개념·특성 및 증거능력의 요건」, 『IT와 법연구』 제5집, 297~302면, 전명길(2011.2), 「디지털증거의 수집과 증거능력」, 『법학연구』 제41집, 2011.2. 319~322면, 노명선 외 2인, 『디지털포렌식』, 고시계사, 2017. 40~47면 등 참조하여 재정리함.

법으로 이를 법정에서 제시하고 낭독하는 절차가 필요하다. 아날로그 증거인 서면인 경우에는 그 자체로 제시하고 낭독할 수 있지만, 디지털증거의 경우에는 제시와 낭독의 절차 이전에 아날로그화라는 절차가 더 필요하게 된다.

아날로그화는 법정 밖에서 이루어지며, 일반인에 의한 직접적인 인지 내지 판독이 불가능하기 때문에, 필수적으로 전문가의 참여와 가시화를 위한 변환절차가 요구된다. 이러한 변환과정에서 전문가를 비롯하여 여러 가지 하드웨어와 소프트웨어들을 사용하게 되는데, 이로 인한 증거의 진정성 등에 대한 논란이 발생할 수 있다.

(2) 매체 독립성

디지털증거는 유체물이 아니고 각종 디지털 매체에 저장되어 있는 정보이거나 또는 전송 중인 정보 자체를 말한다. 이들 정보는 같은 내용(동일 값)이라면 어느 매체(카메라, 휴대전화, 컴퓨터 등)에 저장되어 있든지 동일한 가치를 가진다. 즉 디지털증거는 매체로부터 독립된 혹은 중립된 정보내용이 증거로 되는 경우이다.

이러한 특성 때문에 원본 매체가 원형 그대로 보존되어 법원에 제출되지 않고 다른 매체에 복사되어 제출되는 경우가 많을 것이므로 이와 관련한 다양한 법적 문제가 발생될 소지가 있다.

참고

- A가 자신의 휴대전화로 찍은 사진을 자신의 컴퓨터에 저장하고, 해당 사진의 파일을 이메일을 통하여 친구 B에게 전송하였다. 사진 파일을 받은 B는 자신의 컴퓨터와 휴대전화에도 저장하고 사진으로 인화하였다.

〈쟁점〉 매체독립성으로 증거법적 문제 발생

- 인화된 사진은 시간이 지나 변하면 알아볼 수 없겠지만, 디지털 데이터 상태로 남아 있는 사진파일은 언제 어디서나 휴대전화, 컴퓨터 등 어떠한 매체에도 동일한 값으로 저장·전송 등 처리할 수 있다.
- ⇒ 디지털증거가 법정에 제시될 때 다른 매체에 복사 또는 기타의 방법으로 복제 및 이전되는 경우가 많을 것이며, 이 때문에 변경, 수정 문제 등 다양한 증거법적 문제가 발생할 소지가 있다.

(3) 복제용이성 및 사본 구별 곤란성

디지털증거는 디지털화된 정보라는 특성 때문에 디지털 매체의 유형과 관계없이 누구나 손쉽게 원본을 복사할 수 있다. 또한 무한 반복되는 복사과정에서도 질적 저하 현상도 없고, 그 값도 변하지 않아 원본과 동일하게 복사되어 이를 사본을 구별하기 사실상 어렵다.

이러한 복제의 용이성 때문에 디지털증거를 법원에 제출할 경우에는 이 증거가 위조 또는 변조되지 않았다는 사실을 입증해야 하는 문제가 발생하게 된다. 즉, 제출된 디지털증거가 정당하고, 원본(또는 사본일지라도 원본과 다름없는 증거능력이 있다는 사실)임을 명확하게 하는 절차가 필요하고, 어떻게, 어느 정도 수준까지 입증해야 하는지를 고려하여야 한다.

판례 대법원 2008.12.24. 2008도9414 판결

- 〈사실관계〉 검사는 피고인 A와 상대방 B의 대화내용이 담긴 녹음테이프(녹취서)를 법원에 증거로 제출하였다. 피고인은 이 녹취록을 증거로 채택하는 것에 동의하지 않았다.
- 〈판결〉 증거능력 부정
- 녹음테이프는 그 성질상 작성자나 진술자의 서명 혹은 날인이 없을 뿐만 아니라, 녹음자의 의도나 특정한 기술에 의하여 그 내용이 편집, 조작될 위험성이 있음을 고려하여,
- 그 대화내용을 녹음한 원본이거나 혹은 원본으로부터 복사한 사본일 경우에는 복사과정에서 편집되는 등의 인위적 개작 없이 원본의 내용 그대로 복사된 사본임이 증명되어야만 하고,
- 그러한 증명이 없는 경우에는 쉽게 그 증거능력을 인정할 수 없다고 할 것이며,
- 녹음테이프에 수록된 대화내용이 이를 풀어쓴 녹취록의 기재와 일치한다거나, 녹음테이프의 대화 내용이 중단되었다고 볼 만한 사정이 없다는 녹음테이프에 대한 법원의 검증 결과만으로는 위와 같은 증명이 있다고는 할 수 없을 것이다.

(4) 취약성

디지털증거는 악의적인 전문가에 의하여 일괄 위조 또는 변조되는 것이 아날로그 증거를 위·변조하는 것에 비하여 훨씬 용이하여 긴급보전의 필요성이 크다. 예를 들면 단 하나의 명령만으로 수많은 디지털 자료를 삭제하거

나 변경시킬 수 있고, 자료의 일부만을 간단하게 수정할 수도 있다. 또한 의도치 않게 특정 워드 파일을 열어보는 것만으로도 파일이 변경될 수 있다.

수사기관은 수집된 증거를 분석·보관하는 과정 중에 있을 수 있는 위·변조의 주장을 배제할 수 있어야만 법정에 제출된 증거가 증거능력을 가지게 된다. 따라서 압수·수색 과정에서의 신속한 삭제 예방조치, 휘발성 증거의 사진촬영 등 원본성과 무결성을 유지하는 것이 중요하다.

이러한 이유로 원본성과 무결성의 유지는 디지털증거가 증거능력을 갖기 위한 필수 요건이고, 디지털 포렌식 전문가가 필요하게 된다.

(5) 대용량성

저장매체 기술의 발전으로 개인이 사용하는 컴퓨터나 물리적으로 아주 작은 저장매체일지라도 방대한 분량의 정보를 저장할 수 있게 되었다. 한 개인의 컴퓨터에 대량의 정보가 담겨져 있고, 여기에 범죄와 관련된 정보가 있다면 다른 수많은 정보와 혼재되어 있어서 이를 압수하여 분석하는 데는 복잡한 절차와 분석방법이 동원될 것이다.

즉, 대량의 정보는 증거수집의 범위와 관련하여 압수·수색의 대상을 특정해야 하는 문제가 발생한다. 영장주의 원칙은 포괄영장은 허용하지 않을 뿐 아니라 영장의 허용 범위를 초과하여 수집한 증거는 그 증력능력이 부정될 수 있다. 따라서 대량의 정보를 분석할 수 있는 시스템과 전문가에 대한 의존성이 더욱 높아질 수 밖에 없다.

(6) 네트워크 관련성

컴퓨터와 디지털기기들은 대부분 서로 네트워크로 연결되어 자료를 저장·전송·처리하고 있다. 디지털증거는 시간과 공간, 국경을 초월하여 세계 어디에나 존재할 수 있기 때문에 국내의 토지 관할권을 넘는 법집행의 인정문제, 국가 간 협력 등의 문제로 연결되어 수사에 적지 않은 장애가 될 수 있다.

(7) 익명성

디지털증거는 일반 문서와 달리 작성자의 서명이나 자필에 의한 확인이 불가능하고 디지털증거를 작성하거나 전송한 당사자를 특정할 수 없는 경우도 많다.

참고

- 피고인 A의 협박죄 사실인정과 관련하여 수사기관은 적법절차를 거쳐 A의 컴퓨터에서 "B에게 복수할 것이다"라는 내용이 담긴 파일형태의 문서를 압수하였다면,
- 수사기관은 그 문서를 작성한 자가 실제로 A임을 특정할 수 있어야 하지만 해당 문서에서는 작성자의 자필 서명이 없는 한 작성자가 A임을 입증하기 어렵다.
  - A 아닌 제3자가 의도적으로 그 문서를 작성하지 않았다는 가능성에 대해 합리적 의심이 없을 정도로 입증할 수 있어야 한다.

※ 위와 같이 입증했더라도 위 증거는 전문증거이므로, 즉 실제 협박행위가 존재하는지 요증사실 자체에 관한 증거이기 때문에 피고인 A가 해당 문서를 작성한 것이 명백할지라도 실제로 협박행위가 있었는지 요증사실을 입증하는 증거로 사용할 수 없다.

위와 같은 디지털 증거의 특성은 〈그림 13〉과 같이 요약해 볼 수 있다.

〈그림 13〉 디지털증거의 특성

비가시성 / 비가독성 (무체정보성)	■ 육안으로 식별불가하여 아날로그화 필요 ▶ 가시화 절차에서 변경 등 동일성 문제 발생
매체독립성	■ 디지털정보는 어느 매체에서든 동일값 유지 ▶ 다른 매체로 복사 / 이전 시 동일성 문제 등 발생
복제용이성 / 사본구별곤란성	■ 매체와 관계없이 누구나 복제가 용이 ■ 원본과 사본의 구별 곤란 ▶ 위변조 입증 문제
취약성	■ 변조 용이성, 누구나 쉽게 삭제 / 변경 / 수정 가능 ▶ 긴급보전의 필요성
대용량성	■ 기술의 발달로 대량의 정보 저장 가능 ▶ 대량정보 중 범죄관련 정보만 압수 곤란
네트워크 관련성	■ 디지털증거는 시공간을 초월하여 존재 ▶ 관할권, 국가 간 협력 등 법집행 문제가 발생
익명성	■ 자필, 서명 등 작성자 확인 어려움 ▶ 실제 작성자를 특정하기 어려움

II. 디지털증거의 증거능력 요건

1. 증거능력 인정요건
(1) 증거능력 인정요건 충족의 필요성

이 논의는 결론부터 말하자면 디지털 저장매체로부터 출력된 문건이 증거로 사용되기 위한 요건이 무엇인지에 대한 논의로 요약된다. 수사과정에서 컴퓨터기록 혹은 전자적으로 저장된 기록을 획득하는 목적은 종국적으로 추가적인 수사나 공판과정에서 피고인에 대한 유죄혐의의 입증을 위한 것이다. 따라서 증거물로서 컴퓨터기록이나, 보다 넓은 의미로, 전자적 증거를 획득하는 과정에서는 항상 그 증거가 재판절차에서 사용될 수 있는가, 즉 그 증거능력이 인정될 것인가를 생각해야 하는 것이 수사기관의 의무이자 성공적인 수사의 전제가 된다.

디지털증거는 디지털 매체 안에 저장되어 있는 정보이기 때문에 디지털 매체의 증거능력과 동시에 매체에 저장되어 있는 정보의 증거능력이 검토되어야 한다. 앞에서 살펴보았던 디지털증거의 비가시성, 취약성 등 특성 때문에 증거의 완벽한 보전이 보장되지 않는 한 언제든지 증거능력이 의심받을 수 있기 때문이다.

(2) 디지털증거의 증거능력 인정 요건

소위 일심회 판결(2007년) 이후에 학계와 법조계 등에서는 디지털증거가 증거능력을 인정받기 위한 선결요건들이 무엇인지에 대해 활발하게 논의가 진행되어 왔다.

> **판례** 대법원 2007. 12. 13. 선고 2007도7257 판결[5]
> • (쟁점) 디지털 저장매체로부터 출력한 문건의 증거능력 인정 요건
> - 압수물인 디지털 저장매체로부터 출력한 문건을 증거로 사용하기 위해서는 디지털 저장매체 원본에 저장된 내용과 출력한 문건의 동일성이 인정되어야 하고, 이

---

[5] 일심회 판결의 구체적 내용에 대해서는 이하 5. 디지털증거의 증거능력 관련 판례 부분에서 서술한다.

를 위해서는 디지털 저장매체 원본이 압수시부터 문건 출력시까지 변경되지 않았음이 담보되어야 한다.

- 특히 디지털 저장매체 원본을 대신하여 저장매체에 저장된 자료를 '하드카피' 또는 '이미징'한 매체로부터 출력한 문건의 경우에는 디지털 저장매체 원본과 '하드카피' 또는 '이미징'한 매체 사이에 자료의 동일성도 인정되어야 할 뿐만 아니라,

- 이를 확인하는 과정에서 이용한 컴퓨터의 기계적 정확성, 프로그램의 신뢰성, 입력·처리·출력의 각 단계에서 조작자의 전문적인 기술능력과 정확성이 담보되어야 한다.

- 그리고 압수된 디지털 저장매체로부터 출력한 문건을 진술증거로 사용하는 경우 그 기재 내용의 진실성에 관하여는 전문법칙이 적용되므로 「형사소송법」 제313조 제1항에 따라 그 작성자 또는 진술자의 진술에 의하여 그 성립의 진정함이 증명된 때에 한하여 이를 증거로 사용할 수 있다.

디지털증거의 증거능력 인정요건들의 유형은 〈그림 14〉와 같이 정리해 볼 수 있다.

〈그림 14〉 디지털증거의 증거능력 인정요건

〈그림 14〉에서의 디지털증거의 증거능력을 인정하기 위한 각 인정요건들은 관점에 따라 많은 견해들이 제시되고 있다. 예를 들면 디지털증거가 증거

능력을 갖추기 위해서는 "동일성과 무결성이 필요하고, 신뢰성과 전문성은 동일성과 무결성을 담보하기 위한 조건으로 요구된다"는 견해, "무결성·신뢰성·원본성이 필요하다"고 보는 견해, "진정성·무결성·신뢰성이 필요하다"고 보는 견해 등 다양하게 논의되고 있다.[6] 그렇지만 이러한 다양한 견해들의 핵심적 내용은 크게 다르지 않다. 디지털증거의 증거능력 인정요건의 내용들을 정리하면 다음과 같다.

(3) 디지털증거 인정요건의 개념[7]

가. 동일성 및 무결성

동일성은 원본이 최초에 수집된 것과 같은지 여부 및 사본인 경우 원본과 사본이 일치하는지 여부를 뜻한다. 종종 후자만을 동일성으로 보는 견해가 있으나 원본이 증거로 제출된 경우 및 그 원본으로부터 사본이 만들어진 경우 원본이 그 과정에서 변개되지 아니하였다는 증명 역시 중요하다. 사본만이 증거로 제출되었다면 원본으로부터 인위적 조작없이 그대로 복제되었음이 증명되어야 한다. 이는 디지털증거뿐만 아니라 다른 형태의 증거에도 공통적으로 적용되나 디지털증거는 그 비가시성, 취약성으로 인하여 동일성의 증명에 난점이 있다.

대법원은 "압수물인 정보저장매체에 입력하여 기억된 문자정보 또는 그 출력문건을 증거로 사용하기 위해서는 정보저장매체 원본에 저장된 내용과 출력 문건의 '동일성'이 인정되어야 한다."고 거듭하여 판결하고 있다.

무결성은 압수 이후 공판정에 증거로 제출되기까지 일련의 과정 중 증거가 변경되거나 훼손되지 아니하였음을 뜻한다.

---

6 이관희, 김기범, 「디지털증거의 증거능력 인정요건 재고」, 『디지털포렌식연구』 12(1), 2018. 94면, 권오걸, 「디지털증거의 개념·특성 및 증거능력의 요건」, 『IT와 법연구』 제5집, 305~311면, 이숙연, 「디지털증거의 증거능력 동일성 무결성 등의 증거법상 지위 및 개정 형사소송법 제313조와의 관계」, 『저스티스』, 2017.8. 169면.

7 손지영, 김주석, 「디지털증거의 증거능력 판단에 관한 연구」, 『사법정책연구원 연구총서』, 2015. 31~34면, 권오걸, 「디지털증거의 개념·특성 및 증거능력의 요건」, 『IT와 법연구』 제5집, 305~311면, 이숙연, 「디지털증거의 증거능력 동일성 무결성 등의 증거법상 지위 및 개정 형사소송법 제313조와의 관계」, 『저스티스』, 2017.8. 169~173면.

나. 관련성

관련성은 수집된 증거가 요증사실과 관련되는지 여부에 관한 것으로 압수수색영장에 의하여 수집된 증거에 대하여는 영장에 기재된 범죄사실과 관련성이 인정되지 않는 경우 위법하게 수집된 증거로서 증거능력이 인정되지 않는다. 증거의 관련성이 동일성 등과 심리과정에서 한꺼번에 다투어지는 경우도 적지 않을 것이나 개념상 관련성은 동일성, 무결성 판단 전 단계의 문제라고 볼 수 있다.

다. 진정성

진정성은 제출된 증거가 저장, 수집과정에서 오류가 없으며 특정한 사람의 행위의 결과가 정확히 표현되었고 그로 인해 생성된 자료인 것임이 인정되어야 한다는 것을 말한다. 즉 진정성은 해당 증거가 증거제출자가 주장하는 바로 그 증거라는 것이라고 할 수 있는데 그 내용은 다음의 의미를 내포하고 있다(〈표 9〉 참조).

〈표 9〉 디지털증거 진정성의 의미

㉠ 해당 증거가 증거제출자가 주장하는 바로 그 작성자에 의하여 작성되고,
㉡ 증거제출자가 주장하는 바로 그 진술자의 진술을 내용으로 하며,
㉢ 증거제출자가 해당 증거라고 주장하는 바로 그 증거로서 원래 작성된 것과 동일하며 작성 후 훼손 혹은 변개된 것이 아니라는 것

이러한 맥락에서 진정성은 「형사소송법」 제313조제1항의 진정성립 및 동일성과 무결성을 아우르는 폭 넓은 개념으로 해석된다.[8]

라. 원본성

원칙적으로 증거는 사본이 아닌 원본으로 제시되어야 한다. 이는 원본증거의 원칙이라 할 수 있다. 하지만 디지털증거와 관련해서 무조건 원본을 요구하는 것은 실체적 진실의 발견이라는 형사소송의 원칙에 반할 수 있다.

---

8 「형사소송법」 제313조 제1항과 관련해서 이하의 3. 「형사소송법」규정의 디지털증거 증거능력 인정요건 단락에서 자세히 서술한다.

디지털증거는 그 특성상 원본의 완벽한 복제가 가능하기 때문에 특별한 사정이 없는 한 원본 데이터와 사본 데이터가 정확히 일치하고 그 출력물도 완벽히 데이터와 등가를 이룬다. 이러한 디지털 형태의 증거는 대체로 이미징, 출력 등 사본의 형태로 법원에 제출되고 있다.

따라서 디지털증거의 원본성의 의미는 아날로그 증거의 원본과 달리 평가되어야 한다. 법원에 종국적으로 제출하는 증거가 출력본 즉 사본이지만 디지털증거의 매체독립성, 취약성, 비가시성 등에 기인한 증거 위변작의 가능성을 모두 배제하여 제출하는 것이므로 '원본과 다름없다'는 것이 원본성의 의미라고 할 수 있다. 즉 매체의 변화에도 불구하고 그 정보의 내용의 동일함이 디지털증거의 원본성이다. 실제로 「형사소송규칙」(제134조)에 따르면 제출하는 증거가 반드시 원본임을 요구하지는 않으며, 원본성을 갖추면 증거능력을 인정받을 수 있다.

> **「형사소송규칙」(대법원규칙)**
>
> 제134조의7(컴퓨터용디스크 등에 기억된 문자정보 등에 대한 증거조사) ① 컴퓨터용디스크 그 밖에 이와 비슷한 정보저장매체(다음부터 이 조문 안에서 이 모두를 "컴퓨터디스크 등"이라 한다)에 기억된 문자정보를 증거자료로 하는 경우에는 읽을 수 있도록 출력하여 인증한 등본을 낼 수 있다.

이 규정은 컴퓨터용 디스크 등에 기억된 문자정보 등에 대한 증거조사 방법에 관한 규정으로서, 기존에 문제되었던 저장매체에서 출력된 문건의 원본성 문제를 어느 정도 입법적으로 해결하였다고 볼 수 있다.

마. 신뢰성, 전문성

신뢰성은 디지털증거의 증거로서의 가치를 뜻한다. 이 가치를 얻기 위해서는 디지털증거의 수집, 분석, 보고에 적용된 과학적 원리, 그 이론과 기술의 신뢰성 및 구체적 타당성 등이 증명되어야 한다. 즉 특정 증거에 대해 특정의 도구와 방법 및 검증절차를 통해 얻어낸 결과는 누구에 의해서든지 언제나 모두 동일한 값을 유지할 때에 신뢰성이 있다고 인정된다. 예를 들어 소프트웨어를 통해 분석한 결과가 매번 다르다면 그 소프트웨어를 통해 나온 결과는 신뢰할 수 없게 된다.

전문성이란 일반적으로 특정 영역에서 고도화된 지식과 기술로 일반인들이 수행할 수 없는 수준의 높은 성과를 내는 능력을 의미한다. 디지털증거 분석 등 분야에서의 전문성은 그 업무를 수행하는 사람이 전문적인 지식을 갖추고 있어야 함을 의미한다. 예를 들면 디지털증거를 수집·분석함에 따른 결과는 분석하는 하드웨어나 소프트웨어 등 장비보다는 분석하는 자의 전문성에 따라 분석결과의 수준에 차이가 발생할 수 있다. 따라서 실무에서는 전문가 자격에 대한 기준도 마련되고 있다.

한편 신뢰성과 전문성은 그 자체가 독립적으로 디지털증거의 증거능력을 인정하는 요건이 되는 것은 아니고, 디지털증거의 동일성과 무결성을 뒷받침하기 위한 '보조적인 증거능력 인정요건'이라고 볼 수 있다.

바. 증거능력 요건에 대한 법원의 입장

대법원은 디지털증거의 증거능력 요건으로 동일성과 무결성을 들고 있으며 이들 요건은 거의 유사한 의미로 사용되고 있다고 보인다. 대법원은 디지털증거의 증거능력 인정요건으로서 동일성(과 무결성)을 인정하기 위해서는 "저장매체 원본이 압수 시부터 출력 시까지 변경되지 않았음이 담보되어야 한다"고 판시하였다. 그리고 동일성과 무결성을 뒷받침하는 요건으로 즉 동일성과 무결성을 인정하기 위한 보조적 요건으로, 신뢰성과 전문성을 요구하고 있다.

2. 디지털증거와 전문법칙과의 관계

(1) 디지털증거의 전문증거 성격

전문증거는 어떤 사실을 인정하는 기초가 되는 사실을 경험자 자신이 직접 법원에 진술하지 않고 다른 형태로 간접적으로 보고하는 것을 말한다. 그리고 전문법칙이란 전문증거는 증거가 아니며 따라서 증거능력이 인정될 수 없다는 원칙을 말한다.

디지털증거 그 자체가 정보저장매체에 저장되어 있다면 많은 경우에 피고인 또는 참고인 등이 법정 밖에서 진술하는 형태의 증거로서 전문증거에 해당될 수 있다. 따라서 이들 디지털증거에 대해서는 반드시 전문법칙 적용 여부를 살펴보아야 한다. 디지털증거가 아무리 사건과 관련이 있고 진정성이 있는 증거라 하더라도 그 증거가 전문증거에 해당하고 전문법칙의 예외에 해당하지 않는 한 증거로 사용할 수 없게 된다.

(2) 디지털증거 유형에 따른 전문증거 여부 구별

컴퓨터에 기록된 정보는 〈그림 15〉와 같이 전문증거 해당 여부를 구별할 수 있다.

〈그림 15〉 디지털증거의 유형에 따른 전문증거 여부 구별

전문진술 아닌 기록 (비진술기록)	전문진술 기록 (진술기록)	혼합 기록 (비진술 + 진술 기록)
■ 전화통화내역 ■ 이메일 헤더	■ 개인적 편지, 메모 ■ 거래기록	■ 이메일 헤더정보+메일내용
전문증거 아님 ▶ 증거능력 인정	전문증거 해당 ▶ 전문법칙 예외 아닌 한 증거능력 부정	전문증거 해당 ▶ 증거능력 부정

가. 전문진술이 아닌 기록 (전문증거 아님)

전문진술이 아닌 기록(비진술 증거)는 '사람의 인위적 조작이 개입되지 않은' 컴퓨터의 작동에 의해 만들어진 기록, 즉 사람의 지각·기억·표현·서술이라는 진술과정을 거치지 않고 작성된 기록을 말한다. 예를 들면 전화통화내역, 기지국 정보, 이메일 헤더, 전자은행기록 등이 그것이다. 전문진술이 아닌 컴퓨터 기록은 전문증거가 아니므로 전문법칙이 적용되지 않아 증거능력이 인정될 수 있다.

나. 전문진술 기록 (전문증거에 해당)

전문진술 기록은 사람의 인위적 조작이 개입된 기록을 말한다. 예를 들면 개인적 편지, 메모, 회계기록, 거래기록 등이 그것이다. 사람이 작성한 기록은 전문증거이기 때문에 전문법칙의 예외에 해당하지 않는 한 원칙적으로

증거능력이 부정된다.

다. 혼합기록 (전문증거에 해당)

앞의 비진술기록과 전문진술기록이 섞여 있는 기록은 혼합기록으로서 원칙적으로 전문증거에 해당한다. 예를 들면 내용과 헤더 정보가 같이 있는 이메일, 내용과 생성일자가 함께 있는 컴퓨터 파일 등이 그것이다. 이러한 형태의 혼합된 디지털증거는 전문증거로 보아 원칙적으로 증거능력이 부정된다고 보아야 한다. 즉 컴퓨터 등 저장매체에 기록된 정보 중에 사람이 인위적으로 표현 등 조작한 자료에 기재된 내용의 진실성을 입증하기 위해서는 증거능력을 인정받기 위해 전문법칙과의 관련성을 면밀하게 검토하여야 한다.

예를 들어 수사기관이 피고인의 정보저장매체에서 "A가 불법 인터넷도박장을 운영하였다"라는 내용이 담긴 파일을 발견하여 해당 문서를 출력한 경우에 이 진술은 A의 도박죄에 입증에 있어서는 그 내용(요증사실)을 입증하기 위한 진술이므로 원칙적으로 전문증거로서 증거능력이 없다. 그러나 그 문서의 존재자체가 증거가 되는 경우 또는 그 내용이 사실이라고 증명된 경우에만 증거로 사용할 수 있게 된다.

3. 「형사소송법」의 디지털증거 증거능력 인정요건

(1) 디지털증거 증거능력 인정의 배경

개정되기 전 「형사소송법」에 따르면 진술서나 진술을 기재한 서류 등에 정보저장매체에 저장된 전자문서도 포함되는지 명시되어 있지 않았다. 또한 적법절차에 따른 압수·수색의 결과물인 증거에 대해서도 진술서의 작성자가 공판준비나 공판기일에서 그 성립의 진정을 부인하는 경우에는 그 증거능력을 인정받지 못하였다.

이러한 법적 환경 때문에 전자정보 및 전자문서에 대해서는 피고인의 경우 그의 집이나 사무실 등에서 정보저장매체를 전속적으로 소유 및 사용하면서도 그가 작성하지 않았으며 작성자를 모른다고 하면서 그 진술을 부정하는 사례가 적지 않았다. 이로 인해 형사소송의 주요 이념인 실체적 진실의 발견에 있어서 불합리한 경우가 발생하지 않도록 법률 개정의 필요성이 제기되었다.

이에 따라, 국회에서 논의과정을 거쳐 「형사소송법」을 개정(2016년)하여 진술서의 대상에 전자문서가 포함된다는 것을 명시하였다. 또한 작성자(또는 진술자)가 진정성립을 인정하지 않더라도 디지털포렌식 자료, 감정 등 객관적 방법으로 성립의 진정을 증명하는 경우에는 증거능력을 인정받을 수 있는 길을 열어주었다.

(2) 「형사소송법」의 디지털증거의 전문법칙 예외

「형사소송법」은 정보저장매체등에 저장된 정보 등을 포함하여 다음과 같이 진술서 등에 대해 제한된 조건 하에서 전문법칙의 예외를 인정하고 있다. 제313조는 진술서 등과 관련하여 전문법칙이 적용되지 않는 예외의 경우를 규정하고 있으며, 그 적용대상은 '공판정 외에서' 작성된 ① '진술서' 및 ② '그 진술을 기재한 서류'이다.

「형사소송법」

제313조(진술서등) ① 전2조의 규정 이외에 피고인 또는 피고인이 아닌 자가 작성한 진술서나 그 진술을 기재한 서류로서 그 작성자 또는 진술자의 자필이거나 그 서명 또는 날인이 있는 것(피고인 또는 피고인 아닌 자가 작성하였거나 진술한 내용이 포함된 문자·사진·영상 등의 정보로서 컴퓨터용디스크, 그 밖에 이와 비슷한 정보저장매체에 저장된 것을 포함한다. 이하 이 조에서 같다)은 공판준비나 공판기일에서의 그 작성자 또는 진술자의 진술에 의하여 그 성립의 진정함이 증명된 때에는 증거로 할 수 있다. 단, 피고인의 진술을 기재한 서류는 공판준비 또는 공판기일에서의 그 작성자의 진술에 의하여 그 성립의 진정함이 증명되고 그 진술이 특히 신빙할 수 있는 상태 하에서 행하여 진 때에 한하여 피고인의 공판준비 또는 공판기일에서의 진술에 불구하고 증거로 할 수 있다.

② 제1항 본문에도 불구하고 진술서의 작성자가 공판준비나 공판기일에서 그 성립의 진정을 부인하는 경우에는 과학적 분석결과에 기초한 디지털포렌식 자료, 감정 등 객관적 방법으로 성립의 진정함이 증명되는 때에는 증거로 할 수 있다. 다만, 피고인 아닌 자가 작성한 진술서는 피고인 또는 변호인이 공판준비 또는 공판기일에 그 기재 내용에 관하여 작성자를 신문할 수 있었을 것을 요한다.

진술서는 보고서, 일기장, 다이어리, 일지 등 다양한 형태로 존재할 수 있다. 다만 진술서 중에서도 작성자가 타인의 진술을 인용한 부분이 있다면 그 부분에 한하여 진술기재서류가 될 수도 있다. 진술기재서류는 업무일지, 회의록, 국세청, 감사원 등에서 작성하는 문답서, 상담일지, 면담록, 발언내용을 인용하는 보고서 등 다양한 형태가 존재할 수 있다.

「형사소송법」 제313조 제1항은 피고인 또는 피고인 아닌 자가 작성한 진술서와 진술을 기재한 서류 모두를 적용대상으로 하고 있으나 제1항 단서는 피고인의 진술을 기재한 서류에만 적용된다고 해석된다. 제2항은 진술서만을 대상으로 하며 제2항 단서는 피고인이 아닌 자(참고인 등)가 작성한 진술서만을 적용한다고 해석된다.

「형사소송법」 제313조 제2항은 작성자가 피고인이든 피고인이 아니든 여부를 불문하고 진술서에만 적용된다. 제2항 단서는 피고인이 아닌 자가 작성한 진술서와 관련하여 그 작성자로 주장되는 자가 진성성립을 부정하는 경우에 공판기일에 그 기재 내용에 대해 신문할 수 있었을 것을 요구하고 있다.

위와 같은 진술서 또는 진술서류의 전문법칙 예외 요건을 정리하면 〈표 10〉과 같다.

〈표 10〉 진술서 등의 전문법칙 예외 요건

구분		증거능력 인정 요건
제1항	피고인/피고인 아닌 자의 진술서나 그 진술 기재서류	ⓐ 작성자/진술자가 공판정에서 "성립의 진정"*함을 인정하여야 증거능력 인정
	피고인의 진술 기재서류	ⓐ의 성립의 진정함* + ⓑ 특히 그 진술이 "특히 신빙할 수 있는 상태"**에서 행하여 진때에 한해 증거능력 인정
제2항	피고인 작성 진술서	**〈진정성립을 부정하는 경우〉** ⓒ 디지털포렌식 자료, 감정 등 객관적 방법으로 성립의 진정함을 증명한 경우에는 증거능력 인정
	피고인 아닌 자 작성 진술서	**〈진정성립을 부정하는 경우〉** ⓒ의 디지털포렌식등 객관적 방법으로 증명 + ⓓ 공판정에서 작성자 신문, 즉 반대신문권이 보장된다면 증거능력 인정

* **성립의 진정**이란, 증거제출자가 작성자 또는 진술자라고 주장하는 자에 의하여 작성되거나 그 진술을 기재했다는 것과 진술을 기재한 서류는 진술한 그대로 기재되었다는 것을 의미한다.

** **특히 신빙할 수 있는 상태**란 진술내용이나 조서 등의 작성에 허위 개입의 여지가 거의 없고, 진술내용의 신빙성이나 임의성을 담보할 구체적이고 외부적인 정황이 있는 것을 말한다.

4. 디지털증거의 증거능력 테스트

디지털증거가 증거능력을 인정받기 위해서는 〈그림 16〉과 같이 증거능력 인정 여부에 대한 확인 절차를 거쳐야 한다.

〈그림 16〉 디지털증거의 증거능력 여부에 대한 테스트

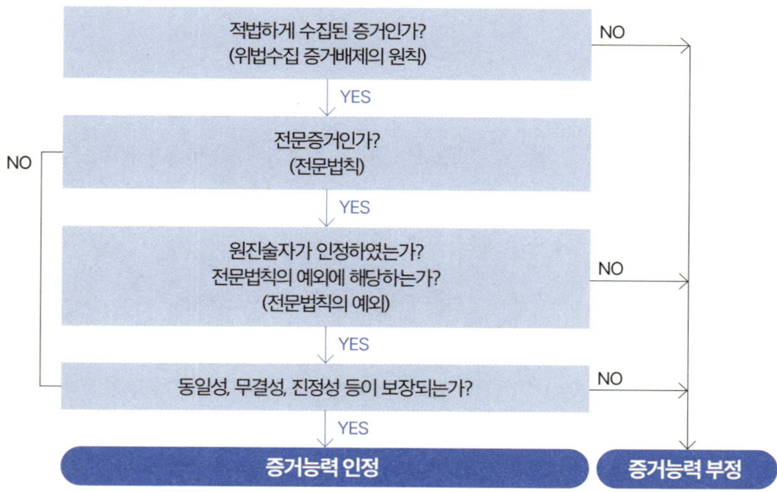

5. 디지털증거의 증거능력 관련 판례 (일심회 판결, 왕재산 판결)

(1) 사건 개요

<표 11> 일심회와 왕재산의 사건 개요

일심회 판결 (대법원 2007.12.13. 선고 2007도7257 판결)	왕재산 판결 (대법원 2013.7.26. 선고 2013도2511 판결)
▪ 검찰은 피고인들을 「국가보안법」 위반으로 기소하였다. - 압수한 전자적 매체에서 피고인들이 '일심회'라는 이적단체를 구성하고 북경 등 제3국에서 북한공작원을 접선하여 지령을 수수하고, 국가기밀을 탐지하여 북한에 전달한 사실 등을 확인하고 이를 출력하여 증거로 제출하였다. ▪ (피고인 주장) 수사기관이 저장매체의 출력물에 대해 진정성을 입증하지 못하였고 검증에 참여한 포렌식 조사관의 증언은 신뢰성이 부족하므로 증거로 사용할 수 없다. - 최초 이미징 작업 시 해시값을 작성하지 않았고 포렌식 복구 수사과정에서 디지털 원본 매체의 변경 가능성이 존재하므로 증거능력이 없다.	▪ 검찰은 피고인들을 「국가보안법」 위반으로 기소하였다. - 피고인 K모씨 등이 북한의 지령에 따라 지하당(왕재산)을 결성하여 활동한 것에서 비롯되었다. - 국가정보원 수사관은 K모씨 등 피고인 등에 대해 압수·수색영장을 집행하여 정보저장매체를 압수하였다. 또한 그 사무실에 저장된 자료를 '이미징' 방식으로 복제하여 법원에 증거를 제출하였다. ▪ (피고인 주장) 디지털저장매체 및 이로부터 출력된 문건이 원본에 저장된 내용과 동일한지에 의문이 있다고 주장하였다. - 또한 정보저장매체에서 출력한 문건은 진술 내용의 진실성이 요증사실로 된 경우이므로 (기재 내용의 진실성이 문제가 되므로) 전문법칙이 적용되어야 하기 때문에 이를 증거로 사용할 수 없다고 주장하였다.

(2) 동일성 및 무결성 등 증거능력 인정 요건

위 두 판결은 압수한 디지털증거의 동일성 및 무결성을 증거능력 인정요건으로 판단하여 디지털증거의 증거능력을 인정하였다. 일심회 사건에서는 증거능력 요건으로서의 동일성을 인정하기 위해서는 "저장매체 원본이 압수 시부터 출력 시까지 변경되지 않았음"이 담보되어야 한다고 판시하였다. 이에 비추어 무결성이라는 용어를 사용하지는 않았지만 무결성은 동일성을 충족하기 위한 요건으로 인정한 것으로 보인다.

한편 왕재산 사건에서는 "무결성이 담보되어야 한다"고 명시하여 일심회 사건 판례에서는 사용하지 않았던 '무결성'이라는 표현을 처음 사용하였다.

이를 통해 디지털 증거의 동일성 요건은 무결성 요건과 상호 보완적인 관계라는 것을 명시하였다고 볼 수 있다(〈표 12〉 참조).

〈표 12〉 일심회 판결과 왕재산 판결과의 '판결 요지' 비교

일심회 판결 (대법원 2007.12.13. 선고 2007도7257 판결)	왕재산 판결 (대법원 2013.7.26. 선고 2013도2511 판결)
• 압수물인 디지털 저장매체로부터 출력된 문건이 증거로 사용되기 위해서는 디지털 저장매체 원본에 저장된 내용과 출력된 문건의 **동일성**이 인정되어야 할 것인데, - **그 동일성을 인정하기 위해서는** 디지털 저장매체 원본이 압수된 이후 문건 출력에 이르기까지 변경되지 않았음이 담보되어야 하고, - 특히 디지털 저장매체 원본에 변화가 일어나는 것을 방지하기 위해 디지털 저장매체 원본을 대신하여 디지털 저장매체에 저장된 자료를 '하드카피'·'이미징'한 매체로부터 문건이 출력된 경우에는 디지털 저장매체 원본과 '하드카피'·'이미징'한 매체 사이에 자료의 동일성도 인정되어야 한다.	• 압수물인 정보저장매체에 입력하여 기억된 문자정보 또는 그 출력물(이하 '출력 문건')을 증거로 사용하기 위해서는 정보저장매체 원본에 저장된 내용과 출력 문건의 **동일성**이 인정되어야 하고, **이를 위해서는** 정보저장매체 원본이 압수 시부터 문건 출력 시까지 변경되지 않았다는 사정, **즉 무결성이 담보되어야 한다.** - 특히 정보저장매체 원본을 대신하여 저장매체에 저장된 자료를 '하드카피' 또는 '이미징'한 매체로부터 출력한 문건의 경우에는 정보저장매체 원본과 '하드카피' 또는 '이미징'한 매체 사이에 자료의 동일성도 인정되어야 (한다).

위 두 판결의 내용에 비추어 동일성이 저장매체에 저장된 원본 정보를 디지털 증거로 수집하는 과정까지를 다루는 문제였다면 무결성은 수사기관에 의해 원본과 동일하게 수집된 증거가 법정에 제출되기까지의 증거처리 및 보관 과정에 관한 문제라고도 볼 수 있다.

위 두 판결에서 수사기관이 압수한 디지털증거가 동일성 및 무결성을 충족하였다고 판단한 사유는 〈표 13〉과 같다.

〈표 13〉 일심회 판결과 왕재산 판결의 '동일성, 무결성 인정 이유'

일심회 판결 (대법원 2007.12.13. 선고 2007도7257 판결)	왕재산 판결 (대법원 2013.7.26. 선고 2013도2511 판결)
▪ 국가정보원에서 피고인들 혹은 가족, 직원이 입회한 상태에서 원심 판시 각 디지털 저장매체를 압수한 다음 입회자의 서명을 받아 봉인하였다. ▪ 국가정보원에서 각 디지털 저장매체에 저장된 자료를 조사할 때 피고인들 입회하에 피고인들의 서명무인을 받아 봉인 상태 확인, 봉인 해제, 재봉인하였다. ▪ 이러한 전 과정을 모두 녹화한 사실, 각 디지털 저장매체가 봉인된 상태에서 서울중앙지방검찰청에 송치된 후 피고인들이 입회한 상태에서 봉인을 풀고, 세계적으로 인정받는 프로그램을 이용하여 이미징 작업을 하였는데, 디지털 저장매체 원본의 해쉬(Hash) 값과 이미징 작업을 통해 생성된 파일의 해쉬 값이 동일하였다. ▪ 제1심법원은 피고인들 및 검사, 변호인이 모두 참여한 가운데 검증을 실시하여 이미징 작업을 통해 생성된 파일의 내용과 출력된 문건에 기재된 내용이 동일함을 확인한 사실을 알 수 있다. ▪ 그렇다면 출력된 문건은 압수된 디지털 저장매체 원본에 저장되었던 내용과 동일한 것으로 인정할 수 있어 증거로 사용할 수 있다.	▪ 국가정보원 수사관들은 피고인들 혹은 가족, 직원이 참여한 상태에서 원심 판시 각 정보저장매체를 압수한 다음 참여자의 서명을 받아 봉인하였다. ▪ 국가정보원에서 일부 정보저장매체에 저장된 자료를 '이미징' 방식으로 복제할 때 피고인들 또는 위 전문가들로부터 서명을 받아 봉인상태 확인, 봉인 해제, 재봉인하였다. ▪ 이들은 정보저장매체 원본의 해쉬 값과 '이미징' 작업을 통해 생성된 파일의 해쉬 값이 동일하다는 취지로 서명하였던 사정들과 함께, 제1심법원이 피고인들 및 검사, 변호인이 모두 참여한 가운데 검증을 실시하여 그 검증과정에서 산출한 해쉬 값과 압수·수색 당시 쓰기방지장치를 부착하여 '이미징' 작업을 하면서 산출한 해쉬 값을 대조하여 그 해쉬 값이 동일함을 확인하거나, '이미징' 작업을 통해 생성된 파일의 문자정보와 그 출력문건이 동일함을 확인하였다. ▪ 일부 정보저장매체의 경우 원심에서 시행한 검증결과 부분의 봉인봉투 안에 전자정보에 관한 전문가로서 '이미징' 과정에 참여하였던 전문가가 서명한 것으로 보이는 이전의 봉인해제 봉투가 존재하는 사실을 확인하였다. ▪ 위의 사정들을 종합하면, 증거로 제출된 출력 문건들은 압수된 정보저장매체 원본에 저장되었던 내용과 동일한 것일 뿐만 아니라, 정보저장매체 원본이 문건 출력 시까지 변경되지 않았다고 인정할 수 있으므로 그 출력문건들을 증거로 사용할 수 있다고 판단하였다.

(3) 증거능력 인정을 위한 '신뢰성' 요건

　　일심회 사건은 디지털증거의 동일성을 담보하기 위해 추가적으로 신뢰성 요건이 필요하다고 판단하였다. 이러한 신뢰성 요건에 관한 내용은 '왕재산

사건' 판결에서도 재차 확인하고 있다(〈표 14〉 참조).

〈표 14〉 일심회 판결과 왕재산 판결의 '신뢰성' 요건

일심회 판결 (대법원 2007.12.13. 선고 2007도7257 판결)	왕재산 판결 (대법원 2013.7.26. 선고 2013도2511 판결)
▪ 압수된 디지털 저장매체로부터 출력된 문건이 진술증거로 사용되는 경우에는 그 기재 내용의 진실성에 관하여 전문법칙이 적용되므로 「형사소송법」 제313조 제1항에 의하여 그 작성자 또는 진술자의 진술에 의하여 그 성립의 진정함이 증명된 때에 한하여 이를 증거로 사용할 수 있다. ▪ 이 사건에서 검사가 디지털 저장매체에서 출력하여 증거로 제출한 문건 중에서 판시 53개의 문건은 그 작성자가 제1심에서 그 성립의 진정함을 인정하였으므로 이를 증거로 할 수 있으나, ▪ 그 밖의 문건은 그 작성자에 의하여 성립의 진정함이 증명되지 않았거나 작성자가 불분명하여 그 문건의 내용을 증거로 사용할 수 없다.	▪ 피고인 또는 피고인 아닌 사람이 정보저장매체에 입력하여 기억된 문자정보 또는 그 출력물을 증거로 사용하는 경우, (…) 그 내용의 진실성에 관하여는 전문법칙이 적용되고, 따라서 원칙적으로 「형사소송법」 제313조 제1항에 의하여 그 작성자 또는 진술자의 진술에 의하여 성립의 진정함이 증명된 때에 한하여 이를 증거로 사용할 수 있다. ▪ 다만 정보저장매체에 기억된 문자정보의 내용의 진실성이 아닌 그와 같은 내용의 문자정보가 존재하는 것 자체가 증거로 되는 경우에는 전문법칙이 적용되지 아니한다. ▪ 나아가 어떤 진술을 범죄사실에 대한 직접증거로 사용할 때에는 그 진술이 전문증거가 된다고 하더라도 그와 같은 진술을 하였다는 것 자체 또는 그 진술의 진실성과 관계없는 간접사실에 대한 정황증거로 사용할 때에는 반드시 전문증거가 되는 것은 아니다. ▪ 이 사건의 공소사실과 관련하여 피고인이 수령한 지령 및 탐지·수집하여 취득한 국가기밀이 문건의 형태로 존재하는 경우나 편의제공의 목적물이 문건인 경우 등에는 문건 내용의 진실성이 문제 되는 것이 아니라 그러한 내용의 문건이 존재하는 것 자체가 증거가 되는 것으로서, ▪ 위와 같은 공소사실에 대하여는 전문법칙이 적용되지 않는다고 보아 해당 부분의 공소사실에 관한 증거로 제출된 출력 문건들의 증거능력이 인정된다.

제6장

디지털포렌식 - 디지털증거 압수·수색 절차

I. 디지털포렌식(Digital Forensics) 개요

1. 디지털포렌식의 출현 배경

포렌식(Forensic)은 원래 법의학에서 사용하는 용어로써 지문, 모발, DNA, 사체(死體) 등을 조사해 수사에 도움이 될 수 있는 증거를 찾아 이를 수집·분석하여 그 조사결과를 법정에 제출하는 일련의 과정을 말한다. 이러한 포렌식 개념은 디지털 영역에도 접목되어 물리적 형태의 증거(유형의 증거) 뿐만 아니라 전자적 증거(Electronic Evidence)를 다루는 디지털 포렌식 분야로 확대되었다.

특히 디지털증거의 저장·전송매체가 다양화됨에 따라 개인 컴퓨터에서 출발한 디지털포렌식의 대상 분야는 기업의 관리하는 데이터베이스, 인터넷망을 이용하는 네트워크, 휴대전화, 이동식 저장매체, CCTV, 디지털카메라 등 뿐만 아니라 인공지능 분야에도 확대되고 있다.

2. 디지털포렌식 정의

디지털포렌식은 일반적으로 디지털증거를 수집·보존·분석·현출하는데 적용되는 과학기술 및 절차를 말한다. 수사기관은 「디지털 증거의 수집·분석 및 관리 규정」 그리고 「디지털 증거의 처리 등에 관한 규칙」에서 디지털포렌식을 정의하고 있다.

「디지털증거의 수집·분석 및 관리 규정」(대검찰청예규)

제3조(정의) 이 규정에서 사용하는 용어의 뜻은 다음과 같다.

1. "전자정보"란 정보저장매체등에 기억된 정보를 말한다.
2. "디지털 증거"란 범죄와 관련하여 디지털 형태로 저장되거나 전송되는 증거로서의 가치가 있는 정보를 말한다.
3. "디지털포렌식"이란 디지털 증거를 수집·보존·분석·현출하는데 적용되는 과학기술 및 절차를 말한다.

제2조(정의) 이 규칙에서 사용하는 용어의 뜻은 다음과 같다.
1. "전자정보"란 전기적 또는 자기적 방법으로 저장되거나 네트워크 및 유·무선 통신 등을 통해 전송되는 정보를 말한다.
2. "디지털포렌식"이란 전자정보를 수집·보존·운반·분석·현출·관리하여 범죄사실 규명을 위한 증거로 활용할 수 있도록 하는 과학적인 절차와 기술을 말한다.
3. "디지털 증거"란 범죄와 관련하여 증거로서의 가치가 있는 전자정보를 말한다.

위 규정들을 정리하면 디지털포렌식은 ① 컴퓨터나 디지털 저장장치 등에 저장되어 있는 전자정보나 네트워크상에 전송되고 있는 전자정보 중에서 실체적 진실발견을 위한 증거로서 가치가 있는 전자정보를 식별하고, ② 이를 무결하게 수집분석, 관련 정보의 특정 및 보전하고, ③ 법정에 제출된 전자정보가 최종적으로 증거로서 검증 가능하도록 하는 과학적인 기술과 절차를 말한다고 볼 수 있다.

3. 디지털포렌식의 유형[1]

(1) 분석 목적에 따른 분류

〈그림 17〉 분석목적에 따른 디지털포렌

정보추출 포렌식 (Information Extraction Forensics)	사고대응 포렌식 (Incident Response Forensics)
범행 입증에 필요한 증거를 발견 및 확보하는 것	해킹과 같은 침해행위로 인해 손상된 시스템의 로그, 백도어, 루트킷 등을 조사하여 침입자의 신원, 피해내용, 침입경로 등을 파악하는 것

가. 정보추출 포렌식(Imformation Extraction Forensics)

정보추출 포렌식은 범행 입증에 필요한 증거를 발견 및 확보하는 것을 목

---

1 노명선, 백명훈, 방효근 공저, 『디지털포렌식』, 고시계사, 2017, 31~34면.

적으로 하는 포렌식의 유형이다. 이 포렌식은 디지털 저장매체에 기록되어 있는 데이터를 복구하거나 검색하여 찾아내고, 범행을 입증할 수 있는 증거를 분석한다. 예를 들면 회계 시스템에서 필요한 계정을 검색하여 범행 관련 수치 데이터를 분석하거나 이메일 등의 데이터 복구하는 것이다.

나. 사고대응 포렌식(Incident Response Forensics)

사고대응 포렌식은 해킹과 같은 침해행위로 인해 손상된 시스템의 로그, 백도어, 루트킷 등을 조사하여 침입자의 신원, 피해내용, 침입경로 등을 파악할 목적으로 이루어지는 디지털 포렌식의 유형이다. 이 포렌식에는 네트워크 기술과 서버의 로그 분석기술, 유닉스, 리눅스, 윈도우즈 서버 등 운영체제에 관한 전문적 지식과 기술 등이 요구된다.

(2) 분석대상에 따른 분류

〈그림 18〉 분석대상에 따른 디지털포렌식

디스크 포렌식	시스템 포렌식
모바일 포렌식	데이터베이스 포렌식
인터넷 포렌식	네트워크 포렌식
암호 포렌식	IoT 포렌식

가. 디스크 포렌식

디스크 포렌식은 물리적인 저장장치인 하드디스크, 플로피 디스크, 콤팩트 디스크(CD), DVD, USB메모리 등과 같이 비휘발성 저장매체로부터 디지털정보 및 데이터를 획득·분석하는 작업을 말한다.

나. 시스템 포렌식

시스템 포렌식은 컴퓨터의 운영체제, 응용 프로그램 및 프로세스를 분석하여 증거를 확보하는 포렌식 분야이다. 여기에는 Windows, Linux, Mac OS 등 각 운영체제마다의 독특한 전문지식이 필요하다.

다. 모바일 포렌식

모바일 포렌식은 휴대폰, PDA, 전자수첩, 디지털 카메라, MP3 Player, 캠코더, 휴대용 메모리카드, USB 저장장치 등 휴대용 기기에서 필요한 정보를 입수하여 분석하는 포렌식 분야이다. 특히 휴대용 기기는 작고 휴대가 간편하여 은닉이 편리하다는 장점이 있기 때문에 증거 확보가 필요한 경우 세심히 확인할 필요 있다.

스마트폰 포렌식은 기존에는 통화내역, 문자 수발신 내역, 카메라 등 이동전화 기본 정보를 추출 및 복원하여 증거로 하였지만, 이제는 이에 더하여 GPS, 메신저 앱, SNS, 메모, 인터넷 사용 내역 등 다양한 디지털 정보를 이용하고 있다.

라. 데이터베이스 포렌식

데이터베이스 포렌식은 데이터베이스로부터 데이터를 추출, 분석하여 증거를 획득하는 포렌식 분야이다. 기업의 데이터는 대부분 개인 PC와 정보 시스템 부서의 대형 시스템 내에 저장되어 있기 때문에 기업의 분식회계, 횡령, 탈세 등 각종 범죄를 수사할 때 대상 기업의 정보 시스템에 저장되어 있는 데이터베이스를 분석하는 것은 필수적인 과정이 되었다.

마. 인터넷 포렌식

인터넷 포렌식은 인터넷으로 서비스되는 월드와이드웹(WWW), FTP 등 인터넷 응용 프로토콜을 사용하는 분야에서 증거를 수집하는 포렌식 분야이다. 이 포렌식은 웹브라우저 히스토리 분석, 이메일 헤더 분석, IP분석 등의 기술들을 활용하여 증거를 수집한다.

바. 네트워크 포렌식

네트워크 포렌식은 네트워크를 통하여 전송되는 데이터나 암호 등을 특정 도구를 이용하여 가로채거나 서버에 로그 형태로 저장된 정보에 접근하여 분석하거나 에러 로그, 네트워크 형태 등을 조사하여 단서를 찾아내는 포렌식 분야이다.

사. 암호 포렌식

암호 포렌식은 문자나 시스템에서 암호를 찾아내는 포렌식 분야이다. 증거 수집에서 비인가자의 접근을 막기 위해 문서나 각종 시스템에 암호를 설정해 놓은 경우 증거 수집은 어렵지만 암호 포렌식을 통해 증거 수집이 필요하게 된다.

아. IoT 포렌식

IoT 포렌식은 IoT에 대응한 포렌식 기법과 도구가 필요하다. 많은 다양한 디지털기기가 고성능·소형화 되면서 디지털 장비의 대부분이 IoT 기기화 되고 있음에 따라 이로부터의 증거 수집은 더욱 어려워질 것으로 예상되고 이에 대한 기법 개발이 필요하다.

「디지털 증거의 수집·분석 및 관리 규정」(대검찰청예규)

제4조(적법절차의준수) 디지털 증거는 수사에 필요한 범위 내에서 적법한 절차를 엄격히 준수하여 수집·분석 및 관리되어야 한다.

제5조(디지털 증거의 원본성 유지) 디지털 증거는 법정에서 원본과의 동일성을 재현하거나 검증하는데 지장이 초래되지 않도록 수집·분석 및 관리되어야 한다.

제6조(디지털 증거의 무결성 유지) 디지털 증거는 압수·수색·검증한 때로부터 법정에 제출하는 때까지 훼손 또는 변경되지 아니하여야 한다.

제7조(디지털 증거의 신뢰성 유지) 디지털 증거는 디지털포렌식 전문가에 의해 신뢰할 수 있는 도구와 방법으로 수집·분석 및 관리하여야 한다.

제8조(디지털 증거의 보관의 연속성 유지) 디지털 증거는 최초 수집된 상태 그대로 어떠한 변경도 없이 보관되어야 하고, 이를 위해 보관 주체들 간의 연속적인 승계 절차를 관리하는 등의 조치를 취해야 한다.

제5조(디지털증거 처리의 원칙) ① 디지털 증거는 수집 시부터 수사 종결 시까지 변경 또는 훼손되지 않아야 하며, 정보저장매체등에 저장된 전자정보와 동일성이 유지되어야 한다.

② 디지털 증거 처리의 각 단계에서 업무처리자 변동 등의 이력이 관리되어야 한다.

③ 디지털 증거의 처리 시에는 디지털 증거 처리과정에서 이용한 장비의 기계적 정확성, 프로그램의 신뢰성, 처리자의 전문적인 기술능력과 정확성이 담보되어야 한다.

4. 디지털포렌식 절차 개요

일반적으로 디지털포렌식은 〈그림 19〉와 같은 절차와 방법에 따라 수행된다. 그리고 여기에서 중요한 것은 디지털포렌식을 위한 압수·수색·검증의 전 과정에 걸쳐 피압수자 등이나 변호인의 참여권을 보장하여야 한다는 것이다. 이는 디지털증거의 원본성, 무결성, 신뢰성 확보 등을 위한 필수적인 절차이기 때문이다.

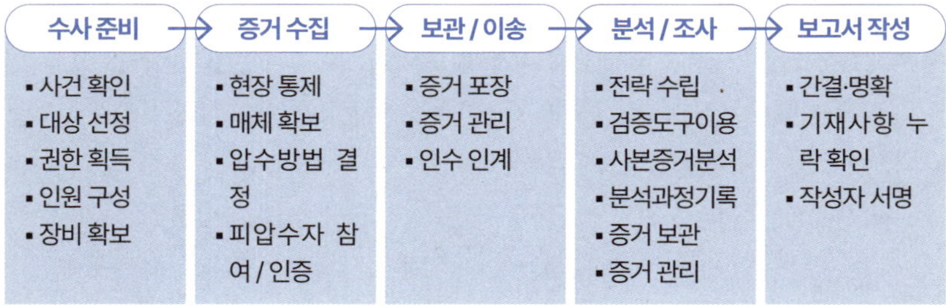

〈그림 19〉 디지털포렌식 절차

II. 디지털포렌식 절차별 주요 내용

1. 수사 준비

(1) 사건 발생 및 확인

수사준비 단계는 위법 행위, IT 보안 시스템의 경보 등과 같이 사건이 발생하면 본격적인 수사에 앞서 필요한 준비 과정을 수행하는 단계이다. 신뢰할 수 있는 디지털증거를 확보하기 위해서는 조사 준비 과정에서 세밀한 준비가 요구된다.

현장 출동 시 필요한 장비를 준비하지 못하거나, 인원 부족 등의 문제가 발생하면 원활한 조사 진행이 불가능할 수도 있기 때문에, 오랜 조사경험과 전문지식이 있는 책임자의 지휘 아래 철저한 조사준비가 필요하다.

(2) 주요 조사대상의 선정 등과 권한의 획득

가. 조사대상의 선정 및 증거 수집 장비 준비

디지털포렌식 수사는 엄청난 양의 데이터를 조사해야 한다. 따라서 수많은 잠재적인 증거 자료로부터 사건 해결에 실마리를 제공해 줄 수 있고 중요한 결과를 얻을 수 있는 자료를 우선적으로 수집·분석할 수 있도록 조사 대상을 선정해야 한다.

조사 대상을 선정하기 위해서는 사건의 성질과 그 압수·수색 환경을 종합적으로 고려해야 한다. 사건의 성질에 따라 대상 범위 선정, 원본 또는 사본의 전체, 출력물과 복사물 등 선별압수의 필요성 등 명확히 구분해야 한다. 그리고 수사 환경에 따라 대상 기관, 단체 등의 전산 환경, 접근 대상 시스템의 유형, 규모, 운영체제, 네트워크 구성 등을 파악하여 증거수집이 가능한지를 판별하여야 한다.

제11조(압수·수색·검증의 준비) 경찰관은 전자정보를 압수·수색·검증하고자 할 때에는 사전에 다음 각 호의 사항을 고려하여야 한다.

1. 사건의 개요, 압수·수색·검증 장소 및 대상
2. 압수·수색·검증할 컴퓨터 시스템의 네트워크 구성 형태, 시스템 운영체제, 서버 및 대용량 저장장치, 전용 소프트웨어
3. 압수대상자가 사용 중인 정보저장매체등
4. 압수·수색·검증에 소요되는 인원 및 시간
5. 디지털 증거분석 전용 노트북, 쓰기방지 장치 및 하드디스크 복제장치, 복제용 하드디스크, 하드디스크 운반용 박스, 정전기 방지장치 등 압수·수색·검증에 필요한 장비

또한 디지털증거를 확보하기 위해 필요에 따라 다음의 장비를 준비해야 한다. 예를 들면, 소프트웨어(이미지 작성용 프로그램, 데이터 수집 프로그램 등), 하드웨어(휴대용 컴퓨터, 하드디스크 이미징 장치, 쓰기 방지장치 등), 현장 촬영용 카메라, 휴대용 프린터 등을 준비해야 한다. 아울러 증거운반을 위한 충격완화용 보호 장치, 특수테이프와 봉인지(Seal) 등 무결성 보장을 위한 장비도 준비해야 한다.

나. 권한의 획득

수사기관은 영장 신청 과정에서 조사가 필요한 대상과 권한 등의 내용을 상세히 기재해서 법적인 문제가 발생하지 않도록 주의하여야 한다. 예를 들면, 그 압수의 대상을 전자정보에 한정할 것인지, 그렇다면 그 범위는 어디까지인지, 전자정보를 넘어 정보저장매체등을 압수할 것인지, 그렇다면 어떠한 방법으로 압수할 것인지 등 모든 가능한 사항에 대해 고려하여 준비하여야 한다. 조사하는 과정에서도 사건과 관련 없는 정보를 열람할 경우 분쟁이 발생할 수 있으므로 이에 대한 접근 권한을 명확히 설정해야 한다.

(3) 조사팀(인원) 구성

디지털포렌식을 위해서는 사건의 유형, 조사자의 전문성, 압수 대상 장소의 수 등을 고려하여 사건에 맞는 디지털포렌식 전문가로 구성된 조사팀의 인원을 구성해야 한다(경찰청은 '증거분석관', 검찰 수사관은 '디지털포렌식 수사관'을 지정하여 디지털포렌식 절차에 전문성을 강조하고 있다). 그리고 추가적으로 현장 출동 후 수색 절차, 증거 수집 방법 및 범위 등과 관련하여 각 조사자의 역할을 분담해야 한다.

조사 책임자는 현장 조사에 참여할 구성원들에게 담당할 업무와 유의사항에 대한 사전 교육을 실시하고, 각 압수 장소에 대한 인원 배분, 시스템의 예상 수량과 장비의 배분, 또한 조사자의 전문성을 고려하여 적절한 배분과 역할을 분담한다.

제9조(디지털포렌식수사관의 자격) 디지털포렌식 수사관은 다음 각 호의 자격요건을 갖추고 3개월 이상 디지털포렌식 수사 실무를 수행한 자 중에서 임명한다.

1. 대검찰청 디지털수사과(이하 '디지털수사과'라고 한다)에서 실시하는 "디지털포렌식 전문가 양성과정"의 교육을 이수한 자
2. 국내·외 컴퓨터 관련 교육과정을 이수한 자로서 디지털포렌식 관련 지식이 충분하다고 인정되는 자

제6조(증거분석관의 자격 및 선발) 디지털 증거분석관(이하 "증거분석관"이라 한다)은 다음 각 호의 어느 하나에 해당하는 사람 중에서 선발한다.

1. 경찰 교육기관의 디지털 포렌식 관련 전문교육을 수료한 사람
2. 국가 또는 공공기관의 디지털 포렌식 관련 분야에서 3년 이상 근무한 사람
3. 디지털 포렌식, 컴퓨터공학, 전자공학, 정보보호공학 등 관련 분야 대학원 과정을 이수하여 석사 이상의 학위를 소지한 사람
4. 디지털 포렌식, 컴퓨터공학, 전자공학, 정보보호공학 등 관련 분야 학사학위를 소지하고, 해당 분야 전문교육 과정을 수료하거나 자격증을 소지한 사람

2. 증거수집

증거수집 단계에서는 ① 현장통제, ② 매체확보, ③ 참가자 유도, ④ 증거압수 등 업무를 수행한다.

(1) 현장통제

수사기관은 현장에 도착하면 우선 압수·수색영장을 제시하고, 현장을 통제하고 이를 보존해야 한다. 또한 관계자의 협조를 통해 주요 조사대상 매체를 확보하여야 한다. 이 때에 디지털증거 수집 과정에서 미리 준비한 대로 각자의 역할 분담에 따라 현장 사진촬영, 스케치, 네트워크·시스템 파악, 시스템 on/off 유지 확인, 네트워크 연결 차단조치, 직원조직도·배치도 확보 작업 등을 수행한다.

(2) 매체확보

수사기관은 영장에 기재된 범위 내에서 다양한 시스템 및 저장매체에 대해 철저히 조사해야 한다. 대용량의 소형 저장매체가 대중화되어 있으므로 USB드라이브, 플래쉬 메모리 등 이동식 저장매체 등도 조사해야 한다.

또한 현장에서의 눈에 보이는 컴퓨터 시스템과 저장매체 뿐만 아니라 백업용으로 별도로 보관 중이거나 교체 후 폐기하려고 보관 중인 시스템과 저장매체 등이 없는지 조사해야 한다. 이 외에도 컴퓨터 관리대장, 컴퓨터 출력물, 메모, 포스트잇, 수첩, 일지 등 아날로그 형태의 증거물도 수색해야 한다.

특히 하드디스크를 은닉하고 새 하드디스크로 교체한 흔적이 있는지 확인하고 그 흔적이 있는 경우에는 현장에서 바로 관련자들에게 교체 경위에 대한 진술서를 작성받아야 한다.

(3) 피압수자등의 참가 유도(참여권 보장)

원칙적으로 피압수자등과 변호인의 참여권은 압수·수색의 전과정에 걸쳐 보장되어야 한다. 수사기관은 참여권 보장을 위해 압수·수색의 집행일시와 장소를 사전에 피압수자등(피의자, 주거인, 간수자, 소유자 등)에게 통지해주어야 한다(수사준칙규정 제42조 제4항, 검찰디지털증거규정 제21조, 제26조 및 제32조, 경찰디지털증거규칙 제13조). 이러한 피압수자에 대한 참여권 보장은 매우 중요하여 디지털증거 압수 절차의 매 단계(현장에서 압수, 현장 외 장소에서 압수 등)마다[2] 그 내용이 강조되고 있다.

> **「검사와 사법경찰관의 상호협력과 일반적 수사준칙에 관한 규정」(대통령령)**
>
> **제42조(전자정보의 압수·수색 또는 검증 시 유의사항)**
> ④ 검사 또는 사법경찰관은 압수·수색 또는 검증의 전 과정에 걸쳐 피압수자등이나 변호인의 참여권을 보장해야 하며, 피압수자등과 변호인이 참여를 거부하는 경우에는 신뢰성과 전문성을 담보할 수 있는 상당한 방법으로 압수·수색 또는 검증을 해야 한다.

---

2 매 절차마다의 피압수자등의 참여권 보장에 대해서는 각 부분에서 구체적으로 서술한다.

제21조(참여권의 보장) ① 주임검사등은 압수·수색·검증의 전 과정에 걸쳐 피압수자등이나 변호인의 참여권을 보장하여야 한다.

② 제1항에도 불구하고 피압수자등과 변호인이 참여를 거부하는 경우에는 신뢰성과 전문성을 담보할 수 있는 상당한 방법으로 압수·수색·검증을 하여야 한다.

제26조(현장에서의 참여권 보장) ① 주임검사등은 전자정보에 대한 압수·수색·검증을 하는 경우에 별지 제13호의 "전자정보 압수·수색·검증 안내문"에 따라 전자정보에 대한 압수·수색·검증 과정을 설명하는 등으로 참여권의 실질적 보장을 위하여 노력하여야 한다.

제13조(압수·수색·검증 시 참여 보장) ① 전자정보를 압수·수색·검증할 경우에는 피의자 또는 변호인, 소유자, 소지자, 보관자의 참여를 보장하여야 한다. 이 경우, 압수·수색·검증 장소가 「형사소송법」 제123조제1항, 제2항에 정한 장소에 해당하는 경우에는 「형사소송법」 제123조에 정한 참여인의 참여를 함께 보장하여야 한다.

② 경찰관은 제1항에 따른 피의자 또는 변호인의 참여를 압수·수색·검증의 전 과정에서 보장하고, 미리 집행의 일시와 장소를 통지하여야 한다. 다만, 위 통지는 참여하지 아니한다는 의사를 명시한 때 또는 참여가 불가능하거나 급속을 요하는 때에는 예외로 한다.

③ 제1항에 따른 참여의 경우 경찰관은 참여인과 압수정보와의 관련성, 전자정보의 내용, 개인정보보호 필요성의 정도에 따라 압수·수색·검증 시 참여인 및 참여 범위를 고려하여야 한다.

만약에 피압수자등이 압수·수색과정에 참여하는 것을 거부하는 경우에는 전자정보의 고유식별값(해시값)의 동일성을 확인하거나, 사진, 동영상 촬영 등 신뢰성 등을 담보할 수 있는 방법으로 압수하여야 한다(검찰디지털증거규정 제42조 제2항).

전자정보에 대한 압수·수색 과정 중에서 일부의 과정에서만 참여권이 보장되지 않은 경우에도 특별한 사정이 없는 한 압수·수색이 적법하다고 볼 수 없다. 여기에서 특별한 사정이란 피압수자 측이 참여하지 아니한다는 의사를 명시적으로 표시하였거나 절차 위반행위가 이루어진 과정의 성질과 내용 등에 비추어 피압수자 측에 절차 참여를 보장한 취지가 실질적으로 침해되었다고 볼 수 없을 정도에 해당한다는 등 사정을 말한다(대법원 2015. 7. 16.자 2011모1839 판결).

판례 참여권 침해로 증거능력 부정한 사례 | 대법원 2017. 9. 21. 선고 2015도12400 판결

- 사법경찰관은 위법하게 압수한 공소외 1의 휴대전화에 저장된 이 사건 공소외 1 휴대전화 출력물을 출력하여 증거를 수집하는 과정에서 피의자이자 피압수자인 공소외 1에게 참여권을 보장하지 않았고, 압수된 전자정보에 대한 목록을 작성하여 교부하지도 않았으며, 휴대전화를 10일 내에 반환하라는 영장 기재 제한을 위반하였다.
- 이 사건 공소외 1 휴대전화 출력물은 앞서 본 바와 같이 전자정보 저장매체로서 휴대전화의 압수가 적법하지 아니할 뿐만 아니라 위와 같이 전자정보의 압수·수색이라는 면에서도 적법한 절차에 따라 수집된 증거라고 보기 어렵다.

전제 압수·수색 과정 중 일부의 과정에서만 참여권이 보장되지 않은 경우에도 위법할 수 있다고 판결한 사례 | 대법원 2015. 7. 16.자 2011모1839 판결

- 저장매체에 대한 압수·수색 과정에서 범위를 정하여 출력 또는 복제하는 방법이 불가능하거나 압수의 목적을 달성하기에 현저히 곤란한 예외적인 사정이 인정되어 전자정보가 담긴 저장매체 또는 하드카피나 이미징 등 형태(이하 '복제본'이라 한다)를 수사기관 사무실 등으로 옮겨 복제·탐색·출력하는 경우에도,
  - 그와 같은 일련의 과정에서 형사소송법 제219조, 제121조에서 규정하는 피압수·수색 당사자(이하 '피압수자'라 한다)나 변호인에게 참여의 기회를 보장하고 혐의사실과 무관한 전자정보의 임의적인 복제 등을 막기 위한 적절한 조치를 취하는 등 영장주의 원칙과 적법절차를 준수하여야 한다.
  - 만약 그러한 조치가 취해지지 않았다면 피압수자 측이 참여하지 아니한다는 의사를 명시적으로 표시하였거나 절차 위반행위가 이루어진 과정의 성질과 내용 등에 비추어 피압수자 측에 절차 참여를 보장한 취지가 실질적으로 침해되었다고 볼 수 없을 정도에 해당한다는 등의 특별한 사정이 없는 이상 압수·수색이 적법하다고 평가할 수 없고, 비록 수사기관이 저장매체 또는 복제본에서 혐의사실과 관련된 전자정보만을 복제·출력하였다 하더라도 달리 볼 것은 아니다.

(4) 디지털증거 압수의 집행방법 결정과 조치사항[3]

「형사소송법」은 디지털증거(전자정보)를 압수할 때의 집행방법을 다음과 같이 세부적으로 3개 방법으로 구분하여 규정하고 있다(형소법 제106조 제1항, 수사준칙규정 제40조 제1항).

가. 현장에서 복사 또는 종이 출력

현장에서 디지털증거를 복사하는 종이로 출력하는 것은 디지털포렌식의 가장 원칙적인 방법으로서 정보저장매체가 있는 소재지에서 압수할 정보의 범위를 정하여 출력 또는 복제하는 것을 말한다. 영장 기재 혐의 사실과 관련된 데이터만을 복사하거나 종이로 출력하는 방법이다. 이를 실무적으로 '선별 압수'라고 한다.

나. 정보저장매체의 전부 복제(하드카피 또는 이미징) 및 외부 반출

현장에서의 선별압수가 불가능하거나 이 선별압수 방법으로는 압수목적을 달성하기가 현저히 곤란할 경우에 전자정보 전부를 하드카피 또는 이미징의 방법으로 복제하여 그 복제본을 외부로 반출하는 방법이 있다. 즉 ① 현장에서 정보저장매체 전부를 이미징하여 증거 사본을 확보한 후, 이 사본을 외부(수사기관 사무실 등)을 가져와서 ② 영장 기재 혐의사실과 관련된 전자정보를 탐색하여 복사 또는 출력하는 방법이다.

다. 정보저장매체 원본을 외부 반출

위의 가. 나.의 선별압수나 전부 복제본 반출의 방법이 불가능하거나 이 방법으로 압수목적 달성이 현저히 곤란할 때에는 피압수자등의 참여 하에 정보저장매체 등의 원본을 봉인하여 현장 외부로 반출하는 방법이 있다. 즉 ① 현장에 있는 정보저장매체(또는 시스템) 자체를 외부(수사기관 사무실 등)로 가져와 정보저장매체 전부를 이미징하여 사본을 확보한 후, ② 이 사본에서 영장 기재 혐의사실과 관련한 전자정보를 탐색하여 복사 또는 종이로 출력하는 방법을 말한다. 위의 나.와 다.의 방법을 '현장 외 압수'라고 한다(〈그림 20〉 참조).

---

   3 디지털증거 압수의 집행방법에 대한 세부 내용은 이하의 III단원에서 자세히 서술한다.

3. 증거물 보관·봉인·이송

디지털증거는 증거물 포장 물리적 충격이나 정전기·자기장의 영향을 받지 않도록 세심히 포장하여야 한다. 예를 들면 완충용 보호박스나 정전기·자기장 방지 봉투를 사용하거나, 밀봉전용 특수 테이프(Evidence Tape)와 봉인지(Seal)를 이용해 증거물 훼손을 막도록 마감 처리하여야 한다. 증거확보 절차가 모두 완료되면 획득한 증거물 목록을 완성하여 조사자로부터 확인 및 서명을 받고 사건의 책임자가 서명을 하여야 한다.

증거물을 인수인계할 때에는 반드시 증거목록을 전달하고, 누락된 증거물이 없는지 봉인상태가 이상이 없는지 확인하여야 한다. 이때에 조사 대상자나 참관인도 운반과정에 동행하여, 운반이 끝나면 자신이 서명한 목록과 이상이 없는지를 확인하여야 한다.

「디지털 증거의 수집·분석 및 관리 규정」(대검찰청예규)

제30조(정보저장매체등 운반 시 유의사항) 제28조 또는 제29조에 따라 정보저장매체등을 소재지 외의 장소로 반출하는 경우에는 운반과정에서 매체가 파손되거나 기억된 전자정보가 손상되지 않도록 정전기 차단, 충격 방지 등의 조치를 하여야 한다.

한편 경찰관은 분석의뢰물을 전자적 방식으로 전송하는 것이 효율적이고 적합하며, 디지털 증거의 동일성·무결성을 담보하는 경우 해시값을 기록하는 등 분석의뢰물의 동일성을 유지하는 조치를 취하고, 디지털포렌식 업무시스템을 통하여 분석의뢰물을 전송할 수 있다(경찰디지털증거규칙 제23조 제2항).

용어 설명

디지털포렌식 업무시스템

디지털 증거분석 의뢰와 분석결과 회신 등을 포함한 디지털포렌식 업무를 종합적으로 관리하기 위하여 구축된 전산시스템을 말한다.

4. 디지털증거 조사 및 분석

(1) 동일성, 무결성 보장

증거분석 작업은 검증 과정에서 재현이 가능하고 동일한 조건에서 제3자가 분석을 하더라도 같은 결과를 산출할 수 있도록 객관적이고 검증가능한 방법을 사용하여 수행하여야 한다. 그리고 증거분석 시스템은 악성코드에 감염되거나 기계적 결함이 없는 무결한 상태를 유지하고 네트워크 접근을 금지하여야 한다.

제44조(디지털 증거의 분석 시 유의사항) 디지털 증거의 분석은 분석결과의 신뢰성을 확보할 수 있도록 디지털포렌식 수사관이 행하여야 하고 분석에 적합한 장비와 프로그램을 사용하여야 한다.

(2) 원칙적 사본을 통한 증거분석

증거분석은 원칙적으로 디지털증거의 무결성 보장을 위해 그 사본을 생성하여 분석하게 된다. 즉 디지털 저장매체의 경우에 증거분석관은 디스크 이미징을 통하여 사본디스크나 이미지를 생성하는데, 원본이 훼손되지 않도록 반드시 쓰기방지조치를 취하고 해시값을 작성하여 원본과 사본의 동일성을 검증해야 한다.

제45조(이미지 파일 등에 의한 분석) ① 디지털 증거의 분석은 이미지 파일로 한다.
② 제1항에도 불구하고 이미지 파일로 복제하는 것이 곤란한 경우에는 압수 또는 복제한 정보저장매체 등을 직접 분석할 수 있다. 이 경우 정보저장매체 등의 형상이나 내용이 변경·훼손되지 않도록 적절한 조치를 하여야 한다.

제27조(분석의뢰물의 분석) ① 증거분석관은 분석의뢰물이 변경되지 않도록 분석의뢰물을 복제하여 디지털 증거분석을 수행하여야 한다. 이 경우 분석의뢰물과 복제한 전자정보의 해시값을 비교·기록하여 동일성을 유지하여야 한다.
② 수사상 긴박한 사정이 있거나 복제본을 획득할 수 없는 부득이한 사정이 있는 경우에는 쓰기방지 장치를 사용하는 등 분석의뢰물이 변경되지 않도록 조치한 후 의뢰받은 분석의뢰물을 직접 분석할 수 있다.

증거분석관은 긴박한 사정이나 부득이한 사정으로 원본으로 분석하는 경우에는 쓰기방지조치 등 변경방지 조치한 후에 분석작업을 수행해야 한다(경찰청규칙 제27조). 또한 전자정보를 분류할 때에는 시간·정보에 따른 분류,

위·변조 데이터 분류, 응용 프로그램 파일별 분류, 소유자에 따른 분류 등 다양하게 분류하여 조사에 필요한 데이터를 효율적이고 신속하게 분석할 수 있도록 분류해야 한다.

(3) 증거분석 과정 기록

수사기관은 증거분석 일시와 분석 방법, 분석결과 등 증거분석 과정에 대한 작업 로그를 상세하게 기록하여야 한다. 그리고 증거분석 과정의 주요 장면을 사진 또는 동영상으로 촬영하여 보관할 필요가 있다.

「디지털 증거의 수집·분석 및 관리 규정」(대검찰청예규)

제52조(디지털 증거 보관기록 등 관리) ① 디지털 증거 관리담당자는 디지털 증거의 보관의 연속성이 유지될 수 있도록 디지털 증거의 승계과정에서 등록된 기록, 사진, 영상 등을 관리하여야 한다.

「디지털 증거의 처리 등에 관한 규칙」(경찰청훈령)

제24조(분석의뢰물의 상태 기록) 경찰청 디지털포렌식센터장 및 시·도경찰청 사이버수사과장은 디지털 증거분석 의뢰를 접수한 때에는 디지털 증거 보관의 연속성이 유지될 수 있도록 분석의뢰물의 보존에 유의하여 최초의 상태를 살피고 이를 사진으로 촬영하여야 한다. 다만, 분석의뢰물을 제23조제2항에 따라 전자적 방식으로 전송받은 경우 등 사진촬영이 곤란한 경우에는 분석의뢰물의 최초 상태를 기록하여 이에 갈음할 수 있다.

(4) 증거물 보관, 관리 및 통제

디지털증거물은 일반 증거물과는 별도로 증거물 보관실을 설치하여 운영하여야 한다. 보관실은 온도와 습도, 충격과 자기장, 전자파, 먼지 등으로부터 증거물이 보호될 수 있도록 설계되어야 한다.

증거분석실 또는 증거물 보관실의 출입은 증거분석관 등 관계자로 제한하여야 한다. 예를 들면, 증거물 보관실 관리자를 지정하여 증거물 보관실에 대한 출입과 증거물의 입출 과정을 통제하고, 비인가자의 증거물 취급을 금지하여야 한다. 그리고 증거물의 접수와 반환 등 인수인계 일시와 당사자, 사유, 특이 사항 등을 기록함으로써 증거물 보관의 연속성을 유지해야 한다.

「디지털 증거의 처리 등에 관한 규칙」(경찰청훈령)

제34조(디지털 증거 등의 보관) ① 분석의뢰물, 제27조제1항의 복제자료, 증거분석을 통해 획득한 전자정보(디지털 증거를 포함한다)는 항온·항습·무정전·정전기 차단 시스템이 설치된 장소에 보관함을 원칙으로 한다. 이 경우 열람제한 설정, 보관장소 출입제한 등 보안유지에 필요한 조치를 병행하여야 한다.

한편 검찰의 경우에는 등록된 디지털증거에 대한 접근권한의 체계적 관리를 위해 업무관리시스템을 통해 관리하고 있다.

「디지털 증거의 수집·분석 및 관리 규정」(대검찰청예규)

제40조(업무관리시스템의 운영) ① 디지털 증거의 무결성, 보관의 연속성 등을 유지하고, 등록된 디지털 증거에 대한 접근 권한을 체계적으로 관리하기 위해 업무관리시스템을 운영한다.

② 압수한 디지털 증거는 특별한 사정이 없는 한 업무관리시스템에 등록하여 관리하여야 한다. 대용량 기타 기술적인 사유로 업무관리시스템에 등록하기 어려운 경우에는 디지털 증거의 내용이 변경·훼손되지 않도록 적절한 조치를 하여야 한다.

제52조(디지털 증거 보관기록 등 관리)

② 디지털 증거 관리담당자는 권한 없이 디지털 증거에 접근하지 못하도록 업무관리시스템 상 디지털 증거에 대한 접근 로그를 생성·관리하여야 한다.

5. 결과보고서 작성

결과보고서는 조사·분석자의 모든 행동과 관찰 내역, 분석과정 등의 내용을 객관적이고 명확하게 기록하여야 한다. 이 때에 보고서에는 의뢰자, 작성자, 분석 대상 디지털매체 정보, 수집 및 분석 경과, 분석결과 요약, 분석도구와 분석 방법 등 사항을 빠짐없이 기재해야 한다. 작성자는 결과보고서에 서명하고 그 작성 내용에 대해 책임을 지게 된다(경찰디지털증거규칙 제30조 참조).[4]

법원에서 보고서의 내용을 설명할 때에는 비전문가도 쉽게 이해할 수 있는 용어를 사용하여 간결하며 논리정연하게 해야 한다. 분석관의 결과보고서는 의뢰한 사항에 대해 전문가로서의 감정 결과를 기재한 것이므로 감정서로서의 성격도 지닌다.

「디지털 증거의 처리 등에 관한 규칙」(경찰청훈령)

제30조(결과보고서 작성) 증거분석관은 분석을 종료한 때에는 다음 각호의 사항을 기재한 디지털 증거분석 결과보고서를 작성하여야 한다.

1. 사건번호 등 분석의뢰정보 및 분석의뢰자정보
2. 증거분석관의 소속 부서 및 성명
3. 분석의뢰물의 정보 및 의뢰 요청사항
4. 분석의뢰물의 접수일시 및 접수자 등 이력정보
5. 분석에 사용된 장비·도구 및 준비과정
6. 증거분석과정 및 그 과정을 기록한 사진·영상자료
7. 증거분석에 의해 획득한 자료 및 이에 대한 상세 내용 등 증거분석결과
8. 그 밖에 분석과정에서 행한 조치 등 특이사항

---

[4] 검찰의 경우에는 검찰디지털증거규정 참조. 제46조(분석보고서의 작성) ① 디지털포렌식 수사관은 디지털 증거에 대한 분석을 종료한 때에는 별지 제11호에 따라 분석보고서를 작성한다.

III. 디지털포렌식의 구체적 집행 방법

1. 디지털포렌식 집행의 기본원칙

현행 「형사소송법」은 디지털증거를 압수·수색할 때에는 원칙적으로 범죄사실 관련 정보만을 출력하거나 복제할 수 있도록 하였다. 다만 예외적으로 범위를 정하여 출력 또는 복제할 수 없는 경우에는 일정한 조건 하에 정보저장매체등을 압수하는 것을 허용하였다(형소법 제106조, 수사준칙규정 제41조). 이와 같은 방식으로 형사소송법은 개인의 사생활의 침해를 최소화하고, 무체물(정보)의 압수 방식에 대한 법적 근거를 명확히 하였다.

<그림 21> 디지털증거 압수 원칙

전통적 압수·수색	디지털증거의 압수·수색
▪ 현장에서 대상물을 수색하고, 이를 압수하는 것으로 종료	① 원칙적으로 대상 정보를 복제 또는 출력하여 압수하되, ② 예외적으로 복제 또는 출력이 어려운 경우 매체 압수 가능

「형사소송법」

제106조(압수)

③ 법원은 압수의 목적물이 컴퓨터용디스크, 그 밖에 이와 비슷한 정보저장매체(이하 이 항에서 "정보저장매체등"이라 한다)인 경우에는 기억된 정보의 범위를 정하여 출력하거나 복제하여 제출받아야 한다. 다만, 범위를 정하여 출력 또는 복제하는 방법이 불가능하거나 압수의 목적을 달성하기에 현저히 곤란하다고 인정되는 때에는 정보저장매체등을 압수할 수 있다. <신설 2011. 7. 18.>

제41조(전자정보의 압수·수색 또는 검증 방법) ① 검사 또는 사법경찰관은 법 제219조에서 준용하는 법 제106조제3항에 따라 컴퓨터용디스크 및 그 밖에 이와 비슷한 정보저장매체(이하 이 항에서 "정보저장매체등"이라 한다)에 기억된 정보(이하 "전자정보"라 한다)를 압수하는 경우에는 해당 정보저장매체등의 소재지에서 수색 또는 검증한 후 범죄사실과 관련된 전자정보의 범위를 정하여 출력하거나 복제하는 방법으로 한다.
② 제1항에도 불구하고 제1항에 따른 압수 방법의 실행이 불가능하거나 그 방법으로는 압수의 목적을 달성하는 것이 현저히 곤란한 경우에는 압수·수색 또는 검증 현장에서 정보저장매체등에 들어 있는 전자정보 전부를 복제하여 그 복제본을 정보저장매체등의 소재지 외의 장소로 반출할 수 있다.
③ 제1항 및 제2항에도 불구하고 제1항 및 제2항에 따른 압수 방법의 실행이 불가능하거나 그 방법으로는 압수의 목적을 달성하는 것이 현저히 곤란한 경우에는 피압수자 또는 법 제123조에 따라 압수·수색영장을 집행할 때 참여하게 해야 하는 사람(이하 "피압수자등"이라 한다)이 참여한 상태에서 정보저장매체등의 원본을 봉인(封印)하여 정보저장매체등의 소재지 외의 장소로 반출할 수 있다.

2. 현장에서의 선별압수 방법과 조치사항

(1) 선별압수 방법

전자정보[5]를 압수·수색 시에는 범죄 혐의사실과 관련된 전자정보에 한하여 문서로 출력하거나 휴대한 정보저장매체에 해당 전자정보만을 복제하는 방식으로 하여야 한다(형소법 제106조 제1항, 수사준칙규정 제41조, 검찰디지털증거규정 제20조 제1항, 경찰디지털증거규칙 제14조제1항). 즉 영장 기재 혐의 사실과 관련된 전자정보만을 복사하거나 종이로 출력하는 방법이다. 이를 실무적으로 '선별압수'라고 한다.

---

[5] 법령에서는 전자정보라는 용어를 사용하고 있다. 본서에서는 전자정보와 디지털증거를 혼용하고 있지만 그 의미는 다르지 않다.

제41조(전자정보의 압수·수색 또는 검증 방법) ① 검사 또는 사법경찰관은 법 제219조에서 준용하는 법 제106조제3항에 따라 컴퓨터용디스크 및 그 밖에 이와 비슷한 정보저장매체(이하 이 항에서 "정보저장매체등"이라 한다)에 기억된 정보(이하 "전자정보"라 한다)를 압수하는 경우에는 해당 정보저장매체등의 소재지에서 수색 또는 검증한 후 범죄사실과 관련된 전자정보의 범위를 정하여 출력하거나 복제하는 방법으로 한다.

제20조(전자정보의 단계적 압수·수색·검증) ① 주임검사등은 정보저장매체등에 기억된 전자정보를 압수하는 경우에는 해당 정보저장매체등의 소재지에서 수색 또는 검증한 후 범죄사실과 관련된 전자정보의 범위를 정하여 출력하거나 복제하는 방법으로 한다.

제14조(전자정보 압수·수색·검증의 집행) ① 경찰관은 압수·수색·검증 현장에서 전자정보를 압수하는 경우에는 범죄 혐의사실과 관련된 전자정보에 한하여 문서로 출력하거나 휴대한 정보저장매체에 해당 전자정보만을 복제하는 방식(이하 "선별압수"라 한다)으로 하여야 한다. 이 경우 해시값 확인 등 디지털 증거의 동일성, 무결성을 담보할 수 있는 적절한 방법과 조치를 취하여야 한다.

판례 선별압수 원칙 관련 법원 판례 | 대법원 2015. 7. 16.자 2011모1839

- 수사기관의 전자정보에 대한 압수·수색은 원칙적으로 영장 발부의 사유로 된 범죄 혐의사실과 관련된 부분만을 문서 출력물로 수집하거나 수사기관이 휴대한 저장매체에 해당 파일을 복제하는 방식으로 이루어져야 하고,
- 저장매체 자체를 직접 반출하거나 저장매체에 들어 있는 전자파일 전부를 하드카피나 이미징 등 형태(이하 '복제본'이라 한다)로 수사기관 사무실 등 외부로 반출하는 방식으로 압수·수색하는 것은
  - 현장의 사정이나 전자정보의 대량성으로 관련 정보 획득에 긴 시간이 소요되거나 전문 인력에 의한 기술적 조치가 필요한 경우 등 범위를 정하여 출력 또는 복제하는 방법이 불가능하거나 압수의 목적을 달성하기에 현저히 곤란하다고 인정되는 때에 한하여 예외적으로 허용될 수 있을 뿐이다.

(2) 선별압수 시 조치 사항

가. 현장에서의 참여권 보장

수사기관은 전자정보에 대한 현장 압수·수색 시에는 피압수자에게 그 과정과 내용을 설명하는 등 참여권의 실질적 보장을 위해 노력해야 한다. 만약에 피압수자 및 변호인이 참여하지 않는 경우에는 공무소 책임자, 주거주(住居主), 간수인, 지자체 직원 등을 참여(형소법 제123조)하도록 해야 한다(검찰디지털증거규정 제26조, 경찰디지털증거규칙 제13조).

제26조(현장에서의 참여권 보장) ① 주임검사등은 전자정보에 대한 압수·수색·검증을 하는 경우에 별지 제13호의 "전자정보 압수·수색·검증 안내문"에 따라 전자정보에 대한 압수·수색·검증 과정을 설명하는 등으로 참여권의 실질적 보장을 위하여 노력하여야 한다.

② 압수·수색·검증 현장에서 피압수자 및 변호인이 참여하지 않는 경우에는 다음 각 호에 따라 필요한 조치를 할 수 있다.

1. 피압수자의 소재불명, 참여지연, 참여불응 등의 사유로 피압수자 또는 변호인의 참여 없이 압수·수색·검증을 해야 하는 경우에는 「형사소송법」 제123조에서 정하는 참여인을 참여하게 한다.

2. 피압수자 또는 변호인이 압수·수색·검증에 참여하던 중 정당한 사유 없이 참여를 중단하여 그 집행을 계속하기 어려운 경우에는 「형사소송법」 제123조의 참여인을 참여하게 한 후 집행을 재개한다. 집행을 중지하는 경우 필요한 때에는 압수·수색·검증 장소의 출구를 별지 제5-3호 서식의 "압수장소 봉인지"로 봉인하거나 그와 상당한 방법으로 집행재개 시까지 그 장소를 폐쇄할 수 있다.

3. 피압수자 또는 변호인이 압수·수색·검증에 참여한 후 별지 제2호 서식의 "현장조사확인서"에 서명을 거부하는 때에는 피압수자 또는 변호인이 서명을 거부하였음과 그 사유를 위 확인서에 기재한다.

제13조(압수·수색·검증 시 참여 보장) ① 전자정보를 압수·수색·검증할 경우에는 피의자 또는 변호인, 소유자, 소지자, 보관자의 참여를 보장하여야 한다. 이 경우, 압수·수색·검증 장소가 「형사소송법」 제123조제1항, 제2항에 정한 장소에 해당하는 경우에는 「형사소송법」 제123조에 정한 참여인의 참여를 함께 보장하여야 한다.

② 경찰관은 제1항에 따른 피의자 또는 변호인의 참여를 압수·수색·검증의 전 과정에서 보장하고, 미리 집행의 일시와 장소를 통지하여야 한다. 다만, 위 통지는 참여하지 아니한다는 의사를 명시한 때 또는 참여가 불가능하거나 급속을 요하는 때에는 예외로 한다.

③ 제1항에 따른 참여의 경우 경찰관은 참여인과 압수정보와의 관련성, 전자정보의 내용, 개인정보보호 필요성의 정도에 따라 압수·수색·검증 시 참여인 및 참여 범위를 고려하여야 한다.

제123조(영장의 집행과 책임자의 참여) ① 공무소, 군사용 항공기 또는 선박·차량 안에서 압수·수색영장을 집행하려면 그 책임자에게 참여할 것을 통지하여야 한다.

② 제1항에 규정한 장소 외에 타인의 주거, 간수자 있는 가옥, 건조물(建造物), 항공기 또는 선박·차량 안에서 압수·수색영장을 집행할 때에는 주거주(住居主), 간수자 또는 이에 준하는 사람을 참여하게 하여야 한다.

③ 제2항의 사람을 참여하게 하지 못할 때에는 이웃 사람 또는 지방공공단체의 직원을 참여하게 하여야 한다.

나. 압수한 전자정보 세부 목록 교부

전자정보의 압수 후에는 지체 없이 피압수자등에게 압수한 전자정보의 상세목록을 교부하여야 한다. 압수물 목록은 피압수자 등이 압수처분에 대한 준항고를 하는 등 권리행사 절차를 밟는 가장 기초적인 자료가 되므로, 수사기관은 이러한 권리행사에 지장이 없도록 압수 직후 현장에서 압수물 목록을 바로 작성하여 교부해야 하는 것이 원칙이다.

제42조(전자정보의 압수·수색 또는 검증 시 유의사항) ① 검사 또는 사법경찰관은 전자정보의 탐색·복제·출력을 완료한 경우에는 지체 없이 피압수자등에게 압수한 전자정보의 목록을 교부해야 한다.

② 검사 또는 사법경찰관은 제1항의 목록에 포함되지 않은 전자정보가 있는 경우에는 해당 전자정보를 지체 없이 삭제 또는 폐기하거나 반환해야 한다. 이 경우 삭제·폐기 또는 반환확인서를 작성하여 피압수자등에게 교부해야 한다.

③ 검사 또는 사법경찰관은 전자정보의 복제본을 취득하거나 전자정보를 복제할 때에는 해시값(파일의 고유값으로서 일종의 전자지문을 말한다)을 확인하거나 압수·수색 또는 검증의 과정을 촬영하는 등 전자적 증거의 동일성과 무결성(無缺性)을 보장할 수 있는 적절한 방법과 조치를 취해야 한다.

위와 같은 압수물 목록 교부 취지에 비추어 볼 때, 압수된 정보의 상세목록에는 정보의 파일 명세가 특정되어 있어야 한다.

판례 전자정보 파일을 특정하지 않은 목록의 영장주의 등 위반 관련 법원 판례 | 대법원 2022. 1. 14.자 2021모1586 결정

- 수사기관이 압수·수색영장에 기재된 범죄 혐의사실과의 관련성에 대한 구분 없이 임의로 전체의 전자정보를 복제·출력하여 이를 보관하여 두고,
- 그와 같이 선별되지 않은 전자정보에 대해 구체적인 개별 파일 명세를 특정하여 상세목록을 작성하지 않고 '….zip'과 같이 그 내용을 파악할 수 없도록 되어 있는 포괄적인 압축파일만을 기재한 후 이를 전자정보 상세목록이라고 하면서 피압수자 등에게 교부함으로써 범죄 혐의사실과 관련성 없는 정보에 대한 삭제·폐기·반환 등의 조치도 취하지 아니하였다면,
- 이는 결국 수사기관이 압수·수색영장에 기재된 범죄 혐의사실과 관련된 정보 외에 범죄 혐의사실과 관련이 없어 압수의 대상이 아닌 정보까지 영장 없이 취득하는 것일 뿐만 아니라,
- 범죄혐의와 관련 있는 압수 정보에 대한 상세목록 작성·교부의무와 범죄혐의와 관련 없는 정보에 대한 삭제·폐기·반환의무를 사실상 형해화하는 결과가 되는 것이어서 영장주의와 적법절차의 원칙을 중대하게 위반한 것으로 봄이 타당하다.

다. 해시값 확인 등 동일성, 무결성 확보 조치

선별압수 시에는 해시값(파일의 고유값으로서 일종의 전자지문) 확인, 압수의 구체적 내용이 포함된 현장조사확인서 작성 및 서명받기 등 디지털 증거의 동일성, 무결성을 담보할 수 있는 적절한 방법과 조치를 하여야 한다.

「디지털 증거의 수집·분석 및 관리 규정」(대검찰청예규)

제27조(관련 있는 디지털 증거의 압수 시 조치) ① 디지털포렌식 수사관은 제20조 제1항에 따라 사건과 관련이 있는 디지털 증거를 압수하는 경우에는 해시값(파일의 고유값으로서 일종의 전자지문을 말한다)을 생성하고 별지 제2호 서식의 "현장조사확인서"를 작성하여 서명을 받거나, 다음 각 호의 내용이 포함된 확인서를 작성하여 피압수자 등의 서명을 받아야 한다.

1. 확인서 작성일시 및 장소
2. 정보저장매체등의 종류 및 사용자
3. 해시값, 해시함수
4. 확인자의 인적사항 및 연락처, 확인자와 피압수자와의 관계
5. 기타 원본성·무결성·신뢰성을 확인하는데 필요한 사항

② 디지털포렌식 수사관은 제1항에 따라 디지털 증거를 압수한 경우에는 지체 없이 압수한 전자정보의 상세목록을 작성하여 피압수자등에게 교부하여야 한다.

③ 압수·수색·검증 현장에서 사건과 관련이 있는 전자정보만 선별하여 압수하는 것이 어려워 일정한 기준에 따라 전체 전자정보 중 일부만 가선별하여 현장 이외의 장소로 반출하는 경우에는 제28조를 준용하여 필요한 조치를 하여야 한다. 이 경우 압수할 전자정보로 특정이 가능한 범위에서는 압수목록에 해당 전자정보의 출력 또는 복제 사실을 추가하여 피압수자에게 교부하도록 유의한다.

경찰관은 전자정보의 압수가 완료되면 정보저장매체별로 각각의 「전자정보 확인서」를 작성하여 피압수자등의 확인·서명을 받아야 한다. 이 확인서에는 다음과 같은 사항을 기재하여야 한다(경찰디지털증거규칙 제14조 제2항).

- 작성 일시 및 장소
- 정보저장매체 등의 종류 및 사용자
- 파일명과 그 해시값, 해시함수
- 확인자의 인적사항 및 연락처, 확인자와 피압수자와의 관계
- 기타 진정성·무결성·신뢰성을 확인하는데 필요한 사항 등

압수한 전자정보의 상세목록을 피압수자 등에게 교부하는 때에는 출력한 서면을 교부하거나 전자파일 형태로 복사해 주거나 이메일을 전송하는 방법으로 할 수 있다. 이 확인서로 '압수목록교부서'를 갈음할 수 있다.

3. 전자정보의 범죄 관련성 요건

수사준칙규정 등에서 범죄사실과 관련된 전자정보라고 규정한 것은 전자정보에 대해서도 일반 압수·수색 시의 범죄 관련성 요건이 그대로 적용된다는 것을 의미한다. 즉 전자정보를 문서로 출력하거나 파일로 복사할 경우에 혐의사실과 관련된 부분에 한정되며, 그 범위를 확대하는 것은 원칙적으로 영장주의 원칙과 적법절차를 위반하는 것이다.

저장매체의 소재지에서 압수·수색이 이루어지는 경우는 물론이고 예외적으로 저장매체에 들어 있는 전자파일 전부를 하드카피나 이미징(Imaging) 등의 형태로 수사기관 사무실 등으로 반출한 경우에도 반출한 저장매체 또는 복제본에서 혐의사실 관련성에 대한 구분 없이 임의로 저장된 전자정보를 문서로 출력하거나 파일로 복제하는 행위는 원칙적으로 영장주의 원칙에 반하는 위법한 압수가 된다.[6]

압수대상의 전자정보가 범죄사실과의 관련성을 인정받기 위해서는 전자정보 압수·수색 시에 영장에 기재된 범죄혐의와 기본적인 사실관계가 동일하거나, 동종·유사 범행과 관련된다고 의심할만한 상당한 이유가 있어야 한다. 그리고 이러한 전자정보의 출처증명, 신뢰성 입증 등 필요한 범위 내에서 전자정보를 압수할 수 있다(검찰디지털증거규정 제22조 제1항).[7]

---

6 대법원 2022. 1. 14.자 2021모1586 결정

  7 범죄사실 관련성에 대한 기준을 명시하는 것은 이 규정이 유일하다.

제22조(관련성의 판단기준) ① 주임검사등은 압수·수색시를 기준으로 압수·수색·검증영장에 기재된 피의자나 진범 및 공범의 범죄혐의와 기본적인 사실관계가 동일하거나 동종·유사 범행과 관련된다고 의심할 만한 상당한 이유가 있는 범위 내의 전자정보, 이들의 범행 동기나 목적 그 밖에 형법 제51조(양형의 조건)에서 규정한 사항에 해당한다고 인정되는 범위 내의 전자정보, 이러한 전자정보의 출처증명 기타 법정에서 디지털 증거의 정확성과 신뢰성의 입증에 필요한 범위 내의 전자정보 등을 함께 압수할 수 있다.

② 주임검사등은 압수·수색·검증 과정에 참여한 피압수자등이나 변호인이 압수 대상 전자정보와 사건의 관련성에 관하여 의견을 제시한 때에는 이를 조서에 적어야 한다. 다만, 피압수자등이나 변호인이 별지 제14호의 '전자정보의 관련성에 관한 의견진술서' 서식에 따라 의견을 제출한 경우에는 이를 조서 말미에 첨부하는 것으로 조서 기재에 갈음할 수 있다.

판례 압수 전자정보가 관련성이 없다고 결정한 사례 | 대법원 2022. 1. 14.자 2021모1586 결정

- 수사기관이 압수·수색영장에 기재된 범죄 혐의사실과의 관련성에 대한 구분 없이 임의로 전체의 전자정보를 복제·출력하여 이를 보관하여 두고,
  - 그와 같이 선별되지 않은 전자정보에 대해 구체적인 개별 파일 명세를 특정하여 상세목록을 작성하지 않고 '….zip'과 같이 그 내용을 파악할 수 없도록 되어 있는 포괄적인 압축파일만을 기재한 후,
  - 이를 전자정보 상세목록이라고 하면서 피압수자 등에게 교부함으로써 범죄 혐의사실과 관련성 없는 정보에 대한 삭제·폐기·반환 등의 조치도 취하지 아니하였다면,
- 이는 결국 수사기관이 압수·수색영장에 기재된 범죄혐의 사실과 관련된 정보 외에 범죄혐의 사실과 관련이 없어 압수의 대상이 아닌 정보까지 영장 없이 취득하는 것일 뿐만 아니라,
  - 범죄혐의와 관련 있는 압수 정보에 대한 상세목록 작성·교부 의무와 범죄혐의와 관련 없는 정보에 대한 삭제·폐기·반환 의무를 사실상 형해화하는 결과가 되는 것이어서
  - 영장주의와 적법절차의 원칙을 중대하게 위반한 것으로 봄이 상당하다.

4. 현장 외 압수·수색

(1) 현장 외 압수의 의미

정보저장매체의 선별 압수 아닌 정보저장매체등의 전부 복제본 또는 원본을 외부로 반출하는 것 그 자체는 전체 압수·수색 과정에서의 일부분일 뿐이다. 현장에서 원본 내의 정보를 압수 및 분석 등 업무가 현저히 어려워서 해당 원본 또는 전부 복제본을 외부(수사기관의 디지털포렌식 분석실 등)로 반출하여, 그 옮긴 장소에서 복제본 또는 원본을 분석하고 검증하는 것도 압수·수색 과정에 포함되기 때문이다.

이와 같이 현장에서 복제본 또는 원본을 반출하여 현장 이외의 장소에서 압수·수색 등을 계속하는 것을 '현장 외 압수'라고 한다(경찰디지털증거규칙 제17조 제1항).[8] 현장 아닌 외부에서 압수·수색이 진행될 때에는 피압수자 등 참관인에게 압수·수색 일시, 장소 등 통지 등 참여권을 보장하고 반출 시 봉인했던 증거물의 봉인해제 및 증거 탐색 등 절차에 참여 및 확인 등 엄격한 절차를 이행해야 한다.

(2) 현장 외 압수의 요건 개요

전자정보 압수에 있어서는 정보저장매체가 있는 소재지에서 압수할 정보의 범위를 정하여 출력 또는 복제하는 현장 선별압수가 원칙이다. 하지만, 현장에서의 선별압수가 불가능하거나 이 선별압수 방법으로는 압수목적을 달성하기가 현저히 곤란할 경우에 전자정보 전부를 하드카피 또는 이미징의 방법으로 복제하여 그 복제본을 외부로 반출할 수 있다. 그리고 이러한 전부 복제본 반출의 방법이 불가능하거나 이 방법으로 압수목적 달성이 현저히 곤란할 때에는 정보저장매체등의 원본을 봉인하여 현장 외부로 반출할 수 있다.

8　현장 외 압수절차는 경찰과 검찰이 전반적으로 유사하다. 경찰디지털증거규칙 제17조에서는 복제본 또는 원본을 반출하여 현장 이외의 장소에서 전자정보의 압수·수색·검증을 계속하는 경우를 현장 외 압수라고 명명하고 있다. 검찰디지털증거규정에서는 현장 외 압수를 별도로 정의하고 있지는 않으나 제32조~제39조(제3절 압수·수색 검증 현장 외에서 디지털 증거 수집)에서 규율하고 있으며, 경찰과 마찬가지로 복제본 또는 원본을 반출한 이후의 절차 및 유의할 사항 등을 정하고 있다.

• 수사기관의 전자정보에 대한 압수 저장매체 자체 또는 적법하게 획득한 복제본을 탐색하여 혐의사실과 관련된 전자정보를 문서로 출력하거나 파일로 복제하는 일련의 과정 역시 전체적으로 하나의 영장에 기한 압수·수색의 일환에 해당한다 할 것이므로,

- 그러한 경우의 문서출력 또는 파일복제의 대상 역시 저장매체 소재지에서의 압수·수색과 마찬가지로 혐의사실과 관련된 부분으로 한정되어야 함은 헌법 제12조 제1항, 제3항과 형사소송법 제114조, 제215조의 적법절차 및 영장주의 원칙이나 앞서 본 비례의 원칙에 비추어 당연하다.

- 따라서 수사기관 사무실 등으로 반출된 저장매체 또는 복제본에서 혐의사실 관련성에 대한 구분 없이 임의로 저장된 전자정보를 문서로 출력하거나 파일로 복제하는 행위는 원칙적으로 영장주의 원칙에 반하는 위법한 압수가 된다.

(3) 전부 복제본 반출의 요건 및 조치 사항

가. 전부복제본 반출 가능 사유

현장에서의 선별압수 방법이 불가능하거나 또는 압수의 목적을 달성하기에 현저하게 곤란한 사유란 피압수자 등이 협조를 하지 않는 경우, 혐의사실 관련 전자정보가 폐기된 정황이 발견된 경우 또는 선별압수 집행이 영업활동 등을 침해한다는 이유로 피압수자 등이 요청하는 경우 등을 들 수 있다(경찰디지츨증거규칙 제15조 제1항).

「디지털 증거의 처리 등에 관한 규칙」(경찰청훈령)

제15조(복제본의 획득·반출) ① 경찰관은 다음 각 호의 사유로 인해 압수·수색·검증 현장에서 제14조제1항 전단에 따라 선별압수 하는 방법이 불가능하거나 압수의 목적을 달성하기에 현저히 곤란한 경우에는 복제본을 획득하여 외부로 반출한 후 전자정보의 압수·수색·검증을 진행할 수 있다.

1. 피압수자 등이 협조하지 않거나, 협조를 기대할 수 없는 경우

2. 혐의사실과 관련될 개연성이 있는 전자정보가 삭제·폐기된 정황이 발견되는 경우

3. 출력·복제에 의한 집행이 피압수자 등의 영업활동이나 사생활의 평온을 침해
   한다는 이유로 피압수자 등이 요청하는 경우
4. 그 밖에 위 각 호에 준하는 경우

나. 해시값 확인 등 동일성 담보 및 참여권 보장 등

전자정보의 전부를 복제하는 경우에는 해시값을 확인하거나 압수·수색 과정을 촬영하는 등 디지털증거의 동일성과 무결성을 담보할 수 있는 적절할 방법과 조치를 하여야 한다. 이렇게 반출하는 경우에는 압수물봉인지(경찰은 반출확인서), 복제 및 이미징 등 참관여부 확인서를 작성하여야 한다. 또한 압수목록에 전부복제본 반출 사실도 압수목록에 기재하여 피압수자에게 교부하여야 한다(검찰디지털증거규정 제28조).

「디지털 증거의 수집·분석 및 관리 규정」(대검찰청예규)

제28조(전자정보의 전부 복제 시 조치) ① 제20조제2항에 따라 전자정보의 전부를 복제하는 경우 해시값을 확인하거나 압수·수색·검증 과정을 촬영하는 등 디지털 증거의 동일성과 무결성을 담보할 수 있는 적절한 방법과 조치를 하여야 한다.

② 제1항에 따라 전자정보 전부를 복제하여 현장 이외의 장소로 반출하는 경우에는 별지 제5-1호의 "압수물 봉인지" 및 별지 제4호의 "정보저장매체 복제 및 이미징 등 참관여부 확인서"를 작성하여야 한다.

③ 주임검사등은 압수목록 교부 시 제2항에 따른 전자정보 전부 복제본 반출 사실도 압수목록에 기재하여 피압수자에게 교부하도록 유의한다.

선별압수 과정에 전체 전자정보 중 일부만 가선별하여 현장 이외의 장소로 반출하는 경우에도 위 제28조 규정에 따라 필요한 조치를 하여야 한다(검찰디지털증거규정 제27조 제3항).

제27조(관련 있는 디지털 증거의 압수 시 조치)

③ 압수·수색·검증 현장에서 사건과 관련이 있는 전자정보만 선별하여 압수하는 것이 어려워 일정한 기준에 따라 전체 전자정보 중 일부만 가선별하여 현장 이외의 장소로 반출하는 경우에는 제28조를 준용하여 필요한 조치를 하여야 한다. 이 경우 압수할 전자정보로 특정이 가능한 범위에서는 압수목록에 해당 전자정보의 출력 또는 복제 사실을 추가하여 피압수자에게 교부하도록 유의한다.

한편, 피압수자 등에 대한 참여권은 전 과정에 걸쳐 보장되어야 하므로 전부복사본을 반출할 경우에도 피압수자에게 관련 사실에 대해 고지하고 참여를 유도 및 참여확인서에 확인·서명을 받아야 한다. 피압수자 등의 확인·서명을 받기 곤란한 경우에는 그 사유를 해당 확인서에 기재하고 기록에 편철한다(경찰디지털증거규칙 제15조 제2항).

제15조(복제본의 획득·반출)

② 경찰관은 제1항에 따라 획득한 복제본을 반출하는 경우에는 복제본의 해시값을 확인하고 피압수자 등에게 전자정보 탐색 및 출력·복제과정에 참여할 수 있음을 고지한 후 별지 제3호서식의 복제본 반출(획득) 확인서를 작성하여 피압수자 등의 확인·서명을 받아야 한다. 이 경우, 피압수자 등의 확인·서명을 받기 곤란한 경우에는 그 사유를 해당 확인서에 기재하고 기록에 편철한다.

(4) 저장매체등의 원본 반출 요건과 조치사항

가. 정보저장매체등 원본 반출 가능 사유

전부복제본을 외부로 반출하는 것이 현저히 곤란한 경우에는 정보저장매체등의 원본을 외부로 반출하여 압수·수색 등을 집행할 수 있다. 이때 복제본을 획득 또는 반출하는 것이 불가능하거나 압수의 목적을 달성하기에 현저히 곤란한 사유란 영장 집행 현장에서 하드카피·이미징 등 복제본 획득이 물리적·기술적으로 불가능하거나 극히 곤란한 경우 또는 복제본 집행이 피압수자 등의 영업활동 방해 등 이유로 피압수자 등이 요청하는 경우를 들 수 있다(경찰디지철증거규칙 제16조).

나. 피압수자등의 참여 하의 압수물 봉인 및 확인·서명 획득

정보저장매체등 원본을 반출하는 경우에는 피압수자 등의 참여를 보장한 상태에서 정보저장매체등 원본을 봉인(封印)하여야 한다. 동시에 압수물 봉인지(정보저장매체 원본반출확인서) 및 피압수자 참관확인서를 작성 및 피압수자등의 확인·서명을 받아야 한다. 이때에 피압수자 등 참여자에게 향후에 봉인한 원본의 봉인해제 및 복제본의 획득과정 등에 참여할 수 있음을 고지하여야 한다(검찰디지털규정 제29조, 경찰디지털규칙 제16조 제2항).

제29조(정보저장매체등 원본 반출 시 조치) ① 제20조제3항에 따라 정보저장매체등의 원본을 현장 이외의 장소로 반출하는 경우에는 별지 5-1호의 "압수물 봉인지", 별지 제3호의 "정보저장매체 제출 및 이미징 등 참관여부 확인서"를 작성하여야 한다.

② 주임검사등은 압수목록 교부 시 제1항에 따른 정보저장매체등의 원본 반출 사실도 압수목록에 기재하여 피압수자에게 교부하도록 유의한다.

제16조(복제본의 획득·반출)

② 경찰관은 제1항에 따라 정보저장매체등 원본을 반출하는 경우에는 피압수자 등의 참여를 보장한 상태에서 정보저장매체등 원본을 봉인하고 봉인해제 및 복제본의 획득과정 등에 참여할 수 있음을 고지한 후 별지 제4호서식의 정보저장매체 원본 반출 확인서 또는 별지 제5호서식의 정보저장매체 원본 반출 확인서(모바일기기)를 작성하여 피압수자 등의 확인·서명을 받아야 한다. 이 경우, 피압수자 등의 확인·서명을 받기 곤란한 경우에는 그 사유를 해당 확인서에 기재하고 기록에 편철한다.

다. 압수물 봉인 시에 향후의 봉인해제 일정 등에 대한 참여 고지

수사기관은 전자정보의 압수·수색 전 과정에서 피압수자등에게 참여권을 보장하여야 한다(검찰디지털증거규정 제21조). 나아가 더 세부적으로 특히 현장 외 전자정보 압수·수색의 전 과정에 걸쳐 피압수자등에게 참관 일정과 장소 및 참관인 등에 관하여 협의하여야 한다고 명시하고 있다(검찰디지털증거규정 제32조 제1항, 경찰디지털증거규칙 제17조 제1항).

이와 같은 참여 고지는 수사기관의 자의적 증거수집을 방지하여 피의자 등 피압수자의 권리를 보호하기 위한 것이다. 그러나 한편으로는 피압수자 등에 대한 참여 통지는 복제본 등의 봉인해제 때에 참여시키고 확인 및 서명을 받음으로써 원본과의 동일성, 무결성을 보장받을 수 있기 때문이다. 또한 디지털증거에 대한 보관의 연속성을 확보할 수 있는 기능을 한다.

한편 피압수자등 또는 변호인이 참여를 거부하는 경우에는 신뢰성과 전문성을 담보할 수 있는 상당한 방법으로 압수·수색을 하여야 한다(검찰디지털증거규정 제32조 제2항, 경찰디지털증거규칙 제17조 제2항).

(5) 현장 외 압수 절차와 선별압수 원칙

가. 현장 외 압수절차에 대한 설명

수사기관은 참여권의 실질적 보장을 위해 현장 외에서의 저장매체 원본 등 봉인해제 절차(현장 외 압수절차)를 개시하기 전에 참관인에게 그 과정을 설명해주어야 한다(검찰디지털증거규정 제32조 제3항, 경찰디지털증거규칙 제18조).

나. 저장매체 원본 등 봉인해제 및 참관인 서명

수사기관이 현장 외로 반출한 정보저장매체등을 압수·수색하기 위해 그 봉인을 해제할 경우에는 압수물 봉인지에 해제일시와 사유를 기재하고 참관인의 서명을 받아야 한다(검찰디지털증거규정 제33조 제1항). 또한 이 봉인지를 수사기록에 편철하여 디지털증거에 대한 보관의 연속성을 확보하여야 한다(같은 조 제2항).

다. 현장 외 압수 시 선별압수 방법

① 현장 외 선별압수 개요

일단 봉인된 정보저장매체등의 원본(또는 그 복제본)을 현장 외의 장소로 반출하면 그 옮긴 장소에서 증거물을 봉인 해제한 후 다시 '현장에서의 선별압수'과정을 거쳐 압수·수색이 이루어진다. 즉 압수·수색의 장소만 변경되었을 뿐 해당 원본(또는 그 복제본)에 대해 다시 '범죄혐의와 관련된 부분만을 선별'하여 탐색·출력하거나 복제하는 방법으로 압수하여야 한다(검찰디지털증거규정 제34조, 경찰디지털증거규칙 제19조).

② 동일성과 무결성 검증 및 이미지 파일 생성

먼저 증거물의 봉인을 해제한 후에는 (i) 현장에서 이미 생성하여 가져온 이미지 파일의 경우에는 이 파일의 무결성을 검증하거나, (ii) 현장에 원본을 가져온 경우에는 동 매체에 저장된 전자정보에 대한 이미지 파일을 새로 생성하는 절차를 거쳐야 한다.[9] 다만 이미지 파일을 생성할 필요가 없거나 곤란한 경우에는 예외로 한다.

③ 탐색 및 범죄혐의 관련 전자정보만을 출력·복제 압수

위 ②의 방법을 거친 후에, (i) 동일성과 무결성이 확인된 이미지 파일 또는 (ii) 새로 생성한 이미지 파일을 이용하여 사건과 관련이 있는 전자정보를 탐색한다. 이때에 범죄혐의 관련된 정보만을 선별하여 탐색, 출력 및 복제하는 방식으로 압수한다.

다만, 이미지 파일을 생성할 필요가 없는 등 경우에는 정보저장매체등에 저장된 전자정보를 직접 탐색할 수 있다. 한편, 증거분석관은 긴박한 사정, 부득이한 사정으로 원본으로 분석하는 경우에는 쓰기방지 조치 등 변경방지 조치한 후에 분석작업을 수행해야 한다(경찰디지털증거규칙 제27조).

---

9 증거분석은 원칙적으로 디지털증거의 무결성 보장을 위해 원본이 훼손되지 않도록 그 사본을 생성하여 분석하게 된다. 그리고 해시값을 작성하여 원본과 사본의 동일성을 검증한다.

④ 선별된 전자정보의 이미지 파일 생성 및 해시값 확인

위 ③의 방법으로 사건과 관련이 있는 전자정보를 파일 형태로 복제하여 압수하는 경우에는 선별된 전자정보에 대한 이미지 파일을 생성하고 그에 대한 해시값을 확인한다.

「디지털 증거의 수집·분석 및 관리 규정」(대검찰청예규)

제34조(전자정보의 탐색·복제·출력) ① 제33조에 의해 봉인을 해제한 이후에는 현장에서 기 생성한 이미지 파일의 무결성을 검증하거나 동 매체에 저장된 전자정보에 대한 이미지 파일을 새로 생성한다. 다만, 이미지 파일을 생성할 필요가 없거나 곤란한 경우에는 그러하지 아니하다.

② 사건과 관련이 있는 전자정보의 탐색은 원칙적으로 제1항에 따라 동일성과 무결성이 확인되었거나 새로 생성한 이미지 파일을 이용하여 진행하되, 제1항 단서와 같이 이미지 파일을 생성하지 아니한 경우에는 정보저장매체등에 저장된 전자정보를 직접 탐색할 수 있다.

③ 제2항의 탐색을 통해 사건과 관련이 있는 전자정보를 파일 형태로 복제하여 압수하는 경우에는 선별된 전자정보에 대한 이미지 파일을 생성하고 그에 대한 해시값을 확인한다.

「디지털 증거의 처리 등에 관한 규칙」(경찰청훈령)

제19조(현장 외 압수절차) ① 경찰관은 제16조제1항에 따라 정보저장매체등 원본을 반출한 경우 위 원본으로부터 범죄혐의와 관련된 부분만을 선별하여 전자정보를 탐색·출력·복제하거나, 위 원본의 복제본을 획득한 후 그 복제본에 대하여 범죄혐의와 관련된 부분만을 선별하여 전자정보를 탐색·출력·복제하는 방법으로 압수한다. 이 경우 작성 서류 및 절차는 제14조 제2항부터 제5항, 제15조제2항을 준용한다.

② 경찰관은 제15조제1항에 따라 복제본을 반출한 경우 범죄혐의와 관련된 부분만을 선별하여 탐색·출력·복제하여야 한다. 이 경우 작성 서류 및 절차는 제14조제2항부터 제5항을 준용한다.

---

⑤ 전자정보 상세목록의 교부 및 피압수자등의 서명 획득

수사기관은 전자정보의 탐색·복제·출력을 완료한 경우에는 지체 없이 피압수자등에게 전자정보 상세목록을 교부하고 그 확인서를 작성하여 피압수

자등의 서명을 받아야 한다(검찰디지털증거규정 제35조, 경찰디지털증거규칙 제19조 제
2항).

제35조(전자정보 상세목록의 교부) ① 제34조에 따른 전자정보의 탐색·복제·출력
을 완료한 경우에는 지체 없이 피압수자등에게 전자정보 상세목록을 교부하고, 별
지 제8호의 "참관 및 전자정보 상세목록 교부 확인서"를 작성하여 피압수자등의 서
명을 받는다.
② 제1항에도 불구하고 피압수자등이 중간에 참관을 포기하고 퇴실하는 등으로 피
압수자등의 서명을 받을 수 없는 경우에는 별지 제8호의 "참관 및 전자정보 상세
목록 교부 확인서"에 그 사유를 기재한다.

ⓖ 전자정보 교부목록에 포함되지 않은 전자정보의 삭제, 반환 등

수사기관은 디지털증거 압수·수색 시에 복제·출력 등 압수 완료한 전자정
보의 목록을 교부하여야 하고 이 목록에 포함되지 않은 전자정보가 있는 경
우에는 해당 전자정보를 지체 없이 삭제 또는 파기하거나 반환해야 하고 이
에 대한 확인서를 작성하여 피압수자등에게 교부하여야 한다(수사준칙규정 제
42조).

제42조(전자정보의 압수·수색 또는 검증 시 유의사항) ① 검사 또는 사법경찰관은
전자정보의 탐색·복제·출력을 완료한 경우에는 지체 없이 피압수자등에게 압수한
전자정보의 목록을 교부해야 한다.
② 검사 또는 사법경찰관은 제1항의 <u>목록에 포함되지 않은 전자정보가 있는 경우</u>
<u>에</u>는 해당 전자정보를 지체 없이 삭제 또는 폐기하거나 반환해야 한다. 이 경우
삭제·폐기 또는 반환확인서를 작성하여 피압수자등에게 교부해야 한다

 이 때에 (i) 정보저장매체등에 복제하여 반출된 전자정보의 경우에는 목

록에 없는 전자정보의 삭제 또는 파기를 하고, 삭제 등 확인서를 작성 및 서명·날인하여 피압수자등에게 송부하여야 한다. 그리고, (ii) 복제본이 저장된 정보저장매체등 그 자체를 반환하거나, (iii)정보저장매체 등 원본에 저장되어 반출된 전자정보의 경우로서 전자정보매체등 원본을 반환할 경우에는 해당 압수물을 재봉인하여 피압수자등에게 반환하고 동시에 반환 등 확인서를 송부하여야 한다(검찰디지털증거규정 제36조).

제36조(목록에 없는 전자정보에 대한 조치) ① 정보저장매체등에 복제하여 반출된 전자정보의 경우에는 다음 순서에 따라 삭제 또는 폐기하여야 한다.

1. 주임검사등은 위 정보저장매체등에 저장된 전자정보의 탐색·복제·출력을 완료한 경우에는 별지 제15호의 '목록에 없는 전자정보에 대한 지휘' 서식에 따라 담당 디지털포렌식 수사관에게 전자정보의 삭제 또는 폐기를 요청한다.

2. 디지털포렌식 수사관은 주임검사등의 지휘에 따라 전자정보를 삭제 또는 폐기한 뒤 별지 제16호의 "전자정보 삭제·폐기 또는 반환확인서"를 작성하여 주임검사등에게 송부한다.

3. 주임검사등은 송부된 "전자정보 삭제·폐기 또는 반환확인서"를 검토한 후 서명·날인하여 피압수자등에게 송부한다.

② 제1항에도 불구하고 복제본이 저장된 정보저장매체등이 피압수자등으로부터 제공받은 것으로 그 자체를 반환해야 하는 경우에는 제1항에서 정한 절차가 아닌 제3항에서 정한 절차에 따라 정보저장매체등을 반환할 수 있다.

③ 정보저장매체등 원본에 저장되어 반출된 전자정보의 경우에는 다음 순서에 따라 피압수자등에게 정보저장매체등 원본을 돌려주는 방법으로 반환한다.

1. 디지털포렌식 수사관은 제34조에 따라 전자정보의 탐색·복제·출력이 완료된 경우에는 정보저장매체등 원본을 별지 제5-2호의 "압수물 재봉인지" 등으로 재봉인하여 "참관 및 전자정보 상세목록 교부확인서"와 함께 주임검사등에게 인계한다.

2. 주임검사는 인계받은 정보저장매체등 원본을 피압수자에게 반환하고 별지 제10호의 "정보저장매체 등 반환확인서"를 작성하여 피압수자등의 서명을 받아 기록에 편철한다.

3. 주임검사는 제2호에 따라 정보저장매체등 원본을 반환한 뒤 별지 제16호의 "전자정보 삭제·폐기 또는 반환확인서"를 작성하여 피압수자등에게 송부한다.

만약에 수사기관이 범죄혐의 관련 선별압수 후의 범죄혐의 없는 나머지 정보를 삭제·폐기·반환하지 않고 그대로 보관하고 있다면 영장범위를 넘어서는 위법에 해당한다. 또한 사후에 법원으로부터 영장이 발부되었다고 하더라고 그 위법성이 무마된다고 볼 수 없다.

> **판례** 혐의 무관한 전자정보 미삭제 등의 영장주의 위반 관련 법원 판례 | 대법원 2022. 1. 14.자 2021모1586 결정
>
> - 법원은 압수·수색영장의 집행에 관하여 범죄 혐의사실과 관련 있는 전자정보의 탐색·복제·출력이 완료된 때에는 지체 없이 영장 기재 범죄 혐의사실과 관련이 없는 나머지 전자정보에 대해 삭제·폐기 또는 피압수자 등에게 반환할 것을 정할 수 있다.
> - 수사기관이 범죄 혐의사실과 관련 있는 정보를 선별하여 압수한 후에도
>   - 그와 관련이 없는 나머지 정보를 삭제·폐기·반환하지 아니한 채 그대로 보관하고 있다면
>   - 범죄 혐의사실과 관련이 없는 부분에 대하여는 압수의 대상이 되는 전자정보의 범위를 넘어서는 전자정보를 영장 없이 압수·수색하여 취득한 것이어서 위법하고,
>   - 사후에 법원으로부터 압수·수색영장이 발부되었다거나 피고인이나 변호인이 이를 증거로 함에 동의하였다고 하여 그 위법성이 치유된다고 볼 수 없다.

Ⅲ장의 디지털포렌식의 구체적 집행방법은 〈그림 22〉와 같이 요약할 수 있다.

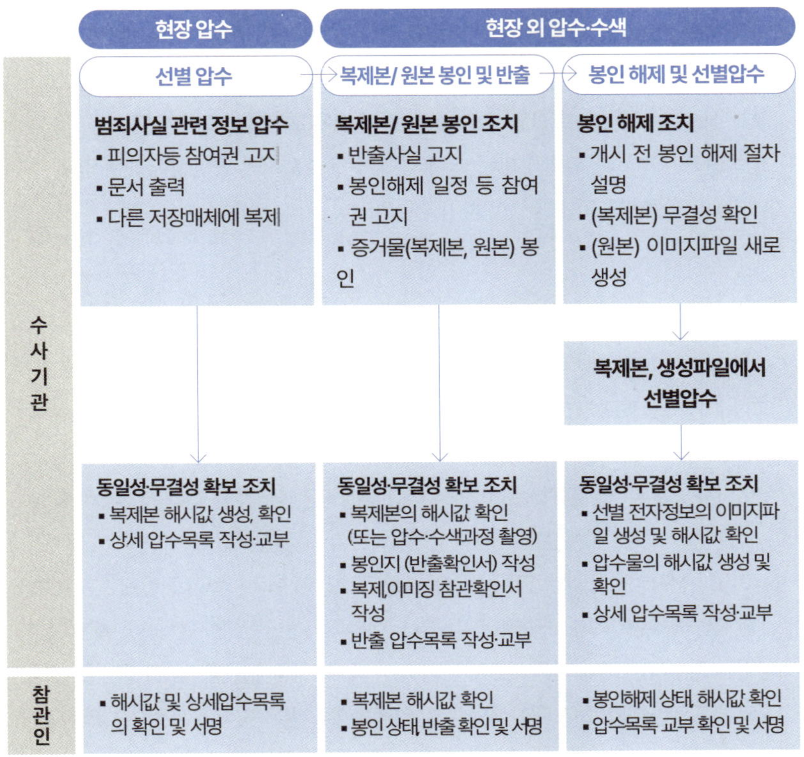

5. 별건 혐의 증거, 임의제출 받은 증거, 불법촬영 범죄 증거, 원격지 정보 증거 등 쟁점 사항

(1) 별건혐의 발견 시 관련 탐색 중단 및 별도 영장 신청

현장 선별압수 및 현장 외 압수·수색 절차에 있어서, 혐의사실과 관련된 전자정보를 탐색하는 과정에서 별도의 범죄 혐의(별건 혐의)를 발견한 경우에는 이 별건 혐의와 관련된 추가 탐색을 중단하여야 한다. 예를 들면 살인죄 관련 범죄혐의 증거를 탐색 중 절도죄 관련 범죄혐의 증거를 발견하게 된 경우에는 별건 혐의에 해당하는 절도죄에 대한 추가 탐색을 중단하여야 한다. 이는 영장주의의 원칙에 따라 영장 내에 기재된 범죄혐의와 관련된 증거만을 압수할 수 있기 때문이다. 따라서, 별건 혐의에 대해 별도 수사가 필요한 경우에는 다시 압수·수색·검증영장을 별도로 신청·집행하여야 한다(경찰청 규칙 제20조).

제20조(별건 혐의와 관련된 전자정보의 압수) 경찰관은 제14조부터 제17조, 제19조까지의 규정에 따라 혐의사실과 관련된 전자정보를 탐색하는 과정에서 별도의 범죄 혐의(이하 "별건 혐의"라 한다)를 발견한 경우 별건 혐의와 관련된 추가 탐색을 중단하여야 한다. 다만, 별건 혐의에 대해 별도 수사가 필요한 경우에는 압수·수색·검증영장을 별도로 신청·집행하여야 한다.

판례 별건 혐의 전자정보 관련 법원 판례 | 대법원 2015. 7. 16.자 2011모1839

- 전자정보에 대한 압수·수색에 있어 그 저장매체 자체를 외부로 반출하거나 하드카피·이미징 등의 형태로 복제본을 만들어 외부에서 그 저장매체나 복제본에 대하여 압수·수색이 허용되는 예외적인 경우에도
  - 혐의사실과 관련된 전자정보 이외에 이와 무관한 전자정보를 탐색·복제·출력하는 것은 원칙적으로 위법한 압수·수색에 해당하므로 허용될 수 없다.
  - 그러나 전자정보에 대한 압수·수색이 종료되기 전에 혐의사실과 관련된 전자정보를 적법하게 탐색하는 과정에서 별도의 범죄혐의와 관련된 전자정보를 우연히 발견한 경우라면, 수사기관으로서는 더 이상의 추가 탐색을 중단하고 법원으로부터 별도의 범죄혐의에 대한 압수·수색영장을 발부받은 경우에 한하여 그러한 정보에 대하여도 적법하게 압수·수색을 할 수 있다고 할 것이다.
- 나아가 이러한 경우에도 별도의 압수·수색 절차는 최초의 압수·수색 절차와 구별되는 별개의 절차이고,
  - 별도 범죄혐의와 관련된 전자정보는 최초의 압수·수색영장에 의한 압수·수색의 대상이 아니어서
  - 저장매체의 원래 소재지에서 별도의 압수·수색영장에 기해 압수·수색을 진행하는 경우와 마찬가지로 **피압수자는** 최초의 압수·수색 이전부터 해당 전자정보를 관리하고 있던 자라 할 것이므로, 특별한 사정이 없는 한 그 피압수자에게 형사소송법 제219조, 제121조, 제129조에 따라 **참여권을 보장**하고 압수한 전자정보 목록을 교부하는 등 피압수자의 이익을 보호하기 위한 적절한 조치가 이루어져야 할 것이다.

A. 2011. 4. 25.자 압수·수색영장에 기한 압수·수색 부분

(a) (제1 영장) 검사는 준항고인 1의 배임 혐의와 관련된 압수·수색영장('제1 영장')을 발부받아 압수·수색을 진행하였다.

(b) 압수·수색 내용

- **(제1 처분)** 검사는 전자정보매체 전부를 '이미징'의 방법으로 다른 저장매체로 복제('제1 처분')하였는데, 준항고인 1 측은 저장매체 봉인해제 및 대검찰청 디지털포렌식센터의 원격디지털공조시스템에 복제되는 과정을 참관하다가 임의로 그곳에서 퇴거하였다.

- **(제2 처분)** 검사는 위와 같이 이미징한 복제본을 자신이 소지한 외장 하드디스크에 재복제('제2 처분')하였다.

- **(제3 처분)** 검사는 외장 하드디스크 재복제본을 통하여 제1 영장 기재 범죄혐의와 관련된 전자정보를 탐색하였는데, 그 과정에서 준항고인 1 등의 약사법 위반·조세범처벌법 위반 혐의와 관련된 전자정보 등 제1 영장에 기재된 혐의사실과 무관한 정보(별건정보)들도 함께 출력('제3 처분')하였다.

(c) 법원 판단

- 제1 처분은 그 자체로 위법하다 할 수 없다.

- 그러나 제2·3 처분은 제1 처분 후 피압수자에게 계속적인 참여권을 보장하는 등의 조치가 이루어지지 아니한 채, 제1 영장 기재 혐의사실과 관련된 정보는 물론 그와 무관한 정보까지 재복제·출력한 것으로서 영장이 허용한 범위를 벗어나고 적법절차를 위반한 위법한 처분이라 하지 않을 수 없다.

(d) 결론

- (i) 제2·3 처분에 해당하는 전자정보의 복제·출력 과정은 증거물을 획득하는 행위로서 압수·수색의 목적에 해당하는 중요한 과정인 점,

- (ii) 이 과정에서 혐의사실과 무관한 정보가 수사기관에 남겨지게 되면 피압수자의 다른 법익이 침해될 가능성이 한층 커지게 되므로 피압수자에게 참여권을 보장하는 것이 그러한 위험을 방지하기 위한 핵심절차인데도 그 과정에 참여권을 보장하지 않은 점,

- (iii) 더구나 혐의사실과 **무관한 정보까지 출력**한 점 등

→ 위법의 중대성에 비추어 볼 때, 비록 제1 처분까지의 압수·수색 과정이 적법하다고 하더라도 전체적으로 제1 영장에 기한 압수·수색은 취소되어야 할 것임

B. 2011. 5. 26.자 압수·수색영장에 기한 압수·수색 부분

(a) (제2 영장) 검사(강력부)는 위 제3 처분과 관련하여 배임혐의 아닌 약사법 위반·조세범처벌법 위반 혐의 관련 별건정보를 발견하고, 다른 검사(특수부)에게 통보하였다.

 - 특수부 검사는 다시 별도의 압수·수색영장(제2 영장)을 발부받아 외장 하드디스크에서 별건 정보를 탐색·출력하는 방식으로 압수·수색을 진행하였다.

 - 이때 특별수사부 검사는 준항고인 측에 압수·수색 과정에 참여할 수 있는 기회를 부여하지 않았을 뿐만 아니라 압수한 전자정보 목록을 교부하지도 않았다.

(b) 법원 판단

 - 제2 영장 청구 당시 압수할 물건으로 삼은 정보는 제1 영장의 피압수자에게 참여의 기회를 부여하지 않은 상태에서 임의로 재복제한 외장 하드디스크에 저장된 정보로서 그 자체가 위법한 압수물이어서

 - 앞서 본 별건 정보에 대한 영장청구 요건을 충족하지 못한 것이므로, 비록 제2 영장이 발부되었다고 하더라도 그 압수·수색은 영장주의의 원칙에 반하는 것으로서 위법하다고 하지 않을 수 없다.

 - 나아가 제2 영장에 기한 압수·수색 당시 준항고인 1 등에게 압수·수색 과정에 참여할 기회를 전혀 보장하지 않았으므로 이 점에 비추어 보더라도 제2 영장에 기한 압수·수색은 전체적으로 위법하다고 평가함이 상당하다.

6. 임의제출 받은 디지털증거의 디지털포렌식 절차[10]

(1) 임의제출에 따른 전자정보 압수의 방법

전자정보에 대한 수사기관의 압수·수색은 사생활의 비밀과 자유, 정보에 대한 자기결정권, 재산권 등을 침해할 우려가 크므로 포괄적으로 이루어져서는 안 되고 비례의 원칙에 따라 수사의 목적상 필요한 최소한의 범위 내에서 이루어져야 한다.

수사기관의 전자정보에 대한 압수·수색은 원칙적으로 영장 발부의 사유로 된 범죄혐의사실과 관련된 부분만을 문서 출력물로 수집하거나 수사기관이 휴대한 정보저장매체에 해당 파일을 복제하는 방식으로 이루어져야 하고, 정보저장매체 자체를 직접 반출하거나 저장매체에 들어 있는 전자파일

 10 대법원 2021. 11. 18. 선고 2016도348 전원합의체 판결

전부를 '하드카피나 이미징 등 형태'(복제본)로 수사기관 사무실 등 외부로 반출하는 방식으로 압수·수색하는 것은 현장의 사정이나 전자정보의 대량성으로 인하여 관련 정보 획득에 긴 시간이 소요되거나 전문 인력에 의한 기술적 조치가 필요한 경우 등 범위를 정하여 출력 또는 복제하는 방법이 불가능하거나 압수의 목적을 달성하기에 현저히 곤란하다고 인정되는 때에 한하여 예외적으로 허용될 수 있을 뿐이다(대법원 2015. 7. 16. 자 2011모1839 전원합의체 결정 등 참조).

위와 같은 법리는 정보저장매체에 해당하는 임의제출물의 압수(형사소송법 제218조)[11]에도 마찬가지로 적용된다. 임의제출물의 압수는 압수물에 대한 수사기관의 점유 취득이 제출자의 의사에 따라 이루어진다는 점에서 차이가 있을 뿐 범죄혐의를 전제로 한 수사 목적이나 압수의 효력은 영장에 의한 경우와 동일하기 때문이다.

따라서 수사기관은 특정 범죄혐의와 관련하여 전자정보가 수록된 정보저장매체를 임의제출받아 그 안에 저장된 전자정보를 압수하는 경우 그 동기가 된 범죄혐의사실과 관련된 전자정보의 출력물 등을 임의제출받아 압수하는 것이 원칙이다. 다만 현장의 사정이나 전자정보의 대량성과 탐색의 어려움 등의 이유로 범위를 정하여 출력 또는 복제하는 방법이 불가능하거나 압수의 목적을 달성하기에 현저히 곤란하다고 인정되는 때에 한하여 예외적으로 정보저장매체 자체나 복제본을 임의제출받아 압수할 수 있다.

(2) 임의제출에 따른 전자정보 압수의 대상과 범위

임의제출받은 전자정보는 우선 ① 임의제출자의 의사에 따른 압수 범위를 확인하여야 하고, ② 제출자의 의사확인이 명확하지 않은 경우에는 압수의 동기가 된 범죄혐의사실과 관련된 전자정보만을 압수할 수 있다.

가. 임의제출자의 의사에 따른 압수 범위 확인

정보저장매체와 그 안에 저장된 전자정보는 개념적으로나 기능적으로나

---

[11] 제218조(영장에 의하지 아니한 압수) 검사, 사법경찰관은 피의자 기타인의 유류한 물건이나 소유자, 소지자 또는 보관자가 임의로 제출한 물건을 영장없이 압수할 수 있다.

별도의 독자적 가치와 효용을 지닌 것으로 상호 구별될 뿐만 아니라 임의제출된 전자정보의 압수가 적법한 것은 어디까지나 제출자의 자유로운 제출 의사에 근거한 것인 이상 제출자가 '범죄혐의사실과 관련된 전자정보'와 '그렇지 않은 전자정보'가 혼재되어 있는 정보저장매체나 복제본을 수사기관에 임의제출하는 경우에 해당 제출자는 제출 및 압수의 대상이 되는 전자정보를 개별적으로 지정하거나 그 범위를 한정할 수 있다.

이처럼 정보저장매체 내 전자정보의 임의제출 범위는 제출자의 의사에 따라 달라질 수 있는 만큼 이러한 정보저장매체를 임의제출받는 수사기관은 제출자로부터 임의제출의 대상이 되는 전자정보의 범위를 확인함으로써 압수의 범위를 명확히 특정하여야 한다.

나아가 헌법과 형사소송법이 구현하고자 하는 적법절차, 영장주의, 비례의 원칙은 물론 사생활의 비밀과 자유, 정보에 대한 자기결정권 및 재산권의 보호라는 관점에서 정보저장매체 내 전자정보가 가지는 중요성에 비추어 볼 때, 정보저장매체를 임의제출하는 사람이 거기에 담긴 전자정보를 지정하거나 제출 범위를 한정하는 취지로 한 의사표시는 엄격하게 해석하여야 하고, 확인되지 않은 제출자의 의사를 수사기관이 함부로 추단하는 것은 허용될 수 없다.

따라서 수사기관이 제출자의 의사를 쉽게 확인할 수 있음에도 이를 확인하지 않은 채 특정 범죄혐의사실과 관련된 전자정보와 그렇지 않은 전자정보가 혼재된 정보저장매체를 임의제출받은 경우 그 정보저장매체에 저장된 전자정보 전부가 임의제출되어 압수된 것으로 취급할 수는 없다. 이 경우 제출자의 임의제출 의사에 따라 압수의 대상이 되는 전자정보의 범위를 어떻게 특정할 것인지가 문제된다.[12]

---

[12] 피의자가 휴대전화를 임의제출하면서 휴대전화에 저장된 전자정보가 아닌 클라우드 등 제3자가 관리하는 원격지에 저장되어 있는 전자정보를 수사기관에 제출한다는 의사로 수사기관에게 클라우드 등에 접속하기 위한 아이디와 비밀번호를 임의로 제공하였다면 위 클라우드 등에 저장된 전자정보를 임의제출하는 것으로 볼 수 있다(대법원 2021. 7. 29. 선고 2020도14654 판결).

나. 임의제출에 따른 압수의 동기가 된 범죄혐의사실과 관련된 전자정보

수사기관은 피의사실과 관계가 있다고 인정할 수 있는 것에 한정하여 증거물 또는 몰수할 것으로 사료하는 물건을 압수할 수 있다(「형사소송법」 제219조, 제106조[13]). 따라서 전자정보를 압수하고자 하는 수사기관이 정보저장매체와 거기에 저장된 전자정보를 임의제출의 방식으로 압수할 때 제출자의 구체적인 제출범위에 관한 의사를 제대로 확인하지 않는 등의 사유로 인해 임의제출자의 의사에 따른 전자정보 압수의 대상과 범위가 명확하지 않거나 이를 알 수 없는 경우에는 임의제출에 따른 압수의 동기가 된 범죄혐의사실과 관련되고 이를 증명할 수 있는 최소한의 가치가 있는 전자정보에 한하여 압수의 대상이 된다.

이때 범죄혐의사실과 관련된 전자정보에는 범죄혐의사실 그 자체 또는 그와 기본적 사실관계가 동일한 범행과 직접 관련되어 있는 것은 물론 범행 동기와 경위, 범행 수단과 방법, 범행 시간과 장소 등을 증명하기 위한 간접증거나 정황증거 등으로 사용될 수 있는 것도 포함될 수 있다. 다만 그 관련성은 임의제출에 따른 압수의 동기가 된 범죄혐의사실의 내용과 수사의 대상, 수사의 경위, 임의 제출의 과정 등을 종합하여 구체적·개별적 연관관계가 있는 경우에만 인정되고 범죄 혐의사실과 단순히 동종 또는 유사 범행이라는 사유만으로 관련성이 있다고 할 것은 아니다.

7. 불법촬영 범죄 관련 디지털증거의 디지털포렌식 절차[14]

범죄혐의사실과 관련된 전자정보인지를 판단할 때는 범죄혐의사실의 내용과 성격, 임의제출의 과정 등을 토대로 구체적·개별적 연관관계를 살펴볼 필요가 있다. 특히 카메라의 기능과 정보저장매체의 기능을 함께 갖춘 휴대전화인 스마트폰을 이용한 불법촬영 범죄는 범죄의 속성상 ① 해당 범행의 상습성이 의심되거나 성적 기호 내지 경향성의 발현에 따른 일련의 범행의

---

13 형소법 제106조(압수) ① 법원은 필요한 때에는 피고사건과 관계가 있다고 인정할 수 있는 것에 한정하여 증거물 또는 몰수할 것으로 사료하는 물건을 압수할 수 있다. 단, 법률에 다른 규정이 있는 때에는 예외로 한다(제219조에서 수사기관의 압수는 법원의 압수 규정을 준용토록 함).

14 대법원 2021. 11. 18. 선고 2016도348 전원합의체 판결

일환으로 이루어진 것으로 의심되고, ② 범행의 직접 증거가 스마트폰 안에 이미지 파일이나 동영상 파일의 형태로 남아 있을 개연성이 있다. 이와 같은 스마트폰 불법촬영의 경우에는 그 안에 저장되어 있는 '같은 유형의 전자정보'에서 그와 관련한 유력한 간접증거나 정황증거가 발견될 가능성이 높다는 점에서 이러한 간접증거나 정황증거는 범죄혐의사실과 구체적·개별적 연관관계를 인정할 수 있다.

이처럼 범죄의 대상이 된 피해자의 인격권을 현저히 침해하는 성격의 전자정보를 담고 있는 불법촬영물은 범죄행위로 인해 생성된 것으로서 몰수의 대상이기도 하므로, 임의제출된 휴대전화에서 해당 전자정보를 신속히 압수·수색하여 불법촬영물의 유통 가능성을 적시에 차단함으로써 피해자를 보호할 필요성이 크다.

나아가 이와 같은 경우에는 간접증거나 정황증거이면서 몰수의 대상이자 압수·수색의 대상인 전자정보의 유형이 이미지 파일 내지 동영상 파일 등으로 비교적 명확하게 특정되어 그와 무관한 사적 전자정보 전반의 압수·수색으로 이어질 가능성이 적어 상대적으로 폭넓게 관련성을 인정할 여지가 많다.

판례 임의제출 받은 전자정보 압수방법등과 불법촬영물 전자정보 관련 판결 | 대법원 2021. 11. 18. 선고 2016도348전원합의체 판결

A. 사실관계

경찰은 피해자가 임의제출한 증거(피고인 소유의 휴대전화 2대)를 압수하여 범행(2014년 범행)을 확인하는 과정에서 다른 범행(2013년 범행)을 발견하고 이를 CD에 복제하였다. 이렇게 인지한 2013년 범행에 대해 압수·수색영장을 발부받아 복제한 해당 CD를 증거로 제출하였다.

> ■ (2014년 범행) 피고인은 자기 집에서 피해자 1의 의사에 반해 성기를 촬영하였다.
> - (피해자가 피고인의 휴대전화 2대를 임의제출) 피해자 1은 피해 사실을 경찰에 신고하면서, 피고인의 집에서 가지고 나온 피고인 소유의 휴대전화 2대를 임의제출(이때에 피해자 1은 피고인이 촬영한 동영상과 사진이 저장되어 있다는 취지로 말함)
> - 경찰관은 압수·수색영장 없이 위 휴대전화 2대(삼성, 아이폰)를 압수(전자정보 전부를 제출하는 취지인지 등 제출 범위에 관한 의사를 따로 확인하지 않음)
> - (피고인 압수절차 참관 여부) 피고인은 경찰에 휴대전화 1개(아이폰)에 대한 비밀번호를 제공하고 그 파일 이미징 과정에 참여한 반면, 다른 휴대전화 1개(삼성)에 대해서는 사실상 비밀번호 제공을 거부하고, 저장된 동영상 파일의 복원·추출 과정에 참여하지 않았다.
> - ■ (2013년 범행 추가 발견) 경찰은 휴대전화(아이폰)에서 2014년 범행 확인 후, 다른 다른 휴대전화(삼성)에서 2014년 범행 증거를 추가로 찾던 중, 피해자 1 외의 다른 피해자 남성 2인이 촬영된 동영상 30개와 사진 등(2013년 범행)을 발견하고, 이를 CD에 복제하였다.
> - 경찰은 2013년 범행을 인지하고 이에 대해 압수·수색영장을 발부받아 2013년 범행 영상의 전자정보를 복제한 CD를 증거물로 압수하였다.

B. 법원 판단[15]

(a) 본 사건 전자정보(2013년 범행과 2014년 범행)의 관련성

본 사건의 "2013년 범행에 관한 동영상"은 임의제출 및 압수의 동기가 된 피고인의 2014년 범행 자체와 구체적·개별적 연관관계가 있는 전자정보로 볼 수 없다. 본건의 휴대전화에 담긴 전자정보 중 임의제출을 통해 적법하게 압수된 범위는 임의제출 및 압수의 동기가 된 "피고인의 2014년 범행 자체"와 구체적·개별적 연관관계가 있는 전자정보로 제한되기 때문이다.

2013년 범행은 2014년 범행 발생 시점 사이에 상당한 간격이 있고, 그 피해자도 다르다. 또한 범행에 이용한 휴대전화도 전혀 다르다. 피고인의 2013년 범행에 관한 동영상은 간접증거와 정황증거를 포함하는 구체적·개별적 연관관계 있는 관련 증거의 법리에 의하더라도 임의제출에 따른 압수의 동기가 된 범죄혐의 사실(2014년 범행)과 구체적·개별적 연관관계 있는 전자정보로 보기 어렵다. 따라서, 수사기관이 사전 영장 없이 전자정보(2013년 범행 동형상)를 취득한 이상 증거능력이 없고, 사후에 압수·수색영장을 받아 압수절차가 진행되었더라도 달리 볼 수 없다.

(b) 임의제출 전자정보의 압수·수색 시 피의자 참여권 보장 여부

수사기관이 피의자로부터 범죄혐의사실과 관련된 전자정보와 그렇지 않은 전자정보가 섞인 매체를 임의제출 받아 사무실 등지에서 정보를 탐색·복제·출력하는

---

15 법원 판단 주요 내용은 위의 (2) 임의제출 받은 디지털증거의 선별압수 원칙에서 설명하였고, 여기에서는 전자정보의 범죄혐의사실과의 관련성 및 피고인의 압수절차 참여권 관련하여 설명한다.

경우 피의자나 변호인에게 참여의 기회를 보장하고 압수된 전자정보가 특정된 목록을 교부해야 한다. 다만 현장의 사정이나 전자정보의 대량성과 탐색의 어려움 등의 이유로 범위를 정하여 출력 또는 복제하는 방법이 불가능하거나 압수의 목적을 달성하기에 현저히 곤란하다고 인정되는 때에 한하여 예외적으로 정보저장매체 자체나 복제본을 임의제출받아 압수할 수 있다.

그러나 참여 기회를 보장하지 않았더라도 절차 위반행위가 이루어진 과정의 성질과 내용 등에 비추어 피의자의 절차상 권리가 실질적으로 침해되지 않았다면 압수·수색이 위법하다고 볼 수 없다.

판례 임의제출 받은 휴대전화 불법촬영물 전자정보 압수 관련 판결 | 대법원 2022. 2. 17. 선고 2019도4938 판결

A. 사실관계

(a) 1~7번 범행과 8번 범행

피고인은 2017. 6. 28.부터 2017. 9. 2.까지 이 사건 휴대전화의 카메라로 성명 불상 피해자들의 신체를 그 의사에 반하여 촬영하였다(1~7번 범행). 그리고 피고인은 2017. 9. 4.에 횡단보도 앞에서 보행 신호를 기다리던 피해자의 뒤로 다가가, 이 사건 휴대전화로 다리를 몰래 촬영하였다(8번 범행).

(b) 피의자가 휴대전화 임의제출

경찰관은 8번 범행 피해자의 112 신고를 받고 출동하여 현장에서 피고인으로부터 이 사건 휴대전화를 임의제출 받아 영장 없이 압수하고, 피고인과 지구대 사무실로 임의동행하였다.

(c) 1~7번 범행 영상 발견 및 피고인의 자백진술서 작성

경찰관은 지구대에서 이 사건 휴대전화에서 8번 범행으로 촬영한 영상은 피고인이 임의제출하기 전에 삭제하여 찾지 못하였고, 이름을 알 수 없는 여러 여성의 신체를 찍은 영상을 발견하였다. 피고인은 그 자리에서 순번 8번 범행 외에도 여러 번 여성을 몰래 촬영한 사실이 있음을 자백하는 취지의 진술서를 작성하였다. 경찰관은 피의자신문을 하면서 순번 1~7번 범행으로 촬영한 영상의 출력물을 보여주었고, 피고인은 촬영한 시각과 장소를 구체적으로 진술하였다.

B. 원심의 판단

피고인이 발각된 자리에서 촬영한 순번 8번 범행의 영상만 임의로 제출했을 뿐 이 사건 휴대전화에 담긴 순번 1~7번 범행 영상까지 제출할 의사였다고 볼 수 없고,

순번 1~7번 범행은 순번 8번 범행과 관련성도 없으며, 수사기관이 이 사건 휴대전화를 탐색하면서 피고인의 참여권을 보장하지 않고 압수한 전자정보 목록을 교부하지 않았다는 등의 이유로, 순번 1~7번 범행 부분에 대하여 유죄를 선고한 제1심을 파기하고 무죄를 선고하였다.

C. 대법원의 판단

(a) 압수 대상 전자정보의 범위(범죄혐의 관련성)

피고인이 이 사건 휴대전화를 임의제출할 당시 그 안에 담긴 전자정보의 제출범위를 명확히 밝히지 않았으므로, 임의제출의 동기가 된 범죄혐의사실과 관련되고 이를 증명할 수 있는 최소한의 가치가 있는 전자정보여야 압수의 대상이 된다.

1~7번 범행에 관한 동영상은 2017. 6. 28.부터 2017. 9. 2.까지 두 달 남짓한 기간에 걸쳐 촬영된 것으로 8번 범행 일시인 2017. 9. 4.과 가깝고, 8번 범행과 마찬가지로 이 사건 휴대전화로 버스정류장, 지하철 역사, 횡단보도 앞 등 공공장소에서 촬영되었다. 위 범행들은 그 속성상 상습성이 의심되거나 성적 기호 내지 경향성의 발현에 따른 일련의 행위라고 의심할 여지가 많아, 각 범행 영상은 상호 간에 범행 동기와 경위, 수단과 방법, 시간과 장소에 관한 증거로 사용될 수 있는 관계에 있다. 순번 1~7번 범행 영상은 임의제출의 동기가 된 순번 8번 범죄혐의사실과 관련성 있는 증거이다.

(b) 피고인의 절차적 권리보장(참여권 보장 및 전자정보 압수목록 교부)

경찰관은 임의제출 받은 이 사건 휴대전화를 피고인이 있는 자리에서 살펴보고 8번 범행이 아닌 영상을 발견하였으므로, 피고인이 탐색에 참여하였다고 볼 수 있다.

또한 경찰관은 피의자신문 시 1~7번 범행 영상을 제시하였고, 피고인은 그 영상이 언제 어디에서 찍은 것인지 쉽게 알아보고 그에 관해 구체적으로 진술하였다. 비록 피고인에게 압수된 전자정보가 특정된 목록이 교부되지 않았더라도, 절차 위반 행위가 이루어진 과정의 성질과 내용 등에 비추어 절차상 권리가 실질적으로 침해되었다고 보기 어렵다.

그러므로 1~7번 범행으로 촬영한 영상의 출력물과 파일 복사본을 담은 CD는 임의제출에 의해 적법하게 압수된 전자정보에서 생성된 것으로서 증거능력이 인정된다.

A. 사실관계

경찰은 공소외 1(모텔 소유주)로부터 총 8개의 위장카메라(메모리카드 포함)를 임의제출 받았다. 피고인은 2018. 9. 22. 08:30경 ~ 10:00경 이 사건 모텔 각 호실에 총 8개의 위장형 카메라를 설치하고, 그때부터 같은 날 13:00경까지 3개 호실에서 성적 욕망을 유발할 수 있는 다른 사람의 신체를 그 의사에 반하여 촬영하였다.

B. 원심판단

원심은 총 8개의 위장형 카메라(각 메모리카드 포함) 중 3개 호실의 위장카메라 전자정보에 대해서, ① 전자정보의 임의제출 의사 불명확, ② 이 사건 각 위장형 카메라의 압수 집행 시 피고인 내지 변호인의 참여권 미보장 및 압수한 전자정보 목록 미교부 등을 이유로, 「성폭력범죄의 처벌 등에 관한 특례법」 위반(카메라등이용촬영)죄를 유죄로 선고한 제1심을 파기하고 무죄를 선고하였다.

C. 대법원 판단

위 전원합의체 판결(대법원 2022. 2. 17. 선고 2019도4938 판결)의 경우와 달리, 이 사건에서 임의제출된 각 위장형 카메라 및 그 메모리카드에 저장된 전자정보처럼 오직 불법촬영을 목적으로 방실 내 나체나 성행위 모습을 촬영할 수 있는 벽 등에 은밀히 설치되고, 촬영대상 목표물의 동작이 감지될 때에만 카메라가 작동하여 촬영이 이루어지는 등, 그 설치 목적과 장소, 방법, 기능, 작동원리상 소유자의 사생활의 비밀 기타 인격적 법익의 관점에서 그 소지·보관자의 임의제출에 따른 적법한 압수의 대상이 되는 전자정보와 구별되는 별도의 보호 가치 있는 전자정보의 혼재 가능성을 상정하기 어려운 경우에는 위 소지·보관자의 임의제출에 따른 통상의 압수절차 외에 별도의 조치가 따로 요구된다고 보기는 어렵다.

따라서 피고인 내지 변호인에게 참여의 기회를 보장하지 않고 전자정보 압수목록을 작성·교부하지 않았다는 점만으로 곧바로 증거능력을 부정할 것은 아니고, 이 사건의 각 촬영된 위장카메라 영상은 그 증거능력이 인정된다.

8. 제3자로부터 임의제출 받은 디지털증거의 디지털포렌식 절차[16]

피해자, 정보통신서비스제공자(통신사, 포털사업자 등), 공공기관 등 제3자가 피의자의 소유·관리에 속하는 정보저장매체를 영장에 의하지 않고 임의제출한 경우, 실질적 피압수자인 피의자에게 참여권을 보장하는 등 피의자의 절차적 권리를 보장하기 위한 적절한 조치가 이루어져야 한다. 즉, 특별한 사정이 없는 한 형사소송법(제219조, 제121조[17], 제129조[18])에 따라 피의자의 참여권 등 절차적 권리를 보장해 주어야 한다.

판례 제3자가 임의제출한 전자정보 압수·수색 시 피의자 참여권을 보장하지 않아 해당 압수·수색을 위법이라고 결정한 판례 | 대법원 2022. 5. 31.자 2016모587 결정

〈사실관계〉

- 수사기관이 피의자 대상으로 발부받은 압수·수색영장에 기하여 인터넷서비스업체인 甲 주식회사를 상대로 甲 회사의 본사 서버에 저장되어 있는 피의자의 전자정보인 카카오톡 대화내용 등에 대하여 압수·수색을 실시하였다.

  - 피의자는 수사기관이 압수·수색 과정에서 참여권을 보장하지 않는 등의 위법이 있다는 이유로 압수·수색의 취소를 청구하였다.

〈법원결정〉

- 피의자의 참여권 미부여 등 다음과 같은 사유를 종합적으로 고려하여 이 사건의 압수·수색은 위법하다.

  - (영장 미제시) 수사기관이 압수·수색영장을 집행할 때 처분의 상대방인 甲 회사에 영장을 팩스로 송부하였을 뿐 영장 원본을 제시하지 않은 점,

  - (혐의사실 무관한 정보 압수) 甲 회사는 영장 지정기간의 피의자의 카카오톡 대화내용을 분리할 수 없어 모든 대화내용을 수사기관에 이메일로 전달하였는데, 여기에 혐의사실과 관련 없는 내용이 포함되어 있는 점,

---

16 대법원 2022. 5. 31.자 2016모587 결정; 대법원 2021. 11. 25. 선고 2019도7342 판결,

17 형소법 제121조(영장집행과 당사자의 참여) 검사, 피고인 또는 변호인은 압수·수색영장의 집행에 참여할 수 있다.

18 형소법 제129조(압수목록의 교부) 압수한 경우에는 목록을 작성하여 소유자, 소지자, 보관자 기타 이에 준할 자에게 교부하여야 한다. (제219조는 준용 규정)

9. 원격지 디지털증거의 디지털포렌식 절차

(1) 압수·수색의 '압수할 물건' 특정 등 엄격한 기준 필요

「헌법」과 「형사소송법」이 구현하고자 하는 적법절차와 영장주의의 정신에 비추어 볼 때 법관이 압수·수색영장을 발부하면서 압수할 물건을 특정하기 위하여 기재한 문언은 엄격하게 해석해야 하고 함부로 피압수자 등에게 불리한 내용으로 확장해석 또는 유추해석을 하는 것은 허용될 수 없다(대법원 2009. 3. 12. 선고 2008도763 판결 참조).

(2) 원격지 서버 등의 의미와 그 전자정보 압수·수색 방식의 차이

압수할 전자정보가 저장된 저장매체로서 ① 압수·수색영장에 기재된 수색장소에 있는 컴퓨터, 하드디스크, 휴대전화와 같은 컴퓨터 등 정보처리장치와 ② 수색장소에 있지는 않으나 컴퓨터 등 정보처리장치와 정보통신망으로 연결된 원격지의 서버 등 저장매체(이하 '원격지 서버')는 소재지, 관리자, 저장 공간의 용량 측면에서 서로 구별된다.

원격지 서버에 저장된 전자정보를 압수·수색하기 위해서는 컴퓨터 등 정보처리장치를 이용하여 정보통신망을 통해 원격지 서버에 접속하고 그곳에 저장되어 있는 전자정보를 컴퓨터 등 정보처리장치로 내려 받거나 화면에 현출시키는 절차가 필요하므로, 컴퓨터 등 정보처리장치 자체에 저장된 전자정보와 비교하여 압수·수색의 방식에 차이가 있다. 또한 원격지 서버에 저장되어 있는 전자정보와 컴퓨터 등 정보처리장치에 저장되어 있는 전자정보는 그 내용이나 질이 다르므로 압수·수색으로 얻을 수 있는 전자정보의 범위와 그로 인한 기본권 침해 정도도 다르다.

(3) 원격지 서버 저장 전자정보의 특정의 필요성

수사기관이 압수·수색영장에 적힌 수색할 장소에 있는 컴퓨터 등 정보처리장치에 저장된 전자정보 외에 원격지 서버에 저장된 전자정보를 압수·수색하기 위해서는 압수·수색영장에 적힌 압수할 물건에 별도로 원격지 서버 저장 전자정보가 특정되어 있어야 한다. 압수·수색영장에 적힌 압수할 물건에 컴퓨터 등 정보처리장치 저장 전자정보만 기재되어 있다면 컴퓨터 등 정보처리장치를 이용하여 원격지 서버 저장 전자정보는 압수할 수 없다.

판례 원격지 서버등의 전자정보 압수 관련 판결 | 2022. 6. 30. 선고 2022도1452 판결

A. 사실관계

(a) 피고인은 **사기 혐의**로 조사를 받고 있던 중 자신의 휴대전화를 임의제출 하였다.

(b) 이 휴대전화에서 임의제출의 동기가 된 사기 범행과 구체적·개별적 연관관계가 없는 불법촬영(여성의 신체를 몰래 촬영한 것으로 판단되는) 범행에 관한 사진, 동영상을 별견하였다.

(c) 경찰은 법원으로부터 피고인의 불법촬영 혐의에 대하여 압수·수색영장을 발부받아 피고인의 참여권이 보장된 상태에서 적법하게 압수·수색절차를 진행하였다("수색할 물건"은 불법촬영 추정의 사진 등 저장매체, "수색할 장소"는 피고인의 거주자로 한 영장을 발부받음)

(d) 경찰은 수색 중 임의제출받은 휴대전화와는 별개의 휴대전화(별개 전화)를 발견하고, 이 별개 전화가 구글계정에 로그인되어 있는 상태를 이용하여 구글클라우드에서 불법촬영물을 확인한 후 선별한 파일을 다운로드 받는 방식으로 범행과 관련된 동영상 4개와 사진 3개를 압수하였다.

(e) 경찰은 위 압수물에 대한 압수조서 및 전자정보 상세목록. 별개 전화와 연동된 구글클라우드의 불법촬영물 발견 사실의 수사보고서를 작성, 한편 피해자의 "촬영 부동의" 진술 내용 보고서 등 작성하였다.

B. 원심 판단 (유죄)

(a) 별개 전화에서 압수한 증거는 임의제출받은 휴대전화에서 발견된 사진, 동영상과 다른 새롭게 수집된 증거이다.

(b) 불법촬영물로 인한 범죄행위는 피해자의 인격권을 현저히 침해하는 성격을 지니고 있고 몰수의 대상이기도 하므로 신속하게 압수·수색하여 불법촬영물의 유통 가능성을 적시에 차단함으로써 피해자를 보호할 필요성이 크다.

(c) 따라서, 위 (e) 증거는 위법수집증거 배제법칙의 예외 법리가 적용되어 증거능력이 인정된다. (이 부분 공소사실을 유죄로 판단하였다.)

C. 대법원 판단 (무죄)

(a) 이 사건 압수·수색영장에 적힌 '압수할 물건'은 피고인의 주거지에 있는 컴퓨터 하드디스크 및 외부저장매체에 저장된 전자정보에 한정된다. 그럼에도 경찰은 별개 전화가 구글계정에 로그인되어 있는 상태를 이용하여 원격지 서버에 해당하는 구글클라우드에 접속하여 구글클라우드에서 발견한 불법촬영물을 압수하였다. 결국 경찰의 압수는 이 사건 압수·수색영장에서 허용한 압수의 범위를 넘어선 것으로 **적법절차 및 영장주의의 원칙에 반하여 위법**하다.

(b) 따라서 이 사건 압수·수색영장으로 수집한 불법촬영물은 **증거능력이 없는 위법수집증거에 해당하고**, 이 사건 압수·수색영장의 집행 경위를 밝힌 압수조서 등이나 위법수집증거를 제시하여 수집된 관련자들의 진술 등도 위법수집증거에 기한 2차적 증거에 해당하여 **증거능력이 없다.** [불법촬영물 관련 「성폭력범죄의 처벌 등에 관한 특례법」위반(카메라등이용촬영·반포등) 부분을 유죄로 인정한 원심판단을 파기]

판례 대법원 2017. 11. 29. 선고 2017도9747 판결

※ 이 판결은 위 판례(2022도1452판결)의 판결 내용과 상반되는데, 영장이 피의자의 이메일계정 접근권한을 부여한다고 판단하여 이를 통한 원격지 전자정보 탐색을 인정한 것으로 보인다.

• 영장 기재 사항의 '압수할 물건'에 별도로 원격지 서버 저장 전자정보가 특정되지 않았지만, 압수한 이메일 계정으로 원격지 서버에 접속하여 이메일 관련 전자정보를 압수·수색한 것을 적법하다고 한 판례

- 수사기관이 압수·수색영장에 따라 피의자와 변호인에게 영장을 제시하여 참여의 기회를 부여하고, 압수·수색영장에 기재된 수색장소인 한국인터넷진흥원에 설치된 인터넷용 컴퓨터에서 한국인터넷진흥원 소속 직원인 전문가와 일반인 포렌식 전문

가가 참여·입회한 가운데 외국계 이메일 홈페이지 로그인 입력창에 사전에 적법하게
취득한 아이디와 비밀번호를 입력하여 피의자가 이용하는 외국계 이메일 계정에 접
속한 후 위 컴퓨터 화면에 현출된 이메일 본문 및 첨부문서 중 범죄 혐의사실과 관련
된 부분만을 출력하거나 캡처, 저장하는 등의 방법으로 선별 압수·수색한 것이 적법하
다고 한 사례

- **(법원 판단)** 압수·수색할 전자정보가 압수·수색영장에 기재된 수색장소에 있는 컴퓨
  터 등 정보처리장치 내에 있지 아니하고 그 정보처리장치와 정보통신망으로 연결되
  어 제3자가 관리하는 원격지의 서버 등 저장매체에 저장되어 있는 경우에도,

  - 수사기관이 피의자의 이메일 계정에 대한 접근권한에 갈음하여 발부받은 영장에
    따라 영장 기재 수색장소에 있는 컴퓨터 등 정보처리장치를 이용하여 적법하게 취
    득한 피의자의 이메일 계정 아이디와 비밀번호를 입력하는 등 피의자가 접근하는
    통상적인 방법에 따라 그 원격지의 저장매체에 접속하고 그곳에 저장되어 있는 피
    의자의 이메일 관련 전자정보를 수색장소의 정보처리장치로 내려 받거나 그 화면
    에 현출시키는 것 역시 피의자의 소유에 속하거나 소지하는 전자정보를 대상으로
    이루어지는 것이므로 그 전자정보에 대한 압수·수색을 위와 달리 볼 필요가 없다.

  - 비록 수사기관이 위와 같이 원격지의 저장매체에 접속하여 그 저장된 전자정보를
    수색장소의 정보처리장치로 내려 받거나 그 화면에 현출시킨다 하더라도, 이는 인
    터넷서비스제공자가 허용한 피의자의 전자정보에 대한 접근 및 처분권한과 일반적
    접속 절차에 기초한 것으로서, 특별한 사정이 없는 한 인터넷서비스제공자의 의사
    에 반하는 것이라고 단정할 수 없다.

제7장

위치정보 및 통신정보 수사절차

I. 위치정보 수사절차

1. 수사대상 위치정보와 개인정보의 관계

수사대상인 위치정보는 원칙적으로 개인정보에 해당하기 때문에 「형사소송법」, 「통신비밀보호법」, 「위치정보법」 등 개별법에서 개인정보의 처리를 허용하는 경우 이외에는 「개인정보보호법」의 개인정보 보호원칙을 준수하여야 한다.[1]

2. 위치정보 추적수사의 제한

위치정보 추적자료는 정보주체인 전기통신가입자가 이동전화 등을 사용하는 때에 필연적으로 생성되는 것으로, 정보주체가 특정한 시간에 존재하거나 존재하였던 장소에 관한 정보를 제공한다. 이러한 정보는 개인의 사적 생활의 비밀과 자유에 관한 것이 될 수 있으므로, 수사기관에 제공될 경우 정보주체에 대한 통신의 자유 및 개인정보자기결정권의 침해로 연결될 수 있다.

수사기관은 위치정보 추적자료의 분석을 통하여 특정 시간대 정보주체의 위치 및 이동상황에 대한 정보를 취득할 수 있고 정보주체의 예상경로 및 이동목적지 등을 유추하는 것도 가능하다. 특히 실시간 위치정보 추적자료는 정보주체의 현재 위치와 이동상황을 제공한다는 점에서, 비록 내용적 정보가 아니지만 충분한 보호가 필요한 민감한 정보에 해당할 수 있다.

특히 실무상 기지국 수사[2]는 살인, 유괴·납치, 아동 및 여성에 대한 성폭력범죄 등 강력범죄 등에서 피의자를 특정할 수 없는 연쇄범죄가 발생하였거나 피의자를 특정할 수 없는 동일 사건의 단서가 여러 지역에서 시차를 두고

---

[1] 검사, 검찰공무원 및 특별사법경찰관리 등이 「형사소송법」 등 법령에 따른 사무를 수행하기 위하여 필요한 경우 민감정보, 고유식별정보, 주민등록번호 등 개인정보를 처리할 수 있도록 근거를 마련하기 위해 「검찰 및 특별사법경찰관리 등의 개인정보 처리에 관한 규정」(제정 2017. 3. 30.)을 별도로 두고 있다.

[2] 기지국 수사란 문서 1건을 통하여 특정한 피의자의 번호에 대한 통신사실 확인자료를 요청하는 것이 아니라, 피의자를 특정하지 못한 사건이나, 초동수사를 빠르게 수행하기 위하여 범죄 장소와 관련한 관할 기지국을 이용하여 착·발신한 전화번호, 착·발신 시간, 통화시간, 수·발신 번호 등의 통신사실 확인자료 제공을 요청하여 불특정 다수인의 통신사실 확인자료를 제공받은 행위를 말한다.

발견된 경우에 사용하고 있다. 이처럼 특정 시간대 특정 기지국에서 착·발신된 모든 전화번호를 대상으로 착·발신 시간, 통화시간, 착·발신 번호, 통화 횟수 등 통신사실 확인자료를 수집하는 특성 때문에 1개의 허가서 당 수천여 개의 전화번호 수가 집계되며, 기지국 단위로 제공받은 전화번호 중 수사에 의미 있는 1-2개 전화번호만을 추출하여 활용하고 있다. 즉, 기지국 수사는 범죄가 발생한 주변 지역에서, 특정 시간대에 통화했다는 것을 근거로 수사기관에 불특정 다수의 사생활이 노출될 수 있고, 수사의 대상이 된다는 점에서 문제가 되고 있다.

이와 같이 위치정보 추적수사는 개인의 내밀한 사생활과 밀접한 관련이 있기 때문에, 필연적으로 헌법상 보장된 사생활의 자유 및 통신의 자유라는 국민의 기본권을 제한하게 된다. 통신사실확인자료 제공요청은 법원의 허가를 받으면 해당 가입자의 동의나 승낙을 얻지 아니하고도 제3자인 전기통신사업자에게 해당 가입자에 관한 통신사실확인자료의 제공을 요청할 수 있도록 하는 수사방법이므로 「통신비밀보호법」이 정하는 강제처분에 해당한다.[3] 즉 강제처분인 통신사실확인자료 수집 등은 수사기관으로 하여금 국민의 기본권 보호를 위해 더욱 엄격히 적법절차 원칙을 준수해야 한다는 의무를 지운다.

3. 위치정보 추적수사와 관련 법률

위치정보와 관련한 현행 법률은 「통신비밀보호법」, 「형사소송법」, 「위치정보법」등이 있다. ① 휴대폰 등 전기통신기기를 사용한 통신사실확인자료를 통해 위치정보를 얻는 경우에는 「통신비밀보호법」이 적용되고, ② GPS 위치정보의 경우에는 「위치정보법」[4]이 적용된다. 그리고 이외 수사 방법의 일환으로 GPS 추적기를 부착한 경우에는 「형사소송법」이 적용될 수 있다.

---

3 헌법재판소 2018. 6. 28. 선고 2012헌마538 전원재판부 결정.

4 위치정보와 관련해서는 제2부 4장 Ⅲ. 「위치정보법」의 개인위치정보 침해 범죄 부분 참조.

(1) 「통신비밀보호법」과 위치정보(통신사실확인자료)[5]

「통신비밀보호법」은 '통신사실확인자료' 정의 규정(제2조 제11호)에 위치정보를 포함시키고 있다. 이 중 바목의 발신기지국의 위치추적자료(휴대전화 단말기 위치정보)와 사목의 인터넷 접속기록 등 로그기록자료가 위치정보에 해당한다.

제2조(정의) 이 법에서 사용하는 용어의 정의는 다음과 같다.

11. "통신사실확인자료"라 함은 다음 각목의 어느 하나에 해당하는 전기통신사실에 관한 자료를 말한다.

가. 가입자의 전기통신일시

나. 전기통신개시·종료시간

다. 발·착신 통신번호 등 상대방의 가입자번호

라. 사용도수

마. 컴퓨터통신 또는 인터넷의 사용자가 전기통신역무를 이용한 사실에 관한 컴퓨터통신 또는 인터넷의 로그기록자료

바. 정보통신망에 접속된 정보통신기기의 위치를 확인할 수 있는 발신기지국의 위치추적자료

사. 컴퓨터통신 또는 인터넷의 사용자가 정보통신망에 접속하기 위하여 사용하는 정보통신기기의 위치를 확인할 수 있는 접속지의 추적자료

(2) 「형사소송법」과 위치정보

위치정보가 「형사소송법」 제106조 압수와 제109조 수색 조항을 근거로 압수·수색영장의 대상에 해당될 경우 검사가 법원에 영장을 신청하고 이에 대하여 법원이 영장 발부여부를 판단한다. 그러나 위치정보를 수집하는 행위가 압수·수색 검증의 대상이 될 수 있는지에 대한 법원의 판단 및 입법이 명확하지 않아 제한적으로 이루어지고 있다.

---

5   통신사실확인자료의 수사절차에 대해서는 이하 Ⅱ. 「통신비밀보호법」의 위치정보 수사절차에서 자세히 서술한다.

GPS 발신기를 부착하여 이를 이용하여 압수·수색을 함에 있어서는 「통신비밀법」 또는 「위치정보법」에 규정이 없기 때문에 「형사소송법」의 압수 및 수색 규정에 의하여 이루어진다.

한편 「형사소송법」에서 주목할 개인정보보호 조항이 있는데 법원과 수사기관은 압수한 전자정보에 대해서는 그 정보의 주체에게 그 압수 사실을 지체 없이 알려야 한다(형사소송법 제106조 제4항[6]). 이 규정은 전자정보에 포함된 개인정보를 보호할 필요성이 강조되면서 형사소송 절차에도 도입된 것이다.

「형사소송법」

제106조(압수)

③ 법원은 압수의 목적물이 컴퓨터용디스크, 그 밖에 이와 비슷한 정보저장매체(이하 이 항에서 **"정보저장매체등"이라 한다**)인 경우에는 기억된 정보의 범위를 정하여 출력하거나 복제하여 제출받아야 한다. 다만, 범위를 정하여 출력 또는 복제하는 방법이 불가능하거나 압수의 목적을 달성하기에 현저히 곤란하다고 인정되는 때에는 정보저장매체등을 압수할 수 있다.

④ 법원은 제3항에 따라 정보를 제공받은 경우 「개인정보 보호법」 제2조제3호에 따른 정보주체에게 해당 사실을 지체 없이 알려야 한다.

한편 압수된 전자정보 중 통신사실확인자료, 통신이용자정보에 대한 통지의무는 각 「통신비밀보호법」과 「전기통신사업법」 규정에 따른다.[7]

(3) 「위치정보법」과 위치정보

「위치정보법」은 기본적으로 경찰관서의 긴급구조와 관련한 규정(「위치정보법」 제15조제1항 제2호)만을 두고 있어서 일반적인 위치정보 추적수사의 근거 법률로 적용하기 어렵다. 이 법은 긴급구조 상황에 한하여 경찰이 영장 청구 없이 위치정보사업자에게 개인위치정보를 요청할 수 있는 규정은 두고 있으

---

6 이 조항은 수사기관에 대하여도 준용된다(「형사소송법」 제219조).

7 「통신비밀보호법」과 「전기통신사업법」에 따른 통지의무는 이하의 각 해당 부분에서 자세하게 서술한다.

나 위치정보 추적 관련 조항은 없기 때문이다.

제15조(위치정보의 수집 등의 금지) ① 누구든지 개인위치정보주체의 동의를 받지 아니하고 해당 개인위치정보를 수집·이용 또는 제공하여서는 아니 된다. 다만, 다음 각 호의 어느 하나에 해당하는 경우에는 그러하지 아니한다.

1. 제29조제1항에 따른 긴급구조기관의 긴급구조요청 또는 같은 조 제7항에 따른 경보발송요청이 있는 경우
2. 제29조제2항에 따른 경찰관서의 요청이 있는 경우
3. 다른 법률에 특별한 규정이 있는 경우

제29조(긴급구조를 위한 개인위치정보의 이용)

② 「국가경찰과 자치경찰의 조직 및 운영에 관한 법률」에 따른 경찰청·시·도경찰청·경찰서(이하 "경찰관서"라 한다)는 위치정보사업자에게 다음 각 호의 어느 하나에 해당하는 개인위치정보의 제공을 요청할 수 있다. 다만, 제1호에 따라 경찰관서가 다른 사람의 생명·신체를 보호하기 위하여 구조를 요청한 자(이하 "목격자"라 한다)의 개인위치정보를 제공받으려면 목격자의 동의를 받아야 한다.

1. 생명·신체를 위협하는 급박한 위험으로부터 자신 또는 다른 사람 등 구조가 필요한 사람(이하 "구조받을 사람"이라 한다)을 보호하기 위하여 구조를 요청한 경우 구조를 요청한 자의 개인위치정보
2. 구조받을 사람이 다른 사람에게 구조를 요청한 경우 구조받을 사람의 개인위치정보
3. 「실종아동등의 보호 및 지원에 관한 법률」 제2조제2호에 따른 실종아동등(이하 "실종아동등"이라 한다)의 생명·신체를 보호하기 위하여 같은 법 제2조제3호에 따른 보호자(이하 "보호자"라 한다)가 실종아동등에 대한 긴급구조를 요청한 경우 실종아동등의 개인위치정보

II. 「통신비밀보호법」의 위치정보 수사절차

1. 위치정보 관련 규정 개요

(1) 통신사실확인자료(위치정보) 관련 규정 개정 경과

2001. 12. 29. 개정된 「통신비밀보호법」은 제13조에 통신사실확인자료 제공요청의 법적 근거와 절차를 마련하여 범죄수사를 위한 통신사실확인자료는 검사 또는 사법경찰관이 관할 지방검찰청 검사장의 사전승인을 얻어 전기통신사업자에게 요청할 수 있는 것으로 규정하였다.

이와 같이 「통신비밀보호법」이 개정된 다음에 범죄수사를 위한 수사기관의 통신사실확인자료 제공요청이 급증하자 이와 관련된 수사기관의 권한남용의 우려가 커지게 되었다. 이에 다시 2005. 5. 26. 개정된 「통신비밀보호법」은 검사 또는 사법경찰관이 범죄수사를 위한 통신사실확인자료의 제공을 요청할 경우 관할 지방법원 또는 지원의 허가를 받도록 하는 한편(요청조항 및 허가조항), 통신사실확인자료를 제공받은 사건에 관하여 공소제기 등의 처분을 한 경우 정보주체인 전기통신가입자에게 이를 통지하도록 규정하였다(통지조항).

위 규정은 2018. 6월에 헌법재판소의 위헌결정[8]에 의해 다시 개정되었다. 헌법재판소는 「통신비밀보호법」의 요청조항, 통지조항에 대해 위헌 결정을 내렸고 그 결정의 요지는 다음과 같다.

> **헌법재판소 「통신비밀보호법」 제13조 등 위헌결정 요지**
> 〈요청조항〉 - 위헌
> • 요청조항은 '수사를 위하여 필요한 경우'만을 요건으로 하면서 전기통신사업자에게 특정한 피의자·피내사자뿐만 아니라 관련자들에 대한 위치정보 추적자료의 제공요청도 가능하도록 규정하고 있다.

---

8 헌법재판소 2018. 6. 28. 선고 2012헌마191, 550(병합), 2014헌마357(병합) 전원재판부 결정 [「통신비밀보호법」 제2조 제11호 바목 등 위헌확인, 「통신비밀보호법」 제2조 제11호 등 위헌확인].

- 즉 이 사건 요청조항은 수사기관이 범인의 발견이나 범죄사실의 입증에 기여할 개연성만 있다면 모든 범죄에 대하여 수사의 필요성만 있고 보충성[9]이 없는 경우에도

- 피의자·피내사자뿐만 아니라 관련자들에 대한 위치정보 추적자료 제공요청도 가능하도록 하고 있다.

• 따라서 이 사건 요청조항은 입법목적 달성을 위해 필요한 범위를 벗어나 광범위하게 수사기관의 위치정보 추적자료 제공요청을 허용함으로써 정보주체의 기본권을 과도하게 제한하고 있다. (수사필요성이라는 공익도 중요하지만, 이 규정은 정보주체의 개인정보자기결정을 과도하게 침해한다.)

〈허가조항〉- 합헌

• 영장주의의 본질이 수사기관의 강제처분은 인적·물적 독립을 보장받는 중립적인 법관의 구체적 판단을 거쳐야만 한다는 점에 비추어 보더라도, 수사기관이 위치정보 추적자료의 제공을 요청한 경우 법원의 허가를 받도록 하고 있는 이 사건 허가조항은 영장주의에 위배된다고 할 수 없다.

〈통지조항〉- 위헌

• 수사의 밀행성 확보가 필요하다 하더라도, 수사기관의 권한남용을 방지하고 정보주체의 기본권을 보호하기 위해서는 정보주체에게 위치정보 추적자료 제공과 관련하여 적절한 고지와 실질적인 의견진술의 기회가 부여되어야 한다.

• 이 사건 통지조항은 수사기관이 전기통신사업자로부터 위치정보 추적자료를 제공받은 사실에 대해 그 제공과 관련된 사건에 대하여 수사가 계속 진행되거나 기소중지결정이 있는 경우에는 정보주체에게 통지할 의무를 규정하지 않고 있다.

- 이에 따라 통신사실 확인자료를 제공받은 사건에 관하여 기소중지결정이 있거나 수사·내사가 장기간 계속되는 경우에는 정보주체는 그 기간이 아무리 길다 하여도 자신의 위치정보가 범죄수사에 활용되었거나 활용되고 있다는 사실을 알 수 있는 방법이 없다.

• 이 사건 통지조항이 규정하는 사후통지는 헌법 제12조에 의한 적법절차원칙에서 요청되는 적절한 고지라고 볼 수 없으므로, 적법절차원칙에 위배되어 청구인들의 개인정보자기결정권을 침해하므로 헌법에 위반된다.

---

9 여기서 보충성이라 함은 검사나 사법경찰관이 다른 방법으로는 범죄실행을 저지하기 어렵거나 범인의 발견·확보 또는 증거의 수집·보전이 어렵다는 등의 보충적인 요건(보충성 요건)을 말한다. 예를 들면 수사과정에서 강제수사 이외의 다른 대체수단이 있다면 그 대체수단(보충성)을 이용하여야 함을 의미한다.

(2) '실시간 추적정보' 관련 규정

통신사실확인자료 중 실시간 추적정보 관련 규정은 위의 헌법재판소 결정들을 수용 및 개정되었고, 현행 규정은 다음과 같다(〈표 15〉 참조).

〈표 15〉 신·구법의 통신사실확인자료 규정 비교

통신비밀보호법(2005. 5. 26)	현행 통신비밀보호법(시행 2022. 12. 31)
제13조 제1항 〈요청조항〉 ▪ 수사기관은 수사를 위해 필요한 경우 통신사실확인자료 요청 가능	**제13조 제1항 〈요청조항〉** ▪ 수사기관은 수사를 위해 필요한 경우 통신사실확인자료 요청 가능
	(제13조 제2항) - 신설 ▪ 다음 통신사실확인자료는 다른 방법으로는 범죄의 실행을 저지하기 어렵거나, 범인의 발견·확보 또는 증거의 수집·보전이 어려운 경우에만 요청 가능 1. 제2조 제11호 바목·사목 중 실시간 추적자료 2. 특정한 기지국에 대한 통신사실확인자료
제13조 제2항 〈허가조항〉 ▪ 검사의 신청으로 법원의 허가	**제13조 제3항 〈허가조항〉** ▪ 검사의 신청으로 법원의 허가

<table>
<tr><td>

제13조의3 제1항 〈통지조항〉
- 공소제기, 공소제기 또는 입건 불처분(기소중지 결정 시 제외)
- 처분날로부터 30일 이내 통신사실확인자료 받은 사실 서면 통지

</td><td>

제13조의3 제1항 〈통지조항〉
- 통신사실 확인자료제공의 대상이 된 당사자에게 서면으로 통지
- 공소제기, 공소제기 또는 검찰송치 불처분(30일 이내), 기소중지, 수사진행 중(1년 이내) 등[10]

</td></tr>
</table>

2. 실시간 위치정보 수사절차

「통신비밀보호법」의 통신사실확인자료 요청조항 및 통지조항에 따르면, 위치정보 추적수사 절차는 다음과 같이 요약할 수 있다.

① 검사 또는 사법경찰관은 수사에 필요한 경우 전기통신사업자에게 통신사실 확인자료를 제공요청할 수 있다(「통신비밀보호법」 제13조 제1항).

「통신비밀보호법」

제13조(범죄수사를 위한 통신사실 확인자료제공의 절차) ①검사 또는 사법경찰관은 수사 또는 형의 집행을 위하여 필요한 경우 전기통신사업법에 의한 전기통신사업자(이하 "전기통신사업자"라 한다)에게 통신사실 확인자료의 열람이나 제출(이하 "통신사실 확인자료제공"이라 한다)을 요청할 수 있다.

② 실시간 추적자료나 특정한 기지국에 대한 통신사실확인자료를 요청하는 경우에는 다른 통신사실확인자료의 경우와 달리, 보충성 요건(ⓐ 수사에 필요하고 다른 방법으로는 범죄의 실행을 저지하기 어렵거나 ⓑ 범인의 발

---

10 1. 공소를 제기하거나, 공소제기·검찰송치를 하지 아니하는 처분(기소중지·참고인중지 또는 수사중지 결정은 제외한다) 또는 입건을 하지 아니하는 처분을 한 경우: 그 처분을 한 날부터 30일 이내. (단서 생략)

2. 기소중지·참고인중지 또는 수사중지 결정을 한 경우: 그 결정을 한 날부터 1년(제6조제8항 각 호의 어느 하나에 해당하는 범죄인 경우에는 3년)이 경과한 때부터 30일 이내. (단서 생략)

3. 수사가 진행 중인 경우: 통신사실 확인자료제공을 받은 날부터 1년(제6조제8항 각 호의 어느 하나에 해당하는 범죄인 경우에는 3년)이 경과한 때부터 30일 이내

견·확보 또는 증거의 수집·보전이 어려운 경우)을 갖춘 경우에만 요청할 수 있다(통신비밀보호법 제13조 제2항 제1호, 제2호).

제13조(범죄수사를 위한 통신사실 확인자료제공의 절차)
② 검사 또는 사법경찰관은 제1항에도 불구하고 수사를 위하여 통신사실확인자료 중 다음 각 호의 어느 하나에 해당하는 자료가 필요한 경우에는 다른 방법으로는 범죄의 실행을 저지하기 어렵거나 범인의 발견·확보 또는 증거의 수집·보전이 어려운 경우에만 전기통신사업자에게 해당 자료의 열람이나 제출을 요청할 수 있다. 다만, 제5조제1항 각 호의 어느 하나에 해당하는 범죄 또는 전기통신을 수단으로 하는 범죄에 대한 통신사실확인자료가 필요한 경우에는 제1항에 따라 열람이나 제출을 요청할 수 있다.
1. 제2조제11호바목·사목 중 실시간 추적자료
2. 특정한 기지국에 대한 통신사실확인자료

③ 수사기관이 통신사실 확인자료제공을 요청하는 경우에는 요청사유, 해당 가입자와의 연관성 및 필요한 자료의 범위를 기록한 서면으로 관할 지방법원 또는 지원의 허가를 받아야 한다(「통신비밀보호법」 제13조 제3항).[11] 법원은 청구가 이유 있다고 인정하는 경우에는 각 피의자별 또는 각 피내사자별로 통신사실확인자료 제공을 허가하는 허가서를 청구인에게 발부한다(「통신비밀보호법」 제6조 제5항 준용).

④ 검사 또는 사법경찰관은 제13조에 따라 통신사실 확인자료제공을 받은 사건에 관하여 공소제기, 공소제기 또는 검찰송치 불송치 결정, 기소중지 등 처분행위의 내용에 따라 30일 또는 1년 이내 등 정한 기간 내에 통신사실 확인자료제공을 받은 사실과 제공요청기관 및 그 기간 등을 통신사실 확인자료제공의 대상이 된 당사자에게 서면으로 통지하여야 한다(「통신비밀보호법」

---

[11] 여기서 한가지 확인할 사항은, 송·수신이 완료된 전기통신 자료에 대해서는 「형사소송법」의 압수·수색 조항(형소법 제106조)에 따라 법관이 서명날인하여 발부한 영장이 필요하다는 것이다.

제13조의3 제1항)(〈표 15〉 참조). 다만 국가안보, 피해자 생명위협 등 정당한 경우에는 통지의무의 예외가 허용된다.

3. 취득한 위치정보의 사용 제한

「통신비밀보호법」은 통신제한조치의 집행으로 인하여 취득된 전기통신의 내용은 통신제한조치의 목적이 된 범죄나 이와 관련되는 범죄를 수사·소추하거나 그 범죄를 예방하기 위한 경우 등 외에는 사용할 수 없다고 규정하고(제12조), 이 규정은 통신사실확인자료 요청에 의한 자료의 사용에도 준용된다(제13조의5).

「통신비밀보호법」

제12조(통신제한조치로 취득한 자료의 사용제한) 제9조의 규정에 의한 통신제한조치의 집행으로 인하여 취득된 우편물 또는 그 내용과 전기통신의 내용은 다음 각호의 경우외에는 사용할 수 없다.

  1. 통신제한조치의 목적이 된 제5조제1항에 규정된 범죄나 이와 관련되는 범죄를 수사·소추하거나 그 범죄를 예방하기 위하여 사용하는 경우

  2. 제1호의 범죄로 인한 징계절차에 사용하는 경우

  3. 통신의 당사자가 제기하는 손해배상소송에서 사용하는 경우

  4. 기타 다른 법률의 규정에 의하여 사용하는 경우

이와 같이 「통신비밀보호법」이 통신사실확인자료의 사용 범위를 제한하고 있는 것은 특정한 혐의사실을 전제로 제공된 통신사실확인자료가 별건의 범죄사실을 수사하거나 소추하는 데 이용되는 것을 방지함으로써 통신의 비밀과 자유에 대한 제한을 최소화하는 데 입법 취지가 있다.

따라서 위 조항에 따라 통신사실확인자료 요청에 의하여 취득한 위치정보 등을 통신사실확인자료를 범죄의 수사·소추를 위하여 사용하는 경우 대상범죄는 통신사실확인자료 제공요청의 목적이 된 범죄 및 이와 관련된 범죄에 한정되어야 한다. 여기서 통신사실확인자료 제공요청의 목적이 된 범죄와 관

련된 범죄란 통신사실확인자료 제공요청 허가서에 기재한 혐의사실[12]과 객관적 관련성이 있고 자료제공 요청대상자와 피의자 사이에 인적 관련성이 있는 범죄를 의미한다. 혐의사실과의 객관적 관련성은 통신사실 확인자료제공 요청 허가서에 기재된 혐의사실 자체 또는 그와 기본적 사실관계가 동일한 범행과 직접 관련되어 있는 경우는 물론 범행 동기와 경위, 범행 수단 및 방법, 범행 시간과 장소 등을 증명하기 위한 간접증거나 정황증거 등으로 사용될 수 있는 경우에도 인정될 수 있다.

따라서 그 관련성은 통신사실 확인자료제공요청 허가서에 기재된 혐의사실의 내용과 수사의 대상 및 수사 경위 등을 종합하여 구체적·개별적 연관관계가 있는 경우에만 인정되고 혐의사실과 단순히 동종 또는 유사 범행이라는 사유만으로 관련성이 있는 것은 아니다.[13]

4. 참고 판례

판례 검사가 제출한 피고인 1과 제3자와의 통화내역(사기혐의)이 피고인 2의 범죄(뇌물수수)와 관련성이 인정된다고 판결한 사례 | 대법원 2017. 1. 25. 선고 2016도13489 판결

A. 사실 관계

- 피고인 1이 건설현장 식당운영권 알선 브로커로 활동하면서 전국 여러 지역의 건설현장 식당운영권 수주와 관련하여 공무원이나 공사관계자에게 금품을 제공한 혐의를 받고 있다. 피고인 2는 뇌물수수 당사자이다.
- 피고인 1과 피고인 2가 이 사건 공소사실 기재 일시 무렵 통화한 내역이 포함되어 있고, 검사는 위 통화내역을 피고인들에 대한 이 사건 뇌물공여 및 뇌물수수의 점에 대한 유죄의 증거로 제출하였다.

---

12 「통신비밀보호법」 제6조 제4항: 제1항 및 제2항의 통신제한조치청구는 필요한 통신제한조치의 종류·그 목적·대상·범위·기간·집행장소·방법 및 당해 통신제한조치가 제5조 제1항의 허가요건을 충족하는 사유 등의 청구이유를 기재한 서면(이하 "請求書"라 한다)으로 하여야 하며, 청구이유에 대한 소명자료를 첨부하여야 한다.

 13 대법원 2017. 1. 25. 선고 2016도13489 판결.

- (피고인 2 주장) 수사기관이 피고인 1과 제3자의 사기혐의에 기하여 받은 통신사실확인자료 허가를 받아 제공받은 통화내역을 증거로 제출하였고,
  - 별도로 피고인 1과 피고인 2 사이의 금품수수 혐의에 기하여 통신사실확인자료 제공허가를 받지 않는 이상 위 통화내역자료는 위법하게 수집한 증거로서 증거능력이 없다고 주장하였다.

B. 법원 판단

- 위 통신사실확인자료에는 피고인 1과 피고인 2가 이 사건 공소사실 기재 일시 무렵 통화한 내역이 포함되어 있고, 검사는 위 통화내역을 피고인들에 대한 이 사건 뇌물공여 및 뇌물수수의 점에 대한 유죄의 증거로 제출하고 있는 사실을 알 수 있다.
- 이 사건 공소사실은 건설현장 식당운영권 수주와 관련한 피고인 1의 일련의 범죄 혐의와 범행 경위와 수법 등이 공통되고, 이 사건에서 증거로 제출된 통신사실확인자료는 그 범행과 관련된 뇌물수수 등 범죄에 대한 포괄적인 수사를 하는 과정에서 취득한 점 등을 종합하여 보면, 이 사건 공소사실과 이 사건 통신사실 확인자료제공요청 허가서에 기재된 혐의사실은 객관적 관련성이 인정된다고 할 것이고, 또한 그 허가서에 대상자로 기재된 피고인 1은 이 사건 피고인 2의 뇌물수수 범행의 증뢰자로서 필요적 공범에 해당하는 이상 인적 관련성도 있다고 할 것이다.

III. 통신제한조치와 통신정보 수사절차

1. 통신의 자유의 중요성

통신의 자유(통신의 비밀의 불가침)라 함은 개인이 그 의사나 정보를 우편물이나 전기통신 등의 수단에 의하여 전달 또는 교환하는 경우에 그 내용 등이 본인의 의사에 반하여 공개되지 아니할 자유를 말한다. 「헌법」 제18조는 "모든 국민은 통신의 비밀을 침해받지 아니한다."라고 규정하여 통신의 비밀보호를 그 핵심내용으로 하는 통신의 자유를 기본권으로 보장하고 있다.

「헌법」은 제17조에서 사생활의 비밀과 자유를 보장하고 있지만 그럼에도 불구하고 사생활의 비밀과 자유에 포섭될 수 있는 통신의 자유를 「헌법」이 별개의 조항을 통해 기본권으로 보장하는 이유는 우편이나 전기통신의 운영이 전통적으로 국가독점에서 출발하였기 때문에 개인 간의 의사소통을 전제로 하는 통신은 국가에 의한 침해가능성이 여타의 사적 영역보다 크기 때문이다.[14]

> **「헌법」**
>
> **제17조**
> 모든 국민은 사생활의 비밀과 자유를 침해받지 아니한다.
> **제18조**
> 모든 국민은 통신의 비밀을 침해받지 아니한다.

2. 통신의 개념 및 정의

「헌법」 제18조에서 그 비밀을 보호하는 통신의 일반적인 속성으로는 당사자간의 동의, 비공개성, 당사자의 특정성 등을 들 수 있는바, 이를 염두에 둘 때 위 헌법조항이 규정하고 있는 통신의 의미는 비공개를 전제로 하는 쌍

  14 헌법재판소 2001. 3. 21. 2000헌바25 전원재판부

방향적인 의사소통이라고 할 수 있다.[15] 「통신비밀보호법」은 통신을 다음과 같이 정의한다.

「통신비밀보호법」

제2조(정의)

이 법에서 사용하는 용어의 정의는 다음과 같다.

1. "통신"이라 함은 우편물 및 전기통신을 말한다.
2. "우편물"이라 함은 우편법에 의한 통상우편물과 소포우편물을 말한다.
3. "전기통신"이라 함은 전화·전자우편·회원제정보서비스·모사전송·무선호출 등과 같이 유선·무선·광선 및 기타의 전자적 방식에 의하여 모든 종류의 음향·문언·부호 또는 영상을 송신하거나 수신하는 것을 말한다.

여기서 통신이란 의사소통의 한 방식으로서 직접적인 대화가 아닌 도구를 이용한 의사소통을 지칭한다고 할 수 있다. 통신에서의 도구의 유형은 가리지 않기 때문에 편지나 엽서, 전신, 전화, 팩스, 인터넷, SNS 등 통신의 매체는 매우 다양할 수 있다. 앞으로도 계속해서 우리가 예상하지 못했던 새로운 통신수단이 나타나겠지만 새로운 형태의 비공개적인 쌍방향적 의사소통 및 의사전달의 비밀은 여전히 통신의 비밀보장의 대상으로 남아 있게 된다.

3. 통신제한조치와 불(不)감청수사 원칙

(1) 통신제한조치의 개념

통신제한조치란 우편물의 검열 또는 전기통신의 감청을 말한다(「통신비밀보호법」 제3조 제2항). 여기에서 감청이라 함은 전기통신에 대하여 당사자의 동의없이 전자장치·기계장치등을 사용하여 통신의 음향·문언·부호·영상을 청취·공독하여 그 내용을 지득 또는 채록하거나 전기통신의 송·수신을 방해하는 것을 말한다(제2조 제7호).

---

(2) 불감청수사의 원칙

　원칙적으로 통신제한조치를 통해 이루어지는 감청수사는 헌법상 무죄추정의 원칙과 통신의 비밀보호에 비추어 인정되지 않는다. 다만 국가안전보장, 범죄수사를 위해 예외적으로 인정되는 수사방법이다.

「통신비밀보호법」

제3조(통신 및 대화비밀의 보호) ① 누구든지 이 법과 형사소송법 또는 군사법원법의 규정에 의하지 아니하고는 우편물의 검열·전기통신의 감청 또는 통신사실확인자료의 제공을 하거나 공개되지 아니한 타인간의 대화를 녹음 또는 청취[16]하지 못한다.

② 우편물의 검열 또는 전기통신의 감청(이하 "통신제한조치"라 한다)은 범죄수사 또는 국가안전보장을 위하여 보충적인 수단으로 이용되어야 하며, 국민의 통신비밀에 대한 침해가 최소한에 그치도록 노력하여야 한다.

　전기통신의 감청은 강제수사의 법적 성질을 가지며 여타 국가권력의 행사에 비해 헌법상 기본권을 심각하게 제약하는 중대한 침해에 해당할 여지가 크기 때문에 다른 수단이 없을 때 보충적으로 꼭 필요한 경우에만 제한적으로 사용하여야 한다. 따라서 수사기관은 「통신비밀보호법」에 따라 정해진 절차에 의해서만 감청 등 대상자의 통신정보를 수집할 수 있다(「통신비밀보호법」 제3조 제2항).

　헌법재판소는 불감청수사원칙을 다음과 같이 설명하고 있다. "통신제한조치 기간은 헌법상 무죄추정의 원칙과 통신의 비밀보호에 비추어 인정되는 불감청수사원칙의 예외로 설정된 기간이고, 이 기간을 연장하는 것은 예외에 대하여 다시금 특례를 설정하여 주는 것이 되므로 최소한에 그쳐야 한다. 그 최소한의 연장기간 동안 범죄혐의를 입증할 증거를 수집하지 못하였다면 범죄혐의가 없는 것으로 보거나 범죄혐의가 있어도 그 입증수단이 과도한

16　여기서 '청취'는 타인간의 대화가 이루어지고 있는 상황에서 실시간으로 그 대화의 내용을 엿듣는 행위를 의미하고, 대화가 이미 종료된 상태에서 그 대화의 녹음물을 재생하여 듣는 행위는 '청취'에 포함되지 않는다.

것으로 보아 통신제한조치를 중단하여야 한다."[17]

4. 통신제한조치의 대상

통신제한조치의 조치대상은 우편물, 전기통신, 비공개 대화이다. 여기서 그 대상은 우편이나 통신 자체가 아니라 통신의 내용임을 의미한다. 그리고 여기서 유의할 것은 전기통신의 감청은 전기통신이 이루어지고 있는 상황에서 실시간으로 그 전기통신의 내용을 지득·채록하는 경우 등을 의미하는 것이지 이미 수신이 완료된 전기통신에 관하여 남아 있는 기록이나 내용을 열어보는 등의 행위는 포함하지 않는다.[18] 즉 감청은 실시간 통신 대화를 그 대상으로 하고 이미 종료된 녹취된 대화나 서버에 저장된 문자메시지 등은 감청의 대상이 되지 않는다.[19]

5. 통신제한조치 절차

「통신비밀보호법」에서 허용하는 통신제한조치는 범죄 수사를 위한 통신제한조치(제5조, 제6조), 국가안보를 위한 통신제한조치(제7조)와 긴급통신제한조치(법 제8조)가 있다. 제5조와 제6조는 범죄수사를 위한 통신제한조치와 허가절차를 규정하고, 제7조는 국가안전보장과 대테러 방지를 위한 통신제한조치, 제8조는 국가안보를 위협하는 음모행위, 직접적인 사망이나 심각한 상해의 위험을 야기할 수 있는 범죄 또는 조직범죄등 중대한 범죄의 계획이나 실행 등 긴박한 상황 등에서의 통신제한조치를 규정하고 있다. 이하에서는 범죄수사를 위한 통신제한조치에 관한 사항을 중심으로 서술하기로 한다.

---

17 헌법재판소 2010. 12. 28. 선고 2009헌가30 전원재판부.

18 대법원 2016. 10. 13. 선고 2016도8137 판결.

19 법원은 "A 회사의 수신완료된 대화 정보의 제공은 동시성 또는 현재성 요건을 충족하지 못해 통신비밀보호법이 정한 감청이라고 볼 수 없으므로 이 사건 통신제한조치 허가서에 기재된 방식을 따르지 않은 것으로서 위법하다고 할 것이다. 따라서 이 사건 카카오톡 대화내용은 적법절차의 실질적 내용을 침해하는 것으로 위법하게 수집된 증거라 할 것이므로 유죄 인정의 증거로 삼을 수 없다"고 판결하였다(대법원 2016. 10. 13. 선고 2016도8137 판결). 법원은 이 증거를 채택하지 않았지만 피고인에 대해 다른 증거에 의해 국가보안법 유죄의 판결을 하였다.

(1) 통신제한조치 허가 요건

통신제한조치는 보충성 요건을 전제로 수사가 허용된다. 즉 ① 제5조 제1항 각 호에서 정한 범죄[20]를 계획 또는 실행하고 있거나 실행하였다고 의심할만한 충분한 이유가 있고, 동시에 ② 통신제한조치 외에 다른 방법으로 증거수집이 어려운 경우에 한해서 허가된다.

「통신비밀보호법」

제5조(범죄수사를 위한 통신제한조치의 허가요건) ① 통신제한조치는 다음 각호의 범죄를 계획 또는 실행하고 있거나 실행하였다고 **의심할만한 충분한 이유가 있고** 다른 방법으로는 그 범죄의 실행을 저지하거나 범인의 체포 또는 증거의 수집이 어려운 경우에 한하여 허가할 수 있다.

1. ~ 12. (통신제한조치 대상 범죄)

이 규정에서 범죄를 실행하였다고 의심할 만한 충분한 이유는 범죄혐의의 상당성을 의미한다고 볼 수 있다. 즉 통신제한조치는 가장 기본적 권리인 통신의 자유를 침해하는 강제수사 방법의 하나이므로, 객관적 혐의의 존재가 요구된다. 즉 무죄의 추정을 깨뜨릴 수 있을 정도의 유죄판결에 대한 고도의 개연성 내지 충분한 범죄혐의가 있어야 한다고 해석하여야 한다. 예컨대 「형사소송법」은 체포·구속영장 발부의 전제조건으로 '죄를 범하였다고 의심할 만한 상당한 이유'라고 법문에 명시하고 있다. 「통신비밀보호법」 제5조 제1항은 '의심할 만한 충분한 이유'라고 명시하고 있다. 이 두 법의 규정을 서로 다르게 해석할 이유가 없을 것이고 또한 통신제한조치가 통신의 자유를 직접적으로 침해하는 강제수사임은 명확하므로 체포·구속영장에 준하

---

20 「통신비밀보호법」은 통신제한조치를 요청할 수 있는 범죄로 형법상 내란, 외환, 범죄단체 조직, 폭발물, 방화죄, 살인죄 등과 「군형법」, 「국가보안법」, 마약류관리에 관한 법률상 마약 수입, 제조, 매매 등 중대한 범죄로 한정하고 있다. 일반 범죄까지 통신제한조치를 허용한다면 그만큼 통신의 자유의 침해 위험이 크기 때문이다. 실무적으로는 「국가보안법」 위반 혐의를 대상으로 하는 통신제한조치 요청의 비율이 가장 많다.

는 기준과 유사하게 해석함이 타당할 것이다.[21]

(2) 통신제한조치 허가 절차

가. 검사 및 사법경찰관의 허가 신청

검사는 위 제5조 제1항의 요건이 구비된 경우에는 법원(에 대하여 각 피의자별 또는 각 피내사자별로 통신제한조치를 허가하여 줄 것을 청구할 수 있다(제6조 제1항). 사법경찰관은 제5조 제1항의 요건이 구비된 경우에는 검사에 대하여 각 피의자별 또는 각 피내사자별로 통신제한조치에 대한 허가를 신청하고 검사는 법원에 대하여 그 허가를 청구할 수 있다(제6조 제2항).

나. 청구서의 기재 내용

통신제한조치청구는 필요한 통신제한조치의 종류·그 목적·대상·범위·기간·집행장소·방법 및 당해 통신제한조치가 제5조 제1항의 허가요건을 충족하는 사유 등의 청구이유를 기재한 서면(이하 '請求書'라 한다)으로 하여야 한다. 더불어 청구이유에 대한 소명자료를 첨부하여야 한다.

다. 법원의 허가

법원은 청구가 이유 있다고 인정하는 경우에는 각 피의자별 또는 각 피내사자별로 통신제한조치를 허가하고, 이를 증명하는 서류(이하 '허가서'라 한다)를 청구인에게 발부한다. 이 허가서에는 통신제한조치의 종류·그 목적·대상·범위·기간 및 집행장소와 방법을 특정하여 기재하여야 한다.

---

[21] 이와 달리 반대 견해도 있다. 감청조치가 체포·구속의 경우와 같이 신체의 자유에 대한 침해는 아니므로 '의심할 만한 상당한 이유'보다 완화한 것으로 해석하는 것이 타당하다는 견해도 있는데, "형사소송법 압수·수색(제215조 제1항)에서 피의자가 죄를 범하였다고 의심할 만한 정황이 있고 해당 사건과 관계가 있다고 인정할 수 있는 것에 한정하여 압수·수색영장을 청구할 수 있다고 규정하고 있는 것과 유사한 기준을 적용할 수 있다고 보인다"고 하였다(한웅재, 김일환, 「통신제한조치에 대한 비교법적 고찰 – 독일법과의 비교를 중심으로」, 『법과 정책』 제27집 제2호, 제주대학교 법과정책연구원, 2021. 8.).

라. 통신제한조치의 집행

수사기관은 허가서에 기재된 허가의 내용과 범위 및 집행방법 등을 준수하여 통신제한조치를 집행하여야 한다. 이때 수사기관은 통신기관 등에 통신제한조치허가서의 사본을 교부하고 집행을 위탁할 수 있으나(「통신비밀보호법」 제9조 제1항, 제2항) 그 경우에도 집행의 위탁을 받은 통신기관 등은 수사기관이 직접 집행할 경우와 마찬가지로 허가서에 기재된 집행방법 등을 준수하여야 한다.[22]

마. 통신제한조치 연장 기간의 제한

통신제한조치의 기간은 2개월을 초과하지 못한다. 다만 통신제한조치의 허가요건이 존속하는 경우에는 2개월의 범위에서 그 연장을 청구할 수 있다. 연장 청구의 경우에 총 연장기간은 1년을 초과할 수 없다(제5조 제7항 및 제8항). 제8항 각호의 내란죄, 외환죄, 반란죄, 국가보안법 위반죄 등은 총 연장기간이 3년을 초과할 수 없다.

이 규정은 인권보장을 위한 의미있는 규정으로 평가받는다. 이 규정은 헌

---

 22 대법원 2016. 10. 13. 선고 2016도8137 판결.

법재판소의 "통신제한조치기간을 연장함에 있어 법운용자의 남용을 막을
수 있는 최소한의 한계를 설정하지 않은 이 사건 법률조항은 침해의 최소성
원칙에 위반한다"는 결정에 의해 개정된 규정이다. 헌법재판소는 통신제한
조치가 내려진 피의자나 피내사자는 자신이 감청을 당하고 있다는 사실을
모르는 기본권제한의 특성상 방어권을 행사하기 어려운 상태에 있으므로 통
신제한조치기간의 연장을 허가함에 있어 총연장기간 또는 총연장횟수의 제
한이 없을 경우 수사와 전혀 관계없는 개인의 내밀한 사생활의 비밀이 침해
당할 우려도 심히 크기 때문에 기본권 제한의 법익균형성 요건도 갖추지 못
하였다고 그 이유를 설명하였다.[23]

「통신비밀보호법」

제5조(범죄수사를 위한 통신제한조치의 허가요건)

⑦ 통신제한조치의 기간은 2개월을 초과하지 못하고, 그 기간 중 통신제한조치의
목적이 달성되었을 경우에는 즉시 종료하여야 한다. 다만, 제5조제1항의 허가
요건이 존속하는 경우에는 소명자료를 첨부하여 제1항 또는 제2항에 따라 2개
월의 범위에서 통신제한조치기간의 연장을 청구할 수 있다.

⑧ 검사 또는 사법경찰관이 제7항 단서에 따라 통신제한조치의 연장을 청구하는
경우에 통신제한조치의 총 연장기간은 1년을 초과할 수 없다. 다만, 다음 각 호
의 어느 하나에 해당하는 범죄의 경우에는 통신제한조치의 총 연장기간이 3년
을 초과할 수 없다.

1. ~ 5. (생략)

6. 취득한 통신정보의 사용 제한

통신제한조치의 집행으로 인하여 취득된 전기통신의 내용은 통신제한조
치의 목적이 된 범죄나 이와 관련되는 범죄를 수사·소추하거나 그 범죄를 예

---

[23] 헌법재판소는 개정 전 「통신비밀보호법」 규정이 통신제한조치의 총연장기간이나 총
연장횟수를 제한하지 않고 계속해서 통신제한조치가 연장될 수 있도록 규정하고 있
어서 통신의 비밀이 과도하게 제한되었다는 헌법불합치 결정을 하였다(헌법재판소
2010. 12. 28. 선고 2009헌가30 전원재판부).

방하기 위한 경우 등 외에는 사용할 수 없다(제12조). 이는 앞에서 서술한 통신사실확인자료의 사용 제한의 내용과 같다.

7. 불법감청으로 취득한 통신정보의 증거능력

불법감청에 의해 지득 또는 채록된 전기통신의 내용은 법원에서 증거로 사용할 수 없다(「통신비밀보호법」 제4조). 「통신비밀보호법」 제14조 제1항은 "누구든지 공개되지 아니한 타인간의 대화를 녹음하거나 전자장치 또는 기계적 수단을 이용하여 청취할 수 없다"고 규정하고, 제2항에서 제1항 규정(공개되지 아니한 타인간의 대화 녹음 등 금지조항)은 제4조 규정을 적용한다고 규정하고 있다. 즉 제14조 제1항을 위반한 녹음에 의하여 취득한 대화의 내용은 재판 또는 징계절차에서 증거로 사용할 수 없다는 취지로 규정하고 있다.

제4조(불법검열에 의한 우편물의 내용과 불법감청에 의한 전기통신내용의 증거사용 금지) 제3조의 규정에 위반하여, 불법검열에 의하여 취득한 우편물이나 그 내용 및 불법감청에 의하여 지득 또는 채록된 전기통신의 내용은 재판 또는 징계절차에서 증거로 사용할 수 없다.

제14조(타인의 대화비밀 침해금지) ①누구든지 공개되지 아니한 타인간의 대화를 녹음하거나 전자장치 또는 기계적 수단을 이용하여 청취할 수 없다.

② 제4조 내지 제8조, 제9조제1항 전단 및 제3항, 제9조의2, 제11조제1항·제3항·제4항 및 제12조의 규정은 제1항의 규정에 의한 녹음 또는 청취에 관하여 이를 적용한다.

(1) 관련 판례

판례 수사기관이 제3자에게 통화하게 하여 다른 일방의 동의 없이 녹음된 내용을 제출한 증거에 대해 증거능력을 부정한 사례 | 대법원 2010. 10. 14. 선고 2010도9016 판결

A. 사실 관계

- 공소외인은 다른 마약사범에 대한 수사에 협조해 오던 중 필로폰을 투약한 혐의 등으로 구속되었는데, 피고인의 이 사건 공소사실에 관한 증거를 확보할 목적으로 검찰로부터 자신의 압수된 휴대전화를 제공받아 구속수감 상황 등을 숨긴 채 피고인과 통화하고 그 내용을 녹음한 다음 그 휴대전화를 검찰에 제출하였다.
  - 수사기관의 보고서에 첨부된 녹취록에는 피고인이 이전에 공소외인에게 준 필로폰의 품질에는 아무런 문제가 없다는 피고인의 통화 내용이 포함되어 있는 사실을 알 수 있다.

B. 법원 판단

- 이와 같이 수사기관이 구속수감된 자로 하여금 피고인의 범행에 관한 통화 내용을 녹음하게 한 행위는 수사기관 스스로가 주체가 되어 구속수감된 자의 동의만을 받고 상대방인 피고인의 동의가 없는 상태에서 그들의 통화 내용을 녹음한 것으로서 범죄수사를 위한 통신제한조치의 허가 등을 받지 아니한 불법감청에 해당한다고 보아야 할 것이므로,
  - 그 녹음 자체는 물론이고 이를 근거로 작성된 이 사건 수사보고의 기재 내용과 첨부 녹취록 및 첨부 mp3파일도 모두 피고인과 변호인의 증거동의에 상관없이 증거능력이 없다고 할 것이다.

8. 패킷감청 수사절차

(1) 패킷감청 개념

인터넷회선 감청, 소위 '패킷감청'은 인터넷 회선을 통해 송·수신되는 전기통신을 감청하는 것이다. 즉 감청은 전기통신에 대하여 그 내용을 지득 또는 채록 등 행위를 말하는데, 패킷감청은 전기통신 감청행위 중에서 인터넷 회선을 통해 송·수신되는 전기통신의 내용을 지득 또는 채록하는 감청 행위를 말한다.

패킷감청은 인터넷을 통하여 패킷(Packet) 단위로 쪼개져서 전송 중인 데이터를 중간에서 가로채는 것으로서, 이렇게 가로채 복사한 패킷을 재조합하여 데이터를 지득하는 행위를 말한다. 패킷의 구조는 크게 헤더(Header)와 데이터 영역 두 부분으로 나눌 수 있다. 헤더는 편지봉투에 해당하는 부분으로 출발지와 목적지가 기재되어 있다. 이를 조사하면 IP 주소, 발신지, 목적지, 패킷의 종류 등 기본적인 인터넷 네트워킹 정보를 파악할 수 있다. 데이터 영역은 편지봉투 속에 들어있는 내용물로, 메시지 자체의 내용과 함께 해당 패킷과 관련하여 어떤 프로그램(Application)을 사용하였는가에 관한 정보가 있다.[24]

(2) 패킷감청 방법과 절차

감청집행 기관인 국가정보원이 헌법재판소에 보낸 답변에 의하면 패킷감청의 방법과 절차는 다음과 같다.[25]

① 법원으로부터 특정 피의자 내지 피내사자가 사용하는 인터넷회선에 대해 감청 허가를 얻으면, 수사기관은 전기통신사업자인 인터넷통신업체에 감청 집행을 위한 협조를 구한다.

② 협조 요청을 받은 인터넷통신업체는 허가 대상인 인터넷회선에 고정 인터넷프로토콜(Internet Protocol, 이하 'IP'라 한다)을 부여하고 해당 인터넷회선을 통하여 흐르는 패킷을 중간에 확보하기 위해 패킷의 수집·복제를 위

---

24 김현귀, 「패킷감청에 대한 위헌심사 – 헌재 2018. 8. 30. 2016헌마263 결정을 중심으로」, 『헌법학연구』, 제25권 제2호(2019. 6),

 25 헌법재판소 2018. 8. 30. 선고 2016헌마263 전원재판부 결정.

한 장비 내지 국가정보원이 자체 개발한 인터넷회선 감청장비를 연결·설치하는 데 협조한다.

③ 이들 장비를 통해 해당 인터넷회선을 통과하는 모든 패킷이 중간에 수집·복제되어 국가정보원 서버로 즉시 전송·저장된다.

④ 이와 같이 수집·저장된 패킷들은 국가정보원이 자체 개발한 처리서버 프로그램을 통해 재조합 과정을 거쳐 열람 가능한 형태로 전환된다.

⑤ 이 과정에서 패킷의 정보의 내용이 담긴 데이터 영역까지 보는 기술(Deep Packet Inspection, 'DPI'라고 한다)이 활용되고, 국가정보원의 수사관이 서버에 접속하여 저장된 파일을 열어 그 내용을 열람·확인하면서 범죄관련성 및 보존 필요성 여부를 판단한다.

(3) 패킷감청의 적법성 논란

위와 같은 인터넷회선감청(이하 패킷감청)은 인터넷 회선 자체의 패킷을 전부 수집하여 그 회선을 사용하는 불특정 다수의 광범위한 통신내용을 수집·저장하는 방식의 수사기법으로 그 적법성에 논란이 있어 왔다. 대법원은 패킷감청의 적법성을 인정했지만 후에 헌법재판소는 패킷감청에 대해 헌법불합치 결정을 내렸고 이에 따라 「통신비밀보호법」에 패킷감청 관련 규정을 신설하게 되었다.

대법원은 2012년 판결에서 "인터넷 통신망을 통한 송·수신은 같은 법 제2조 제3호에서 정한 전기통신에 해당하므로 인터넷 통신망을 통하여 흐르는 전기신호 형태의 패킷(Packet)을 중간에 확보하여 그 내용을 지득하는 이른바 '패킷 감청'도 같은 법 제5조 제1항에서 정한 요건을 갖추는 경우 다른 특별한 사정이 없는 한 허용된다고 할 것이고, 이는 패킷 감청의 특성상 수사목적과 무관한 통신내용이나 제3자의 통신내용도 감청될 우려가 있다는 것만으로 달리 볼 것이 아니다"라고 판결하여 그 적법성을 인정하였다.[26] 대법원 판결의 요지는 패킷감청의 경우 다소 포괄적 집행이 이루어질 우려가 없는 것은 아니나 은밀하고 밀행적인 범죄수사를 위해 현실적인 필요성이 인정되고 패킷감청의 경우 제3자의 통신내용이나 수사목적과 무관한 통신내

---

26 대법원 2012. 10. 11. 선고 2012도7455 판결.

용도 감청될 우려가 있으나 이는 정도의 차이만 있을 뿐 전화나 팩스에 대한 감청에서도 같은 문제가 발생할 수 있어 위와 같은 이유만으로 패킷감청자체가 위법하다고 단정할 수 없다는 것이었다.

그러나 헌법재판소는 패킷감청(인터넷회선 감청)을 헌법에 위반된다고 결정하였다. 즉, ① 패킷감청을 통한 정보 수집은 그 양이 매우 방대하다(수사기관이 실제 감청 집행을 하는 단계에서는 해당 인터넷회선을 통하여 흐르는 불특정 다수인의 모든 정보가 패킷 형태로 수집되어 일단 수사기관에 그대로 전송되므로, 다른 통신제한조치에 비하여 감청 집행을 통해 수사기관이 취득하는 자료가 비교할 수 없을 정도로 매우 방대하다). ② 수사기관이 패킷감청 집행으로 취득하는 막대한 양의 자료의 처리 절차에 대해서 아무런 규정을 두고 있지 않다. ③ 패킷감청이 특정 범죄수사를 위한 최후의 보충적 수단이 아니라 애당초 법원으로부터 허가받은 범위를 넘어 특정인의 동향 파악이나 정보수집을 위한 목적으로 수사기관에 의해 남용될 가능성도 배제하기 어렵다는 것이다.

헌법재판소의 결정요지는 수사기관의 패킷감청 오남용에 대한 객관적이고 사후적인 통제절차가 없어 통신의 자유(기본권)의 침해 위험에도 불구하고 이를 통제할 절차가 마련되어 있지 않아 위헌이라는 것이다.[27] 이에 따라 아래와 같이 「통신비밀보호법」은 패킷감청 집행으로 취득한 자료 보관에 대한 법원의 승인 등 절차 신설 등의 개정이 이루어졌다. 결론적으로 패킷감청은 전기통신감청으로 허용되었지만 보관 등에 대한 법인 승인 등 절차를 거치게 되었다.

(4) 패킷감청 후 자료 보관 등에 대한 법원의 승인절차

수사기관이 인터넷 회선(패킷감청)을 통하여 송신·수신하는 전기통신에 대한 통신제한조치로 취득한 자료를 집행 종료 후 범죄수사나 소추 등에 사용하거나 사용을 위하여 보관하고자 하는 때에는, 보관 등이 필요한 전기통신을 선별하여 집행종료일로부터 14일 이내에 검사가 법원에 신청(사법경찰관은 검사에게 신청)하여 보관 등의 승인을 받아야 한다. 또한 승인 청구

   27 헌법재판소 2018. 8. 30. 선고 2016헌마263 전원재판부 결정

를 하지 아니한 자료는 청구기각 통지서를 받은 날로부터 7일 이내에 폐기하여야 한다.

「통신비밀보호법」

제12조의2(범죄수사를 위하여 인터넷 회선에 대한 통신제한조치로 취득한 자료의 관리) ① 검사는 인터넷 회선을 통하여 송신·수신하는 전기통신을 대상으로 제6조 또는 제8조(제5조제1항의 요건에 해당하는 사람에 대한 긴급통신제한조치에 한정한다)에 따른 통신제한조치를 집행한 경우 그 전기통신을 제12조제1호에 따라 사용하거나 사용을 위하여 보관(이하 이 조에서 "보관등"이라 한다)하고자 하는 때에는 집행종료일부터 14일 이내에 보관등이 필요한 전기통신을 선별하여 통신제한조치를 허가한 법원에 보관등의 승인을 청구하여야 한다.

② 사법경찰관은 인터넷 회선을 통하여 송신·수신하는 전기통신을 대상으로 제6조 또는 제8조(제5조제1항의 요건에 해당하는 사람에 대한 긴급통신제한조치에 한정한다)에 따른 통신제한조치를 집행한 경우 그 전기통신의 보관등을 하고자 하는 때에는 집행종료일부터 14일 이내에 보관등이 필요한 전기통신을 선별하여 검사에게 보관등의 승인을 신청하고, 검사는 신청일부터 7일 이내에 통신제한조치를 허가한 법원에 그 승인을 청구할 수 있다.

③ 제1항 및 제2항에 따른 승인청구는 통신제한조치의 집행 경위, 취득한 결과의 요지, 보관등이 필요한 이유를 기재한 서면으로 하여야 하며, 다음 각 호의 서류를 첨부하여야 한다.

1. 청구이유에 대한 소명자료

2. 보관등이 필요한 전기통신의 목록

3. 보관등이 필요한 전기통신. 다만, 일정 용량의 파일 단위로 분할하는 등 적절한 방법으로 정보저장매체에 저장·봉인하여 제출하여야 한다.

⑤ 검사 또는 사법경찰관은 제1항에 따른 청구나 제2항에 따른 신청을 하지 아니하는 경우에는 집행종료일부터 14일(검사가 사법경찰관의 신청을 기각한 경우에는 그 날부터 7일) 이내에 통신제한조치로 취득한 전기통신을 폐기하여야 하고, 법원에 승인청구를 한 경우(취득한 전기통신의 일부에 대해서만 청구한 경우를 포함한다)에는 제4항에 따라 법원으로부터 승인서를 발부받거나 청구기각의 통지를 받은 날부터 7일 이내에 승인을 받지 못한 전기통신을 폐기하여야 한다.

9. 송·수신 완료된 전기통신 수사 절차

이미 수신이 완료된 전기통신에 관하여 남아 있는 기록이나 내용을 열어 보는 등의 행위는 실시간 전기통신 내용이 아니므로 동시성 또는 현재성 요건을 충족하지 못하여 「통신비밀보호법」의 전기통신 감청에 해당하지 않는다.[28] 따라서 송·수신 완료된 전기통신 내용은 통신제한조치 허가절차가 아닌 압수절차에 의한다. 즉 송·수신 완료된 전기통신 내용은 압수대상으로서 「형사소송법」에 따른 압수·수색영장에 의하여야 한다(제106조[29], 제114조, 제215조, 제219조).

그런데 송·수신이 완료된 전기통신에 대하여 압수·수색을 집행한 경우에는 「통신비밀보호법」에 따라 수사 대상이 된 가입자에게 30일 이내에 압수·수색을 집행한 사실을 서면으로 통치하여야 한다(「통신비밀보호법」 제9조의 3).[30]

---

28 대법원 2016. 10. 13. 선고 2016도8137 판결. 이 사건에서 수사기관은 통신제한조치 허가서를 가지고 카카오톡으로부터 이미 송·수신 완료된 카카오톡 대화 내용을 제공받았다. 이에 대해 법원은 "통신제한조치허가서에 기재된 방식을 따르지 않은 것으로서 적법절차에 위배된다. 따라서 이를 통한 증거는 그 증거능력이 없다"고 판결하였다.

29 법원의 압수·수색 절차는 수사기관의 압수·수색 절차에 준용된다.

30 검사는 해당 사건에 관하여 공소를 제기하거나 공소의 제기 또는 입건을 하지 아니하는 처분(기소중지결정, 참고인중지결정은 제외)을 한 날로부터 30일 이내에, 사법경찰관은 검사로부터 앞의 처분의 통보를 받거나 검찰송치를 하지 아니하는 처분(수사중지결정은 제외)을 한 날로부터 30일 이내에 통지하여야 한다.

10. 전기통신 감청허가와 전자정보 압수·수색 영장의 비교

「통신비밀보호법」의 전기통신 감청 대상의 자료(통신정보)도 결국 전자정보의 하나이다. 그러나 일반 전자정보의 압수·수색 절차는 「형사소송법」의 절차를 적용하게 되어 그 수사절차는 상이하다.

〈표 16〉 통신제한조치(감청) 허가서와 전자정보 압수·수색 영장의 비교

구분	통신제한조치 허가서	전자정보 압수·수색 영장
적용 법률	▪ 통신비밀보호법	▪ 형사소송법
영장 유무	▪ 통신제한조치 허가서	▪ 압수·수색 영장
기재 사항	통신제한조치의 종류·그 목적·대상·범위·기간 및 집행장소와 방법(제6조 제6항)	피고인의 성명, 죄명, 압수할 물건, 수색할 장소, 신체, 물건, 발부년월일, 유효기간 등(제114조)
대상	▪ 전기통신 내용(전자정보) - 대상이 된 전기통신 가입자의 전기통신(각 허가서의 피의자 또는 피내사자와 불특정 다수의 대상과의 전기통신)(제9조의2) ※ 대상자가 혐의자가 아닌 제3자인 경우에는 다른 제3자와의 전기통신까지 대상에 포함	정보저장매체에 저장된 전자정보 - 피고사건과 관계가 있는 정보(형소법 제106조, 제109조) - 피고인이 아닌 자에 대한 압수·수색은 압수할 물건이 있다고 인정할 수 있는 경우로 한정(형소법 제109조 제2항)
사용 범위	▪ 통신제한조치의 목적이 된 범죄나 이와 관련한 범죄 수사·소추 목적	▪ 영장 기재 내의 범죄 수사 목적(형소법 제106조)
집행 방법	▪ 허가서 내 기간에 한정(총 연장기간은 1년 내) ▪ 주로 실시간으로 일정 기간 동안 특정 회선의 송·수신 감청 - 송·수신하는 특정한 또는 일정한 기간에 걸쳐 송·수신하는 우편물이나 전기통신(제5조 제2항)	▪ 영장 기간 내 1회 한정 ▪ 수사 대상 정보저장매체가 있는 장소에서 범죄 관련 정보를 선별하여 출력 또는 복제(형소법 제106조 단서, 제114조)
사전 또는 사후 통지	▪ 통신제한조치 종료 후 사후통지(제9조의2) - 처분 날부터 30일 이내 - 집행 사실, 집행기관 및 그 기간	▪ 사전고지 및 당사자의 참여권 보장(형소법 제121조, 제122조)

IV. 「전기통신사업법」의 통신이용자정보 수사절차

1. 통신이용자정보의 제공요청 절차

　통신이용자정보는 전기통신역무를 제공받기 위하여 전기통신사업자와 전기통신역무의 이용에 관한 계약을 체결한 자(이용자)의 성명, 주민등록번호, 전화번호 등 정보를 말한다(「전기통신사업법」 제83조 제3항). 통신이용자정보는 수사기관에서 범죄수사를 위해 전기통신사업자에게 전화, 인터넷 등을 이용한 범칙사건(법을 위반하였고 인정되는 사건)의 수사를 위해 요구하는데 이용되고 있다. 수사기관이 범죄수사를 위해 통신이용자정보가 필요한 경우에는 정보제공요청서(요청사유, 이용자와의 연관성, 정보의 범위 등을 기재한 서면)를 전기통신사업자에게 제출하여 요청한다. 「전기통신사업법」은 "사기관이 요청하면 그 요청에 따를 수 있다"고 규정하고 있어서 전기통신사업자에게 통신이용자정보를 제공할 의무를 강제하는 것은 아니기 때문에 수사기관의 정보제공요청은 강제력이 개입되지 아니한 임의수사에 해당하므로 법관이 발부한 영장이 필요한 것은 아니다.

「전기통신사업법」

제83조(통신비밀의 보호)

③ 전기통신사업자는 법원, 검사 또는 수사관서의 장(군 수사기관의 장, 국세청장 및 지방국세청장을 포함한다. 이하 같다), 정보수사기관의 장이 재판, 수사(「조세범 처벌법」 제10조제1항·제3항·제4항의 범죄 중 전화, 인터넷 등을 이용한 범칙사건의 조사를 포함한다), 형의 집행 또는 국가안전보장에 대한 위해를 방지하기 위한 정보수집을 위하여 다음 각 호의 자료(이하 "통신이용자정보"라 한다)의 열람 또는 제출(이하 "통신이용자정보 제공"이라 한다)을 요청하면 그 요청에 따를 수 있다. 〈개정 2023. 12. 29.〉

1. 이용자의 성명
2. 이용자의 주민등록번호
3. 이용자의 주소
4. 이용자의 전화번호

5. 이용자의 아이디(컴퓨터시스템이나 통신망의 정당한 이용자임을 알아보기 위
   한 이용자 식별부호를 말한다)
6. 이용자의 가입일 또는 해지일
④ 제3항에 따른 통신이용자정보 제공 요청은 요청사유, 해당 이용자와의 연관성,
   필요한 통신이용자정보의 범위를 기재한 서면(이하 "정보제공요청서"라 한다)
   으로 하여야 한다. 다만, 서면으로 요청할 수 없는 긴급한 사유가 있을 때에는
   서면에 의하지 아니하는 방법으로 요청할 수 있으며, 그 사유가 없어지면 지체
   없이 전기통신사업자에게 정보제공요청서를 제출하여야 한다.
⑤ ~ ⑨ (생략)

2. 통신이용자정보 제공요청 시 통지의무

수사기관이 통신이용자정보를 제공받은 경우에는 그 정보제공의 대상이
된 당사자에게 서면 또는 문자적 방법으로 제공받은 날로부터 30일 이내에
통지하여야 한다. 통지하여야 할 내용은 ① 통신이용자정보 조회의 주요 내
용 및 사용 목적, ② 통신이용자정보 제공을 받은 자, 그리고 ③ 통신이용자정
보 제공을 받은 날짜 등이다(「전기통신사업법」 제83조의2 제1항). 한편 국가안전보
장, 사법절차 방해 등 사유가 있는 경우에는 통지를 유예할 수 있다(제83조의2
제2항). 유예기간이 종료되면 그 종료일로부터 30일 이내에 위 통지사항을 통
지하여야 한다(제83조의2 제1항).

이 통지의무규정은 수사기관에게 통신이용자정보를 제공받았다는 사실을
대상 이용자에게 통지할 의무를 부과하는 사후절차를 규정함으로써 해당 이
용자의 기본권(개인정보자기결정권)을 보호하기 위한 장치이다.[31]

---

31 헌법재판소, 2022. 7. 21. 선고, 2016헌마388등 전원재판부 결정 참조.

제83조의2(통신이용자정보 제공을 받은 사실의 통지) ① 제83조제3항에 따라 통신이용자정보 제공을 받은 검사, 수사관서의 장, 정보수사기관의 장(이하 "수사기관등"이라 한다)은 그 통신이용자정보 제공을 받은 날(제2항에 따라 통지를 유예한 경우에는 제3항에 따른 통지유예기간이 끝난 날을 말한다)부터 30일 이내에 다음 각 호의 사항을 통신이용자정보 제공의 대상이 된 당사자에게 서면 또는 문자메시지, 메신저 등 전자적 방법으로 통지하여야 한다.

  1. 통신이용자정보 조회의 주요 내용 및 사용 목적

  2. 통신이용자정보 제공을 받은 자

  3. 통신이용자정보 제공을 받은 날짜

② 수사기관등은 제1항에도 불구하고 다음 각 호의 어느 하나에 해당하는 사유가 있는 경우에는 통지를 유예할 수 있다.

  1. 국가 및 공공의 안전보장을 위태롭게 할 우려가 있는 경우

  2. 피해자 또는 그 밖의 사건관계인의 생명이나 신체의 안전을 위협할 우려가 있는 경우

  3. 증거인멸, 도주, 증인 위협 등 공정한 사법절차의 진행을 방해할 우려가 있는 경우

  4. 피의자, 피해자 또는 그 밖의 사건관계인의 명예나 사생활을 침해할 우려가 있는 경우

  5. 질문·조사 등의 행정절차의 진행을 방해하거나 과도하게 지연시킬 우려가 있는 경우

한편 수사기관등은 통신이용자정보를 제공받은 사실에 대해 그 대상자에게 통지하는 업무를 한국정보통신진흥협회로 하여금 대행하게 할 수 있다.

제83조의3(통신이용자정보 제공을 받은 사실 통지업무의 대행) ① 수사기관등은 다음 각 호의 업무를 한국정보통신진흥협회에 대행하게 할 수 있다.

  1. 제83조의2제1항에 따른 통신이용자정보 제공을 받은 사실의 통지업무

  2. 제83조의2제5항에 따른 확인 요청 및 이에 대한 회신자료 접수 업무

3. 제83조의2제6항에 따른 주민등록전산정보자료의 제공 요청 및 이에 대한 회
신자료 접수 업무

3. 통신정보 유형별 처분 및 제공요청 절차 비교

<표 17> 통신정보 유형별 처분 및 제공요청 절차 비교

구분	송·수신 완료 통신자료 제공요청	통신제한조치	통신사실확인자료 제공요청	통신이용자정보 제공요청
처분대상	(종료된)통신내용	(실시간)통신내용	통신사실확인자료	통신이용자정보
요청방법	압수·수색 영장	법원 허가서	법원 허가서	임의수사(영장 불요)
근거법률	「형사소송법」 제106조	「통신비밀보호법」 제6조	「통신비밀보호법」 제13조	「전기통신사업법」 제83조 제3항
당사자에 대한 통지기간	▪「통신비밀보호법」 제9조의3 - ①공소제기, ②공소를 제기하지 않거나 입건하지 아니하는 처분 경우에 처분날로부터 30일 이내 서면 통지 (기소중지, 참고인중지결정 제외)	▪「통신비밀보호법」 제9조의2 - ①공소제기, ②공소를 제기하지 않거나 입건하지 아니하는 처분 경우에 처분날로부터 30일 이내 서면 통지 (기소중지, 참고인중지결정 제외)	▪「통신비밀보호법」 제13조의3 - ①공소제기, ②공소제기·검찰송치하지 않는 처분(기소중지 · 참고인중지 또는 수사중지 결정 제외) 또는 입건하지 않는 처분 경우 처분날로부터 30일 이내 서면 등 통지 - ③기소중지·참고인중지 또는 수사중지 결정을 한 경우 그 결정을 한 날부터 1년 이내	▪「전기통신사업법」 제83조의2 - 제공받은 날부터 30일 이내 서면, 전자적 방법 등으로 통지

제2부

사이버범죄 수사 각론

정보통신분야 사이버범죄

제1절 「정보통신망법」의 사이버범죄
I. 「정보통신망법」[1]의 구성과 용어정리

1. 「정보통신망법」의 구성

「정보통신망법」은 제10장 총 76조로 구성되어 있다. 그 주요 내용을 장별로 요약하면 〈그림 23〉과 같다.

〈그림 23〉 「정보통신망법」의 구성

제1장 (총칙)	■ 목적, 정의 / 시책 마련 ■ 이 법의 국외에 대한 적용	
제2장 (이용촉진)	■ 기술개발 추진, 관련 정보 관리·보급 ■ 정보통신망 표준화·인증	
제3장 (삭제)		
제4장 안전한 이용환경 조성	■ (제4장) 개인정보 삭제　→	■ 단말기 접근권한 / 주민등록번호 사용 제한 ■ 국내대리인 지정
제5장 (이용자 보호)	■ 청소년 유해매체물 표시/ 권리보호(타인 권리 침해 정보 유통 금지 등) ■ 정보의 삭제요청 (피해자의 정보삭제 등 요청)/ 사업자의 삭제 등 임시조치 ■ 불법정보의 유통금지	
제6장 (정보통신망의 안전성 확보)	■ 정보통신망 보호조치/ 정보보호 사전점검 ■ 집적정보통신시설 보호/ 정보보호관리체계인증/ 이용자 정보보호 ■ 정보통신망 침해행위 등 금지/ 침해사고 대응 ■ 정보통신망 전송 중 정보, 비밀 보호/ 속이는 행위에 사용된 전화번호 중지 ■ 영리목적 광고성 정보 전송 제한/ 중요정보 국외유출 제한	

❋ 제7장(통신과금서비스)/ 제8장(국제협력)/ 제9장(보칙)/ 제19장(벌칙)/

---

[1] 「정보통신망 이용촉진 및 정보보호 등에 관한 법률」의 약칭하여 「정보통신망법」이라 한다.

2. 「정보통신망법」의 주요 용어 정리

(1) 정보통신서비스 제공자[2]

　　정보통신서비스 제공자란 ① 전기통신사업자와 ② 영리를 목적으로 전기통신사업자의 전기통신역무를 이용하여 정보를 제공하거나 정보의 제공을 매개하는 자를 말한다(「정보통신망법」 제2조제3호).

「정보통신망법」

제2조(정의) ① 이 법에서 사용하는 용어의 뜻은 다음과 같다.

3. "정보통신서비스 제공자"란 「전기통신사업법」 제2조제8호*에 따른 전기통신사업자와 영리를 목적으로 전기통신사업자의 전기통신역무**를 이용하여 정보를 제공하거나 정보의 제공을 매개하는 자를 말한다.

* 제2조제8호: "전기통신사업자"란 이 법에 따라 등록 또는 신고(신고가 면제된 경우를 포함한다)를 하고 전기통신역무를 제공하는 자를 말한다.

** 제2조제6호: "전기통신역무"란 전기통신설비를 이용하여 타인의 통신을 매개하거나 전기통신설비를 타인의 통신용으로 제공하는 것을 말한다.

가. 전기통신사업자 (기간통신사업자, 부가통신사업자)

　　전기통신사업자란 「전기통신사업법」에 따라 등록 또는 신고(신고가 면제된 경우를 포함한다)를 하고 전기통신역무를 제공하는 자를 말한다. 전기통신사업자는 ① 기간통신사업자와 ② 부가통신사업자로 구분한다.

① 기간통신사업자

　　기간통신역무는 전화·인터넷접속 등과 같이 음성·데이터·영상 등을 그 내용이나 형태의 변경 없이 송신 또는 수신하게 하는 전기통신역무 및 음성·데이터·영상 등의 송신 또는 수신이 가능하도록 전기통신회선설비를 임대

2　정보통신서비스제공자에 해당되는 기간통신사업자, 부가통신사업자, 특수한 유형의 부가통신사업자, 정보를 제공하는 자, 매개하는 자 등 용어와 개념은 「정보통신망법」뿐만 아니라 「전기통신사업법」, 「저작권법」, 「개인정보보호법」 등에서도 사용되므로 그 명확한 이해는 중요하다.

하는 전기통신역무를 말한다. 즉 기간통신사업은 전기통신회선설비를 설치하거나 이용하여 기간통신역무를 제공하는 사업으로 한다. 예를 들면 초고속인터넷기업, 이동통신사 등 유·무선 통신사업자, 국제전화서비스사업자 등은 기간통신사업자이다.

기간통신역무(「전기통신사업법」 제2조제11호)

• 전화·인터넷접속 등과 같이 음성·데이터·영상 등을 그 내용이나 형태의 변경 없이 송신 또는 수신하게 하는 전기통신역무 및 음성·데이터·영상 등의 송신 또는 수신이 가능하도록 전기통신회선설비를 임대하는 전기통신역무를 말한다.

---

② 부가통신사업자

부가통신사업자는 기간통신사업의 전기통신회선설비를 이용하여 기간통신역무 이외의 전기통신역무를 제공하는 사업자로서 그 형태 및 종류가 다양할 수 있다. 즉 기간통신사업자의 전기통신회선설비를 임차 또는 이용하여 검색(포털), 이메일, 게임, 인터넷 쇼핑 등 부가통신서비스를 제공하는 인터넷 포털, 소셜 미디어 등 사업자가 부가통신사업자에 해당된다.

③ 특수한 유형의 부가통신사업자

「전기통신사업법」은 위 ①과 ② 이외에 특수한 유형의 부가통신역무를 규정하고 있다. 이 역무에는 (i)「저작권법」 제104조에 따른 '특수한 유형의 온라인서비스제공자'가 행하는 부가통신역무[3]와 (ii) 문자메시지 발송시스템을 전기통신사업자의 전기통신설비에 직접 또는 간접적으로 연결하여 문자메시지를 발송하는 부가통신역무[4]가 있다. 특수한 유형의 온라인서비스제공

---

[3] 특수한 유형의 온라인서비스제공자 관련 사항은 제2부 1장「저작권법」 관련 사이버범죄에서 구체적으로 설명한다(「전기통신사업법」에서도 관련 규정은 있으나 보다 밀접한 관계가 있는「저작권법」 부분에서 설명한다).

[4] 메시지 재판매사 및 솔루션 업종, 개발사 및 기타 대행업을 영위하는 사업체일지라도

자는 "다른 사람 상호간에 컴퓨터를 이용하여 정보나 파일 등을 저장, 전송을 주된 목적으로 하는 사업자"로 정의되며 웹하드나 P2P사이트, 유튜브 등을 운영하는 사업자가 이에 해당된다.

나. 영리를 목적으로 전기통신사업자의 전기통신역무를 이용하여 정보를 제공하거나 정보의 제공을 매개하는 자

이 정의는 매우 포괄적이라고 할 수 있어서 온라인을 이용하여 '영리를 목적으로' 사업을 운영하는 자는 사실상 정보통신서비스제공자에 해당된다고 볼 수 있다. 주된 사업이 오프라인사업자인 경우에도 온라인을 통해 정보를 ① 제공하거나 ② 매개하는 경우에는 그 온라인 부문에 대해서는 정보통신서비스를 제공한다고 볼 수 있다.

정보를 제공하는 자는 전기통신역무를 이용하여 각종 정보를 전송, 공개, 게시, 검색, 열람 등의 방법을 통하여 직접 정보의 판매, 대여, 증여, 배포, 공유 등의 행위를 하는 자를 말한다. 정보제공을 매개하는 자라 함은 이메일이나 P2P 서비스와 같이 정보의 공급자와 정보의 수요자를 연결하여 서비스 제공이 가능하도록 하는 사업자를 말한다. 한편 재산상 이익을 추구하지 않는 단순히 비영리 목적으로 정보를 제공하거나 매개하는 자는 정보통신서비스 제공자에 해당하지 않는다.

(2) 이용자

「정보통신망법」에서 주요 보호 대상자가 바로 이용자이다. 이용자는 정보통신서비스제공자와 계약을 체결하여 그의 서비스를 이용하는 자를 말한다.

「정보통신망법」

제2조(정의) ① 이 법에서 사용하는 용어의 뜻은 다음과 같다.
4. "이용자"란 정보통신서비스 제공자가 제공하는 정보통신서비스를 이용하는 자를 말한다.

문자 메시지와 관련한 항목으로 매출이 발생한다면 모두 특수한 유형의 부가통신사업자 등록 대상이 된다.

(3) 침해사고

제2조(정의) ① 이 법에서 사용하는 용어의 뜻은 다음과 같다.

  7. "침해사고"란 다음 각 목의 방법으로 정보통신망 또는 이와 관련된 정보시스템을 공격하는 행위로 인하여 발생한 사태를 말한다.

    가. 해킹, 컴퓨터바이러스, 논리폭탄, 메일폭탄, 서비스거부 또는 고출력 전자기파 등의 방법

    나. 정보통신망의 정상적인 보호·인증 절차를 우회하여 정보통신망에 접근할 수 있도록 하는 프로그램이나 기술적 장치 등을 정보통신망 또는 이와 관련된 정보시스템에 설치하는 방법

※ 나. 호는 뒤늦게 신설되었는데, 구법에서는 백도어를 정보통신망 또는 정보시스템에 설치하는 행위로 명시하지 아니하였기 때문에 이를 법률에 명시하여 백도어로 인한 개인정보 유출 등의 피해를 사전에 방지하기 위해 신설되었다(2020.12.10. 시행).

II. 「정보통신망법」의 사이버범죄

1. 해킹 등 정보통신망 침해죄

　「정보통신망법」 제48조는 누구든지 ① 정당한 권한없는 침입(제1항), ② 악성프로그램 유포(제2항), ③ 디도스 공격(제3항), ④ 부당한 정보통신망 우회 접근 프로그램 등 유포, 전달 등(제4항[5]) 행위를 형사처벌에 처하는 침해행위로 규정하고 있다. 이 규정의 규제대상은 정보통신서비스제공자 뿐만 아니라 일반인을 포함한 '누구든지'이다.

「정보통신망법」

제48조(정보통신망 침해행위 등의 금지) ① 누구든지 정당한 접근권한 없이 또는 허용된 접근권한을 넘어 정보통신망에 침입하여서는 아니 된다.

　② 누구든지 정당한 사유 없이 정보통신시스템, 데이터 또는 프로그램 등을 훼손·멸실·변경·위조하거나 그 운용을 방해할 수 있는 프로그램(이하 "악성프로그램"이라 한다)을 전달 또는 유포하여서는 아니 된다.

　③ 누구든지 정보통신망의 안정적 운영을 방해할 목적으로 대량의 신호 또는 데이터를 보내거나 부정한 명령을 처리하도록 하는 등의 방법으로 정보통신망에 장애가 발생하게 하여서는 아니 된다.

　④ 누구든지 정당한 사유 없이 정보통신망의 정상적인 보호·인증 절차를 우회하여 정보통신망에 접근할 수 있도록 하는 프로그램이나 기술적 장치 등을 정보통신망 또는 이와 관련된 정보시스템에 설치하거나 이를 전달·유포하여서는 아니 된다.

제70조의2(벌칙) 제48조제2항을 위반하여 악성프로그램을 전달 또는 유포하는 자는 7년 이하의 징역 또는 7천만원 이하의 벌금에 처한다.

제71조(벌칙) ① 다음 각 호의 어느 하나에 해당하는 자는 5년 이하의 징역 또는 5천만원 이하의 벌금에 처한다.

　9. 제48조제1항을 위반하여 정보통신망에 침입한 자

　10. 제48조제3항을 위반하여 정보통신망에 장애가 발생하게 한 자

　13. 제48조제4항을 위반하여 프로그램이나 기술적 장치 등을 정보통신망 또는 이와 관련된 정보시스템에 설치하거나 이를 전달·유포한 자

---

[5]　제4항은 최근에 신설되었는데(2024.1.23. 시행), 소위 백도어 공격 등 새로운 유형 행위를 규제하기 위해 규정되었다.

한편 「정보통신망법」은 위의 제1항부터 제4항까지의 행위로 인하여 발생한 사태를 '침해사고'라고 정의하고 있다.

(1) 접근권한 없는(또는 초과한) 정보통신망 침입죄(제48조제1항)

가. 정보통신망 침입죄의 구성요건

제48조 제1항은 '정당한 접근권한 없이 또는 허용된 접근권한을 초과하여 정보통신망에 침입하는 행위'를 금지하고 있다. 이 범죄의 구성요건은 정당한 접근권한 없이 정보통신망을 침입하는 행위의 존재 또는 허용된 접근권한을 초과하여 정보통신망에 침입하는 행위의 존재이다. 즉 정보통신망의 보호조치를 침해하거나 훼손할 것을 구성요건으로 하지 않기 때문에 침입당한 후 어떠한 침해나 훼손이 없더라도 이 범죄는 권한없는(계정도용, 인증우회 등) 침입이라면 범죄가 성립된다.[6]

나. 보호 법익

이 규정이 보호하는 가치(보호 대상 또는 보호법익)는 정보통신망의 안정

---

[6] 「정보통신망법」 제71조(벌칙) ① 다음 각 호의 어느 하나에 해당하는 자는 5년 이하의 징역 또는 5천만원 이하의 벌금에 처한다.
2. 제48조제1항을 위반하여 정보통신망에 침입한 자

성 및 정보의 신뢰성을 확보하는데 있다. 이를 통해 궁극적으로는 이용자를 보호하는 것이다.

- **접근권한**이란 행위자에게 해당 정보통신망의 자원(Resource)를 임의로 사용할 수 있는 권한을 의미한다.
- **정보통신망에 침입한다**는 의미는 행위자가 해당 정보통신망의 자원을 사용하기 위해서 거쳐야 하는 인증절차를 거치지 않거나, 비정상적인 방법을 사용해 해당 정보통신망의 접근권한을 획득하는 것을 의미한다. 즉 정보통신망의 자원을 임의대로 사용할 수 있는 상태가 되었을 때 침입이 이루어진 것이라고 할 수 있다.

다. 접근권한의 의미

제48조제1항은 이용자의 신뢰 내지 그의 이익을 보호하기 위한 규정이 아니고 정보통신망 자체의 안정성과 그 정보의 신뢰성을 보호하기 위한 것이다. 이 규정에서 접근권한을 부여하거나 허용되는 범위를 설정하는 주체는 서비스제공자라 할 것이고 따라서 서비스제공자로부터 권한을 부여받은 이용자가 아닌 제3자가 정보통신망에 접속한 경우 그에게 접근권한이 있는지 여부는 서비스제공자가 부여한 접근권한을 기준으로 판단하여야 한다.[7]

위 내용에 비추어 이 규정은 문제의 침입행위로 인해 정보통신망과 관련한 보호조치에 대한 침해나 훼손이 수반되지 않더라도 부정한 방법으로 타인의 식별부호(아이디와 비밀번호)를 이용하거나 보호조치에 따른 제한을 면할 수 있게 하는 부정한 명령을 입력하는 등의 방법으로 침입하는 행위도 금지하고 있다고 보아야 한다.[8] 한편 해당 정보통신망에 인증 등 접근을 제

7　대법원 2005. 11. 25. 선고 2005도870 판결

　8　대법원 2005. 11. 25. 선고 2005도870 판결.

한하는 별도의 보호조치가 없는 경우에는 누구든지 접근 가능하므로 접근하였다는 행위 자체만으로 무조건 침입하였고 볼 수 없으므로 범죄가 성립하지 않는다고 보아야 한다.

라. 관련 판례

판례 업무상 알게 된 직속상관의 아이디, 비밀번호로 전산망에 접속하여, 그 상관 명의로 타인에게 이메일을 보낸 행위가 접근권한을 초과한 침입(유죄)이라는 판례 | 대법원 2005. 11. 25. 선고 2005도870 판결

A. 사실관계

- 피고인은 그의 직속상관이 업무보고 필요에 따라 아이디와 비밀번호를 예하 장교와 사병들에게 공지시킴에 따라 아이디 등을 알게 되었다.
  - 피고인은 허용된 접근권한을 초과하여 피고인의 컴퓨터로 직속상관의 아이디와 비밀번호를 입력하여 그의 명의로 욕을 담은 내용의 이메일을 전송하였다.

B. 대법원 판단

- 실제공간과는 달리 행위자가 누구인지 명확하게 확인하기 어려운 가상공간에서 아이디와 비밀번호 등 식별부호는 그 행위자의 인격을 표상하는 것으로서,
  - 무분별한 아이디의 공유 등 익명성의 남용으로 인한 정보통신망의 무질서 내지 상호신뢰의 저하는, 부정한 방법으로 보호조치를 물리적으로 침해하는 소위 해킹 등의 경우와 마찬가지로 정보통신망의 안정성과 그 안에 담긴 정보의 신뢰성을 해할 수 있다 할 것이다.
- 비록 이용자가 자신의 아이디와 비밀번호를 알려주며 사용을 승낙하여 제3자로 하여금 정보통신망을 사용하도록 한 경우라고 하더라도, 그 제3자의 사용이 이용자의 사자(使者) 내지 사실행위를 대행하는 자에 불과할 뿐,
  - 이용자의 의도에 따라 이용자의 이익을 위하여 사용되는 경우와 같이 사회통념상 이용자가 직접 사용하는 것에 불과하거나,
  - 서비스제공자가 이용자에게 제3자로 하여금 사용할 수 있도록 승낙하는 권한을 부여하였다고 볼 수 있거나,
  - 또는 서비스제공자에게 제3자로 하여금 사용하도록 한 사정을 고지하였다면,
  - 원칙적으로 그 제3자에게는 정당한 접근권한이 없다고 봄이 상당하다(서비스제공자도 동의하였으리라고 추인되는 경우 등을 제외).

판례 문자발송 조작 목적의 정보통신망 접속을 유죄로 판결한 사례 | 대법원 2011. 7. 28. 선고 2011도5299 판결

A. 사실관계

- 피고인이 피해자 이동통신회사의 정보통신망에 접속하였는데,

  - 사용이 정지되거나 사용할 수 없게 된 휴대전화를 '유심칩(USIM Chip) 읽기' 등을 통하여 다량의 문자메시지를 발송할 수 있는 상태로 조작하기 위한 목적으로 접속하였다.

B. 대법원 판단

- 피해자 회사의 위탁대리점 계약자가 휴대전화 가입자들에 대한 서비스를 위하여 피해자 회사의 전산망에 접속하여 유심칩(USIM Chip) 읽기를 할 수 있는 경우는 개통, 불통, 휴대폰개설자의 유심칩 변경 등 세 가지 경우로 한정되는데,

  - 피고인은 오직 요금수납 및 유심칩 읽기를 통하여 휴대전화를 다량의 문자메시지 발송을 할 수 있는 상태로 조작하기 위한 목적에서 피해자 회사의 정보통신망에 접속한 것이므로

  - 이는 허용된 접근권한을 초과하여 피해자 회사의 정보통신망에 침입한 것으로서 정보통신망법 제72조 제1항 제1호, 제48조 제1항 위반죄에 해당한다.

판례 보호조치 없는 회사의 정보통신망에 접근하여 해당 회사의 정보를 수집한 행위에 대한 범죄(「정보통신망법」 제48조제1항 위반) 성립 여부
(대법원 2022. 5. 12. 선고 2021도1533 판결)

A. 사실관계

- 피고인은 피해자 회사(야놀자)의 '바로예약 어플리케이션'(이하 '이 사건 앱')과 통신하는 API(Application Programming Interface) 서버의 URL과 API 서버로 정보를 호출하는 명령구문들을 알아내어, 자체 개발한 '야놀자 크롤링 프로그램'을 사용하여 API 서버에 명령구문을 입력하는 방식으로 피해자 회사의 숙박업소 정보를 수집하였다.

  - 위 API 서버의 URL이나 명령구문은 피해자 회사가 적극적으로 공개하지는 않았지만 누구라도 간단한 기술조작이나 통상 사용되는 소위 '패킷캡쳐 프로그램' 등을 통해 쉽게 알아낼 수 있는 정보이다.

  - 일반 이용자들은 이 사건 앱을 통해 API 서버에 회원 가입 후 또는 회원 가입 없이 자유롭게 접근할 수 있었고, 이 사건 앱이나 API 서버로의 접근을 막는 별도의 보호조치는 없었다.

B. 대법원 판단

- 피해자 회사의 이 사건 앱 서비스 이용약관에서 '이용자는 회사를 이용함으로써 얻은 정보를 회사의 사전 승낙 없이 복제, 송신, 출판, 배포, 방송 등 기타 방법에 의하여 영리 목적으로 이용하거나 제3자에게 이용하게 하여서는 안 된다'고 정하고 있으나, 이는 이 사건 앱 또는 API 서버로부터 취득한 정보의 이용을 제한하는 내용일 뿐, 이에 대한 접근을 제한하는 내용으로 볼 수 없다.
- 또한 위 이용약관에서 회원에 대하여 '자동접속프로그램 등을 사용하여 회사의 서버에 부하를 일으켜 회사의 정상적인 서비스를 방해하는 행위'를 금지하고 있기는 하지만,
  - 위 약관 규정을 회원가입을 하지 않은 이용자들에게 적용할 수 있는 근거를 찾기 어렵고,
  - 규정의 내용 또한 접근권한 자체를 제한하는 것으로 볼 수 없어
  - 위와 같은 약관상의 규정만으로 API 서버에 대한 접근권한이 객관적으로 제한되었다고 보기 어렵다.
- 결국, 피해자 회사에 의하여 피고인의 위와 같은 방식에 의한 API 서버로의 접근이 제한되었다고 보기 어려우므로, 피고인의 정보통신망 침입을 인정할 수 없다.

판례 홈페이지 주소의 끝자리를 변경하여 정보를 열람한 경우의 무죄 선고 판례 | 대법원 2023.10.26. 2023도1086

A. 사실관계

- A는 B 회사에 근무하는 직원이다. B회사의 직원들은 개인별로 부여된 인터넷 주소에 접속해 본인의 평가 결과를 열람할 수 있었다. C 업체는 B회사와 계약을 맺고 다면평가 온라인 링크 개발과 조사를 진행하고 B 회사 개별 직원들에게 평가 결과 주소를 전송하였다.
  - A는 자신의 평가 열람 페이지 주소 마지막 숫자 2자리를 다르게 입력하는 방법을 반복해 B회사 임직원 51명의 평가 결과를 캡처한 뒤, 이를 본부장에게 전송한 혐의를 받았다('정보통신망법」 제48조 위반 여부).

B. 원심 판결

- A가 "정당한 접근권한 없이 정보통신망에 침입해 타인의 비밀을 침해하고 누설했다"며 유죄 선고하였다.

- "정당한 접근권한 없이 또는 허용된 접근권한을 넘어 정보통신망에 침입하는 것을 금지한 정보통신망법 제48조 제1항은 정보통신망 자체의 안정성과 정보의 신뢰성을 보호하기 위한 것이므로 접근권한을 부여하거나 허용되는 범위를 설정하는 주체는 서비스제공자"라며,

    - "서비스제공자로부터 권한을 부여받은 이용자가 아닌 제3자가 정보통신망에 접속한 경우 그에게 접근권한이 있는지 여부는 서비스제공자가 부여한 접근권한을 기준으로 판단해야 하며, 서비스제공자가 접근권한을 제한하는지 여부는 보호조치나 이용약관 등 객관적으로 드러난 여러 사정을 종합적으로 고려해 신중하게 판단해야 한다"고 전제했다.

- C 업체가 B회사 임직원들에게 본인의 다면평가 결과가 게시된 인터넷 페이지의 주소만을 개별적으로 전달했다 하더라도,

    - 아무런 보호조치 없이 다면평가 결과가 게시된 인터넷 주소를 입력하는 방법만으로도 다면평가 결과를 열람할 수 있도록 한 이상, 인터넷 페이지 접근권한을 임직원 본인으로 제한했다고 보기 어렵다.

    - 따라서, A가 인터넷 주소의 일부 숫자를 바꿔 넣는 방법으로 다른 사람의 평가 결과가 게시된 페이지에 접속했다 하더라도 「정보통신망법」 제48조 제1항이 금지하는 정보통신망 침입 행위에 해당한다고 할 수 없다고 판단했다.

(2) 악성프로그램 유포죄(제48조제2항)

가. 악성프로그램 유포죄 구성요건

제48조 제2항 위반죄의 구성요건은 정당한 사유없이 정보통신시스템, 데이터 또는 프로그램 등을 훼손·멸실·변경·위조하거나 그 운용을 방해할 수 있는 프로그램(이하 '악성프로그램')이 정보통신시스템 등에 미치는 영향을 고려하여 악성프로그램을 전달 또는 유포하는 행위 자체이다. 따라서 이 규정은 악성프로그램이 유포되어 그 프로그램의 기능이 실행되었는지 여부는 따지지 않고 전달 또는 유포 단계에서 범죄가 성립된다.[9]

---

[9] 「정보통신망법」 제70조의2(벌칙) 제48조 제2항을 위반하여 악성프로그램을 전달 또는 유포하는 자는 7년 이하의 징역 또는 7천만원 이하의 벌금에 처한다.

즉 악성프로로램 전달·유포는 해당 프로그램의 기능이 실행되기 이전 단계로서 정보통신시스템 등의 훼손·멸실·변경·위조 또는 그 운용을 방해하는 결과가 발생하지 않더라도 악성프로그램 전달·유포 행위 만으로 범죄가 성립한다. 이는 정보의 변경, 위조, 타인에 대한 업무방해 등 결과가 발생하여야 비로소 처벌하는 다른 법률에 비해 그 적용범위가 포괄적임을 의미한다.

악성프로그램 유포 범죄는 그 전달·유포의 대상이 무엇인가에 따라 그에 해당하는 특별법이 적용된다. 예를 들면 그 대상이 정보통신기반시설인 경우나 전자금융기반시설인 경우에는 각각 「정보통신기반보호법」[10], 「전자금융거래법」[11] 등 특별법에 따라 처벌된다.

악성 프로그램이 투입되어 실제로 그 기능이 발현된 경우에는 그 발현 형태에 따른 처벌에 처해진다. 예를 들면 악성프로그램을 유포하여 기업의 업무를 방해하였다면 「형법」의 컴퓨터 등 장애업무방해죄(제314조 제2항)가 성립될 수 있다.

나. 보호 법익

제48조 제2항의 보호법익은 정보통신망의 안정성 및 정보의 신뢰성 확보이다. 이를 통해 그 이용자를 보호하기에 정당한 사유 없는 악성프로그램의 유포행위를 금지하는 것이다.

---

[10] 「정보통신기반보호법」 제12조(주요정보통신기반시설 침해행위 등의 금지) 누구든지 다음 각 호의 어느 하나에 해당하는 행위를 하여서는 아니된다.

2. 주요정보통신기반시설에 대하여 데이터를 파괴하거나 주요정보통신기반시설의 운영을 방해할 목적으로 컴퓨터바이러스·논리폭탄 등의 프로그램을 투입하는 행위

제28조(벌칙) ① 제12조의 규정을 위반하여 주요정보통신기반시설을 교란·마비 또는 파괴한 자는 10년 이하의 징역 또는 1억원 이하의 벌금에 처한다.

[11] 「전자금융거래법」 제21조의4(전자적 침해행위 등의 금지) 누구든지 다음 각 호의 어느 하나에 해당하는 행위를 하여서는 아니 된다.

2. 전자금융기반시설에 대하여 데이터를 파괴하거나 전자금융기반시설의 운영을 방해할 목적으로 컴퓨터 바이러스, 논리폭탄 또는 메일폭탄 등의 프로그램을 투입하는 행위

제49조(벌칙) ① 다음 각 호의 어느 하나에 해당하는 자는 10년 이하의 징역 또는 1억원 이하의 벌금에 처한다.

2. 제21조의4제2호를 위반하여 데이터를 파괴하거나 컴퓨터 바이러스, 논리폭탄 또는 메일폭탄 등의 프로그램을 투입한 자

다. 악성프로그램 해당 여부 판단 기준

어떠한 프로그램이 악성프로그램에 해당하는지 여부는 프로그램 자체를 기준으로 하되 그 사용용도 및 기술적 구성, 작동 방식, 정보통신시스템 등에 미치는 영향, 프로그램 설치에 대한 운용자의 동의 여부 등을 종합적으로 고려하여 판단하여야 한다.[12]

라. 관련 판례

판례 스팸메일 발송 프로그램 등을 악성프로그램으로 인정한 판례(유죄) | 대법원 2014. 2. 13 선고 2012도607 판결

- **(판결 요지)** 아래와 같은 내용을 종합해보면, 피고인이 판매한 '이 사건 프로그램'*은 정보통신시스템의 운용을 방해할 수 있는 정보통신망법 제48조제2항에서 정한 '악성프로그램'에 해당한다.

  ※ 네이버 웹메일 발송기, 네이버 이메일 수집기, 네이버 블로그 댓글 등록기, 다음 블로그 댓글 등록기, 네이버 지식인 의견 등록기, 네이버 블로그 등록기, 네이버 쪽지 자동발송기

  ① 피고인이 판매한 이 사건 프로그램의 본질적인 쓰임은 손쉽게 동일한 내용의 광고성 메시지를 불특정 다수의 이용자가 볼 수 있도록 반복 게재하는 데 있고, 구매자의 기대 역시 위와 같다.

  ② 비록 피고인이 자신의 제품판매 홈페이지에 준수사항을 게재해 놓았다고 하더라도, 위와 같은 이 사건 프로그램의 본질과 피고인이 이를 유상으로 판매하고 있는 점 및 단속을 피하기 위하여 외국의 서버 및 타인의 와이파이를 이용한 점에 비추어 위와 같은 준수사항의 게시는 단지 책임을 회피할 구실을 만들어 놓은 것에 지나지 않은 것으로 보인다.

  ③ 위와 같은 프로그램들을 이용한 광고성 메시지들의 난립은 그 정보가 저장되거나 필터링되는 과정에서 정보통신망에 필요 이상의 부하를 일으키는 것이 경험칙상 인정된다.

  * 이 사건 프로그램과 같은 광고 유포 프로그램의 만연화로 인해 오늘날 인터넷 이용자들의 이메일이나 쪽지함은 대부분 광고성 스팸으로 채워져 있다.

---

  12 대법원 2019. 12. 12. 선고 2017도16520 판결.

판례 온라인 슈팅게임의 자동 조준 프로그램을 악성프로그램에 해당하지 않는다고 판결한 사례 | 대법원 2020. 10. 15. 선고 2019도2862 판결

A. 사실관계

- 피고인은 온라인 슈팅게임에서 상대방을 자동으로 조준하게 하는 프로그램인 'AIM 도우미'(이하 'A프로그램')를 판매한 혐의로 기소되었다.

  - A프로그램은 게임 이용자가 1회라도 상대 캐릭터 공격에 성공할 경우, 이후 화면에 표시되는 상대 체력 표시를 자동으로 탐색하고 마우스 커서가 상대를 자동으로 따라가게 하는 프로그램이다.

  - 게임의 이용자가 상대방 캐릭터를 처음 사격하는 데 성공하면 상대방 캐릭터 근처에 붉은색 체력 바(bar)가 나타난다.

B. 법원 판단

- 아래와 같은 이유를 종합해보면 문제의 A프로그램은 악성프로그램이라고 단정하기 어렵다.

  - A프로그램은 체력 바의 이미지를 분석한 다음 게임 화면에서 그와 동일한 이미지를 인식하여 해당 좌표로 마우스 커서를 이동시키는 작업을 반복적으로 수행하도록 설계되어 있다.

  - A프로그램은 이용자 본인의 의사에 따라 해당 이용자의 컴퓨터에 설치되어 그 컴퓨터 내에서만 실행되고 정보통신시스템이나 게임 데이터 또는 프로그램 자체를 변경시키지 않으며, 정보통신시스템 등이 예정한 대로 작동하는 범위에서 상대방 캐릭터에 대한 조준과 사격을 더욱 쉽게 할 수 있도록 해줄 뿐, A프로그램을 실행하더라도 기본적으로 일반 이용자가 직접 상대방 캐릭터를 조준하여 사격하는 것과 동일한 경로와 방법으로 작업이 수행된다.

  - A프로그램이 서버를 점거함으로써 다른 이용자들의 서버 접속 시간을 지연시키거나 서버 접속을 어렵게 만들고 서버에 대량의 네트워크 트래픽을 발생시키는 등으로 정보통신시스템 등의 기능 수행에 장애를 일으킨다고 볼 증거가 없다.

  ※ 대법원은 이 판결에서 "이 프로그램이 정보통신망법이 정한 '악성 프로그램'에 해당하지 않는다고 판단한 것일 뿐 온라인 게임과 관련해 일명 '핵(hack) 프로그램'을 판매하는 등의 행위가 형사상 처벌되지 않는다고 판단한 것은 아니다"라고 강조했다.

  - "게임물 사업자가 제공 또는 승인하지 않은 프로그램을 배포·제작하는 행위는 「게임산업법」 위반죄 등에 해당될 수 있다"고 했다.

판례 광고목적 댓글 자동 등록 등 프로그램이 악성프로그램에 해당하지 않는다고 판결한 사례 | 대법원 2020. 4. 9. 선고 2018도16938 판결

A. 사실관계

- 이 사건 프로그램은 인터넷 커뮤니티 등에 업체나 상품 등을 광고하는 데 사용하기 위한 것으로, ○○○ 카페나 블로그 등에 자동적으로 게시 글과 댓글을 등록하고 '좋아요'를 입력하며 쪽지와 초대장을 발송하는 작업을 반복 수행하도록 설계되어 있다.
- 이 프로그램은 일반 사용자가 통상적으로 작업하는 것보다 빠른 속도로 작업하기 위하여 자동적으로 댓글의 등록이나 쪽지의 발송 등의 작업을 반복 수행할 뿐이고, 기본적으로 일반 사용자가 직접 작업하는 것과 동일한 경로와 방법으로 위와 같은 작업을 수행한다.

B. 법원 판단

- 이 사건 프로그램 중 일부는 IP 변경 기능, 보안문자 우회 기능, 랜덤 딜레이 설정 기능 등을 사용하여 ○○○가 가동하고 있는 어뷰징 필터링 프로그램을 우회할 수 있도록 설계되어 있다. 그러나 이는 ○○○의 정보통신시스템 등을 훼손·멸실·변경·위조하는 등 그 기능을 물리적으로 수행하지 못하게 하는 방법으로 어뷰징 필터링 프로그램의 작동을 방해하는 것이 아니라, 그 프로그램이 예정한 대로 작동하는 범위 내에서 차단 사유에 해당하지 않고 통과할 수 있도록 도와주는 것에 불과하다.
- 이 사건 프로그램 사용으로 정보통신시스템 등의 기능 수행이 방해된다거나 ○○○ 등의 서버가 다운되는 등의 장애가 발생한다고 볼만한 증거가 없다.

(3) 분산서비스 거부(DDoS) 공격 등 정보통신망 장애죄(제48조제3항)

가. 분산서비스 거부공격 범죄 구성요건

이 범죄는 정보통신망의 안정적 운영을 방해할 목적(고의)이 있어야 하며, 동시에 대량의 신호 또는 데이터를 보내거나 부정한 명령을 처리하도록 하는 등의 방법으로 정보통신망에 안정적 운영을 방해하는 장애를 발생하게 하여야 한다.

이 범죄는 소위 분산서비스 거부공격(이하 디도스(DDoS) 공격: Distributed Denial of Service Attack)[13]의 형태로 나타나는데, 대량의 데이터 패킷을 통신망

---

13 디도스공격은 여러 대의 공격자를 분산 배치하여 동시에 서비스 거부공격을 하는 방법으로, 시스템을 악의적으로 공격해 해당 시스템의 자원을 부족하게 하여 원래 의도

으로 보내거나 이메일로 보내는 방식 등의 공격시스템의 정상적인 동작을 방해하는 공격 수법[14]이다. 이 공격은 여러 대의 공격자를 분산 배치하여 동시에 서비스 거부 공격을 하는 방법으로, 시스템을 악의적으로 공격해 해당 시스템의 자원을 부족하게 하여 원래 의도된 용도로 사용하지 못하게 한다.[15]

나. 보호 법익

이 규정의 보호법익은 정보통신망의 안정성 및 정보의 신뢰성 확보이다. 이를 통해 악의적 분산서비스 거부공격을 방지하고자 하는 것이다.

다. 분산서비스 거부공격에서 '장애' 및 '부정한 명령'의 의미[16]

정보통신망의 안정적 운영을 방해하는 장애는 정보통신망에서 정보를 수집·가공·저장·검색·송신 또는 수신하는 기능을 물리적으로 수행하지 못하게 하거나 그 기능 수행을 저해하는 것을 의미한다고 보인다.

이에 따르면 이 규정에서 정하고 있는 '부정한 명령'은 '대량의 신호 또는 정보자료'를 보내는 것과 마찬가지로 정보통신망의 안정적 운영을 방해하는 장애가 발생될 수 있는 방법의 하나로서 그에 해당하는 명령이라고 해석하여야 한다. 즉 부정한 명령이라 함은 정보통신망의 운영을 방해할 수 있도록 정보통신망을 구성하는 컴퓨터시스템에 그 시스템의 목적상 예정하고 있지 않은 프로그램을 실행하게 하거나 그 시스템의 프로그램을 구성하는 개개의 명령을 부정하게 변경, 삭제, 추가하거나 프로그램 전체를 변경하게 하는 것이 이에 해당한다.

된 용도로 사용하지 못하게 하는 사이버공격을 말한다.

14 IT 용어사전 참조

15 대구지방법원 2019.08.29. 2018고단5334

16 대법원 2013. 3. 28. 선고 2010도14607 판결

라. 관련 판례

판례 디도스공격 프로그램 등 판매 광고글 게시 및 의뢰받고 디도스공격한 행위에 대해 유죄 인정한 사례 | 대구지방법원 2019.8.29. 선고 2018고단5334 판결

A. 사실관계

- 피고인은 디도스공격 등 프로그램 판매광고글을 게시하였고, 성명불상자의 디도스 공격 의뢰를 받아 총 10회에 걸쳐 인터넷 사설 도박사이트 등을 디도스 공격하였다.

  - 피고인은 자신이 보유한 악성프로그램을 이용하여 생성한 서버파일을 게임 프로그램과 파일합치기를 한 후 외관적으로 일반적인 게임파일로 위장하여

  - 이를 P2P파일 공유사이트나 C 등에 업로드 한 다음

  - 이 사실을 모르는 불특정 사용자들이 위 파일을 다운로드 받아 실행할 경우 사용자들의 컴퓨터가 감염되도록 하는 방법으로 속칭 '좀비PC'를 다량으로 확보한 후,

  - 인터넷 사이트 D 등에 '어택/어택툴/해킹/해킹툴/디도스/대리어택/백신우회/좀비PC' 등의 제목으로 분산서비스 거부공격(이른바 '디도스' 공격) 또는 악성프로그램 판매 광고글을 게시하여 디도스 공격 의뢰를 받는 경우 의뢰 받은 특정사이트를 디도스 공격하거나 자신이 보유한 좀비PC 및 악성프로그램을 판매하기로 마음먹었다.

- 피고인은 자신의 주거지에서, 위와 같이 디도스 공격 관련 광고글을 보고 G 메신저를 통해 연락해 온 성명불상자의 디도스 공격 의뢰를 받고, 인터넷 사설 도박사이트에 대량의 신호 또는 데이터를 보내는 방법으로 디도스 공격하여 수분 동안 해당 사이트가 접속되지 않도록 한 것을 비롯하여, 위와 같은 방법으로 별지 범죄일람표 (1) 기재와 같이 총 10회에 걸쳐 인터넷 사설 도박사이트 등을 디도스 공격하였다.

B. 법원 판단

- 피고인은 위와 같이 10회에 걸쳐 대량의 신호 또는 데이터를 보내거나 부정한 명령을 처리하도록 하는 등의 방법으로 정보통신망에 장애가 발생하게 하였다.

  - 누구든지 정보통신망의 안정적 운영을 방해할 목적으로 대량의 신호 또는 데이터를 보내거나 부정한 명령을 처리하도록 하는 등의 방법으로 정보통신망에 장애가 발생하게 하여서는 아니 된다는 정보통신망법 규정을 위반하였다.

판례 자동완성어 생성, 순위 상향 조작 등이 정보통신망의 안정적 운영에 장애를 발생시켰다고 보기 어렵다고 판단하여 디도스공격에 해당하지 않는다고 판단한 사례 | 대법원 2013. 3. 28. 선고 2010도14607 판결

A. 사실관계

- 피고인 4의 회사는 그 회사가 운영하는 웹사이트에서 컴퓨터 사용자들이 무료프로그램을 다운로드 받을 경우 eWeb.exe(이하 '이 사건 프로그램')이라는 악성프로그램이 몰래 숨겨진 'ActiveX'를 필수적으로 설치하도록 유도하는 방법으로 그들의 컴퓨터(이하 '피해 컴퓨터')에 이 사건 프로그램을 설치하였다.

- 피고인 4는 2006. 7.경부터 2007. 10.경 이 사건 프로그램을 유포하기 전까지는 피고인 2에게 의뢰하는 방법으로,

  - 그 후부터 2008. 8. 29.까지는 이 사건 프로그램을 이용하는 방법으로 피고인 1이 운영하는 인터넷 꽃배달 회사 및 네이버의 해당 업체와 관련된 검색어의 '연관검색어' 생성, '자동완성어' 생성 및 순위 상향 작업을 하여 주었다.

- 피고인 2가 한 작업은 수십 대의 전용 컴퓨터에 수십 회선의 ADSL 전용회선을 설치하여 자동으로 인터넷 프로토콜(IP)을 변환하여 실제는 얼마 되지 않는 컴퓨터에서 자동으로 네이버의 검색창을 띄워 '꽃배달' 등의 검색어로 검색을 실시하고 그 검색 결과에서 해당 업체의 웹사이트를 클릭한 것임에도 마치 수많은 컴퓨터 사용자들이 그와 같은 검색을 실시하고 해당 업체의 웹사이트를 클릭한 것처럼 가장한 것이고,

  - 한편 이 사건 프로그램을 이용한 방법은 이 사건 프로그램 등이 설치된 피해 컴퓨터 사용자들이 실제로 네이버의 검색창에 검색어를 입력하지 않고 해당 업체의 웹사이트를 클릭하지 않았음에도 피해 컴퓨터 사용자들이 모르는 사이에 피해 컴퓨터에서 이 사건 프로그램을 구동시켜 이 사건 프로그램이 자동으로 피고인 4가 관리하는 회사의 서버 컴퓨터로부터 수행할 작업 리스트를 내려받고,

  - 그 작업 리스트에 따라 네이버의 검색창에 지시된 검색어를 입력하고 그 검색 결과에서 지시된 업체의 웹사이트를 클릭하도록 한 것으로서, 그로 인하여 네이버의 관련 시스템 서버는 피해 컴퓨터 사용자들이 실제로 검색어를 입력하고 해당 웹사이트를 클릭한 것으로 정보처리를 하여 위 피고인들이 의도한 대로 '꽃배달' 등의 검색어에 대하여 '연관검색어', '자동완성어'를 생성하거나 해당 웹사이트의 순위를 향상시켰다.

B. 법원 판단

- 피고인들이 네이버의 관련 시스템 서버에 마치 컴퓨터 사용자들이 실제로 네이버의 검색창에 검색어를 입력하였거나 해당 업체의 웹사이트를 클릭한 것처럼 사실과 다

른 정보자료를 보냈다고 하더라도,

- 그것이 네이버의 관련 시스템에서 통상적인 처리가 예정된 종류의 정보자료여서
정보통신망의 안정적 운영을 방해하는 장애가 발생될 수 있는 방법이 사용되었다
고 보기 어려우므로 위 규정들에서 정한 '부정한 명령'을 처리하게 한 것은 아니고,

• 나아가 위 피고인의 위 행위로 네이버의 관련 시스템 서버가 컴퓨터 사용자들이 실
제로 검색어를 입력하고 해당 웹사이트를 클릭한 것으로 정보처리를 하고 자동완성
어나 연관검색어를 생성하거나 해당 웹사이트의 순위를 향상시켰다고 하더라도,

- 위 사실관계에 나타난 사정만으로는 그로써 네이버의 관련 시스템에서 정보를 수
집·가공·저장·검색·송신 또는 수신하는 기능을 물리적으로 수행하지 못하게 되거나
그 기능 수행이 저해되었다고 할 수 없어 '정보통신망 장애'가 발생되었다고 할 수
없다.

※ 한편 위 판례는 위 「정보통신망법」 제48조제3항에 대해서는 유죄를 인정하지 않았
지만, 「형법」의 컴퓨터등장애업무방해죄[17] 및 컴퓨터등사용사기죄[18]에 대하여 유죄
를 인정하였다.

(4) 부당한 정보통신망 우회 프로그램 등 설치, 유포, 전달 등 관련 범죄

새로 신설된 제48조 제4항은 위에 언급한 「정보통신망법」 제48조 제1항
부터 제3항까지의 유형에 포섭되지 않는 유형의 행위를 범죄로 규정함으로
써 최근의 해킹 등 정보통신망 침해 수법의 다양화, 고도화에 대응하여 그
처벌을 위한 법적 근거를 명확히 하는 것이 목적이다. 이에 따라 일명 백도
어 공격 등 다양한 유형의 정보통신망 침해범죄에 대한 법적 대응이 가능해
졌다.

---

[17] 「형법」 제314조 (업무방해) ① 제313조의 방법 또는 위력으로써 사람의 업무를 방해
한 자는 5년이하의 징역 또는 1천500만원이하의 벌금에 처한다.

② 컴퓨터등 정보처리장치 또는 전자기록등 특수매체기록을 손괴하거나 정보처리장
치에 허위의 정보 또는 부정한 명령을 입력하거나 기타 방법으로 정보처리에 장애를
발생하게 하여 사람의 업무를 방해한 자도 제1항의 형과 같다.

[18] 「형법」 제347조의2 (컴퓨터등 사용사기) 컴퓨터등 정보처리장치에 허위의 정보 또는
부정한 명령을 입력하거나 권한 없이 정보를 입력·변경하여 정보처리를 하게 함으로
써 재산상의 이익을 취득하거나 제3자로 하여금 취득하게 한 자는 10년 이하의 징역
또는 2천만원 이하의 벌금에 처한다.

이 범죄의 구성요건은 ① 부당하게 보호·인증 절차를 우회하여 ② 정보통신망에 접근할 수 있도록 하는 프로그램이나 기술적 장치 등을 ③ 정보통신망 등에 설치, 전달·유포하는 행위이다. 이 규정에서 '인증'이라 함은 다중 사용자 컴퓨터 시스템 또는 망 운용 시스템에서, 시스템이 단말 작동 개시(Log-on) 정보를 확인하는 보안 절차를 말한다.[19] 예를 들면 정보통신망을 경유해서 컴퓨터에 접속해 오는 자가 정당하게 허가받은 자인지를 확인하거나 암호 또는 디지털서명 등을 확인하는 절차 등이 있다.

2. 정보통신망에서의 타인의 비밀 침해죄

(1) 정보 훼손, 비밀 침해 등 범죄의 구성요건

이 범죄의 구성요건은 ① 정보통신망에 의하여 처리, 전송 등 되는 ② 타인의 정보를 훼손하거나 타인의 비밀을 침해, 도용 또는 누설하는 행위이다. 이 규정의 규제 대상은 '누구든지'이다.

「정보통신망법」

제49조(비밀 등의 보호) 누구든지 정보통신망에 의하여 처리·보관 또는 전송되는 타인의 정보를 훼손하거나 타인의 비밀을 침해·도용 또는 누설하여서는 아니 된다.

제71조(벌칙) ① 다음 각 호의 어느 하나에 해당하는 자는 5년 이하의 징역 또는 5천만원 이하의 벌금에 처한다.

11. 제49조를 위반하여 타인의 정보를 훼손하거나 타인의 비밀을 침해·도용 또는 누설한 자

(2) 비밀침해 등 범죄의 보호 법익

이 규정의 보호 법익은 '정보통신망에 의해 처리·보관 또는 전송되는 타인의 정보 및 비밀'이다.[20] 여기에서 비밀에는 정보통신망으로 실시간 처리·

---

19 「IT 용어사전」, 한국정보통신기술협회.
20 「정보통신망법」 제49조가 보호하는 것은 동법 제48조와 달리 정보통신망 자체를 보호하는 것이 아니라 정보 및 비밀이다.

전송 중인 비밀, 나아가 정보통신망으로 처리·전송이 완료되어 원격지 서버에 저장·보관된 것으로 통신기능을 이용한 처리·전송을 거쳐야만 열람·검색이 가능한 비밀이 포함됨은 당연하다.

또한 이에 한정되지 않고 정보통신망으로 처리·전송이 완료된 다음 사용자의 개인용 컴퓨터(PC)에 저장·보관되어 있더라도 그 처리·전송과 저장·보관이 서로 밀접하게 연계됨으로써 정보통신망과 관련된 컴퓨터 프로그램을 활용해서만 열람·검색이 가능한 경우 등 정보통신체제 내에서 저장·보관 중인 것으로 볼 수 있는 비밀도 여기서 말하는 '타인의 비밀'에 포함된다고 보아야 한다. 이러한 결론은 「정보통신망법」 제49조의 문언, 「정보통신망법」상 정보통신망의 개념, 구성요소와 기능, 「정보통신망법」의 입법목적 등에 비추어 도출할 수 있다.[21]

(3) 정보 훼손, 비밀의 침해 및 누설의 의미

「정보통신망법」 제49조는 정보통신망에 의하여 처리·보관 또는 전송되는 타인의 정보를 훼손 또는 비밀침해 등 행위를 금하고 있다. 여기에서 정보란 광(光) 또는 전자적 방식으로 처리되는 부호, 문자, 음성, 음향 및 영상 등으로 표현된 모든 종류의 자료 또는 지식을 말한다(「지능정보화기본법」 제2조제1호)[22]. 즉 정보를 훼손한다 함은 정보통신망상의 정보를 여하한 형태로든 헐거나 깨뜨려 못 쓰게 만들어[23] 그 기능을 다하지 못하게 하는 일체의 행위를 말한다고 해석된다.

한편 비밀이란 일반적으로 알려져 있지 않은 사실로서 이를 다른 사람에게 알리지 않는 것이 본인에게 이익이 되는 것을 뜻한다. 이는 비밀 그 자체를 보호하는 것이고 그 내용이 객관적으로 정당하거나 적법할 것을 요구하는 것은 아니다.[24] 즉 비밀의 내용이 실제로 보호할 가치가 있다고 인정되는 것에 한정되는 것은 아니다.

---

[21] 대법원 2018. 12. 27. 선고 2017도15226 판결
[22] 「정보통신망법」은 정보에 대한 정의규정이 없고, 이 법에 정의 규정이 없는 경우에는 「지능정보화 기본법」의 정의를 따르도록 하고 있다.
[23] 훼손의 사전적 의미는 "헐거나 깨뜨려 못 쓰게 만듦"이다. (표준국어대사전)
[24] 울산지방법원 2020. 6. 11. 선고 2019고단391 판결

그리고 타인의 비밀 침해란 정보통신망에 의하여 처리·보관 또는 전송되는 타인의 비밀을 정보통신망에 침입하는 등 부정한 수단 또는 방법으로 취득하는 행위를 말한다.

타인의 비밀 누설이란 타인의 비밀에 관한 일체의 누설행위를 의미하는 것이 아니라 정보통신망에 의하여 처리·보관 또는 전송되는 타인의 비밀을 정보통신망에 침입하는 등의 부정한 수단 또는 방법으로 취득한 사람이나 그 비밀이 위와 같은 방법으로 취득된 것임을 알고 있는 사람이 그 비밀을 아직 알지 못하는 타인에게 이를 알려주는 행위만을 의미한다.

(4) 비밀 침해 또는 누설의 수단에 대한 규제 범위

제49조는 기술한 바와 같이 정보통신망 자체를 보호하는 것이 아니라 정보통신망에 의하여 처리·보관 또는 전송되는 타인의 정보나 비밀을 보호대상으로 한다. 따라서 이 규정에서 '타인의 비밀 침해 또는 누설'하기 위해 필요한 '정보통신망에 침입하는 등 부정한 수단 또는 방법'에는 ① 부정하게 취득한 타인의 식별부호(아이디와 비밀번호)를 직접 입력하거나 ② 보호조치에 따른 제한을 면할 수 있게 하는 부정한 명령을 입력하는 등의 행위가 포함된다.

하지만 이에 한정되지 않고, 이러한 행위가 없더라도 ③ 사용자가 식별부호를 입력하여 정보통신망에 접속된 상태에 있는 것을 이용하여 정당한 접근권한 없는 사람이 사용자 몰래 정보통신망의 장치나 기능을 이용하는 등의 방법으로 타인의 비밀을 취득·누설하는 행위도 포함된다.[25]

판례 피해자가 자리 비운 사이 메신저 대화내용을 복사하여 제3자에게 전송한 행위를 「정보통신망법」의 비밀 침해 및 누설이라고 판단한 사례 | 대법원 2020. 4. 9. 선고 2018도16938 판결

A. 사실관계

- 피고인과 피해자들은 같은 부서에 근무하던 직장동료로서 종교(선교) 문제 등으로 직장 내 갈등을 겪던 중이었는데,
  - 피해자 갑이 업무용도로 지급받은 개인용 컴퓨터(PC) 및 사내 메신저에 사용자 로그인(Log-in)을 해 둔 상태에서 잠시 자리를 비우자,
  - 피고인이 피해자 갑의 위 메신저 보관함 기능을 조작하여 위 컴퓨터 하드디스크에 메신저 프로그램을 통해 암호화 되어 보관 중이던 피해자들의 과거 메신저 대화내용을 열람·복사한 다음, 그 전자파일을 부서 상급자에게 전송하여 「정보통신망법」 제49조 위반의 죄로 기소되었다.

B. 법원 판단

- 이 사건 대화내용은 피해자들이 각자의 컴퓨터에 설치된 메신저 프로그램을 통하여 나눈 사적인 것으로서 제3자와는 공유하기 어려운 내용이다.
  - 피해자들은 이 사건 대화내용을 컴퓨터 하드디스크에 전자파일의 형태로 저장하였는데, 이는 메신저 프로그램에서 제공하는 보관함 기능을 이용한 것으로서 정보통신망에 의한 비밀처리에 해당한다.
- 다음과 같은 이유로 피해자들 사이의 메신저 대화내용(이하 '이 사건 대화내용')은 정보통신망에 의해 처리·보관 또는 전송되는 타인의 비밀에 해당한다.
  - 피해자가 위와 같이 저장된 이 사건 대화내용을 다시 확인하려면 자신의 계정을 이용하여 메신저 프로그램을 실행해야만 하고, 제3자가 별도의 접근권한 없이 위 피해자의 계정을 이용하여 메신저 프로그램을 실행한 다음 보관함의 대화내용을 확인하는 것은 허용되지 않는다.
  - 피고인은 피해자가 자신의 계정을 이용해 메신저 프로그램을 실행시킨 채 잠시 자리를 비운 사이에 위 피해자 몰래 메신저 프로그램을 사용하여 보관함에 접속한 다음 저장되어 있던 이 사건 대화내용을 열람·복사하여 제3의 컴퓨터에 전송하였다.
  - 피해자들이 이용한 메신저 프로그램의 서비스제공자인 회사(이하 '이 사건 회사')가 징계조사나 영업비밀보호 등을 위하여 메신저 대화내용을 열람·확인할 수 있다고 하더라도, 메신저 프로그램 운영 업무와 관련 없는 피고인에게 이 사건 대화내용을 열람·확인할 권한은 없고, 이 사건 회사가 피고인과 같은 일반 직원에게 그러한 행위를 하는 것을 승낙하였을 것으로 보기도 어렵다.

3. 정보통신망에서의 속이는 행위에 기한 정보수집죄

(1) 속이는 행위로 정보수집, 정보제공의 유인 등 범죄의 구성요건

제49조의 2 제1항이 정하는 범죄의 구성요건은 ① 정보통신망을 통하여 속이는 행위가 있어야 하며, 이를 통해 ② 다른 사람의 정보를 수집하거나, 다른 사람으로 하여금 정보를 제공하도록 유인하는 행위가 있어야 한다. 이 규정의 규제 대상은 '누구든지'이다.

(2) 정보의 의미

이 규정에서 정보는 앞의 제49조의 정보의 의미와 동일하다고 해석할 수 있다. 즉 어떠한 형태의 자료나 지식 모두를 포함하며 이에는 개인정보도 포함된다.[26]

---

[26] 이 규정의 제목은 개정되기 이전에는 "속이는 행위에 의한 개인정보의 수집금지 등"이었다. 즉 개인정보가 주요 보호대상이었다. 이 제목은 2020. 2월에 「개인정보보호법」이 대폭 개정되어, 「정보통신망법」의 개인정보 규제 내용이 거의 삭제되고, 방송통신위원회의 개인정보 소관 업무가 개인정보보호위원회로 이관되면서 "속이는 행위에 의한 정보의 수집금지 등"으로 변경되었다. 이와 관련한 내용은 「개인정보보호법」 분야에서 구체적으로 설명한다.

4. 청소년유해매체물 표시의무 위반죄

(1) 청소년유해매체물[27]의 표시의무

누구든지 전기통신사업자의 전기통신역무를 이용하여 일반에게 공개를 목적으로 정보를 제공하는 자(정보제공자) 중 「청소년보호법」에 따른 청소년유해매체물을 제공하려는 자는 그 정보가 청소년유해매체물임을 표시하여야 한다(제42조). 이 규정을 위반하여 청소년유해매체물임을 표시하지 아니하고 영리를 목적으로 제공한 자는 2년 이하의 징역 또는 2천만원 이하의 벌금에 처한다.

(2) 청소년유해매체물의 광고금지

누구든지 청소년유해매체물을 광고하는 내용의 정보를 정보통신망을 이용하여 부호·문자·음성·음향·화상 또는 영상 등의 형태로 청소년에게 전송하거나 청소년 접근을 제한하는 조치 없이 공개적으로 전시할 수 없다(제42조의 2).

「정보통신망법」

제42조(청소년유해매체물의 표시) 전기통신사업자의 전기통신역무를 이용하여 일반에게 공개를 목적으로 정보를 제공하는 자(이하 "정보제공자"라 한다) 중 「청소년 보호법」 제2조제2호마목에 따른 매체물로서 같은 법 제2조제3호에 따른 청소년유해매체물을 제공하려는 자는 대통령령으로 정하는 표시방법에 따라 그 정보가 청소년유해매체물임을 표시하여야 한다.

---

[27] 「청소년보호법」 제2조

3. '청소년유해매체물'이란 다음 각 목의 어느 하나에 해당하는 것을 말한다.

가. 제7조제1항 본문 및 제11조에 따라 청소년보호위원회가 청소년에게 유해한 것으로 결정하거나 확인하여 여성가족부장관이 고시한 매체물

나. 제7조제1항 단서 및 제11조에 따라 각 심의기관이 청소년에게 유해한 것으로 심의하거나 확인하여 여성가족부장관이 고시한 매체물

※ 제7조제1항 : 청소년보호위원회가 심의하여 청소년유해매체물인지 여부를 결정토록 함

제42조의2(청소년유해매체물의 광고금지) 누구든지 「청소년 보호법」 제2조제2호 마목에 따른 매체물로서 같은 법 제2조제3호에 따른 청소년유해매체물을 광고하는 내용의 정보를 정보통신망을 이용하여 부호·문자·음성·음향·화상 또는 영상 등의 형태로 같은 법 제2조제1호에 따른 청소년에게 전송하거나 청소년 접근을 제한하는 조치 없이 공개적으로 전시하여서는 아니 된다.

제73조(벌칙) 다음 각 호의 어느 하나에 해당하는 자는 2년 이하의 징역 또는 2천만원 이하의 벌금에 처한다.

2. 제42조를 위반하여 청소년유해매체물임을 표시하지 아니하고 영리를 목적으로 제공한 자

3. 제42조의2를 위반하여 청소년유해매체물을 광고하는 내용의 정보를 청소년에게 전송하거나 청소년 접근을 제한하는 조치 없이 공개적으로 전시한 자

5. 음란물유포죄

(1) 음란물 배포 등 범죄의 구성요건과 보호법익

이 범죄는 음란한 부호 등 음란물을 배포, 판매, 임대하거나 공공연하게 전시하는 내용의 정보를 유통함으로써 성립한다. 규제 대상은 '누구든지'이다.

한편 이 규정의 보호법익은 정보통신망을 건전하고 안전하게 이용할 수 있는 환경을 조성하고 그 이용자를 보호하는 것에 있다.[28]

「정보통신망법」

제44조의7(불법정보의 유통금지 등) ① 누구든지 정보통신망을 통하여 다음 각 호의 어느 하나에 해당하는 정보를 유통하여서는 아니 된다.

1. 음란한 부호·문언·음향·화상 또는 영상을 배포·판매·임대하거나 공공연하게 전시하는 내용의 정보

---

(2) 음란의 의미[29]

음란이란 사회통념상 일반 보통인의 성욕을 자극하여 성적 흥분을 유발하고 정상적인 성적 수치심을 해하여 성적 도의관념에 반하는 것을 말한다. 음란성에 관한 논의는 자연스럽게 형성·발전되어 온 사회 일반의 성적 도덕관념이나 윤리의식 및 문화적 사조와 직결되고 아울러 개인의 사생활이나 행복추구권 및 다양성과도 깊이 연관되는 문제로서, 국가 형벌권이 지나치게 적극적으로 개입하기에 적절한 분야가 아니다.

이러한 점을 고려할 때 특정 표현물을 형사처벌의 대상이 될 음란 표현물이라고 하기 위해서는 표현물이 단순히 성적인 흥미에 관련되어 저속하다거나 문란한 느낌을 준다는 정도만으로는 부족하다. 사회통념에 비추어 전적으로 또는 지배적으로 성적 흥미에만 호소할 뿐 하등의 문학적·예술적·사상적·과학적·의학적·교육적 가치를 지니지 아니한 것으로서 과도하고도 노골적인 방법에 의하여 성적 부위나 행위를 적나라하게 표현·묘사함으로써, 존중·보호되어야 할 인격체로서의 인간의 존엄과 가치를 훼손·왜곡한다고 볼 정도로 평가될 수 있어야 한다.

나아가 이를 판단할 때에는 표현물 제작자의 주관적 의도가 아니라 사회 평균인의 입장에서 전체적인 내용을 관찰하여 건전한 사회통념에 따라 객관적이고 규범적으로 평가하여야 한다.

---

 29 대법원 2017. 10. 26. 선고 2012도13352 판결

(3) 「형법」 제20조[30]의 사회상규와 음란물의 판단 기준

음란물이 그 자체로는 하등의 문학적·예술적·사상적·과학적·의학적·교육적 가치를 지니지 아니하더라도 음란성에 관한 논의의 특수한 성격 때문에 그에 관한 논의의 형성·발전을 위해 문학적·예술적·사상적·과학적·의학적·교육적 표현 등과 결합되는 경우가 있다.

이러한 경우 음란 표현의 해악이 이와 결합된 위와 같은 표현 등을 통해 상당한 방법으로 해소되거나 다양한 의견과 사상의 경쟁메커니즘에 의해 해소될 수 있는 정도라는 등의 특별한 사정이 있다면 이러한 결합 표현물에 의한 표현행위는 공중도덕이나 사회윤리를 훼손하는 것이 아니어서 법질서 전체의 정신이나 그 배후에 놓여 있는 사회윤리 내지 사회통념에 비추어 용인될 수 있는 행위로서 「형법」 제20조에 정하여진 '사회상규에 위배되지 아니하는 행위'에 해당된다.[31] 결국 문제의 문언, 영상 등이 음란물에 해당하여 처벌되는지 여부는 사회상규(社會常規)에 위배되는지 여부에 달려 있다.

형법상 처벌하지 아니하는 소위 '사회상규에 반하지 아니하는 행위'라 함은 법규정의 문언상 일응 범죄구성요건에 해당된다고 보이는 경우에도 그것이 극히 정상적인 생활형태의 하나로서 역사적으로 생성된 사회질서의 범위 안에 있는 것이라고 생각되는 경우에 한하여 그 위법성이 조각되어 처벌할 수 없게 되는 것으로서 어떤 법규정이 처벌대상으로 하는 행위가 사회발전에 따라 전혀 위법하지 않다고 인식되고 그 처벌이 무가치할 뿐만 아니라 사회정의에 위반된다고 생각될 정도에 이를 경우나, 국가법질서가 추구하는 사회의 목적가치에 비추어 이를 실현하기 위하여서 사회적 상당성이 있는 수단으로 행하여졌다는 평가가 가능한 경우에 한하여 이를 사회상규에 위배되지 아니한다고 할 것이다.[32]

---

30 「형법」 제20조 (정당행위) 법령에 의한 행위 또는 업무로 인한 행위 기타 사회상규에 위배되지 아니하는 행위는 벌하지 아니한다.
31 대법원 2017. 10. 26. 선고 2012도13352 판결
32 대법원 1985. 6. 11. 선고 84도1958 판결, 대법원 1994. 11. 8. 선고 94도1657 판결.

(4) 관련 판례

> **판례** 인터넷 블로그에 게시한 사진(남성 성기)은 음란물이지만 학술적 등 표현과 결합하여 사회통념에 비추어 용인될 수 있다고 판결한 사례 | 대법원 2017. 10. 26. 선고 2012도13352 판결

A. 사실관계

- 피고인(방송통신심의위원회 심의위원)은 "검열자 일기 #4 이 사진을 보면 성적으로 자극받거나 성적으로 흥분되나요?"라는 제목 아래 남성 성기 사진 8장 등을 자신의 블로그에 게시하였고,

  - 이어서 정보통신에 관한 심의규정(이하 '심의규정') 제8조(선량한 풍속 기타 사회질서) 제1호를 소개한 후 '성행위에 진입하지 않은 그리고 성행위에 관한 서사가 포함되지 않은 성기 이미지 자체를 음란물로 보는 것은 표현의 자유나 심의규정에 비추어 부당하다'라는 취지로 피고인의 의견을 덧붙이고 있다.

B. 법원 판단

(a) 음란 여부

- 이 사건 사진들은 오로지 남성의 발기된 성기와 음모만을 뚜렷하게 강조하여 여러 맥락 속에서 직접적으로 보여줌으로써 성적인 각성과 흥분이 존재한다는 암시나 공개장소에서 발기된 성기의 노출이라는 성적 일탈의 의미를 나타내고 있다. 나아가 여성의 시각을 배제한 남성중심적인 성관념의 발로에 따른 편향된 관점을 전달하고 있다.

- 따라서 단순히 성적인 흥미를 불러일으켜 저속하다거나 문란한 느낌을 준다는 정도를 넘어, 사회통념에 비추어 전적으로 또는 지배적으로 성적 흥미에만 맞춰져 있을 뿐 하등의 문학적·예술적·사상적·과학적·의학적·교육적 가치를 지니지 아니한 것으로서, 과도하고도 노골적인 방법에 의하여 성적 부위를 적나라하게 표현함으로써 인간의 존엄과 가치를 왜곡하는 음란물에 해당한다.

(b) 사회상규 위배 여부

- **정당성 여부** 피고인은 이 사건 게시물의 게시 전 방송통신심의위원회에서, 이 사건 사진들이 음란정보에 해당하는지 여부에 관하여 심의하였다. 피고인을 포함한 3인의 심의위원은 이 사건 사진들이 심의규정에 위반되지 않는다는 의견을 제시하였으나, 나머지 6명의 심의위원들은 음란물에 해당되어 심의규정에 위반된다는 의견을 제시함으로써, 이 사건 사진들에 대하여 이용해지 또는 삭제의 시정요구를 하는 것으로 의결되었다.

  - 이에 피고인은 일반인의 시각에서 성적 자극이나 흥분이 유발되는 것인지를 묻는

형식을 취하면서 표현의 자유나 심의규정에 비추어 이 사건 사진들을 음란물로 보는 것은 부당하다는 자신의 학술적, 사상적 견해를 블로그 방문객들에게 피력하고자 하는 의도로 이 사건 게시물을 게시한 것으로 보인다.

- 피고인의 직업, 사회활동, 관심분야 등 피고인의 특수한 사정을 감안할 때 위와 같은 게시의 동기나 목적은 사회적으로 정당한 것으로 수긍할 수 있다.

- **상당성 여부** 이 사건 게시물이 피고인의 블로그에 게시됨으로써 일반인이나 청소년이 자유롭게 그 정보에 접근하는 것이 가능하였고, 게시물의 전파성도 높았다고 판단된다.

- 그렇지만 피고인의 블로그가 일반인들이나 청소년들에 널리 알려진 블로그라는 사정은 엿보이지 않고, 블로그에 게재된 게시물들의 내용이나 주제 역시 일반인들이나 청소년들에 친숙한 것들도 아니어서, 이 사건 게시물의 주제를 공유하는 사람들의 범위는 제한적일 것으로 보인다. 따라서 이 사건 게시물의 게시는 표현의 수단이나 방법에 있어 상당성을 부정할 정도는 아니라고 할 것이다.

- **법익 균형성: 음란성 vs. 표현의 자유** 피고인의 표현은 일정한 정도의 학술적 또는 사상적 가치를 지니고 있다고 평가할 수 있다. 나아가 피고인은 사후적으로 이 사건 게시물, 특히 이 사건 사진들에 대한 비판이 제기되자 여성의 음부가 묘사된 회화작품을 블로그에 게재하면서 이 사건 사진들과 다를 바 없다는 견해를 피력하기도 하다가 게시 일주일 후 이 사건 사진들을 블로그에서 삭제하였다.

- 결국 이 사건 사진들의 음란성으로 인한 해악은 이 사건 사진들에 결합된 학술적, 사상적 표현들과 비판 및 논증에 의해 해소되었다고 할 수 있다.

- **결론** 이상을 종합하면, 결합 표현물인 이 사건 게시물을 통한 이 사건 사진들의 게시는 목적의 정당성, 그 수단이나 방법의 상당성, 보호법익과 침해법익 간의 법익균형성이 인정되므로, 법질서 전체의 정신이나 그 배후에 놓여 있는 사회윤리 내지 사회통념에 비추어 용인될 수 있는 행위에 해당한다.

판례 웹사이트(토렌트 사이트)에 음란물 영상의 토렌트 파일을 게시하여 불특정 다수인에게 다운로드 받도록 한 행위에 대해 음란물 배포 및 전시라고 판결한 사례
| 대법원 2019. 7. 25. 선고 2019도5283 판결

A. 사실관계

- 피고인은 자신이 운영하는 웹사이트(토렌트 사이트) 게시판에 남녀 간의 성교행위 영상 등 음란물 영상 5,137개를 비롯하여 5개 게시판에 총 8,402개의 음란물 영상을 게시하여 위 사이트를 방문하는 불특정 다수의 사람들이 이를 다운로드 받아갈 수

있도록 하여 「정보통신망법」 위반으로 기소되었다.

- 피고인은, 자신이 게시한 것은 음란물 영상의 <u>토렌트 파일</u>인데, 토렌트 파일은 해당 음란물 영상을 다운로드할 때 필요한 파일의 이름이나 크기, 파일 조각의 정보 등의 메타데이터를 담고 있는 파일이지 음란한 영상이 아니므로, 피고인의 행위는 「정보통신망법」 제74조 제1항 제2호에서 정한 '음란한 영상을 배포 또는 공공연하게 전시'한 행위에 해당하지 않는다고 주장한다.

- 음란물 영상의 토렌트 파일은 그 음란물 영상을 P2P 방식의 파일 공유 프로토콜인 토렌트를 통해 공유하기 위해 토렌트 클라이언트 프로그램(이하 '<u>토렌트 프로그램</u>')을 사용하여 생성된 파일이다.

B. 법원판단

• 음란물 영상의 토렌트 파일은 음란물 영상의 이름·크기·고유의 해쉬 값 등의 메타데이터를 담고 있는 파일이고, 그 메타데이터는 수많은 토렌트 이용자들로부터 토렌트를 통해 전송받을 해당 음란물 영상을 찾아내는 색인(index)과 같은 역할을 한다.

- 그 토렌트 파일을 취득하여 토렌트 프로그램에서 실행하면 자동으로 다른 토렌트 이용자들로부터 그 토렌트 파일이 가리키는 해당 음란물 영상을 전송받을 수 있다. 이처럼 음란물 영상의 토렌트 파일은 음란물 영상을 공유하기 위해 생성된 정보이자 토렌트를 통해 공유 대상인 해당 음란물 영상을 전송받는 데에 필요한 정보이다.

• 위와 같이 P2P 방식의 파일 공유 프로토콜인 토렌트에서 토렌트 파일이 수행하는 역할과 기능, 음란물 영상을 공유하기 위해 그 토렌트 파일을 웹사이트 등에 게시하는 행위자의 의도 등을 종합하면,

- <u>음란물 영상을 공유하기 위해 생성된 정보이자 토렌트를 통해 그 음란물 영상을 전송받는 데에 필요한 정보</u>인 해당 음란물 영상의 토렌트 파일은, 「정보통신망법」 제44조의7 제1항 제1호에서 정보통신망을 통한 유통을 금지한 '음란한 영상을 배포하거나 공공연하게 전시하는 내용의 정보'에 해당한다.

• 따라서 음란물 영상의 토렌트 파일을 웹사이트 등에 게시하여 불특정 또는 다수인에게 무상으로 다운로드 받게 하는 행위 또는 그 토렌트 파일을 이용하여 별다른 제한 없이 해당 음란물 영상에 바로 접할 수 있는 상태를 실제로 조성한 행위는 위 규정을 위반하여 음란한 영상을 배포하거나 공공연하게 전시한 것과 실질적으로 동일한 결과를 가져온다.

- 그러므로 위와 같은 행위는 <u>전체적으로 보아</u> 음란한 영상을 배포하거나 공공연하게 전시한다는 (범죄의) <u>구성요건을 충족</u>한다고 봄이 상당하다.

6. 사이버스토킹죄(「정보통신망법」)

(1) 사이버스토킹 범죄의 구성요건과 보호법익

이 범죄(이른바 '사이버스토킹')의 구성요건은 공포심이나 불안감을 유발하는 부호·문언·음향·화상 또는 영상을 반복적으로 상대방에게 도달하게 하는 행위이다. 즉 ① 공포심이나 불안감을 유발하여야 한다. 동시에 ② 일회성이 아닌 반복성이 있어야 하며, ③ 상대방에게 그 부호 등이 도달하여야만 이 범죄는 성립된다.

「정보통신망법」

제44조의7(불법정보의 유통금지 등) ① 누구든지 정보통신망을 통하여 다음 각 호의 어느 하나에 해당하는 정보를 유통하여서는 아니 된다.

3. 공포심이나 불안감을 유발하는 부호·문언·음향·화상 또는 영상을 반복적으로 상대방에게 도달하도록 하는 내용의 정보

제74조(벌칙) ① 다음 각 호의 어느 하나에 해당하는 자는 1년 이하의 징역 또는 1천만원 이하의 벌금에 처한다.

3. 제44조의7제1항제3호를 위반하여 공포심이나 불안감을 유발하는 부호·문언·음향·화상 또는 영상을 반복적으로 상대방에게 도달하게 한 자

즉 이 규정은 정보통신망을 이용한 개인 간의 모든 표현행위를 처벌하는 것이 아니라, 사회통념에 비추어 공포심이나 불안감을 일으키는 표현을 도달하게 한 경우만 처벌하고 있다. 또한 일정 행위의 반복을 구성요건 요소로 하고 있어서 각 행위 상호간에 일시·장소의 근접, 방법의 유사성, 기회의 동일, 범의의 계속 등 밀접한 관계가 있어 그 전체를 일련의 반복적인 행위로 평가할 수 있는 경우에만 이 규정의 위반행위에 해당하는 것으로 해석함으로써 그 적용범위를 제한하고 있다.[33]

이 규정의 보호법익은 공포심이나 불안감을 유발하는 문언 등으로부터 개인의 사생활의 평온을 보호하고, 정보의 건전한 이용풍토의 조성에 있

---

33 헌법재판소 2016. 12. 29. 선고 2014헌바434 결정

다.[34] 이 규정은 「형법」의 협박죄[35]와 달리 공포감을 조성하는 해악의 고지가 없더라도 반복적인 음향이나 문언 전송 등의 다양한 방법으로 상대방에게 공포심이나 불안감을 유발하는 소위 '사이버스토킹'의 규제를 목적으로 한다.

(2) 공포심, 불안감의 의미

이 범죄의 공포심이라는 개념은 형법상 협박죄의 공포심과 그 뜻이 다르지 않다고 볼 수 있으므로 사회통념상 일반인인 수신자를 기준으로 두려워하고 무서워하는 마음을 의미한다. 그리고 불안감은 공포심의 정도에는 이르지 아니하나 사회통념상 일반인인 수신자를 기준으로 마음이 불편하고 조마조마하여 사생활의 평온이 깨어질 수 있는 상태를 의미하는 것으로 해석할 수 있다.[36]

결국 공포심이나 불안감을 유발하는 문언을 반복적으로 도달하게 한 행위란 사회통념상 일반인에게 두려워하고 무서워하는 마음, 마음이 편하지 아니하고 조마조마한 느낌을 일으킬 수 있는 내용의 문언을 되풀이하여 전송하는 일련의 행위를 의미하는 것으로 풀이할 수 있다.

위와 같은 맥락에서 이 규정이 개인의 사생활의 평온을 깨뜨릴 수 있는 표현행위를 금지하는 데에 입법목적이 있다는 점을 고려하면 단순히 수신자의 마음을 불편하게 하거나 마음에 거슬리는 일체의 표현까지도 처벌대상이 된다고 보기는 어렵다.

---

34 헌법재판소 2016. 12. 29. 선고 2014헌바434 결정

35 「형법」 제283조(협박, 존속협박) ①사람을 협박한 자는 3년 이하의 징역, 500만원 이하의 벌금, 구류 또는 과태료에 처한다. 이 협박죄에서 '협박'은 일반적으로 보아 사람으로 하여금 공포심을 일으킬 수 있는 정도의 해악을 고지하는 것을 의미한다. 이 규정에서 공포심은 행위자와 상대방의 관계 및 사회경제적 위상의 차이, 고지된 불이익이나 해악의 내용이 당시 상황에 비추어 이해관계가 대립되는 당사자의 권리 실현·행사의 내용으로 통상적으로 예견·수용할 수 있는 범위를 현저히 벗어난 정도에 이르렀는지를 고려하여 판단하게 된다.

 36 헌법재판소 2016. 12. 29. 선고 2014헌바434 결정

(3) '반복적'의 의미

이 범죄는 구성요건상 정보통신망을 이용하여 상대방의 불안감 등을 조성하는 일정 행위의 반복을 필수적인 요건으로 삼고 있다. 그 입법 취지에 비추어 보더라도 정보통신망을 이용한 일련의 불안감 조성행위가 이에 해당한다고 하기 위해서는 각 행위 상호 간에 일시·장소의 근접, 방법의 유사성, 기회의 동일, 범의의 계속 등 밀접한 관계가 있어 전체적으로 상대방의 불안감 등을 조성하기 위한 일련의 반복적인 행위로 평가할 수 있는 경우여야만 한다.[37]

그와 같이 평가될 수 없는 일회성 내지 비연속적인 단발성 행위가 여러 번 이루어진 것에 불과한 경우에는 각 행위의 구체적 내용 및 정도에 따라 협박죄나 「경범죄처벌법」상 불안감 조성행위 등 별개의 범죄로 처벌할 수 있음은 별론으로 하더라도 위 법 위반죄로 처벌할 수 없다.

(4) 공포심, 불안감 유발 여부의 판단 기준[38]

'공포심이나 불안감을 유발하는 문언을 반복적으로 상대방에게 도달하게 하는 행위'에 해당하는지는 상대방에게 보낸 문언의 내용과 그 표현 방법 및 함축된 의미, 피고인과 상대방 사이의 관계, 문언을 보낸 경위, 횟수 및 그 전후의 사정, 상대방이 처한 상황 등을 종합적으로 고려해서 판단하여야 한다.

(5) 관련 판례

> **판례** 피고인이 휴대전화의 메시지 등으로 상대방의 불안감 조성 행위를 반복하지 않았다고 판결한 사례 | 대법원 2023. 9. 14. 선고 2023도5814 판결
>
> A. 사실관계
>
> • 자신이 회사의 대표이사인 피고인이 피해자에게 해고를 통보하자 피해자가 반발한 상황에서, 피고인이 휴대전화를 사용하여 피해자에게 메시지를 7회 전송하고 전화를 2회 걸어 정보통신망을 통하여 공포심이나 불안감을 유발하는 문언·음향을 반복

---

[37] 이 규정은 문자 전송 등 행위의 총 횟수나 시간적 근접성 등에 대해 명확한 기준을 제시하고 있지는 않으나 구체적인 상황에서 사회통념상 일반인인 수신자를 기준으로 공포심이나 불안감을 느끼게 하는 정도의 반복성을 요건으로 하고 있다.

[38] 대법원 2023. 9. 14. 선고 2023도5814 판결.

적으로 피해자에게 도달하도록 하였다는 내용으로 기소되었다.

B. 원심 판단(유죄)

- 피고인은 해고 통보 당일날 23:00경 휴대전화를 사용하여 피해자에게 "일단 내일 회사 근처 얼쩡거리지 마라" 등 메시지 전송 및 다음날 오전까지 총 9회에 걸쳐 반복적으로 메시지를 전송하고 피해자에게 전화를 걸어 정보통신망을 통하여 공포심이나 불안감을 유발하는 문언·음향을 반복적으로 피해자에게 도달하도록 하였다.

C. 대법원 판단(무죄)

- 피고인의 전화통화는 피해자의 불성실한 근무태도와 해고 통지 수용에 관련한 사항이다.

- 카카오 톡 메시지는 그 내용 및 시간적 간격에 비추어 보면 전체적으로 총 3개의 메시지를 발송한 것이다. 즉 피고인은 약 3시간 동안 3개의 메시지를 피해자에게 보낸 것으로 이러한 사정만으로 「정보통신망법」 제44조의7 제1항 제3호에서 정한 일련의 반복적 행위에 해당한다고 단정할 수 없다.

  - 피고인이 격분하여 일시적·충동적으로 다소 과격한 표현의 경고성 문구를 포함하여 약 3시간 동안 3개의 메시지를 보내게 된 것이고 그 전체적인 내용은 더 이상 피해자와 함께 근무할 수 없다는 취지로 해고의 의사표시를 명확히 고지한 것에 불과하다.

  - 위와 같은 카카오 톡 메시지 전송의 전후 경위 및 그 내용과 의미, 피고인과 피해자 및 그 관계 형성의 매개가 된 공소외인 3자 간의 관계 등에 비추어 이는 피고인과 피해자 사이에 현안이 된 해고 방식의 고용관계 종료를 둘러싼 법적 분쟁 혹은 이에 관한 협의 과정의 급박하고 격앙된 형태 내지 전개라고 볼 수 있을 뿐 피해자의 불안감 등을 조성하기 위한 일련의 반복적인 행위라고 평가하기는 어렵다.

- 피고인의 메시지 및 통화는 전체적으로 일회성 내지 비연속적인 단발성 행위가 수차 이루어진 것으로 볼 여지가 있을 뿐, 「정보통신망법」 제74조 제1항 제3호, 제44조의7 제1항 제3호에서 정한 바와 같이 정보통신망을 이용하여 상대방의 불안감 등을 조성하는 일련의 행위를 반복한 경우에 해당한다고 단정할 수 없다.

7. 사이버스토킹죄(「스토킹처벌법」) [39]

(1) 「스토킹처벌법」 제정 배경 등

「스토킹처벌법」은 스토킹이 심각한 사회적 문제로 제기되면서 스토킹이 범죄임을 명확히 규정하고 가해자 처벌 및 그 절차에 관한 특례와 스토킹범죄 피해자에 대한 각종 보호절차를 마련하여 범죄 발생 초기 단계에서부터 피해자를 보호하고, 스토킹이 더욱 심각한 범죄로 이어지는 것을 방지하고자 제정(2021. 10. 21.)되었다.

이 법은 2년여 후 개정되었는데 그 주요 내용을 살펴보면, 정보통신망을 이용한 스토킹범죄 등에 대한 처벌 공백을 해소하고 스토킹행위의 상대방과 피해자 보호를 위한 제도적 장치를 보완·강화하였다(「스토킹처벌법」 제2조 제1호 다목, 같은 호 바목 및 사목 신설). 즉 그동안 「정보토통산망법」의 사이버스토킹 규정으로 규제하지 못했던 영역을 추가하여 피해자 보호를 강화한 것이다.

> ### 「정보통신망법」
>
> **제18조(스토킹범죄)** ① 스토킹범죄를 저지른 사람은 3년 이하의 징역 또는 3천만원 이하의 벌금에 처한다.
>
> ② 흉기 또는 그 밖의 위험한 물건을 휴대하거나 이용하여 스토킹범죄를 저지른 사람은 5년 이하의 징역 또는 5천만원 이하의 벌금에 처한다.
>
> ※ "스토킹범죄"란 지속적 또는 반복적으로 스토킹행위를 하는 것을 말한다(제2조 제2호).
>
> **제2조(정의)** 이 법에서 사용하는 용어의 뜻은 다음과 같다
>
> 1. "스토킹행위"란 상대방의 의사에 반(反)하여 정당한 이유 없이 다음 각 목의 어느 하나에 해당하는 행위를 하여 상대방에게 불안감 또는 공포심을 일으키는 것을 말한다.
>
>   가. 상대방 또는 그의 동거인, 가족(이하 "상대방등"이라 한다)에게 접근하거나 따라다니거나 진로를 막아서는 행위
>
>   나. 상대방등의 주거, 직장, 학교, 그 밖에 일상적으로 생활하는 장소(이하 "주거등"이라 한다) 또는 그 부근에서 기다리거나 지켜보는 행위

---

39 「스토킹처벌법」은 「정보통신망법」에서 다하지 못한 사이버스토킹 규제를 보완하여 규정하고 있으므로 본 장에서 함께 서술한다.

다. 상대방등에게 우편·전화·팩스 또는 「정보통신망 이용촉진 및 정보보호 등에 관한 법률」 제2조제1항제1호의 정보통신망(이하 "정보통신망"이라 한다)을 이용하여 물건이나 글·말·부호·음향·그림·영상·화상(이하 "물건등"이라 한다)을 도달하게 하거나 정보통신망을 이용하는 프로그램 또는 전화의 기능에 의하여 글·말·부호·음향·그림·영상·화상이 상대방등에게 나타나게 하는 행위

라. 상대방등에게 직접 또는 제3자를 통하여 물건등을 도달하게 하거나 주거등 또는 그 부근에 물건등을 두는 행위

마. 상대방등의 주거등 또는 그 부근에 놓여져 있는 물건등을 훼손하는 행위

바. 다음의 어느 하나에 해당하는 상대방등의 정보를 정보통신망을 이용하여 제3자에게 제공하거나 배포 또는 게시하는 행위

　1) 「개인정보보호법」 제2조제1호의 개인정보

　2) 「위치정보의 보호 및 이용 등에 관한 법률」 제2조제2호의 개인위치정보

　3) 1) 또는 2)의 정보를 편집·합성 또는 가공한 정보(해당 정보주체를 식별할 수 있는 경우로 한정한다)

사. 정보통신망을 통하여 상대방등의 이름, 명칭, 사진, 영상 또는 신분에 관한 정보를 이용하여 자신이 상대방등인 것처럼 가장하는 행위

위 규정을 살펴보면 사이버 스토킹행위 또는 온라인 스토킹의 개념을 직접적으로 언급하지는 않았지만 여러 형태들의 온라인 스토킹행위를 규정함과 처벌근거를 마련하였다. 무엇보다도 정의 조항을 통해 스토킹 및 사이버 스토킹 범죄의 구성요건을 명확히 하였을 뿐 아니라 그 범위도 확장하였다. 또한 정보통신망을 이용하여 상대방 등의 개인정보, 개인위치정보 등을 제3자에게 제공하거나 배포 또는 게시하는 행위, 그리고 정보통신망을 통하여 상대방 등의 이름, 명칭, 사진, 영상 또는 신분에 관한 정보를 이용하여 자신이 상대방 등인 것처럼 가장하는 행위도 스토킹행위로 명시하였다. 이를 통해 개정 전의 「스토킹처벌법」에서는 매우 좁은 범위의 행위만 사이버 스토킹으로 처벌할 수 있도록 규정한 것을 보완하였다. 아울러 형사처벌의 정도를 상향하여 보다 엄격하게 규제함으로써 범죄행위 억지력을 높였다.

원래 「스토킹처벌법」의 입법 취지는 정보통신망을 이용한 스토킹범죄 등에 대한 처벌 공백을 해소하고 법적 미비를 보완하기 위한 것이다. 이에 사

이버스토킹 범죄에 대하여는 「정보통신망법」보다는 그 규제 범위가 넓고 규제 수위도 높은 「스토킹처벌법」을 적용하여 규제하게 될 것이다.

(2) 「스토킹처벌법」상 스토킹범죄의 구성요건 개요 및 보호법익

스토킹 범죄는 ① 지속적 또는 반복적인 ② 스토킹행위의 존재 및 그 행위로 ③ 상대방등에게 불안감 또는 공포심 유발했을 것을 구성요건으로 한다. 「스토킹처벌법」은 스토킹행위에 해당하는 7개 유형의 행위를 정의하고, 이 행위가 지속 또는 반복되어 불안감 등을 일으키면 스토킹범죄로 처벌한다. 따라서 서로 상이한 7개 스토킹행위는 그 유형에 따라 그 구성요건도 상이하다.

7개 사이버스토킹 유형은 다음과 같이 ① 상대방등에게 접근 또는 진로방해, ② 주거, 직장 등에서 기다리거나 지켜보는 행위, (③ 신설) 상대방등에게 전화등 또는 정보통신망을 이용하여 물건, 글, 부호 등을 상대방등에게 도달하게 하거나 정보통신망을 이용하는 프로그램 또는 전화의 기능에 의하여 글·말·부호 등이 상대방등에게 나타나게 하는 행위, ④ 직접 또는 간접으로 물건을 상대방등에게 도달케 하는 행위, ⑤ 상대방등의 주거(또는 주변의 물건) 훼손 등 행위, (⑥ 신설) 상대방의 개인정보·개인위치정보 또는 이들을 결합한 정보 등을 정보통신망을 통하여 제공, 배포, 게시 행위, (⑦ 신설) 정보통신망을 통하여 상대방등의 이름, 명칭 등 정보를 자신의 정보인 것처럼 가장하는 행위 등이다(「스토킹처벌법」 제2조 제1호 가~사목).

「스토킹처벌법」의 스토킹범죄에 대한 보호법익은 행위자의 어떠한 행위를 매개로 이를 인식한 상대방에게 불안감 또는 공포심을 일으킴으로써 그의 자유로운 의사결정의 자유 및 생활형성의 자유와 평온이 침해되는 것을 막는 것이다.

(3) 사이버스토킹 범죄의 구성요건(제2조제1호 다, 바, 사목)

스토킹행위 유형 중 사이버스토킹에 해당하는 행위는 다목, 마목, 바목 등 3개 유형이다. 이들 각 목의 구성요건을 구분하여 열거해 보면 〈표 18〉과 같다.

〈표 18〉「스토킹처벌법」상 스토킹행위 유형 별 구성요건

구분	구성요건
가 ~ 사 목 공통	▪ 지속적, 반복적 + 스토킹행위 + 불안감, 공포심 유발
다목	(1) 다음의 요건을 모두 갖추면 범죄 성립 ▪ 전화등 또는 정보통신망을 이용하여 + ▪ 물건이나 글·말·부호·음향·그림·영상·화상 등을 + ▪ 상대방등에게 도달하게 하는 행위 또는 (2) 다음의 요건을 모두 갖추면 범죄 성립 ▪ 정보통신망을 이용하는 프로그램 또는 전화의 기능에 의하여 + ▪ 글·말·부호·음향·그림·영상·화상이 + ▪ 상대방등에게 나타나게 하는 행위 ※ 위 두 요건에서 물건이나 글·말·부호 등의 내용 자체가 불안감이나 공포감을 유발하지 않더라도 범죄 성립
바목	〈다음의 요건을 모두 갖추면 범죄 성립〉 ▪ 상대방등의 개인정보, 개인위치정보, 또는 앞 두 정보를 편집, 합성, 가공한 정보를 + ▪ 정보통신망을 이용하여 + ▪ 제3자에게 제공하거나 배포 또는 게시하는 행위
사목	〈다음의 요건을 모두 갖추면 범죄 성립〉 ▪ 정보통신망을 통하여 + ▪ 상대방등의 이름, 명칭, 사진, 영상 또는 신분에 관한 정보를 이용하여 + ▪ 자신이 상대방등인 것처럼 가장하는 행위

(4) 불안감, 공포심의 판단 기준[40]

　「스토킹처벌법」의 보호법익은 스토킹행위로 상대방에게 불안감 또는 공포심을 일으킴으로써 그의 자유로운 의사결정의 자유 및 생활형성의 자유와 평온이 침해되는 것을 막는 데에 있다. 따라서 위 규정의 스토킹 행위가 객관적·일반적으로 볼 때 이를 인식한 상대방으로 하여금 불안감 또는 공포심을 일으키기에 충분한 정도라고 평가될 수 있다면 현실적으로 상대방이 불안감 내지 공포심을 갖게 되었는지 여부와 관계없이 스토킹행위에 해당한다. 부연하면 상대방등의 자유의사 결정, 일상생활의 자유와 평온을 침해할

　40 대법원 2023. 9. 27. 선고 2023도6411 판결

정도라면 스토킹행위로 인정될 수 있다는 것으로 해석할 수 있다.

나아가 그와 같은 일련의 스토킹행위가 지속되거나 반복되면 스토킹범죄가 성립한다. 이때 스토킹 행위가 객관적·일반적으로 볼 때 상대방으로 하여금 불안감 또는 공포심을 일으키기에 충분한 정도인지는 행위자와 상대방의 관계·지위·성향, 행위에 이르게 된 경위, 행위 태양, 행위자와 상대방의 언동, 주변의 상황 등 행위 전후의 여러 사정을 종합하여 객관적으로 판단하여야 한다.

판례 개별 행위가 비교적 경미하더라도 누적·반복된 행위로 불안감·공포심을 일으키기 충분하다면 스토킹 범죄에 해당한다고 판결한 사례 | 대법원 2023. 9. 27. 선고 2023도6411 판결

A. 사실관계

- 피고인은 약 한 달간 6회에 걸쳐 자신과 이혼한 피해자의 집에 찾아가 피해자와 그 자녀를 기다리거나 문을 열어달라고 소리치는 등 접근한 혐의로 기소됐다. 피해자는 피고인에게 성폭력 피해를 당해 자신과 자녀들에 대한 접근금지 명령을 신청하는 등 A 씨를 만나는 것에 대해 공포심을 가지고 있었다.

B. 원심 판결

- 1심은 A 씨에게 1년에 스토킹 치료프로그램 이수 40시간을 명령했다.
- 2심은 A 씨에 징역 10개월을 선고, 스토킹 치료프로그램 이수 40시간을 명령했다.

C. 대법원 판결

- 스토킹행위를 전제로 하는 스토킹범죄는 행위자의 어떠한 행위를 매개로 이를 인식한 상대방에게 불안감 또는 공포심을 일으킴으로써 그의 **자유로운 의사결정의 자유 및 생활형성의 자유와 평온이 침해되는 것을 막고 이를 보호법익으로** 하는 위험범이라고 볼 수 있으므로,
- 구 「스토킹처벌법」 제2조 제1호 각 목의 행위가 객관적·일반적으로 볼 때 이를 인식한 상대방으로 하여금 불안감 또는 공포심을 일으키기에 충분한 정도라고 평가될 수 있다면 현실적으로 상대방이 불안감 내지 공포심을 갖게 되었는지 여부와 관계없이 스토킹행위에 해당하고,
- 나아가 그와 같은 일련의 스토킹행위가 지속되거나 반복되면 스토킹범죄가 성립한다.

- 상대방의 의사에 반하여 정당한 이유 없이 상대방 또는 그의 가족 등에 대하여 접근하거나 따라다니는 스토킹행위는 그 행위의 본질적 속성상 비교적 경미한 수준의 개별 행위라 하더라도 그러한 행위가 반복되어 누적될 경우 상대방이 느끼는 불안감 또는 공포심이 비약적으로 증폭될 가능성이 충분하다.
- 피고인이 1개월 남짓의 짧은 기간에 피고인 스스로도 불안감 또는 공포심을 일으키기에 충분한 행위임을 인정하는 행위를 반복하였음을 고려하면, 단기간에 수차례 반복된 행위는 누적적·포괄적으로 불안감 또는 공포심을 일으키기에 충분한 일련의 행위로 평가할 수는 있다.

(5) 「정보통신망법」과 「스토킹처벌법」의 사이버스토킹 규정 비교

「정보통신망법」 제74조 제1항 제3호의 사이버스토킹 정의 규정과 새로 제정·시행된 「스토킹처벌법」 제2조 제1호 다목의 정의 규정은 그 문구만 보면 일응 유사하게 보이지만 실제로 각 범죄를 구성하는 요건은 상이하다 (〈표 19〉 참조).

<표 19> 「정보통신망법」과 「스토킹처벌법」의 스토킹범죄 규정의 비교

	「정보통신망법」 제74조	「스토킹처벌법」
규정 내용	제74조(벌칙) ① 다음 각 호의 어느 하나에 해당하는 자는 1년 이하의 징역 또는 1천만원 이하의 벌금에 처한다.	제18조(스토킹범죄) ① 스토킹범죄를 저지른 사람은 3년 이하의 징역 또는 3천만원 이하의 벌금에 처한다. ※ "스토킹범죄"란 지속적 또는 반복적으로 스토킹행위를 하는 것을 말한다(제2조제2호). 제2조제1호 1. "스토킹행위"란 상대방의 의사에 반(反)하여 정당한 이유 없이 다음 각 목의 어느 하나에 해당하는 행위를 하여 상대방에게 불안감 또는 공포심을 일으키는 것을 말한다.
규정 내용	3.제44조의7제1항제3호를 위반하여 공포심이나 불안감을 유발하는 부호·문언·음향·화상 또는 영상을 반복적으로 상대방에게 도달하게 하는 행위	다.상대방등에게 우편·전화·팩스 또는 「정보통신망 이용촉진 및 정보보호 등에 관한 법률」 제2조제1항제1호의 정보통신망(이하 "정보통신망"이라 한다)을 이용하여 물건이나 글·말·부호·음향·그림·영상·화상(이하 "물건등"이라 한다)을 도달하게 하거나 정보통신망을 이용하는 프로그램 또는 전화의 기능에 의하여 글·말·부호·음향·그림·영상·화상이 상대방등에게 나타나게 하는 행위

구성 요건	■ 정보통신망을 통하여	(1) ■ 전화등 또는 정보통신망을 이용하여
	■ 공포심이나 불안감 을 유발하는 - 부호, 영상 등을 피해 자에게 도달하게 하 는 행위	■ (공포심이나 불안감을 유발하는 내용이 아니어도) - 물건·글·음향 등을 도달하게 하는 행위
	※ 피해자에게 도달된 부호, 영상 등의 내 용이 공포심 등을 유 발해야만 범죄성립	※ 도달되는 물건·글·말·음향 등이 피해자에게 불안감 또는 공포심을 유발하는 내용이 아니어도 범죄성립 ※ 글·말 등이 반복되어 도달케 하는 행위 자체로 공포감이나 불안감이 유발되는 것으로 범죄 성립
		(2) ■ 정보통신망을 이용하는 프로그램 또는 or ■ 전화의 기능에 의하여 + ■ (공포심이나 불안감을 유발하는 내용이 아니어도) - 글·말·부호·음향·그림·영상·화상이 상대방등에게 나타나게 하는 행위
처벌	1년 이하 징역/ 1천만 원 이하 벌금	3년 이하의 징역 또는 3천만원 이하의 벌금

위 구성요건 중 「정보통신망법」과 「스토킹처벌법」에 공통적인 도달하게 하는 행위와 「스토킹처벌법」에 새로 신설된 나타나게 하는 행위에 대한 내용은 그 배경의 이해가 필요하다. 법문상의 '도달'이라는 의미가 명확하지 않아 「스토킹처벌법」을 통해 이에 대한 보완이 필요했던 것으로 이해된다.

실제로 한 판례에서 "정보통신망법 제65조 제1항 제3호[41]에서 정보통신망을 통하여 공포심이나 불안감을 유발하는 음향을 반복적으로 상대방에게 도달하게 한다는 것은 상대방에게 전화를 걸어 반복적으로 음향을 보냄(송신)으로써 이를 받는(수신) 상대방으로 하여금 공포심이나 불안감을 유발케 하는 것으로 해석된다. 따라서 상대방에게 전화를 걸 때 상대방 전화기에서 울리는 '전화기의 벨소리'는 정보통신망을 통하여 상대방에게 송신된 음향이 아니므로, 반복된 전화기의 벨소리로 상대방에게 공포심이나 불안감을

---

41 (구)「정보통신망법」 제65 제1항 제3호는 현행 「정보통신망법」 제74조 제1항 제3호와 동일하다.

유발케 하더라도 이는 같은 법 제65조 제1항 제3호 위반이 될 수 없다.”고 판결한 바 있다.[42] 그런데 최근의 판례에서 “전화를 걸어 상대방의 휴대전화에 벨소리가 울리게 하거나 부재중 전화 문구 등이 표시되도록 하여 상대방에게 불안감이나 공포심을 일으키는 행위가 실제 전화통화가 이루어졌는지와 상관없이 스토킹처벌법 제2조 제1호 (다)목에서 정한 스토킹행위에 해당한다”고 판결하였다.[43] 이와 같은 판결은 「스토킹처벌법」이 그동안의 ‘정보통신망을 통하여’라는 범위를 넘어 전화, 팩스, 우편도 명시하였고, ‘정보통신망을 이용하는 프로그램의 기능에 의하여’ 또는 ‘전화의 기능에 의하여’ 나타나게 하는 행위도 처벌대상으로 포섭한 한 것을 보여주고 있다.

(6)관련 판례

판례 피해자가 전화를 받지 않았더라도 공포심등을 유발했다면 스토킹 범죄가 성립된다고 판결한 사례 | 대법원 2023. 5. 18. 선고 2022도12037 판결

A. 사실관계

- 피고인은 피해자가 자신의 휴대전화 번호를 차단한 사실을 알고, 타인의 휴대전화를 이용하여 피해자에게 전화를 건 것을 비롯하여 그때부터 약 한달 정도 원심 판시 별지 범죄일람표2 순번 1, 3, 5 기재와 같이 피해자에게 전화하였다.

B. 원심 판단(무죄)

- 쟁점 공소사실 중 순번 1 행위의 경우 피고인이 단 1회 전화를 걸었을 뿐이고 그 통화 내용도 밝혀지지 않았으며, 순번 3, 5 행위의 경우 피고인이 전화를 걸어 피해자의 휴대전화에서 벨소리가 울렸더라도 피해자가 전화를 받지 않았다면 피고인이 정보통신망을 통하여 피해자에게 ‘음향’을 보냈다고 할 수 없고, 피해자의 휴대전화에 표시된 ‘부재중 전화’ 문구는 전화기 자체의 기능에서 나오는 표시에 불과하여 피고인이 보낸 ‘글’이나 ‘부호’에 해당한다고 보기 어렵다.

C. 대법원 판단(무죄)

- 쟁점조항(다목)은 스토킹행위 중 하나로 전화 또는 정보통신망 등을 ‘이용하여’ 음향·글·부호 등을 피해자에게 도달하게 하는 행위를 규정한다. “이용하다”의 사전적 의미는 ‘대상을 필요에 따라 이롭게 쓴다’는 것으로, 피해자에게 음향 등을 도달시킬 목적으로 전화, 정보통신망을 도구로 사용한다는 의미로 이해할 수 있다.

---

[42] 대법원 2005. 2. 25. 선고 2004도7615 판결.

[43] 대법원 2023. 5. 18. 선고 2022도12037 판결

- 또한 쟁점 조항(다목)은 피해자에게 도달하게 하는 음향·글·부호 등의 내용 자체가 피해자에게 불안감 또는 공포심을 유발하는 내용일 것을 요구하지 않고, 음향·글·부호 등의 발신·송신을 요구하지도 않으며, 음향·글·부호 등이 도달하게 하는 행위에 해당할 것을 요구할 뿐이다.
- 따라서 피고인이 피해자에게 전화를 걸어 무선 기지국 등에 '피고인이 피해자와 전화통화를 원한다.'라는 내용이 담긴 정보의 전파를 발신·송신하고, 그러한 정보의 전파가 기지국, 교환기 등을 거쳐 피해자의 휴대전화에 수신된 후 '피고인이 피해자와 전화통화를 원한다.' 또는 '피고인이 피해자와 전화통화를 원하였다.'는 내용의 정보가 벨소리, 발신번호 표시, 부재중 전화 문구 표시로 변형되어 피해자의 휴대전화에 나타났다면,
  - 피고인이 전화 또는 정보통신망을 도구로 사용하여 피고인 전화기에서의 출발과 장소적 이동을 거친 음향(벨소리), 글(발신번호 표시, 부재중 전화 문구 표시)을 피해자의 휴대전화에 '도달'하게 한 것으로 평가할 수 있다.
- 아울러, 피고인이 피해자의 의사에 반하여 정당한 이유 없이 전화를 걸어 피해자와 전화통화를 하여 말을 도달하게 한 행위는, 그 전화통화 내용이 불안감 또는 공포심을 일으키는 것이었음이 밝혀지지 않는다고 하더라도, 피고인과 피해자의 관계, 지위, 성향, 행위 전후의 여러 사정을 종합하여 그 전화통화 행위가 피해자의 불안감 또는 공포심을 일으키는 것으로 평가되면, 쟁점 조항 스토킹행위에 해당하게 된다.
  - 설령 피고인이 피해자와의 전화통화 당시 아무런 말을 하지 않아 '말을 도달하게 하는 행위'에 해당하지 않는다고 하더라도 피해자의 수신 전 전화 벨소리가 울리게 하거나 발신자 전화번호가 표시되도록 한 것까지 포함하여 피해자에게 불안감이나 공포심을 일으킨 것으로 평가된다면 '음향·글 등을 도달하게 하는 행위'에 해당하므로 마찬가지로 쟁점 조항 스토킹행위에 해당한다고 볼 수 있다.

판례 피고인이 밤과 새벽에 소음 등 큰소리로 전달한 행위는 스토킹 범죄가 성립된다고 판결한 사례 | 대법원 2023. 12. 14. 선고 2023도10313 판결

〈사실관계 및 대법원 판단〉

- 피고인은 피해자가 피고인은 층간소음 기타 주변의 생활소음에 불만을 표시하며 수개월에 걸쳐 이웃들이 잠드는 시각인 늦은 밤부터 새벽 사이에 반복하여 도구로 벽을 치거나 음향기기를 트는 등으로 피해자를 비롯한 주변 이웃들에게 큰 소리가 전달되게 하였고,
  - 피고인의 반복되는 행위로 다수의 이웃들은 수개월 내에 이사를 갈 수밖에 없었으며,

- 피고인은 이웃의 112 신고에 의하여 출동한 경찰관으로부터 주거지 문을 열어 줄 것을 요청받고도 '영장 들고 왔냐'고 하면서 대화 및 출입을 거부하였을 뿐만 아니라 주변 이웃들의 대화 시도를 거부하고 오히려 대화를 시도한 이웃을 스토킹혐의로 고소하는 등 이웃 간의 분쟁을 합리적으로 해결하려 하기보다 이웃을 괴롭힐 의도로 위 행위를 한 것으로 보이는 점 등

- 피고인과 피해자의 관계, 구체적 행위태양 및 경위, 피고인의 언동, 행위 전후의 여러 사정들에 비추어 보면, 피고인의 위 행위는 층간소음의 원인 확인이나 해결방안 모색 등을 위한 사회통념상 합리적 범위 내의 정당한 이유 있는 행위에 해당한다고 볼 수 없고 객관적·일반적으로 상대방에게 불안감 내지 공포심을 일으키기에 충분하다고 보이며,

- 나아가 위와 같은 일련의 행위가 지속되거나 반복되었으므로 '스토킹범죄'를 구성한다고 본 원심의 판단은 수긍할 수 있다.

8. 정보통신망에서의 명예훼손죄

(1) 정보통신망을 통한 명예훼손 범죄 규정

사람을 비방할 목적으로 정보통신망을 통하여 공공연하게 사실이나 거짓된 사실을 드러내어 다른 사람의 명예를 훼손한 자는 각각 3년 이하의 징역 또는 3천만원 이하의 벌금, 7년 이하의 징역, 10년 이하의 자격정지 또는 5천만원 이하의 벌금에 처한다. 위 두 규정은 피해자가 가해자에 대한 처벌 의사를 밝혀야 공소를 제기할 수 있다.

제70조(벌칙) ① 사람을 비방할 목적으로 정보통신망을 통하여 공공연하게 사실을 드러내어 다른 사람의 명예를 훼손한 자는 3년 이하의 징역 또는 3천만원 이하의 벌금에 처한다.

② 사람을 비방할 목적으로 정보통신망을 통하여 공공연하게 거짓의 사실을 드러내어 다른 사람의 명예를 훼손한 자는 7년 이하의 징역, 10년 이하의 자격정지 또는 5천만원 이하의 벌금에 처한다.

③ 제1항과 제2항의 죄는 피해자가 구체적으로 밝힌 의사에 반하여 공소를 제기할 수 없다.

(2) 정보통신망 명예훼손죄 구성요건과 보호법익

가. 사실의 적시를 통한 명예훼손

명예훼손죄가 성립하기 위하여는(구성요건은) ① 사람을 비방할 목적으로, ② 정보통신망을 통하여 사실의 적시가 있어야 한다. 즉 이 규정에 따른 범죄가 성립하려면 피고인이 공공연하게 드러낸 사실이 다른 사람의 사회적 평가를 떨어트릴 만한 것임을 인식해야 할 뿐만 아니라 사람을 비방할 목적이 있어야 한다. 그런데 비방할 목적이 있는지는 피고인이 드러낸 사실이 사회적 평가를 떨어트릴 만한 것인지와 별개의 구성요건이다. 즉 드러낸 사실이 사회적 평가를 떨어트리는 것이라고 해서 비방할 목적이 당연히 인정되는 것은 아니다.[44] 그리고 이 규정에서 정한 모든 구성요건에 대한 증명책임은 검사에게 있다.

이 규정에서 '적시된 사실'은 그 적시된 사실로 인해 특정인의 사회적 가치 내지 평가가 침해될 가능성이 있을 정도로 구체성을 띠어야 한다. 그리고 특정인의 사회적 가치나 평가를 저하시키기에 충분한 구체적인 사실의 적시가 있다고 하기 위해서는 반드시 그러한 구체적인 사실이 직접적으로 명시되어 있을 것을 요구하는 것은 아니지만, 적어도 적시된 내용 중의 특정 문구에 의하여 그러한 사실이 곧바로 유추될 수 있을 정도는 되어야 한다.[45] 명예훼손죄의 보호법익은 개인의 명예에 대한 사회적 평가를 진위에 관계없이 보호하는 데에 있다.

나. 거짓된 사실의 적시를 통한 명예훼손

허위사실 적시에 의한 명예훼손죄가 성립하려면 ① 사람을 비방할 목적으로, ② 정보통신망을 통하여 적시하는 사실이 허위이고, ③ 피고인이 그 사실이 허위임을 인식하여야 한다. 여기에서 적시된 사실이 세부에 있어 진실과 약간 차이가 나거나 다소 과장된 표현이 있더라도 그 적시된 사실의 중요한 부분이 객관적 사실과 합치되는 경우에는 거짓이라고 볼 수 없다. 거짓인지를 판단할 때에는 적시된 사실 내용 전체의 취지를 살펴 객관적 사실과 합

---

44 대법원 2022. 7. 28. 선고 2022도4171 판결.
45 대법원 2011. 8. 18. 선고 2011도6904 판결.

치하지 않는 부분이 중요한 부분인지를 결정하여야 한다.[46]

다. 비방할 목적과 비판할 목적의 차이

비방할 목적은 고의 외에 추가로 요구되는 주관적 구성요건요소로서 사람의 명예에 대한 가해의 의사나 목적을 의미한다. '비방'이나 '목적'이라는 용어는 「정보통신망법」에서만 사용되는 고유한 개념이 아니고 일반인이 일상적으로 사용하거나 다른 법령들에서도 사용되는 일반적인 용어로서, 특별한 경우를 제외하고는 법관의 보충적 해석 작용 없이도 일반인들이 그 대강의 의미를 이해할 수 있는 표현이다.[47]

한편 비방할 목적과 공공의 이익을 위하여 사물의 옳고 그름에 대한 판단을 표현하는 비판할 목적은 서로 구별되는 개념이다. 사람을 비방할 목적은 적시한 사실이 공공의 이익에 관한 것인 경우에는 특별한 사정이 없는 한 비방할 목적은 부정된다. 공공의 이익을 위한 것과는 행위자의 주관적 의도라는 방향에서 상반되기 때문이다.[48]

여기에서 적시한 사실이 공공의 이익에 관한 경우라 함은 적시된 사실이 객관적으로 볼 때 공공의 이익에 관한 것으로서 행위자도 주관적으로 공공의 이익을 위하여 그 사실을 적시한 것이어야 한다. 그리고 공공의 이익에 관한 것에는 널리 국가·사회 기타 일반 다수인의 이익에 관한 것뿐만 아니라 특정한 사회집단이나 그 구성원 전체의 관심과 이익에 관한 것도 포함하는 것이다.

또한 적시한 사실이 공공의 이익에 관한 것인지 여부는 해당 명예훼손적 표현으로 인한 피해자가 ① 공무원 내지 공적 인물과 같은 공인(公人)인지 아니면 사인(私人)에 불과한지 여부, ② 그 표현이 객관적으로 국민이 알아야 할 공공성·사회성을 갖춘 공적 관심 사안에 관한 것으로 사회의 여론형성 내지 공개토론에 기여하는 것인지 아니면 순수한 사적인 영역에 속하는 것인지 여부, ③ 피해자가 그와 같은 명예훼손적 표현의 위험을 자초한 것인지

---

46 대법원 2022. 4. 28. 선고 2020도15738 판결.

47 헌법재판소 2016. 2. 25. 선고 2013헌바105, 2015헌바234(병합) 결정.

324　48 대법원 2020. 11. 19. 선고 2020도5813 전원합의체 판결.

여부, 그리고 ④ 그 표현에 의하여 훼손되는 명예의 성격과 그 침해의 정도, 그 표현의 방법과 동기 등 제반 사정을 고려하여 판단하여야 할 것이다

라. 공연성의 의미[49]

명예훼손죄에서 공공연히(불특정 또는 다수인이 인식할 수 있는 상태), 즉 공연성에 관하여 대법원은 개별적으로 소수의 사람에게 사실을 적시하였더라도 그 상대방이 불특정 또는 다수인에게 적시된 사실을 전파할 가능성[50]이 있는 때에는 공연성이 인정된다고 일관되게 판시해오고 있다. 이른바 전파가능성 이론은 공연성에 관한 확립된 법리로 정착되었다.

즉 다수의 사람에게 사실을 적시한 경우뿐만 아니라 소수의 사람에게 발언하였다고 하더라도 그로 인해 불특정 또는 다수인이 인식할 수 있는 상태를 초래한 경우에도 공연히 발언한 것으로 해석할 수 있다. 이러한 전파가능성에 대해서는 검사의 엄격한 증명이 필요하다. 공연성의 존부는 발언자와 상대방 또는 피해자 사이의 관계나 지위, 대화를 하게 된 경위와 상황, 사실적시의 내용, 적시의 방법과 장소 등 행위 당시의 객관적 제반 사정에 관하여 심리한 다음 그로부터 상대방이 불특정 또는 다수인에게 전파할 가능성이 있는지 여부를 검토하여 종합적으로 판단하여야 한다.

마. 「형법」과 「정보통신망법」의 명예훼손죄 차이

명예훼손죄는 원래 「형법」에 규정되어 왔는데 다음과 같이 규정하고 있다. "공연히 사실을 적시하여 사람의 명예를 훼손한 자는 2년 이하의 징역이나 금고 또는 500만원 이하의 벌금에 처한다" 그리고 "공연히 허위의 사실을 적시하여 사람의 명예를 훼손한 자는 5년 이하의 징역, 10년 이하의 자격정지 또는 1천만원 이하의 벌금에 처한다"고 규정한다(제307 제1항, 제2항).

그런데 「형법」과 「정보통신망법」의 명예훼손죄는 아래 〈표 20〉에서 보는 바와 같이 그 성립요건을 달리한다. 특히 정보통신망을 통한 명예훼손 행

---

49 대법원 2020. 11. 19. 선고 2020도5813 전원합의체 판결.
50 특정의 개인 또는 소수인이라고 하더라도 불특정 또는 다수인에게 전파 또는 유포될 개연성이 있는 경우라면 공연하다고 할 수 있다.

위는 정보의 전파가 빠르고 익명성이 있으며, 피해의 정도가 심각할 수 있는 정보통신망의 특성상 형법상 명예훼손죄보다 무거운 처벌을 받을 수 있다.

<표 20> 「형법」과 「정보통신망법」의 명예훼손죄 차이

「정보통신망법」	「형법」
정보통신망을 이용한 명예훼손 금지	명예훼손 자체를 금지
비방할 목적이 존재해야 함	비방할 목적이 없어도 명예훼손 성립
사실 적시: 3년 이하의 징역 등	사실 적시: 2년 이하 징역 등
허위 적시: 7년 이하의 징역 등	허위 적시: 5년 이하의 징역 등

바. 관련 판례

판례 개인 블로그의 비공개 대화방에서 일대일 비밀대화로 사실을 적시한 경우에도 명예훼손죄의 요건인 공연성을 인정할 여지가 있다고 본 사례 | 대법원 2008. 2. 14. 선고 2007도8155 판결

A. 사실관계

- 피고인은 그의 인터넷 블로그에서 ○○이라는 아이디를 사용하는 자와 비공개 대화방에서 ○○과 일대일로 대화하면서 그로부터 비밀을 지키겠다는 말을 듣고 타인에 대한 사실을 적시하였다.

B. 원심 판단 (유죄)

- 피고인의 인터넷 블로그에서 이루어진 일대일 비밀대화로서 공연성이 없으므로 「정보통신망법」상의 정보통신망을 통하여 공연히 허위의 사실을 적시하여 타인의 명예를 훼손한 경우에 해당하지 아니한다.

C. 대법원 판단 (파기환송) - 원심에서 다시 심리

- 위 대화가 인터넷을 통하여 일대일로 이루어졌다는 사정만으로 그 대화 상대방이 대화내용을 불특정 또는 다수인에게 전파할 가능성이 없다고 할 수는 없는 것이고,
  - 또 ○○이 비밀을 지키겠다고 말하였다고 하여 그가 당연히 대화내용을 불특정 또는 다수인에게 전파할 가능성이 없다고 할 수도 없는 것이므로,
  - 원심이 판시한 위와 같은 사정만으로 위 대화가 공연성이 없다고 할 수는 없다.

- 그러므로 원심으로서는 피고인과 ○○이 위 대화를 하게 된 경위, ○○과 피고인 및 피해자 사이의 관계, 그 대화 당시의 상황, 위 대화 이후 ○○의 태도 등 제반 사정에 관하여 나아가 심리한 다음, 과연 ○○이 피고인으로부터 들은 내용을 불특정 또는 다수인에게 전파할 가능성이 있는지 여부에 대하여 검토하여 공연성의 존부를 판단하였어야 할 것이다.

판례 피고인이 동창들에게 전송한 문자가 비방할 목적이 없다고 하여 명예훼손에 대해 무죄라고 판결한 사례 | 대법원 2022. 7. 28. 선고 2022도4171 판결

A. 사실관계

• 피고인이 고등학교 동창인 갑으로부터 사기 범행을 당했던 사실과 관련하여 같은 학교 동창 10여 명이 참여하던 단체 채팅방에서 "갑이 내 돈을 갚지 못해 사기죄로 감방에서 몇 개월 살다가 나왔다. 집에서도 포기한 애다. 너희들도 조심해라."라는 내용의 글을 게시함으로써 갑의 명예를 훼손하였다고 하여 「정보통신망법」 위반(명예훼손)으로 기소된 사안

B. 원심 판단

• 피고인에게 피해자를 비방할 목적이 있었다고 보아 유죄로 인정

C. 대법원 판단

• 피고인이 드러낸 사실의 내용, 게시 글의 작성 경위와 동기 등 제반 사정을 종합하면,

- 게시 글은 채팅방에 참여한 고등학교 동창들로 구성된 사회집단의 이익에 관한 사항으로 볼 수 있고,

- 피고인이 게시 글을 채팅방에 올린 동기나 목적에는 자신에게 재산적 피해를 입힌 갑을 비난하려는 목적도 포함되었다고 볼 수 있으나, 갑으로 인하여 동창 2명이 재산적 피해를 입은 사실에 기초하여 갑과 교류 중인 다른 동창생들에게 주의를 당부하려는 목적이 포함되어 있고, 실제로 게시 글의 말미에 그러한 목적을 표시하였으므로,

- 피고인의 주요한 동기와 목적은 공공의 이익을 위한 것으로 볼 여지가 있고, 피고인에게 갑을 비방할 목적이 있다는 사실이 합리적 의심의 여지가 없을 정도로 증명되었다고 볼 수 없다. (무죄)

제2절 기타 정보통신분야 사이버 범죄
I.「전기통신사업법」의 사이버범죄

1. 통신비밀 누설 및 통신자료 제공죄[1]

누구든지 전기통신사업자가 취급 중에 있는 통신의 비밀을 침해하거나 누설할 수 없고, 전기통신업무에 종사하는 사람 또는 종사하였던 사람은 그 재직 중에 통신에 관하여 알게 된 타인의 비밀을 누설할 수 없다.

「전기통신사업법」

제83조(통신비밀의 보호) ① 누구든지 전기통신사업자가 취급 중에 있는 통신의 비밀을 침해하거나 누설하여서는 아니 된다.

② 전기통신업무에 종사하는 사람 또는 종사하였던 사람은 그 재직 중에 통신에 관하여 알게 된 타인의 비밀을 누설하여서는 아니 된다.

제94조(벌칙) 다음 각 호의 어느 하나에 해당하는 자는 5년 이하의 징역 또는 2억원 이하의 벌금에 처한다.

2. 제83조제2항을 위반하여 재직 중에 통신에 관하여 알게 된 타인의 비밀을 누설한 자

제95조(벌칙) 다음 각 호의 어느 하나에 해당하는 자는 3년 이하의 징역 또는 1억5천만원 이하의 벌금에 처한다.

7. 제83조제1항을 위반하여 전기통신사업자가 취급 중에 있는 통신의 비밀을 침해하거나 누설한 자

---

2. 불법촬영물 유통방지 의무 위반죄

부가통신사업자와 특수한 유형의 부가통신사업자는 자신이 운영하는 정보통신망을 통해 불법촬영물이 유통되는 것을 방지하기 위해 삭제, 차단 등 즉시 조치를 취하여야 한다. 불법촬영물등의 유통방지 의무를 규정한 것은 부가통신사업자가 불법촬영물등에 대하여 적극적인 조치를 할 의무를 취하

---

1 이 부분은 개인정보와 밀접한 관계에 있으므로, 학습의 이해를 위해 개인정보보호 분야에서 별도로 서술한다.

도록 함으로써 정보통신망에서의 디지털 성범죄를 차단하는 역할을 기대하는 취지라고 할 수 있다.

「전기통신사업법」

제22조의5(부가통신사업자의 불법촬영물 등 유통방지) ① 제22조제1항에 따라 부가통신사업을 신고한 자(제22조제4항 각 호의 어느 하나에 해당하는 자를 포함한다) 및 특수유형부가통신사업자 중 제2조제14호가목에 해당하는 자(이하 "조치의무사업자"라 한다)는 자신이 운영·관리하는 정보통신망을 통하여 일반에게 공개되어 유통되는 정보 중 다음 각 호의 정보(이하 "불법촬영물등"이라 한다)가 유통되는 사정을 신고, 삭제요청 또는 대통령령으로 정하는 기관·단체의 요청 등을 통하여 인식한 경우에는 지체 없이 해당 정보의 삭제·접속차단 등 유통방지에 필요한 조치를 취하여야 한다.

1. 「성폭력범죄의 처벌 등에 관한 특례법」 제14조에 따른 촬영물 또는 복제물(복제물의 복제물을 포함한다)
2. 「성폭력범죄의 처벌 등에 관한 특례법」 제14조의2에 따른 편집물·합성물·가공물 또는 복제물(복제물의 복제물을 포함한다)
3. 「아동·청소년의 성보호에 관한 법률」 제2조제5호에 따른 아동·청소년성착취물

② 전기통신역무의 종류, 사업규모 등을 고려하여 대통령령으로 정하는 조치의무사업자는 불법촬영물등의 유통을 방지하기 위하여 대통령령으로 정하는 기술적·관리적 조치를 하여야 한다.

제95조의2(벌칙) 다음 각 호의 어느 하나에 해당하는 자는 3년 이하의 징역 또는 1억원 이하의 벌금에 처한다.

1. (생략)
1의2. 제22조의5제1항에 따른 불법촬영물등의 삭제·접속차단 등 유통방지에 필요한 조치를 취하지 아니한 자. 다만, (생략)
1의3. 제22조의5제2항에 따른 기술적·관리적 조치를 하지 아니한 자

위 규정을 위반하여 불법촬영물등의 삭제·접속차단 등 유통방지에 필요한 조치를 취하지 아니한 자는 3년 이하의 징역 또는 1억원 이하의 벌금에 처한다. 다만, 불법촬영물등을 인식한 경우 지체 없이 해당 정보의 삭제·접속차단 등 유통방지에 필요한 조치를 취하기 위하여 상당한 주의를 게을리하

지 아니하였거나 해당 정보의 삭제·접속차단 등 유통방지에 필요한 조치가 기술적으로 현저히 곤란한 경우에는 그러하지 아니하다.

불법촬영물등의 유통을 방지하기 위한 기술적·관리적 조치는 아래와 같이 시행령에서 규정하고 있다.

제30조의6(불법촬영물등의 유통 방지를 위한 기술적·관리적 조치 등)

② 법 제22조의5제2항에서 "대통령령으로 정하는 기술적·관리적 조치"란 다음 각 호의 조치를 말한다.

1. 불법촬영물등으로 의심되는 정보를 발견한 자가 사전조치의무사업자에게 정보통신망을 통하여 상시적으로 신고·삭제요청을 할 수 있는 기능을 마련하는 조치

2. 이용자가 검색하려는 정보가 이전에 법 제22조의5제1항에 따라 신고·삭제요청을 받은 불법촬영물등에 해당하는지를 이용자가 입력한 검색어와 그 불법촬영물등의 제목·명칭 등을 비교하는 방식으로 식별하여 검색결과를 삭제하는 등 검색결과 송출을 제한하는 조치

3. 이용자가 게재하려는 정보의 특징을 분석하여 방송통신심의위원회에서 불법촬영물등으로 심의·의결한 정보에 해당하는지를 비교·식별 후 그 정보의 게재를 제한하는 조치. 이 경우 다음 각 목의 어느 하나에 해당하는 기술을 사용하여 비교·식별해야 한다.

  가. 국가기관이 개발하여 제공하는 기술

  나. 방송통신위원회가 정하여 고시하는 기관·단체가 최근 2년 이내에 시행한 성능평가를 통과한 기술

4. 불법촬영물등을 유통할 경우 법 제22조의5제1항에 따른 삭제·접속차단 등 유통방지에 필요한 조치가 취해지며, 관련 법률에 따라 처벌을 받을 수 있다는 내용을 정보통신망을 통하여 이용자에게 미리 알리는 조치

3. 전기통신역무의 매개 또는 제공죄

(1) 통신매개 등 범죄의 구성요건과 보호법익

이 범죄의 구성요건은 ① 전기통신사업자가 제공하는 전기통신역무를 이용하여 ② 타인의 통신을 매개 또는 ③ 타인의 통신용으로 제공한 행위의 존

재이다.

이 규정의 보호법익은 전기통신사업자의 사업에 지장을 초래하거나 통신시장질서를 교란하는 행위를 방지하는데 있다.[2] 즉 정당한 권한 없이 다른 전기통신사업자가 제공하는 전기통신역무를 이용하여 자신이 제공받는 역무와 동종 또는 유사한 역무를 제공함으로써 통신시장질서를 교란시키는 것을 방지하기 위한 것이다.

「전기통신사업법」

제30조(타인 사용의 제한) 누구든지 전기통신사업자가 제공하는 전기통신역무를 이용하여 타인의 통신을 매개하거나 이를 타인의 통신용으로 제공하여서는 아니 된다. 다만, 다음 각 호의 경우에는 그러하지 아니하다.

(각호 생략) 국가비상 사태에서 재해 예방

제97조(벌칙) 다음 각 호의 어느 하나에 해당하는 자는 1년 이하의 징역 또는 5천만 원 이하의 벌금에 처한다.

7. 제30조 각 호 외의 부분 본문을 위반하여 전기통신사업자가 제공하는 전기통신역무를 이용하여 타인의 통신을 매개하거나 이를 타인의 통신용으로 제공한 자

(2) "타인의 통신을 매개" 등 의미

위 규정에서 ① 타인의 통신을 매개한다는 것은 전기통신사업자가 제공하는 전기통신역무를 이용하여 다른 사람들 사이의 통신을 연결해 주는 행위를 의미하고, ② 타인의 통신용으로 제공한다는 것은 전기통신사업자가 제공하는 전기통신역무를 다른 사람이 통신을 위하여 이용하도록 제공하는 행위를 의미한다.

위 조항의 문언과 입법 취지에 비추어 볼 때 ① 통신이 매개되거나 ② 전기통신역무를 제공받은 타인이 통신의 매개 또는 제공을 요청하였거나 ③ 통신의 매개 또는 제공 행위에 관여하였던 경우에도 그 매개 또는 제공 행위는 위 조항 본문이 정한 타인의 통신을 매개하는 행위 또는 타인의 통신용으

---

2 헌법재판소 2002. 5. 30. 선고 2001헌바5 전원재판부 결정.

로 제공하는 행위에 해당할 수 있다. 국가 재해예방 등 단서 각호의 경우에 해당하지 않는 한 이러한 행위는 금지된다.[3] 예를 들면 보이스피싱 조직원으로부터 제공받은(전화번호 1 생략) 회선과 연결된 유심을 사용하여 성명불상의 보이스피싱 조직원들이 위 유심과 연결된 전화번호로 발신할 수 있도록 한 행위는 타인의 통신을 매개하였다고 본다.[4]

(3) 관련 판결

---

3 대법원 2021. 7. 29. 선고 2021도3520 판결.

  4 서울동부지방법원 2021. 7. 8. 선고 2021노406 판결.

4. 이동통신단말기 부정사용죄(제32조의4)

「전기통신사업법」 제32조의4 제1항은 이동통신단말장치의 부정이용에 대해 금지하고 있다. 제1항 제1호는 자금을 제공하는 것을 조건으로 다른 사람 명의로 전기통신역무의 제공에 관한 계약을 체결하는 단말장치를 개통하여 그 단말장치에 제공되는 전기통신역무를 이용하는 행위를 금지하고 있다. 즉 대포폰은 실제 사용자를 추적하는 것이 매우 어렵다는 특성 때문에 여러 행태의 범죄행위에 이용되고 있어 대포폰의 개통, 그 자체의 위험성보다 대포폰 이용행위의 위험성이 훨씬 크기 때문에 대포폰 개통행위뿐만 아니라 대포폰을 개통하여 판매하는 사람으로부터 이를 구매하여 이용하는 행위까지 처벌할 필요성이 매우 크기 때문이다.

제1호의 취지와 위 법률 전체의 체계 등을 종합하여 보면 ① 다른 사람 명의로 직접 이동통신단말장치를 개통한 후 이를 이용하는 행위뿐 아니라 ② 다른 사람 명의로 개통된 이동통신단말장치를 넘겨받아 이를 이용하는 행위도 처벌된다.[5] 그리고 제1호는 ① 전기통신역무를 이용하는 행위와 ② 해당 자금의 회수에 이용하는 행위로 이용행위의 유형을 둘로 구분하여 나누어 규정하고 있는데, 이 규정은 대포폰의 '개통' 그 자체보다 개통 이후의 이용에 초점을 두어 대포폰의 단순이용자와 판매자를 모두 처벌하려는 규정으로 해석된다.

제2호는 자금 제공 등 조건으로 대포폰 이용에 필요한 계약을 권유, 알선 등 하는 행위를 금지하고 있다. 또한 제3호는 도박, 사기, 성매매 등 목적의 대포폰을 개통하여 이용하는 행위를 금지하고 있다.[6]

5　대법원 2018. 6. 28. 선고 2018도2475 판결.

6　「전기통신사업법」 제32조의3 제1항은 대포폰 이용에 따른 전기통신역무 제공의 중지 요청을 규정하고 있는데, 수사기관의 장이 범죄 관련 대포폰 등 이동통신단말기 부정 이용에 대해서 과학기술정보통신부장관에게 그 서비스 이용중지를 요청하도록 규정 하여 대포폰 이용을 방지하고 있다.

제32조의4(이동통신단말장치 부정이용 방지 등) ① 누구든지 다음 각 호의 어느 하나에 해당하는 행위를 하여서는 아니 된다.

1. 자금을 제공 또는 융통하여 주는 조건으로 다른 사람 명의로 전기통신역무의 제공에 관한 계약을 체결하는 이동통신단말장치(「전파법」에 따라 할당받은 주파수를 사용하는 기간통신역무를 이용하기 위하여 필요한 단말장치를 말한다. 이하 같다)를 개통하여 그 이동통신단말장치에 제공되는 전기통신역무를 이용하거나 해당 자금의 회수에 이용하는 행위

2. 자금을 제공 또는 융통하여 주는 조건으로 이동통신단말장치 이용에 필요한 전기통신역무 제공에 관한 계약을 권유·알선·중개하거나 광고하는 행위

3. 「형법」 제247조(도박장소 등 개설), 제347조(사기) 및 제347조의2(컴퓨터등 사용사기)의 죄에 해당하는 행위, 「성매매알선 등 행위의 처벌에 관한 법률」 제2조제1항제2호 및 제3호에 따른 성매매알선 등 행위 및 성매매 목적의 인신매매에 이용할 목적으로 다른 사람 명의의 이동통신단말장치를 개통하여 그 이동통신단말장치에 제공되는 전기통신역무를 이용하는 행위

제95조의2(벌칙) 다음 각 호의 어느 하나에 해당하는 자는 3년 이하의 징역 또는 1억원 이하의 벌금에 처한다.

2. 제32조의4제1항제1호를 위반하여 자금을 제공 또는 융통하여 주는 조건으로 다른 사람 명의의 이동통신단말장치를 개통하여 그 이동통신단말장치에 제공되는 전기통신역무를 이용하거나 해당 자금의 회수에 이용하는 행위를 한 자

3. 제32조의4제1항제2호를 위반하여 자금을 제공 또는 융통하여 주는 조건으로 이동통신단말장치 이용에 필요한 전기통신역무 제공에 관한 계약을 권유·알선·중개하거나 광고하는 행위를 한 자

3의2. 제32조의4제1항제3호를 위반하여 「형법」 제247조(도박장소 등 개설), 제347조(사기) 및 제347조의2(컴퓨터등 사용사기)의 죄에 해당하는 행위, 「성매매알선 등 행위의 처벌에 관한 법률」 제2조제1항제2호 및 제3호에 따른 성매매알선 등 행위 및 성매매 목적의 인신매매에 이용할 목적으로 다른 사람 명의의 이동통신단말장치를 개통하여 그 이동통신단말장치에 제공되는 전기통신역무를 이용하는 행위를 한 자

 단말장치 아닌 유심칩을 이용하여 타인명의로 단말장치를 개통한 행위도 단말장치 부정이용으로 인정한 사례 | 대법원 2020.2.13. 2019도15087 판결

A. 사실관계

- 피고인이 수사기관 등의 추적을 피하고자 성명불상자로부터 갑 명의로 개설된 휴대폰 유심(USIM)칩 1개를 구입한 다음 이를 자신이 소지 중인 공기계 휴대폰에 부착하여 사용하는 방법으로 타인 명의의 이동통신단말장치를 개통하여 그 이동통신단말장치에 제공되는 전기통신역무를 부정하게 이용한 행위로 기소됨

B. 법원 판결

- 단말장치 아닌 유심칩을 이용하여 타인명의로 단말장치를 개통한 행위도 단말장치 부정이용에 해당한다.
  - '범용 가입자 식별 모듈(Universal Subscriber Identity Module)'의 약자인 유심(USIM)은 무선통신 회선 가입자들의 신원, 전화번호, 요금제 등의 식별정보를 담고 있는 저장장치로서 개념상 단말장치와는 구별된다.
  - 유심을 사용하는 현재 보편적인 이동통신 시스템 아래에서는 유심의 개통 없이 단말장치만 개통할 수는 없고, 반대로 단말장치의 개통 없이 유심의 개통만으로 전기통신역무를 이용할 수도 없으므로, 적용법조에서 말하는 단말장치의 개통은 유심의 개통을 당연히 포함하거나 이를 전제로 하고 있다고 보아야 한다.
  - 타인 명의로 개통된 유심을 공기계 단말장치에 장착하여 그 단말장치가 이통통신역무를 제공할 수 있도록 활성화되는 경우 그 단말장치는 장착된 유심의 명의자인 타인 명의로 개통된 것으로 인식된다.
  - 따라서 타인이 자신 명의로 유심과 단말장치를 함께 개통한 후 그 유심이 장착된 단말장치를 피고인이 넘겨받아 사용하는 행위, 피고인이 그 단말장치에서 분리된 유심만을 넘겨받아 이를 직접 다른 공기계 단말장치에 장착하고 타인 명의로 단말장치를 개통하여 사용하는 행위, 또는 타인이 유심만을 개통한 후 피고인이 그 유심을 넘겨받아 이를 직접 공기계 단말장치에 장착하고 타인 명의로 단말장치를 개통하여 사용하는 행위는 모두 타인 명의로 개통된 단말장치를 넘겨받거나 타인 명의로 단말장치를 개통하여 이를 이용하는 것이므로 모두 처벌대상에 포함된다.

5. 송신자 전화번호 변작죄

(1) 전화번호 변작 범죄의 구성요건

이 범죄의 구성요건은 ① 다른 사람을 속여 ② 재산상 이익을 취하거나 ③ 폭언·협박·희롱 등의 위해를 입힐 목적으로 전화(문자메시지 포함)를 하면서 ④ 송신인의 전화번호를 변작하는 등 거짓으로 표시할 수 없다. 또한 누구든지 정당한 사유가 없는 한 ① 영리를 목적으로 송신인의 전화번호를 변작하는 등 거짓으로 표시할 수 있는 ② 서비스를 제공하여서는 아니 된다. 이 규정에서 '변작'이란 전화발신자가 자신의 전화번호가 아닌 다른 번호로 변경하여 표시하는 것으로 봐야 한다. 따라서 발신번호표시 제한은 자신의 전화번호를 단순히 '표시하지 않는 것'에 불과할 뿐 전화번호를 '변경'하거나 '거짓으로 표시'한 것이 아니기 때문에 '변작'에 해당한다고 보기 어렵다.

(2) 보호법익

이 규정의 보호법익은 정보통신망에서 거짓표시 전화번호를 이용한 개인정보 유출, 보이스피싱 등 2차 범죄를 방지하는데 있다. 예를 들면 전화번호 변작 중계기[7]는 보이스피싱뿐 아니라 스미싱 범죄에도 활용된다. 중국 등 해외에서 발신한 문자가 010으로 시작하는 전화번호의 보낸 문자메시지로 둔갑해 원격제어 앱 설치를 유도하고, 계좌 이체를 하는 등 추가 범죄로 이어지는 것을 방지하기 위함이다.

(3) 관련 판례

판례 보이스피싱 조직과 모의하여 VoIP 게이트웨이 설치·관리 등 행위를 타인통신 매개, 이동통신단말장치 부정이용, 발신번호 표시변작으로 인한 「전기통신사업법」 위반으로 인정한 판결 | 서울동부지방법원 2020. 9. 21. 선고 2020고단2628 판결

A. 사실관계

- 피고인은 성명불상의 중간 조직책으로부터 지시를 받고 유심을 구매하여 중국으로 전달하거나 국내에 있는 고시원 등에 VoIP 게이트웨이를 설치·관리하는 역할을 분담하기로 순차 모의하였다.

  - 보이스피싱 조직은 중국 등 해외에서 콜센터를 운영하면서 불특정 다수의 사람들을 상대로 무작위로 전화를 걸어 금융기관 직원 등을 사칭하여 금원을 편취하는 수법으로 범행하는 조직이다. 이 조직원 중,

  - 성명불상의 총책은 조직원간 유기적인 연락을 관리하는 역할,

  - 성명불상의 유인책은 국내 피해자들에게 전화를 걸어 금원을 요구하는 역할,

  - 성명불상의 수거책은 피해자들로부터 금원을 받는 역할,

  - 성명불상의 중간 조직책(위챗 대화명 '대화명 1 생략', '대화명 2 생략')은 성명불상의 총책으로부터 지시를 받아 콜센터에서 인터넷망으로 접속하면 국내 휴대전화번호로 변경되어 피해자들의 전화기에 표시되도록 하는 통신장비(Voice over IP Gateway, 이하 'VoIP 게이트웨이'라 함)를 관리하는 역할,

  - 피고인은 성명불상의 중간 조직책으로부터 지시를 받고 유심을 구매하여 중국으로 전달하거나 국내에 있는 고시원 등에 VoIP 게이트웨이를 설치·관리하는 역할을 분담하기로 순차 모의하였다.

---

7 전화번호 변작 중계기는 여러 개의 휴대전화 유심 칩(SIM 카드)을 장착하여 휴대전화 발신 정보를 조정할 수 있는 장치이다. 해외에서 온 전화가 마치 국내에서 걸려온 것처럼 거짓 표시하거나, 시작번호 070을 010으로 시작하도록 발신 전화번호를 바꿔서 표시되도록 할 수도 있다. 특성상 보이스피싱 조직이 사용하는 경우가 많다.

B. 법원 판단

(a) 타인의 통신매개 등 범죄

- 피고인은 2020. 7. 8.경 고양시 (주소 생략) 부근 길에서 공소외인으로부터 ○○○○
○○ 명의로 개통된 유심 '(휴대전화번호 생략)'을 15만 원을 주고 구입하여 보이스피
싱 조직에 전달하는 한편,
  - 위와 같이 VoIP 게이트웨이를 설치하여 관리하면서 보이스피싱 조직원들이 국내
  휴대전화번호(휴대전화번호 생략)를 사용하는 전화로 송신할 수 있도록 하였고,
  - 위와 같은 방법으로 총 47개의 휴대전화번호를 이용하여 송신할 수 있도록 하였다.
- 이로써 피고인은 성명불상자와 공모하여 전기통신사업자가 제공하는 전기통신역무
를 이용하여 타인의 통신을 매개하였다.

(b) 이동통신단말장치 부정이용 범죄

- 피고인은 고양시 (주소 생략) 부근 길에서 공소외인으로부터 ○○○○○○ 명의로
개통된 유심(휴대전화번호 생략)을 15만 원을 주고 구입한 다음, 소지하고 있던 휴대
전화에 삽입하여 수신번호 116번 등으로 전화를 걸어 정상 동작 여부를 확인하고 이
를 보이스피싱 조직에 전달하는 한편,
  - 위와 같이 VoIP 게이트웨이를 설치하여 관리하면서 보이스피싱 조직원들이 위 유
  심을 이용하게 한 것을 비롯하여, 2020. 6. 29.경부터 2020. 7. 15.경까지 위와 같은
  방법으로 별지 범죄일람표(1) 기재와 같이 다른 사람의 명의로 총 47개의 유심을 개
  통하여 이용하였다.
- 이로써 피고인은 성명불상자와 공모하여 자금을 제공하여 주는 조건으로 다른 사람
명의로 이동통신단말장치를 개통하여 전기통신역무를 이용하였다.

(c) 발신번호 표시변작으로 인한 「전기통신사업법」 위반

- 피고인은 고양시 (주소 생략) 부근 길에서 보이스피싱 조직원들과 함께 불특정 다수
의 피해자들을 속여 피해자들로부터 금원을 편취할 목적으로 공소외인으로부터 ◇
◇◇◇◇◇ 명의로 개통된 유심(휴대전화번호 2 생략)을 15만 원을 주고 구입하여 보
이스피싱 조직에 전달하는 한편,
  - 위와 같이 VoIP 게이트웨이를 설치하여 관리하면서 보이스피싱 조직원들이 2020.
  7. 24.경부터 2020. 7. 27.경까지 사이에 장소를 알 수 없는 곳에서 송신한 전화번호
  를 국내 휴대전화번호(휴대전화번호 2 생략)로 변작하여 수신인 공소외 2에게 거짓
  으로 표시되도록 한 것을 비롯하여,

- 2020. 7. 9.경부터 2020. 7. 27.경까지 위와 같은 방법으로 별지 범죄일람표(2) 기재와 같이 총 3개의 휴대전화번호를 이용하여 송신인의 전화번호를 변작하였다.
· 이로써 피고인은 성명불상자와 공모하여 다른 사람을 속여 재산상 이익을 취할 목적으로 송신인의 전화번호를 변작하였다.

한편 위 법원의 판결에서는 피고인에 대해 「전기통신사업법」 외에 형법상 사기죄 및 사문서위조죄 등을 적용하였다. 이 중 사기죄 인정 부분은 다음과 같다.

· 성명불상의 유인책은 2020. 7. 5.경 장소를 알 수 없는 곳에서 ① 피고인이 보이스피싱 조직에 전달한 유심과 ② 피고인이 위와 같이 설치한 VoIP 게이트웨이를 이용하여
- 피해자 공소외 3의 휴대전화에 발신번호(휴대전화번호 3 생략)로 표시되도록 하는 방법으로 피해자에게 전화를 걸어 KB국민은행 직원을 사칭하면서 "저렴한 이율로 대환대출을 해주겠다. 추심팀 직원에게 현금을 전달하면 기존 대출금을 상환해 주겠다."라고 거짓말하여 피해자로 하여금 현금을 준비하여 지정한 장소로 나오게 하였다.
· 성명불상의 수거책은 ☆☆농협 주차장에서 피해자를 만나 금융기관 직원을 사칭하면서 피해자로부터 1,006만 원을 교부받은 것을 비롯하여, 그때부터 2020. 7. 27.경까지 위와 같은 방법으로 별지 범죄일람표(2) 기재와 같이 피해자 3명으로부터 합계 9,906만 원을 교부받았다.
· 이로써 피고인은 성명불상자와 공모하여 위와 같이 피해자들을 기망하여 재물을 교부받았다.

II. 「저작권법」의 사이버범죄

1. 저작권 개요[8]

(1) 지식재산권 분류와 개념

지식재산권은 〈표 21〉에서와 같이 크게 ① 산업재산권과 ② 인간의 사상과 감정을 표현한 창작물을 보호하는 저작권으로 분류할 수 있다.

<표 21> 지식재산권의 분류

지식재산권					
산업재산권				저작권	
특허권	실용신안	상표권	디자인권	저작인격권	저작재산권
기술, 아이디어 등의 산업재산의 영역을 보호				인간의 사상과 감정을 표현한 창작물을 보호	

용어 설명

- **지식재산**: 인간의 창조적 활동 또는 경험 등에 의하여 창출되거나 발견된 지식·정보·기술, 사상이나 감정의 표현, 영업이나 물건의 표시, 생물의 품종이나 유전자원 (遺傳資源), 그 밖에 무형적인 것으로서 재산적 가치가 실현될 수 있는 것을 말한다. "지식재산권"은 법령 또는 조약 등에 따라 인정되거나 보호되는 지식재산에 관한 권리를 말한다.
- **저작인격권**: 저작자가 저작물에 대하여 가지는 인격적·정신적 이익을 보호하는 권리로서 공표권, 성명표시권 및 동일성유지권 등이 있다. 저작인격권은 일신전속권으로서 저작자가 저작재산권을 양도하는 경우에도 창작자에게 남아 있게 된다.
- **저작재산권**: 저작자가 저작물을 스스로 이용하거나 다른 사람이 이용할 수 있도록 허락함으로써 경제적 이익을 올릴 수 있는 재산권을 말한다. 복제권, 공

8　저작권보호원, 『2020 저작권 보호 상담 및 심의 사례집』, 2020. 14~18면.

연권, 공중송신권, 전시권, 배포권, 대여권, 2차적저작물작성권 등이 있다.

제2조(정의) 이 법에서 사용하는 용어의 뜻은 다음과 같다.
1. '저작물'은 인간의 사상 또는 감정을 표현한 창작물을 말한다.
2. '저작자'는 저작물을 창작한 자를 말한다.

(2) 저작권 보호의 대상이 되는 저작물의 요건

「저작권법」은 저작물, 즉 인간의 사상 또는 감정을 표현한 창작물을 보호한다. 보호받는 저작물이 되기 위해서는 ① 인간의 사상과 감정을 ② 외부에 표현한 것이며, ③ 창작성이 인정되어야 한다. 이는 '아이디어' 자체는 보호대상이 아니며 외부에 나타낸 즉 구체적인 '표현 형식'인 '창작물'을 보호한다는 의미이다.

판례에서는 "저작물은 표현의 방법 또는 형식의 여하를 막론하고 학문과 예술에 관한 일체의 물건으로서 사람의 정신적 노력에 의하여 얻어진 사상 또는 감정에 관한 창작적 표현물이다"라고 한다.[9] 결국 저작권의 침해여부를 가리는 것은 아이디어나 사상 등 자체가 아니라 창작적인 표현 형식에 해당하는 것에 한정된다.

또한 저작물은 위 요건 외에 창작성이 인정되어야 한다. 여기에서 창작성이란 ① 최소한의 독창성 즉 완전한 의미의 독창성을 말하는 것은 아니며, ② 최소한의 독창성 즉 단지 어떠한 작품이 남의 것을 단순히 모방한 것이 아닌 작자 자신의 독자적인 사상 또는 감정의 표현을 담고 있음을 의미할 뿐이어서 이러한 요건을 충족하기 위해서는 저작물에 그 저작자 나름대로의 정신적 노력의 소산으로서의 특성이 부여되어 있고 다른 저작자의 기존의

---

9 대법원 1979. 12. 28. 선고 79도1482 판결.

작품과 구별할 수 있을 정도이면 충분하다.[10]

(3) 저작권의 개념[11]

가. 저작권 개념

저작권이란 시, 소설, 음악, 미술, 영화, 연극, 컴퓨터프로그램 등과 같은 '저작물'에 대하여 창작자가 가지는 권리를 말한다. 저작자는 공연권(제17조), 공중송신권(제18조), 전시권(제19조), 배포권(제20조), 대여권(제21조) 등 권리를 가진다. 예를 들면 소설가가 소설작품을 창작한 경우에 그는 원고 그대로 출판·배포할 수 있는 복제·배포권과 함께 그 소설을 영화나 번역물 등과 같이 다른 형태로 저작할 수 있는 2차적 저작물 작성권, 연극 등으로 공연할 수 있는 공연권, 방송물로 만들어 방송할 수 있는 방송권 등 여러 가지의 권리를 가지게 된다. 이러한 권리의 전체를 저작권이라고 하는데 이러한 저작권은 크게 저작재산권과 저작인격권으로 나누어 볼 수 있다.

나. 저작권의 재산성(저작재산권)

저작권은 토지와 같은 부동산과 마찬가지로 매매하거나 상속할 수 있고, 다른 사람에게 빌려 줄 수도 있다. 만일 어떤 사람이 허락을 받지 않고 타인의 저작물을 사용한다면 저작권자는 그를 상대로 민사상의 손해배상을 청구할 수 있고, 그 침해자에 대하여 형사상 처벌을 요구(고소)할 수도 있다. 저작

---

10 대법원 1995. 11. 14. 선고 94도2238 판결. 대법원 2020. 4. 29. 선고 2019도9601 판결.

 11 문화체육관광부 (https://www.mcst.go.kr/kor/s_policy/copyright/knowledge/know02.jsp)

권자는 일반적으로 저작권을 다른 사람에게 양도하거나 다른 사람에게 자신의 저작물을 사용할 수 있도록 허락함으로써 경제적인 대가를 받을 수 있다. 이러한 저작권의 경제적 측면을 저작재산권이라고 한다.

다. 저작권의 인격성 (저작인격권)

또한 저작자, 예를 들면 소설가는 위에서 본 바와 같이 여러 가지 형태로 저작물이 이용되는 과정에서 그 소설의 제목, 내용 등이 바뀌지 않도록 하는 동일성유지권과 함께 출판된 소설책에 자신의 성명을 표시할 수 있는 성명표시권, 그리고 그 소설을 출판할 것인지의 여부를 결정할 수 있는 공표권을 가진다. 이는 저작자의 인격을 보호하고자 하는 측면에서 주어진 권리이므로 이를 저작인격권이라 하여 저작재산권과 구분한다.

저작권이 있기 때문에 저작자는 저작물의 사용에 따른 경제적인 대가를 받게 되며 동시에 그 저작물이 사용되는 과정에서 저작자가 작품 속에 나타내고자 하는 창작의도를 그대로 유지시킬 수 있게 되는 것이다.

(4) 보호받는 저작물과 보호받지 못하는 저작물

가. 보호받는 저작물

「저작권법」은 보호받을 수 있는 저작물을 예시하고 있다(제4조). 소설, 음악, 미술 등 저작물이 그러하다. 그리고 이러한 원작물에서 각색 등 변형한 2차적 저작물(제5조)[12] 및 편집저작물(제6조)[13] 등도 규정을 두어 보호받을 수 있는 저작물에 해당함을 규정하고 있다.

---

[12] 2차 저작물: 원저작물을 번역·편곡·변형·각색·영상제작 그 밖의 방법으로 작성한 창작물

[13] 편집저작물: 편집물로서 그 소재의 선택·배열 또는 구성에 창작성이 있는 것을 말한다(제2조제18호).

「저작권법」

제4조(저작물의 예시 등) ① 이 법에서 말하는 저작물을 예시하면 다음과 같다.

1. 소설·시·논문·강연·연설·각본 그 밖의 어문저작물

2. 음악저작물

3. 연극 및 무용·무언극 그 밖의 연극저작물

4. 회화·서예·조각·판화·공예·응용미술저작물 그 밖의 미술저작물

5. 건축물·건축을 위한 모형 및 설계도서 그 밖의 건축저작물

6. 사진저작물(이와 유사한 방법으로 제작된 것을 포함한다)

7. 영상저작물

8. 지도·도표·설계도·약도·모형 그 밖의 도형저작물

9. 컴퓨터프로그램저작물

나. 보호받지 못하는 저작물

한편 「저작권법」은 법률, 사실전달의 시사보도 등 보호받을 수 없는 저작물에 대하여도 규정하고 있다(제7조). 즉 특정 저작물에 관해서는 아예 보호받지 못하는 저작물로 규정하여 처음부터 일반국민의 공유물로 하고 있다. 이는 이들의 저작물성은 인정하면서 공중의 자유이용에 제공한다는 취지이다.

그러나 보호받지 못하는 저작물의 편집일지라도 이들의 선택·배열 등에 창작성이 인정될 수 있는 경우에는 따로 편집저작물로서 보호된다. 한편 제7조 제5호의 사실의 전달에 불과한 시사보도란 시사성을 띤 소재를 기자 등이 주관적인 비평이나 논평 없이 그대로 전달하는 것을 말하며, 단순한 시사보도에 함께 게재되어 있는 사진의 학술·예술적 창작성을 인정할 수 있는 경우에는 그 사진만 따로 보호의 대상이 된다.

「저작권법」

제7조(보호받지 못하는 저작물) 다음 각 호의 어느 하나에 해당하는 것은 이 법에 의한 보호를 받지 못한다.

1. 헌법·법률·조약·명령·조례 및 규칙

2. 국가 또는 지방자치단체의 고시·공고·훈령 그 밖에 이와 유사한 것

3. 법원의 판결·결정·명령 및 심판이나 행정심판절차 그 밖에 이와 유사한 절차에 의한 의결·결정 등

4. 국가 또는 지방자치단체가 작성한 것으로서 제1호 내지 제3호에 규정된 것의 편집물 또는 번역물

5. 사실의 전달에 불과한 시사보도

2. 저작권 침해 요건

저작권 침해란 법률상 저작권 행사가 제한되는 경우를 제외하고 '저작권자의 허락 없이 저작물을 이용하거나 저작자의 인격을 침해하는 방법으로 저작물을 이용하는 것'이라고 할 수 있다. 즉 저작권 있는 저작물의 무단이용에 의한 저작권 침해를 인정할 수 있으려면, ① 침해자가 저작권 있는 저작물에 의거하여 그것을 이용하였을 것과 ② 침해 저작물 및 피침해 저작물 사이에 실질적인 유사성이 있을 것의 요건이 필요하다. 이 때 양 저작물 사이의 의거관계는 원칙적으로 침해자에게 피침해 저작물에 대한 접근(Access) 가능성, 즉 피침해 저작물을 볼 상당한 기회가 있었음이 인정되면 충분한 것이고, 아이디어나 이론 등의 사상 및 감정 그 자체는 설사 그것이 독창성, 신규성이 있다 하더라도 원칙적으로 저작권의 보호대상이 되지 않는 것이므로, 저작권의 침해여부를 가리기 위하여 창작적인 표현 형식에 해당하는 것만을 가지고 비교하여야 한다.

또한 원저작물에 대한 2차적저작물이 될 만한 실질적 유사성이 인정되기 위하여는 원저작물을 토대로 작성된 저작물이 단순히 사상, 주제, 소재 등이 같거나 유사한 것만으로는 부족하고, 두 저작물 사이에 사건의 구체적인 구성, 전개과정, 등장인물의 교차 등에 공통점이 있어서 새로운 저작물로부터 원저작물의 본질적인 특징 자체를 직접 감득할 수 있어야 한다.[14]

저작권 침해행위와 관련하여 「저작권법」은 저작물의 복제, 공연, 공중송신, 배포 등 행위를 엄격히 금지하고 있다. 뿐만 아니라 동의없는 사진 이용,

---

14 서울고등법원 2007. 1. 16. 선고 2006나21219 판결

저작자를 명예훼손하거나, 명예훼손하는 방법으로 저작물을 이용하는 행위, 상영 중인 영상물 촬영, 저작자 아닌 자의 실명을 표시하여 공표, 공연 행위 등 다양한 저작자의 저작물에 대한 권리를 침해하는 행위를 금지하고 있다.

3. 저작재산권 침해죄

(1) 저작재산권 침해죄의 구성요건과 보호법익

이 범죄는 저작자의 재산적 권리를 복제 등 방법으로 침해함으로써 성립된다. 즉 ① 저작재산권, 그 밖에 이 법에 따라 보호되는 재산적 권리를 ② 복제, 공연, 공중송신, 전시, 배포, 대여, 2차적저작물 작성의 방법으로 침해하는 행위를 구성요건으로 한다. 다만 데이터베이스제작자(제93조)는 그의 데이터베이스의 전부 또는 상당한 부분을 복제·배포·방송 또는 전송(이하 이 조에서 "복제등"이라 한다)할 권리를 가지므로 이 규정에서는 제외된다. 이 규정의 보호법익은 저작재산권 등 저작권 침해로 인한 저작자의 재산적 권리를 보호하는 데에 있다.

「저작권법」

제136조(벌칙) ① 다음 각 호의 어느 하나에 해당하는 자는 5년 이하의 징역 또는 5천만원 이하의 벌금에 처하거나 이를 병과(倂科)할 수 있다.

1. 저작재산권, 그 밖에 이 법에 따라 보호되는 재산적 권리(제93조에 따른 권리*는 제외한다)를 복제, 공연, 공중송신, 전시, 배포, 대여, 2차적저작물 작성의 방법으로 침해한 자

* 제93조의 권리란 데이터베이스제작자의 권리를 말한다.

* "데이터베이스제작자"는 데이터베이스의 제작 또는 그 소재의 갱신·검증 또는 보충에 인적 또는 물적으로 상당한 투자를 한 자를 말한다.

---

(2) 복제 등의 의미

「저작권법」에서의 복제란 '인쇄·사진촬영·복사·녹음·녹화 그 밖의 방법으로 일시적 또는 영구적으로 유형물에 고정하거나 다시 제작하는 것'으로 정의하고 있다(제2조 제22호). 이는 저작권에 대한 침해와 비침해의 경계를 획정하기 위한 규범적인 개념으로서, 물리적·기계적·형식적으로는 복제에 해당하

더라도 저작권법상으로는 복제나 침해에 해당하지 않을 수 있다. 복제 여부를 인정할 때에는 형식적으로 유형적인 재제(再製, Remake)만 아니라 그 밖의 여러 요소를 감안하여 규범적으로 판단하여야 한다. 따라서 어떤 미술저작물이 사진에 촬영되었더라도 직접적으로 촬영된 것이 아니라 간접적이고 부수적으로 이용된 것에 불과한 경우로서 이용 목적과 방식, 그 이용이 당해 저작물에 대하여 갖는 실질적인 권리나 경제적 가치에 미치는 영향의 정도 등을 고려하여 저작권 침해에 해당하지 않는다고 볼 수 있다.[15]

(3) 복제 여부의 판단 기준

저작물에 대한 복제가 있었는지 판단함에 있어서, 예를 들면 사진촬영이나 녹화 등의 과정에서 ① 원저작물이 그대로 복제된 경우, 또는 새로운 저작물의 성질, 내용, 전체적인 구도 등에 비추어 볼 때 ② 원저작물이 새로운 저작물 속에서 주된 표현력을 발휘하는 대상물의 사진촬영이나 녹화 등에 종속적으로 수반되거나 ③ 우연히 배경으로 포함되는 경우 등과 같이 부수적으로 이용되어 그 양적·질적 비중이나 중요성이 경미한 정도에 그치는 것이 아니라 새로운 저작물에서 원저작물의 창작적인 표현형식이 그대로 느껴진다면 이들 사이에 실질적 유사성이 있다고 보아야 한다.[16] 이렇게 원저작물과 복제물 간에 그 표현양식에 있어서 실질적 유사성이 인정된다면 복제했다고 인정될 수 있다.

---

15 서울서부지방법원 2012. 8. 23. 선고 2012노260 판결.
16 대법원 2014. 8. 26. 선고 2012도10786 판결.

판례 유명 도안을 이용한 의류를 입은 모델 촬영 사진을 허락없이 게시한 행위가 실질적 유사성이 인정되어 무단복제 등 저작권을 침해하였다고 판결한 사례 (공표된 저작물의 인용에 해당하지 않는다고 판결) | 대법원 2014. 8. 26. 선고 2012도10786 판결

A. 사실관계

- 피고인은 포토 라이브러리 업체인 甲 주식회사의 대표이사이다. 피고인은 2002년 한·일월드컵에서 사용되었던 도안으로서 乙의 미술저작물인 '도안'(Be The Reds!, 이하 '도안')이 새겨진 티셔츠 등을 입은 모델들을 촬영한 사진 약 27장을 乙의 허락 없이 웹페이지에 게시하였다.

  - 이에 피고인은 무단복제 등의 방법으로 乙의 저작권을 침해하였다고 기소되었다.

B. 원심 판단 (무죄)

- 이 사건 도안은 「저작권법」의 응용미술저작물에 해당한다.
- 그러나 도안이 갖는 표현력 중 상당 부분은 불특정 다수의 공중에 의해서 부여된 것으로서 자유이용이 가능한 공중의 영역 내에 있거나 그에 근접해 있는 점,
  - 월드컵에 대한 이미지와 기억을 효과적·구체적으로 되살려 표현하기 위해서는 당시에 널리 사용된 도안이 인쇄된 티셔츠와 두건 등의 사물을 이용하는 것이 부득이하거나 필수적인 점,
  - 도안이 이용된 모든 경우에 이용허락을 받도록 한다면 2002년 당시 공중이 집단적으로 형성한 월드컵 이미지를 표현할 자유 또는 표현방법 선택의 자유가 부당하게 제한될 우려가 있는 점,
  - 도안을 위 사진에서 이용한 것은 도안의 보호범위 밖에 있는 점,
  - 위 사진은 도안을 이용하였으나 이를 완전히 소화하여 작품화함으로써 도안과 실질적 유사성이나 종속적 관계를 인정할 수 없는 별개의 독립적인 새로운 저작물인 점 및
  - 피고인이 영위하고 있는 포토 라이브러리업의 영업 방법상 특성 등 제반 사정에 비추어, 피고인이 위 사진들을 게시한 행위로 인하여 도안에 관한 저작권이 침해되었다고 보기 어렵다.

C. 대법원 판단 (유죄)

- 새로운 저작물에서 원저작물의 창작적인 표현형식이 그대로 느껴진다면 이들 사이에 실질적 유사성이 있다고 보아야 한다.
  - 이 사건 사진들 중 일부 사진들(이하 '이 사건 침해사진들')에는 이 사건 저작물의 원래 모습이 온전히 또는 대부분 인식이 가능한 크기와 형태로 사진의 중심부에 위치하여 그 창조적 개성이 그대로 옮겨져 있다.
  - 이 사건 침해사진들에서 이 사건 저작물의 창작적인 표현형식이 그대로 느껴지는 이상 위 사진들과 이 사건 저작물 사이에 실질적 유사성이 있다고 보아야 한다.
- 피고인들은 사진저작권자들의 위탁에 따라 사진을 홈페이지에 게시하고 그 이용을 원하는 사람들에게 양도나 이용허락을 한 후 그로 인한 수익을 사진저작권자들과 배분하고 있으므로, 피고인들이 이 사건 침해사진들을 홈페이지에 게시한 행위는 영리를 목적으로 한 것이다.
  - 그리고 이 사건 저작물은 그 성격상 저작자의 창조적 개성의 발휘에 따른 미적 표현이 드러나 있는 미술저작물의 일종이라고 할 것인데, 이 사건 침해사진들의 경우 월드컵 분위기를 표현하기 위하여 월드컵의 응원문화를 상징하는 이 사건 저작물을 특별한 변형 없이 촬영하여 만든 것인 이상 이 사건 저작물을 단순히 대체하는 수준을 넘어 그와 별개의 목적이나 성격을 갖게 된다고 볼 수는 없다.

4. 저작인격권 침해죄

(1) 저작인격권 침해 범죄의 구성요건과 보호법익

저작인격권 침해 범죄는 ① 저작인격권 또는 실연자의 인격권을 침해하여 ② 저작자 또는 실연자의 명예를 훼손할 것을 구성요건으로 한다. 즉 이 규정보호법익은 저작인격권 또는 실연자의 인격권과 함께 저작자 또는 실연자의 명예를 보호하려는 데 그 목적이 있다. 여기에서 저작자 또는 실연자의 명예란 저작자 또는 실연자가 그 품성·덕행·명성·신용 등의 인격적 가치에 관하여 사회로부터 받는 객관적 평가, 즉 사회적 명예를 가리킨다.

(2) 명예를 침해하였는지의 기준[17]

저작인격권 침해 범죄는 저작인격권 또는 실연자의 인격권을 침해하는
행위를 통해서 저작자 또는 실연자의 사회적 가치나 평가가 침해될 위험이
있으면 성립한다. 즉 현실적인 침해의 결과가 발생하거나 구체적·현실적으
로 침해될 위험이 발생하여야 하는 것은 아니다. 다만 저작인격권 또는 실연
자의 인격권을 침해하는 행위가 있었다는 사정만으로 바로 저작자 또는 실
연자의 사회적 가치나 평가가 침해될 위험이 있다고 볼 수는 없다.

저작인격권 또는 실연자의 인격권을 침해하는 행위가 저작자 또는 실연
자의 사회적 가치나 평가를 침해할 위험이 있는지는 저작자 또는 실연자의
주관적 감정이나 기분 등 명예감정을 침해할 만한 행위인지를 기준으로 판
단할 것이 아니라 ① 침해행위에 이르게 된 경위, ② 침해행위의 내용과 방
식, ③ 침해의 정도, ④ 저작자 또는 실연자의 저작물 또는 실연과 관련된 활
동 내역 등 객관적인 제반 사정에 비추어 저작자 또는 실연자의 사회적 명예
를 침해할 만한 행위인지를 기준으로 신중하게 판단하여야 한다.

(3) 저작인격권 침해로 보는 행위

저작인격권 침해로 보는 행위란 「저작권법」에 의해 보호되는 권리의 직접
적인 침해는 아니지만 침해의 개연성이 높은 행위를 말한다. 저작물은 무체물
이기 때문에 권리구제의 실효성을 담보하기 위함이다. 저작자의 명예를 훼손
하는 방법으로 그 저작물을 이용하는 행위는 저작인격권의 침해로 간주된다.

---

  17 대법원 2023. 11. 30. 선고 2020도10180 판결.

제124조(침해로 보는 행위)

② 저작자의 명예를 훼손하는 방법으로 저작물을 이용하는 행위는 저작인격권의 침해로 본다.

제137조(벌칙) ① 다음 각 호의 어느 하나에 해당하는 자는 1년 이하의 징역 또는 1천만원 이하의 벌금에 처한다.

5. 제124조제2항에 따라 침해행위로 보는 행위를 한 자

이 규정은 저작재산권 등 정당한 권원을 가진 자가 저작물을 이용하는 경우에도 적용된다. 다만 명예를 훼손하는 행위는 저작물의 이용에 따른 것이어야 하며, 단순히 저작물의 내용을 비방하는 것과 같은 행위는 본 규정에 해당하지 않는다.

(4) 관련 판례

판례 전문가 게시물을 무단으로 이용 및 내용 변경하여 이용한 행위를 저작인격권을 침해하였다고 인정한 사례 | 대법원 2023. 11. 30. 선고 2020도10180 판결

A. 사실관계

- 피해자는 기계항공공학 박사로서의 식견과 경험을 바탕으로 다양한 분야의 주제에 관한 다수의 게시물 및 연재물을 창작하여 자신의 페이스북 또는 저널의 전문가 연재란에 게시하거나 연재하였다.

- 피고인은 피해자의 게시 등 글을 페이스북에서 복사하여 개인적으로 소장하거나 피해자에게 부탁하여 건네받고는, 피해자가 페이스북 계정을 닫은 약 3년 6개월 동안 무단으로 피고인의 페이스북 게시판에 피해자의 페이스북 게시글 42개 및 저널 연재글 3개(이하 '피해자 저작물')를 저작자인 피해자의 성명을 표시하지 않은 채 마치 자신의 저작물인 것처럼 게시하거나 임의로 내용을 더하거나 구성을 변경하여 게시하였다.

  - 피고인은 마치 피해자 저작물이 자신의 저작물인 것처럼 답글을 달기도 하였다.

  - 그런데 피고인이 피해자 저작물에 더하거나 그 내용을 변경한 내용 중에는 피고인의 주관에 따른 사회비판적인 인식 등이 드러나거나 잘못된 상식에 기한 경우도 있었다.

- 한편 피고인의 게시글을 읽은 사람이 피해자에게 피고인의 게시글과 피해자 저작물이 너무 비슷하다는 취지의 이메일을 보내기도 하였다.

B. 대법원 판단

- 피고인은 약 3년 6개월 동안 총 45개에 이르는 피해자 저작물을 피해자의 성명을 표시하지 않은 채 마치 피고인의 저작물인 것처럼 피고인의 페이스북 게시판에 게시하여 피해자의 성명표시권을 침해하는 한편,
- 임의로 피해자 저작물의 내용을 더하거나 변경함으로써 동일성을 손상시켜 피해자의 동일성유지권을 침해하였다.
- 피해자로서는 피해자 저작물의 진정한 저작자가 맞는지 나아가 기존에 피해자가 피해자 저작물의 창작 등을 통해 얻은 사회적 평판이 과연 정당하게 형성된 것인지 의심의 대상이 될 위험이 있다.
- 피고인이 동일성유지권을 침해하여 페이스북에 게시한 피해자 저작물로 인하여, 그 저작자를 피해자로 알고 있는 사람들에게는 피고인의 게시글에 나타난 피고인의 주관이나 오류가 원래부터 피해자 저작물에 존재했던 것으로 오해될 수 있고, 이에 따라 저작자인 피해자의 전문성이나 식견 등에 대한 신망이 저하될 위험도 없지 않다.

5. 기술적 보호조치 무력화죄

(1) 「저작권법」의 기술적 보호조치의 도입 배경[18]

디지털 기술의 발전은 디지털화를 통한 저작물등의 창작과 유통을 획기적으로 쉽고 싸며 편리하게 해주는 긍정적인 효과가 있는 반면, 불법 개작과 복제를 통한 침해가 짧은 시간에 광범위하게 대규모로 일어나 저작권 등 권리의 보호를 매우 어렵게 만드는 부정적인 효과도 있다. 이러한 우려에 대응하여 저작권자 등은 새로운 디지털 기술이 제공하는 식별번호·고유번호, 암호화 등을 바탕으로 하여 그들이 제시하는 사용방법에 동의하는 이용자에게만 저작물등을 접근·사용할 수 있게 하는 등의 기술적 보호조치를 도입하였다.

이에 이러한 기술적 보호조치가 부당하게 제거되거나 왜곡되지 않도록 보호해야 할 필요성이 대두되었다. 이에 관하여 세계지적재산권기구 저작권

---

  18 헌법재판소 2018. 11. 29. 선고 2017헌바369 전원재판부 결정.

조약(WIPO Copyright Treaty) 제11조는 "체약 당사자는 이 조약 또는 베른협약상의 권리의 행사와 관련하여 저작자가 이용하는 효과적인 기술조치로서 자신의 저작물에 관하여 저작자가 허락하지 아니하거나 법에서 허용하지 아니하는 행위를 제한하는 기술조치를 우회하는 것에 대하여 충분한 법적 보호와 효과적인 법적 구제 조치에 관하여 규정하여야 한다."고 규정하고, 세계지적재산권기구 실연·음반조약(WIPO Performances and Phonograms Treaty) 제18조는 "체약 당사자는 이 조약 또는 베른협약상의 권리의 행사와 관련하여 실연자나 음반제작자가 이용하는 효과적인 기술조치로서 자신의 실연이나 음반에 관하여 실연자나 음반제작자가 허락하지 아니하거나 법에서 허용하지 아니하는 행위를 제한하는 기술조치를 우회하는 것에 대하여 충분한 법적 보호와 효과적인 법적 구제 조치에 관하여 규정하여야 한다."고 규정하였다. 대한민국에서 세계지적재산권기구 저작권조약은 2004. 6. 24., 세계지적재산권기구 실연·음반조약은 2009. 3. 18. 각각 발효되었다.

(2) 「저작권법」의 기술적 보호조치의 의미

「저작권법」은 "누구든지 정당한 권한 없이 고의 또는 과실로 제2조 제28호 (가)목의 기술적 보호조치를 제거·변경하거나 우회하는 등의 방법으로 무력화하여서는 아니 된다."라고 규정하고(제104조의2 제1항), 제2조에서 기술적 보호조치에 대한 정의를 규정하고 있다.

「저작권법」

제2조(정의) 이 법에서 사용하는 용어의 뜻은 다음과 같다.

28. "기술적 보호조치"란 다음 각 목의 어느 하나에 해당하는 조치를 말한다.

가. 저작권, 그 밖에 이 법에 따라 보호되는 권리의 행사와 관련하여 이 법에 따라 보호되는 저작물등에 대한 접근을 효과적으로 방지하거나 억제하기 위하여 그 권리자나 권리자의 동의를 받은 자가 적용하는 기술적 조치

나. 저작권, 그 밖에 이 법에 따라 보호되는 권리에 대한 침해 행위를 효과적으로 방지하거나 억제하기 위하여 그 권리자나 권리자의 동의를 받은 자가 적용하는 기술적 조치

기술적 보호조치는 기술적 조치가 통제하는 대상에 따라 저작권에 의하여 보호되는 ① 저작물에 대한 접근을 효과적으로 통제하는 접근통제조치와 ② 저작권 침해 행위를 효과적으로 통제하는 권리통제조치로 나뉜다. 결국 저작권의 기술적 보호조치는 저작권법상 저작자에게 인정된 개별적인 권리(복제권, 배포권, 공연권 등)에 대한 침해행위를 방지하기 위해 저작권자가 접근을 방지하거나 억제하는 조치의 일체라고 할 수 있다.

위 제2조 제28호에서 (가)목의 보호조치는 저작권 등을 구성하는 복제·배포·공연 등 개별 권리에 대한 침해행위 자체를 직접적으로 방지하거나 억제하는 것은 아니지만 저작물이 수록된 매체에 대한 접근 또는 그 매체의 재생·작동 등을 통한 저작물의 내용에 대한 접근 등을 방지하거나 억제함으로써 저작권 등을 보호하는 조치를 의미한다. (나)목의 보호조치는 저작권 등을 구성하는 개별 권리에 대한 침해행위 자체를 직접적으로 방지하거나 억제하는 보호조치를 의미한다.

여기서 문제되는 보호조치가 (가)목 또는 (나)목 중 어느 쪽에 해당하는지를 결정함에 있어서 저작권은 하나의 단일한 권리가 아니라 복제권, 배포권, 공연권 등 여러 권리들의 집합체로서 이들 권리는 각각 별개의 권리이므로 이 각각의 권리를 기준으로 개별적으로 판단하여야 한다.[19]

(3) 기술적 보호조치 무력화 범죄의 구성요건

이 범죄는 ① 정당한 권한 없이 ② 고의 또는 과실로 ③ 저작자 등 권리자가 취한 기술적 보호조치를 제거, 변경, 우회 등 방법으로 무력화하는 행위가 범죄 구성요건이다.

---

　　19 대법원 2015. 7. 9. 선고 2015도3352 판결.

한편 「저작권법」은 공익목적 등을 이유로 기술적 보호조치(접근통제기술)에 대한 무력화 금지의 예외를 인정하고 있다. 예를 들면 암호연구, 정보로부터 미성년자 보호, 온라인상 개인식별정보의 수집방지, 도서관 등에서 저작물 구입 여부 결정, 프로그램 역분석, 보안검사 등을 위해서는 기술적 조치의 무력화가 인정될 수 있다(제104조의2 제1항 단서).

(4) 관련 판례

A. 사실관계

- 노래반주기 제작업체인 갑 주식회사는 음악저작권협회로부터 음악저작물의 복제·배포에 관한 이용허락을 받아 매월 노래방에 신곡을 공급하고 있었다.
  - 갑 회사는 매달 고유번호가 부여된 데이터롬 칩을 제작하여 그 칩을 노래반주기에 장착하거나, 'KY 와이파이 모듈'이라는 USB를 노래반주기에 삽입한 후 스마트폰을 이용하여 스마트 토큰을 구입하여야만 신곡파일이 구동될 수 있도록 하는 두 가지 방식의 인증수단(이하 '이 사건 보호조치')을 마련하였다.
- 피고인 乙 등이 보호조치를 무력화하는 장치를 제조·판매하여 위 협회의 저작권을 침해하였다는 내용으로 기소되었다.
  - 피고인 1은 신곡 인증과 관련된 데이터를 조작하여 전월의 데이터롬 칩을 사용해도 신곡의 인증이 이루어지게 하거나, 스마트 토큰을 사용하지 않고도 신곡파일을 구동할 수 있도록 하는 장치를 제조·판매·보관하였고, 이러한 과정에서 이 사건 보호조치를 변경하거나 우회하였으며,
  - 피고인 2는 피고인 1로부터 이 사건 보호조치 중 데이터롬 칩 방식의 보호조치를 무력화하는 장치를 구매하여 노래반주기에 신곡파일을 설치해 주는 노래방 딜러들에게 판매하였다.

B. 법원 판결

- 이 사건 보호조치는 복제권·배포권 등과 관련하여서는 복제·배포 등 행위 그 자체를 직접적으로 방지하거나 억제하는 조치는 아니지만
  - 신곡파일의 재생을 통한 음악저작물의 내용에 대한 접근을 방지하거나 억제함으로써 복제·배포 등의 권리를 보호하는 「저작권법」 제2조 제28호 (가)목의 보호조치에 해당할 뿐만 아니라,

(5) '기술적 보호조치'와 '기술적인 조치'의 구분

'기술적 보호조치'는 저작권자가 자신의 권리를 보호하기 위하여 적용하는 무단복제 방지 등의 조치를 말한다. '기술적인 조치'는 특수한 유형의 온라인서비스 제공자에게 특정 저작물의 복제나 전송을 차단하기 위해 적용되는 것으로서 양자는 근본적으로 그 의미가 다르다.

「저작권법」의 '기술적인 조치'는 이용자들 사이의 파일 교환을 주된 목적으로 하는 특수한 유형의 온라인서비스제공자에게만 부과된 의무이다. 특수한 유형의 온라인서비스는 그 서비스의 특성상 저작물 등의 불법적인 전송에 이용되기 쉬운 것으로서, 그와 같은 서비스를 통한 저작물 등의 불법적인 전송의 빈번한 발생과 그로 인한 막대한 피해가 발생하기 때문이다.

「저작권법」

제104조(특수한 유형의 온라인 서비스제공자의 의무 등) ① 다른 사람들 상호 간에 컴퓨터를 이용하여 저작물등을 전송하도록 하는 것을 주된 목적으로 하는 온라인서비스제공자(이하 "특수한 유형의 온라인서비스제공자"라 한다)는 권리자의 요청이 있는 경우 해당 저작물등의 불법적인 전송을 차단하는 기술적인 조치 등 필요한 조치를 하여야 한다. 이 경우 권리자의 요청 및 필요한 조치에 관한 사항은 대통령령으로 정한다.

「저작권법」은 특수한 유형의 온라인서비스제공자의 기술적인 조치를 저작물 인식조치, 검색 및 송신 제한 조치, 그리고 경고문구 발송 조치 등으로 구분하여 명시하고 있다.

제46조(불법적인 전송을 차단하는 기술적인 조치 등 필요한 조치) ① 법 제104조 제1항 전단에서 "해당 저작물등의 불법적인 전송을 차단하는 기술적인 조치 등 필요한 조치"란 다음 각 호의 모든 조치를 말한다.

1. 저작물등의 제호등과 특징을 비교하여 저작물등을 인식할 수 있는 기술적인 조치

2. 제1호에 따라 인지한 저작물등의 불법적인 송신을 차단하기 위한 검색제한 조치 및 송신제한 조치

3. 해당 저작물등의 불법적인 전송자를 확인할 수 있는 경우에는 그 저작물등의 전송자에게 저작권침해금지 등을 요청하는 경고문구의 발송

② 제1항제1호 및 제2호의 조치는 권리자가 요청하면 즉시 이행하여야 한다.

III. 「통신비밀보호법」의 사이버범죄

1. 「통신비밀보호법」의 보호 대상

　「통신비밀보호법」에서 보호하는 대상은 우편물, 전기통신 또는 통신사실 확인자료이다. 또한 전자장치 또는 기계적 수단을 이용한 청취 등 사인 간의 대화를 보호한다(「통신비밀보호법」 제3조 제1항, 제14조 제1항). 수사기관도 국민의 통신 및 대화비밀을 적법절차에 따르지 않고 침해할 수 없다(제3조 제2항).

2. 전기통신·비공개 대화 침해죄

(1) 전기통신·비공개 대화 침해죄의 구성요건

　누구든지 「통신비밀보호법」 제3조를 위반하여 우편물의 검열 또는 전기통신의 감청을 하거나 공개되지 아니한 타인간의 대화를 녹음 또는 청취한 자, 그리고 그 통신이나 대화의 내용을 공개하거나 누설한 자는 1년 이상 10년 이하의 징역과 5년 이하의 자격정지에 처한다(제16조 제1항).

　「통신비밀보호법」(제3조 제1항)이 공개되지 않은 타인간의 대화를 녹음 또는 는 청취하지 못하도록 한 것은 대화에 원래부터 참여하지 않는 제3자가 대화를 하는 타인간의 발언을 녹음하거나 청취해서는 안 된다는 취지이다. 따라서 대화에 원래부터 참여하지 않는 제3자가 일반 공중이 알 수 있도록 공개되지 않은 타인간의 발언을 녹음하거나 전자장치 또는 기계적 수단을 이용하여 청취하는 것은 특별한 사정이 없는 한 제3조 제1항에 위반된다.[20] 여기서 '공개되지 않았다'는 것은 반드시 비밀과 동일한 의미는 아니고 구체적으로 공개된 것인지는 발언자의 의사와 기대, 대화의 내용과 목적, 상대방의 수, 장소의 성격과 규모, 출입의 통제 정도, 청중의 자격 제한 등 객관적인 상황을 종합적으로 고려하여 판단해야 한다.

전기통신의 감청[21]은 제3자가 전기통신의 당사자인 송신인과 수신인의 동의를 받지 아니하고, 제7호 소정의 각 행위를 하는 것만을 말한다고 해석된다.[22] 즉 전기통신을 하는 당사자의 일방이 상대방 모르게 전기통신 내용을 녹음하더라도 이는 통신 등의 비밀과 자유를 침해하는 것이 아니므로 이러한 행위는 감청에 해당하지 않는다. 그러나 제3자 또는 수사기관이 적법한 감청을 위해서는 통화 당사자 일방만의 동의가 아닌 양당사자 모두의 동의가 필요하다.

---

[20] 대법원 2022. 8. 31. 선고 2020도1007 판결(대법원 2006. 10. 12. 선고 2006도4981 판결, 대법원 2014. 5. 16. 선고 2013도16404 판결, 대법원 2016. 5. 12. 선고 2013도15616 판결 등 참조).

[21] 「통신비밀보호법」 제2조 제7호: "감청"이라 함은 전기통신에 대하여 당사자의 동의없이 전자장치·기계장치등을 사용하여 통신의 음향·문언·부호·영상을 청취·공독하여 그 내용을 지득 또는 채록하거나 전기통신의 송·수신을 방해하는 것을 말한다.

[22] 대법원 2022. 10. 27. 선고 2022도9877 판결.

(2) 관련 판례

판례 대화내용을 휴대전화로 녹음한 행위를 「통신비밀보호법」 위반으로 인정 사례 | 대법원 2022. 8. 31. 선고 2020도1007 판결

〈 사실 관계 및 법원 판단 〉

- 피고인은 사무실에서 D, E, F(이하 'D 등'이라 한다)이 게임을 진행하면서 한 대화 내용을 휴대전화로 녹음하여 G에게 카카오톡으로 전송하였다.
- 대화에 원래부터 참여하지 않는 제3자가 일반 공중이 알 수 있도록 공개되지 않은 타인간의 발언을 녹음하거나 전자장치 또는 기계적 수단을 이용하여 청취하는 것은 특별한 사정이 없는 한 제3조 제1항에 위반된다.
  - 이로써 공개되지 않은 타인간의 대화를 녹음하고 위와 같은 방법으로 알게 된 대화의 내용을 누설하였다.

판례 제3자가 전화통화자 중 일방만의 동의를 얻어 통화내용을 녹음한 경우 법위반이라고 판결한 사례 | 대법원 2002. 10. 8. 선고 2002도123 판결

A. 사실 관계

- 피고인은 상가 내 피고인이 경영하는 이용원에서 경쟁업체를 공중위생법위반죄로 고발하는 데 사용할 목적으로 공소 외 A로 하여금 같은 상가 내 미용실 B에게 전화를 걸어 "귓불을 뚫어 주느냐"는 용건으로 통화하게 한 다음 그 내용을 녹음함으로써 공개되지 아니한 타인간의 대화를 녹음하였다.

B. 원심 판단 (무죄)

- 공개되지 아니한 타인간의 대화를 녹음하는 행위를 금지하는 이유는 대화 당사자 사이에 대화의 비밀성을 보장하는 것이고,
  - 대화자 일방이 상대방과의 대화를 상대방의 승낙 없이 녹음하는 경우에는 통신비밀보호법 제3조의 구성요건에 해당하지 아니하는 점 등을 고려해보면,
  - 피고인이 일방 당사자의 동의를 받아 녹음한 이 사건 행위는 대화자 일방의 상대방 승낙 없는 녹음행위와 동일하다고 볼 것이다.
- ※ 통화당사자 간의 대화 녹음은 서로 동의가 없더라도 감청에 해당하지 않는다.
  원심은 피고인이 통화 당사자 중 A의 동의를 받았으니 그 행위가 이 법을 위반하지 않았다고 판단하였다.

C. 대법원 판단(유죄 취지 파기환송)

- 전화통화는 법의 규정에 따라 타인간의 대화에 포함시킬 수는 없고, 전기통신에 해당한다.

- 법 제2조 제7호가 규정한 '전기통신의 감청'은 제3자가 전기통신의 당사자인 송신인과 수신인의 동의를 받지 아니하고 같은 호 소정의 각 행위를 하는 것만을 말한다'고 풀이함이 상당하다고 할 것이므로,

  - 전기통신에 해당하는 전화통화 당사자의 일방이 상대방 모르게 통화내용을 녹음(채록)하는 것은 여기의 감청에 해당하지 아니하지만(따라서 전화통화 당사자의 일방이 상대방 몰래 통화내용을 녹음하더라도, 대화 당사자 일방이 상대방 모르게 그 대화내용을 녹음한 경우와 마찬가지로 법 제3조 제1항 위반이 되지 아니한다),

  - 제3자의 경우는 설령 전화통화 당사자 일방의 동의를 받고 그 통화내용을 녹음하였다 하더라도 그 상대방의 동의가 없었던 이상, 사생활 및 통신의 불가침을 국민의 기본권의 하나로 선언하고 있는 헌법규정과 통신비밀의 보호와 통신의 자유신장을 목적으로 제정된 통신비밀보호법의 취지에 비추어 이는 법 제3조 제1항 위반이 된다고 해석하여야 할 것이다(이 점은 제3자가 공개되지 아니한 타인간의 대화를 녹음한 경우에도 마찬가지이다).

  ※ 대법원은 당사자 간 통화는 서로 동의없이 대화내용을 녹음할 수 있지만, 제3자가 그 내용을 녹음하기 위해서는 일방 당사자의 동의만으로는 불법 감청에 해당하고, 양 당사자 모두의 동의가 있어야 한다는 취지로 판단하였다.

판례 비공개 조치된 인터넷방송에 게스트로 접속하여 피고인의 발음을 녹음한 것이 감청에 해당하지만, 제3자의 녹화, 시청을 허락하였다고 볼 수 있는 경우에는 감청에 해당하지 않는다고 판결한 사례 | 대법원 2022. 10. 27. 선고 2022도9877 판결

A. 사실 관계

- 피고인은 인터넷 방송 사이트에서 인터넷 개인 방송을 진행하였다. 이는 성인콘텐츠(19세 미만 이용제한) 방송으로,

  - 서비스제공자인 인터넷 개인방송 사이트는 성인콘텐츠 방송의 경우 본인인증이 완료된 회원만이 시청 가능한 것으로 규정하고 있고,

  - 본인인증을 거쳐 아이디를 등록한 회원은 그 아이디로 접속하여 누구나 무료로 성인콘텐츠를 시청할 수 있다.

- 한편 이 사이트의 인터넷 방송 진행자(BJ)는 시청자로부터 시청료를 받는 것이 아니라 그 방송을 시청한 시청자들이 자발적으로 지급하는 후원료를 받아 수익을 얻고 그 수익을 해당 사이트와 분배한다.

- 피고인은 위 기간 동안 피해자의 아이디인 '(아이디 생략)'을 블랙리스트에 등록하여 피해자가 피고인의 방송에 접속하는 것을 차단하였다.

- 피해자는 자신의 아이디로 피고인의 인터넷 방송에 접속하는 것이 불가능하자 자신의 아이디로 로그인하지 않고 '게스트'로 피고인의 인터넷 방송에 접속하여 피고인의 발언을 녹화하였고, 그 녹화파일을 경찰에 제출하였다.

B. 법원판단

- 방송자가 인터넷을 도관(인터넷 회선) 삼아 인터넷서비스제공업체 또는 온라인서비스제공자인 인터넷개인방송 플랫폼업체의 서버를 이용하여 실시간 또는 녹화된 형태로 음성, 영상물을 방송함으로써 불특정 혹은 다수인이 이를 수신·시청할 수 있게 하는 인터넷개인방송은 그 성격이나 통신비밀보호법 제2조 제3호, 제7호, 제3조 제1항, 제4조에 비추어 전기통신에 해당함은 명백하다.

- 인터넷개인방송의 방송자가 비밀번호를 설정하는 등으로 비공개 조치를 취한 후 방송을 송출하는 경우에는, 방송자로부터 허가를 받지 못한 사람은 당해 인터넷개인방송의 당사자가 아닌 '제3자'에 해당하고, 이러한 제3자가 비공개 조치가 된 인터넷개인방송을 비정상적인 방법으로 시청·녹화하는 것은 통신비밀보호법상의 감청에 해당할 수 있다.

- 다만 방송자가 이와 같은 제3자의 시청·녹화 사실을 알거나 알 수 있었음에도 방송을 중단하거나 그 제3자를 배제하지 않은 채 방송을 계속 진행하는 등 허가받지 아니한 제3자의 시청·녹화를 ~ 인정된다고 판결하였다.

- 다만 방송자가 이와 같은 제3자의 시청·녹화 사실을 알거나 알 수 있었음에도 방송을 중단하거나 그 제3자를 배제하지 않은 채 방송을 계속 진행하는 등 허가받지 아니한 제3자의 시청·녹화를 사실상 승낙·용인한 것으로 볼 수 있는 경우에는 불특정인 혹은 다수인을 직간접적인 대상으로 하는 인터넷개인방송의 일반적 특성상 그 제3자 역시 인터넷개인방송의 당사자에 포함될 수 있으므로, 이러한 제3자가 방송 내용을 지득·채록하는 것은 통신비밀보호법에서 정한 감청에 해당하지 않는다.

※ 이 사건에서 피고인은 보복협박죄, 명예훼손죄, 카메라등이용촬영죄 등으로 기소되었는데, 피해자가 제출한 녹취증거가 불법감청으로 채득한 것이므로 증거능력이 없다고 주장했으나, 법원은 이 사건 피해자의 행위가 감청에 해당되지 않으므로 불법수집증거가 아니고, 증거능력이 인정된다고 판결하였다.

제2장

형사법 분야 사이버범죄

제1절 「형법」의 사이버범죄

I. 인터넷 사기죄

인터넷사기란 사이버공간에서 기망행위로 타인의 재물이나 재산상의 이익을 침해하는 범죄로서 기본적으로 「형법」 제347조 사기죄, 제347조의2 컴퓨터등 사용사기죄 등으로 처벌이 가능하다. 인터넷사기에 관해서는 이를 직접으로 적용하는 법률규정이 없기 때문에 통상의 사기죄와 마찬가지로 「형법」 제347조 사기죄를 적용하게 된다.

「형법」

제347조

① 사람을 기망하여 재물의 교부를 받거나 재산상의 이익을 취득한 자는 10년 이하의 징역 또는 2천만원 이하의 벌금에 처한다.

---

1. 직거래 사기죄

직거래 사기는 정보통신망(컴퓨터 시스템)을 통하여, 물품 거래 등에 관한 허위의 의사표시를 게시하여 발생한 대금을 편취(남을 속여 재물이나 이익 따위를 빼앗음)하는 행위를 말한다.

판례 인터넷 직거래 사기죄 판결 | 울산지방법원 2020. 5. 14. 선고 2019고단4302, 4610, 5106, 2020고단455(병합)

A. [2019고단4302]

- 피고인은 그의 휴대전화를 이용하여 번개장터 어플리케이션에 접속하여 '상품권을 판매한다'는 취지의 글을 게시하고, 위 글을 보고 연락한 피해자에게 '금원을 송금해주면 신세계모바일교환권을 주겠다'고 거짓말을 하였다.
  - 그러나 사실은 피고인은 위 티켓을 가지고 있지 아니하여 피해자로부터 돈을 받더라도 위 티켓을 보내줄 의사나 능력이 없었다.
  - 그럼에도 피고인은 위와 같이 피해자를 기망하여 이에 속은 피해자로부터 같은 날 피고인 명의 계좌로 38,000원을 송금받은 것을 비롯하여, 이외 피해자들을 기망하여 총 18회에 걸쳐 합계 1,818,500원을 송금받았다.

B. [2019고단5106]

- 피고인은 휴대전화를 이용하여 인터넷 네이버카페 '중고나라'에 '갤럭시버즈를 판매한다'는 글을 게시하고 이를 보고 연락해온 피해자 이○범에게 "돈을 보내주면 갤럭시버즈를 판매하겠다"라고 거짓말을 하였다.
  - 그러나 사실은 피고인은 위 물품을 판매할 의사나 능력이 없었다.
  - 피고인은 이에 속은 피해자로부터 같은 날 12:01경 판매대금 명목으로 103,000원을 피고인이 사용하는 네이버페이(isikami)로 송금받은 것을 비롯하여, 5회에 걸쳐 합계 571,000원을 교부받았다.

C. [2020고단455]

- 피고인은 네이버 중고나라 카페에 '갤럭시 버즈' 판매글을 게시한 뒤 이를 보고 연락한 피해자 최○강에게 210,000원을 송금해주면 갤럭시 버즈를 보내주겠다고 거짓말하였다.
  - 그러나 사실 피고인은 피해자로부터 돈을 받더라도 위 물건을 보내줄 의사나 능력이 없었다.
  - 그럼에도 피고인은 위와 같이 피해자를 기망하여 이에 속은 피해자로부터 같은 날 OO 명의 카카오뱅크 계좌로 210,000원을 송금받은 뒤 이를 다시 피고인 명의 카카오뱅크 계좌로 이체받아 편취하였다.

2. 쇼핑몰 사기죄

쇼핑몰 사기는 정보통신망(컴퓨터 시스템)을 통하여, 허위의 인터넷 쇼핑몰 등을 개설하여 발생한 대금을 편취하는 행위를 말한다.

판례 온라인 사이트를 통해 피해자들을 속여 47억여 원을 받아 가로챈 가상상품 투자 플랫폼 대표 등에게 실형이 선고된 사건 | 광주지방법원 2021고합259, 342(병합)

A. 사실관계

- 피고인들은 가상상품 투자 플랫폼을 표방한 ○○피아 사이트 및 쇼핑몰의 각 대표, 실질적 운영자로서, 가상상품 P2P 플랫폼인 '○○피아'를 만들어 피해자들을 회원으로 가입하게 한 다음, 사실은 ○○피아의 수익 구조가 지속 가능하지 않고 약 2개월 정도만 운영하고 사이트를 폐쇄할 계획이었음에도 마치 ○○피아를 장기간 운영하고 그 수익 구조도 상당 기간 지속 가능한 것처럼 피해자들을 속여 총 8967회에 걸쳐 피해자 73명에게 47억여 원 상당을 편취한 혐의 등으로 공소제기 되었다.

- 사기죄는 다른 사람을 기망하여 그로 인한 하자있는 의사에 터 잡아 재물의 교부를 받거나 재산상의 이득을 취득함으로써 성립되고,
  - 사기죄의 요건으로서 기망은 널리 재산적 거래관계에 있어서 서로 지녀야 할 신의와 성실의 의무를 저버리는 적극적, 소극적 행위를 말하는 것으로서 반드시 법률행위의 중요부분에 관한 허위표시임을 요하지 아니하고, 상대방을 착오에 빠지게 하여 행위자가 희망하는 재산적 처분행위를 하도록 하기 위한 판단의 기초가 되는 사실에 관한 것이면 충분하다.
  - 나아가 어떤 행위가 다른 사람을 착오에 빠지게 한 기망행위에 해당하는가의 여부는 거래의 상황, 상대방의 지식, 경험, 직업 등 행위 당시의 구체적 사정을 고려하여 일반적·객관적으로 판단해야 할 것이다.
- 피고인들은 처음부터 2021. 1. 말 무렵까지만 ○○피아를 운영하고 그 사이트를 폐쇄할 계획 아래,
  - 쇼핑몰 운영과 대소각 이벤트 등을 통해 ○○피아의 수익 구조가 상당 기간 지속 가능할 것처럼 기망적인 홍보를 하고,
  - 55개의 차명계좌를 동원해 일반 회원인 것처럼 가장하여 가상상품 거래에 대량 참여함으로써 ○○피아의 회원 수와 거래량이 지속적으로 증가하는 것처럼 보이게 하는 방법 등으로 피해자들을 기망하여,
  - 가상상품의 발행·판매 대금 또는 티켓비 등의 명목으로 돈을 송금받거나 제3자로 하여금 가상상품의 판매대금을 취득하게 하여 이를 편취한 사실을 충분히 인정할 수 있다.

3. 게임 사기죄

게임사기는 정보통신망(컴퓨터 시스템)을 통하여 게임 캐릭터 및 아이템 등 인터넷 게임과 관련하여 발생한 대금을 편취하는 행위를 말한다. 게임사기죄는 먼저 가해자가 아이템을 판매할 것처럼 하고, 피해자로부터 돈을 교부받은 뒤 잠적하여 아이템을 주지 않고 잠적하는 경우가 대표적이다. 이때 단순하게 금원의 지급이 지연되었거나 게임 아이템이나 게임머니가 사전에 약속한 내용과 다른 것만으로는 사기의 고의가 입증되지 않을 수 있다.

- 피고인은 온라인 게임사이트 게시판이나 오픈 채팅방 등에서 돈을 먼저 보내주면
  게임 아이템을 팔 것처럼 속여 50여 명으로부터 4천300여만원을 뜯어낸 혐의로
  기소되었다.
  - 피고인은 '게임 아이템을 구한다'는 글이 올라오면 먼저 연락해 "해당 아이템이 있
    는 게임 계정 아이디와 비밀번호를 넘겨주겠다"고 속였다.

기타 게임사기 판례

- 피고인은 PC방에서 피해자 A가 올린 아이템 판매 게시글을 보고 채팅창을 통해 연
  락한 후 다른 곳에 글을 올리면 구매신청을 해 300만 원에 사겠다고 속였다.
  - 이후 신원을 알 수 없는 또 다른 사람에게 구매신청을 하게 하고, 그를 피고인인 것
    처럼 믿게 했다.
  - 이러한 과정을 통해 피고인은 구매 대금을 지불하지 않고 시가 50만 원 상당의 아
    이템만 받아갔다.
- 피고인은 PC방에서 피해자에게 '현금 100만 원을 입금하면 아이템 R을 판매한다'
  고 속였다.
  - 그러나 피해자에게는 아이템 판매자에게 대금을 송금하게 하고, 판매자로부터는
    본인이 입금한 것처럼 속여서 아이템을 편취하였다.

II. 컴퓨터 업무방해·비밀침해죄 등

1. 「형법」의 컴퓨터 관련 범죄 규정의 제정 경과

「형법」은 1953년에 범죄의 요건과 그 범죄에 대한 처벌에 관한 사항을 규정하기 위해 제정되었다. 1996년에는 「형법」 제정 이래 정치·경제·사회 등 모든 영역의 발전과 윤리의식의 변화에 기인한 법규범과 현실과의 괴리를 해소하고, 산업화·정보화의 추세에 따른 컴퓨터범죄 등 신종 범죄에 효율적으로 대처하고자 하였다. 이에 컴퓨터등 정보처리장치를 이용한 사기, 업무방해, 비밀침해, 공·사전자기록의 위작·변작 및 행사죄 등 컴퓨터 관련 범죄를 신설하였다.

예를 들면 컴퓨터에서 사용되는 전자기록이 문서와 더불어 또는 문서에 대신하여 사회적으로 중요한 사항에 대한 증명기능을 담당하고 있으므로 그것의 증명기능을 보호할 필요가 있었다. 형법상 문서는 그 개념 요소로서 계속적 기능, 증명적 기능, 보장적 기능을 필요로 한다. 그러나 전자방식 등으로 기록된 전자기록 등은 계속적 기능의 내용인 가독성·가시성이 없을 뿐만 아니라 그것의 기록과정에 많은 사람이 관여하는 경우가 많다.

따라서 전자기록은 문서와 같은 작성명의를 생각하기 어려워 문서에 해당한다고 할 수 없다는 것이 통설·판례였다. 이에 전자기록의 특성을 고려하고 그 증명기능을 보호하기 위한 입법적 대책이 요구되었다. 「형법」은 이러한 점을 고려하여 전자기록 등을 공전자기록과 사전자기록으로 나누고 이의 위작, 변작 및 행사를 처벌하도록 개정하였다.

전자기록 등 특수매체기록(이하 '특수매체기록')은 사람의 지각으로 인식할 수 없는 방식에 의하여 만들어진 기록(즉 눈으로 읽고 확인할 수 있어야 한다는 의미)으로서 정보처리장치에 의해 정보처리에 사용되는 것을 말한다. 그리고 특수매체기록은 '사람의 지각으로 인식할 수 없어야'한다는 점에서 사람의 지각으로 인식할 수 있는 기록인 문서와 구별된다.

「형법」에서 대표적인 컴퓨터 범죄에 대한 규제는 ① 전자기록 등 특수기록매체 기록 자체를 보호 대상으로 하는 범죄와 ② 특수매체기록의 내용을 보호대상으로 하는 범죄로 나눌 수 있다. ①에 해당하는 범죄는 공용서류 등의 무효, 공용물의 파괴죄, 공전자기록위작·변작죄, 사전자기록위작·변작죄,

컴퓨터 장애 등 업무방해죄, 권리행사 방해죄, 재물손괴죄 등을 들 수 있다. ②에 해당하는 범죄는 공무상 비밀침해죄, 전자기록비밀침해죄, 컴퓨터 등 사용사기죄 등을 들 수 있다.

이하에서는 「형법」에서 신설되어 적용되는 주요 컴퓨터 관련 범죄로서 컴퓨터 장애 등 업무방해죄(「형법」 제314조 제2항), 전자기록내용침해죄(「형법」 제316조 제2항), 컴퓨터 등 사용사기죄(「형법」 제347조의2), 재물(전자기록)손괴죄(「형법」 제366조) 등을 살펴본다.

2. 컴퓨터 업무방해죄

(1) 신설 배경

과거에 컴퓨터, 정보처리장치, 특수매체기록 등이 발달하기 전에는 사람을 대상(객체)로 하는 업무방해행위를 처벌하는 규정만으로 충분하였다. 현행 「형법」의 '업무방해죄'(「형법」 제314조 제1항)는 사람을 대상으로 하여 허위사실유포, 위계, 위력에 의한 업무방해 행위만을 처벌하는 규정으로 해석된다. 그러나 컴퓨터에 의한 사무처리가 현저히 확대되어 종래 사람에 의해 행하여졌던 사무처리의 대부분이 컴퓨터에 의해 행해지게 되면서부터 법적 문제가 발생하였다.

「형법」

제314조(업무방해) ① 제313조의 방법 또는 위력으로써 사람의 업무를 방해한 자는 5년 이하의 징역 또는 1천500만원 이하의 벌금에 처한다.

 * 제313조: 허위의 사실을 유포하거나 기타 위계로써 사람의 신용을 훼손하는 행위 처벌

용어 설명

• **위력(威力):** 상대를 압도할 만큼 강력함. 또는 그런 힘.

• **위계(僞計):** 거짓으로 계책을 꾸밈. 또는 그 계책.

 * 형법 제314조제1항에서 '위계'라 함은 행위자의 행위목적을 달성하기 위하여 상대방에게 오

인·착각 또는 부지를 일으키게 하여 이를 이용하는 것을 말하고, '위력'이라 함은 사람의 자유의사를 제압·혼란케 할 만한 일체의 세력으로, 유형적이든 무형적이든 묻지 아니하므로 폭행·협박은 물론, 사회적, 경제적, 정치적 지위와 권세에 의한 압박 등도 이에 포함된다.

일반 업무방해죄(제1항) 규정만으로는 컴퓨터 등 정보처리장치를 이용한 업무방해 행위에 대해서는 처벌근거가 불명확할 수밖에 없었다. 예를 들면 컴퓨터 전문가인 A가 B은행의 컴퓨터를 해킹하여 바이러스를 침투시켜 2~3일 동안 B은행의 업무 전체를 마비시킨 경우에는 A를 처벌할 근거가 미흡하였다. A의 행위에 사람에 대한 가해행위도 없었을 뿐만 아니라 업무방해죄의 구성요건이 되는 허위사실 유포 또는 위력을 행사한 것으로 보기 어렵기 때문이다.

이와 같은 현실적인 처벌의 공백을 메꾸기 위하여 컴퓨터에 대한 가해행위에 의한 업무방해 행위를 처벌하는 별개의 구성요건을 규정하여 컴퓨터업무방해죄를 신설하게 되었다(제314조 제2항).

> **「형 법」**
>
> **제314조(업무방해)**
> ② 컴퓨터등 정보처리장치 또는 전자기록등 특수매체기록을 손괴하거나 정보처리장치에 허위의 정보 또는 부정한 명령을 입력하거나 기타 방법으로 정보처리에 장애를 발생하게 하여 사람의 업무를 방해한 자도 제1항의 형과 같다.

(2) 컴퓨터업무방해죄 구성요건과 보호법익

이 범죄는 ① 허위의 사실을 유포, 위계, 또는 위력으로써 ② 컴퓨터등 정보처리장치 또는 전자기록등 특수매체기록을 손괴하거나 정보처리장치에 허위의 정보 또는 부정한 명령을 입력하거나 기타 방법으로 정보처리에 장애를 발생하게 하여 ③ 사람의 업무를 방해함으로써 성립된다.

우선 컴퓨터업무방해죄가 성립하기 위해서는 컴퓨터 등 정보처리장치 또는 는 전자기록 등 특수매체기록에 대한 손괴, 허위의 정보 입력, 부정한 명령의 입력, 기타 방법으로서 정보처리에 대한 현실적 장애를 발생하게 하여야 한다. 정보처리에 대한 장애란 컴퓨터의 정상적인 기능을 저해하는 것으로서 사용목적에 따른 작동을 제대로 못하게하는 것을 말하는데 반드시 현실적으로 정보처리의 장애가 발생하여야 한다.

이 범죄의 보호법익은 통상의 업무방해죄와 마찬가지로 업무를 방해받지 않는 것에 있다. 즉 이 규정의 목적도 업무를 통한 사람의 사회적·경제적 활동을 보호하려는 데 있다. 나아가 이 규정을 통해 컴퓨터의 사용방해나 정보의 부정조작이 업무방해죄를 구성한다고 명확하게 한 것이다. 여기서 그 보호대상이 되는 업무란 직업 또는 계속적으로 종사하는 사무나 사업을 말하고, 사무 또는 사업은 단순히 경제적 활동만을 의미하는 것이 아니라 널리 사람이 그 사회생활상의 지위에서 계속적으로 행하는 일체의 사회적 활동을 의미한다.[1]

(3) 컴퓨터업무방해죄의 객체

이 죄의 객체는 컴퓨터 등 정보처리장치와 전자기록 등 특수매체기록이다. 또한 컴퓨터 등 정보처리장치에 사용이 가능한 기록이어야 하므로 그것이 아닌 녹음테이프, 녹화필름, 마이크로필름 등은 컴퓨터업무방해죄의 객체에 해당하지 아니한다. 여기서 컴퓨터 등 정보처리장치란 자동적으로 계산이나 데이터처리를 할 수 있는 전자장치로서 하드웨어와 소프트웨어를 모두 포함한다. 그리고 컴퓨터업무방해죄에서의 기록은 정보·데이터 또는 기억매체물 그 자체를 말하는 것이 아니라 일정한 기록매체 위에 정보·데이터가 보존되어 결합된 상태를 의미한다고 보는 것이 다수 견해이다.

참고: 특수매체기록의 해석상 차이점
• 「형법」에 규정된 특수매체기록은 각 범죄의 구성요건마다 다르게 해석된다.
  - 손괴죄(「형법」제366조)의 객체인 특수매체기록은 "정보·데이터 그 자체"를 의미한다.
  - 비밀침해죄(「형법」제316조 제2항)의 객체인 특수매체기록에는 녹음테이프, 녹화필름, 마이크로필름 등이 포함되는 것으로 해석한다.

---

 1 대법원 2009. 11. 19. 선고 2009도4166 전원합의체 판결.

또한 그 소유관계를 불문하기 때문에 자신(피고인)의 소유라도 다른 사람의 업무에 사용되고 있는 한 컴퓨터업무방해죄의 객체에 해당할 수 있다. 타인의 업무에 사용되고 있기만 하면 기업체나 관청에서 사용하는 것이라도 무방한 것으로 해석하는 것이 다수 견해이다.

(4) 범죄 의도

업무방해죄가 성립되기 위해서는 업무방해의 결과가 실제로 발생하여야만 하는 것은 아니고 업무방해의 결과를 초래할 위험이 있으면 충분하다. 따라서 반드시 업무방해의 목적이나 계획적인 업무방해의 의도가 있어야만 하는 것은 아니고 자기의 행위로 인하여 타인의 업무가 방해될 가능성 또는 위험에 대한 인식이나 예견으로 충분하다. 여기서 유의할 것은 현실적으로 정보처리에 장애가 발생하지 않은 경우에는 컴퓨터업무방해죄가 성립하지 않지만, 업무방해죄의 업무 방해는 현실적으로 발생하지 않고 그저 업무를 방해할 우려가 있는 일반적·추상적인 위험상태만 발생하면 충분하다는 것이다.

(5) 범죄 행위

이 죄는 ① 컴퓨터 등 정보처리장치나 전자기록 등 특수매체기록을 손괴하거나, ② 정보처리장치에 허위의 정보 또는 부정한 명령을 입력하거나, ③ 기타의 방법으로 정보처리장치에 장애를 발생케 하는 행위에 적용된다.

이 규정에서 손괴란 유형력을 행사하여 물리적으로 파괴·멸실시키는 것뿐 아니라 전자기록의 소거나 자력에 의한 교란도 포함한다. 허위의 정보 또는 부정한 명령의 입력이란 객관적으로 진실에 반하는 내용의 정보를 입력하거나 정보처리장치를 운영하는 본래의 목적과 상이한 명령을 입력하는 것을 말한다. 그리고 기타 방법이란 컴퓨터의 정보처리에 장애를 초래하는 가해 수단으로서 컴퓨터의 작동에 직접·간접으로 영향을 미치는 일체의 행위를 말한다.

(6) 관련 판례

판례 아이디 등 무단변경 행위를 컴퓨터업무방해죄로 인정한 사례 | 대법원 2007. 3. 16. 선고 2006도6663 판결

- 정보처리장치를 관리, 운영할 권한이 없는 자가 그 정보처리장치에 입력되어 있던 관리자의 아이디와 비밀번호를 무단으로 변경하는 행위는
  - 정보처리장치에 부정한 명령을 입력하여 정당한 아이디와 비밀번호를 정보처리장치에 접속할 수 없게 만드는 행위로서
  - 정보처리장치에 장애를 현실적으로 발생시킬 뿐 아니라 이로 인하여 업무방해의 위험을 초래할 수 있으므로 이 죄를 구성한다.

판례 비밀번호 알려주지 않은 행위의 컴퓨터업무방해죄 인정하지 않은 사례 | 대법원 2004. 7. 9. 2002도631 판결

- 시스템관리자인 피고인이 메인컴퓨터의 비밀번호를 후임자에게 알려주지 않은 행위로 기소되었다.
  - 메인 컴퓨터의 비밀번호는 시스템관리자가 시스템에 접근하기 위하여 사용하는 보안 수단에 불과하므로,
  - 단순히 메인 컴퓨터의 비밀번호를 알려주지 아니한 것만으로는 정보처리장치의 작동에 직접 영향을 주어 그 사용목적에 부합하는 기능을 하지 못하게 하거나 사용목적과 다른 기능을 하게 하였다고 볼 수 없어
  - 「형법」 제314조 제2항에 의한 컴퓨터등장애업무방해죄로 의율(법원이 법규를 구체적인 사건에 적용하는 일)할 수 없다 할 것이다.

판례 상위등록 프로그램으로 허위 클릭정보 전송토록 한 행위를 컴퓨터업무방해죄로 인정한 사례 | 대법원 2009. 4. 9. 2008도11978 판결

A. 사실관계

- 피고인이 포털사이트 운영회사의 통계집계시스템 서버에 허위의 클릭정보를 전송하여 그 정보가 검색순위 결정 과정에 반영되도록 하여 컴퓨터업무방해죄로 기소되었다.
  - 피고인은 네이버, 다음 등 국내 유명 인터넷 포털사이트에 등록된 업체들을 상대로 홈페이지 분석 및 키워드 시장조사 등을 하여 포털사이트 검색엔진 상위등록 서비스를 제공한다고 광고하였다.

- 이 서비스는 등록된 홈페이지 등 디렉토리 사이트에 대하여 이용자가 키워드 검색을 할 경우 업체의 사이트가 검색결과의 첫 번째 페이지에 노출되도록 하는 서비스이다.
- 피고인은 약 750여개의 광고업체들을 모집한 후, 상위등록 프로그램을 이용하여 검색순위를 조작하는 방법으로 광고업체들의 홈페이지 주소를 네이버 및 다음의 각 사이트란 검색순위 상위에 노출시키기로 마음먹고,
- 피고인은 상위등록 프로그램을 이용하여 마치 이용자들이 인터넷 홈페이지 링크를 클릭한 것처럼 네이버의 통계집계시스템에 허위의 쿼리를 일정 시차를 두고 주기적으로 보내어 네이버 서버시스템으로 하여금 이용자가 각 26,866회 및 14,177회에 걸쳐 각 홈페이지를 방문한 것처럼 통계자료를 잘못 인식하도록 하여 검색순위를 상승시키게 하였다.

B. 법원 판결

- 포털사이트 운영회사의 통계집계시스템 서버에 허위의 클릭정보를 전송하여 검색순위 결정 과정에서 위와 같이 전송된 허위의 클릭정보가 실제로 통계에 반영됨으로써 정보처리에 장애가 현실적으로 발생하였다면, 그로 인하여 실제로 검색순위의 변동을 초래하지는 않았다 하더라도 컴퓨터 등 장애 업무방해죄가 성립한다.

판례 포털회사들의 댓글순위 산정업무를 방해한 행위를 컴퓨터업무방해죄로 인정한 사례 | 대법원 2020. 2. 13. 선고 2019도12194 판결

A. 사실관계

- 피고인과 피고인등은 댓글순위 조작 프로그램인 일명 '킹크랩'을 사용하여 포털사이트의 뉴스 기사 댓글에 공감/비공감 클릭을 하게 함으로써, 마치 이용자들이 실제로 네이버 등에 접속하여 클릭한 것처럼 허위의 클릭 신호를 보내 네이버 등 통계집계시스템에 반영되도록 하였다.

B. 법원 판단

- 피고인들은 공모하여 위 사실관계와 같이 허위의 정보 또는 부정한 명령을 입력하거나 기타의 방법으로 네이버, 다음, 네이트의 각 정보처리장치의 통계집계시스템에 장애를 발생시킴으로써, 피해자 회사들의 댓글순위 산정업무를 방해하였다.

3. 전자기록내용침해죄(비밀침해죄)

(1) 범죄의 구성요건과 보호법익

「형법」은 산업화·정보화의 추세에 따른 컴퓨터범죄등 신종범죄에 효율적으로 대처하기 위해 제316조 제2항을 신설하여 '봉함 기타 비밀장치한 사람의 편지, 문서, 도화 또는 전자기록 등 특수매체기록을 기술적 수단을 이용하여 그 내용을 알아낸 자'를 처벌하는 규정을 두었다.

「형 법」

제316조(비밀침해) ① 봉함 기타 비밀장치한 사람의 편지, 문서 또는 도화를 개봉한 자는 3년 이하의 징역이나 금고 또는 500만원 이하의 벌금에 처한다.

② 봉함 기타 비밀장치한 사람의 편지, 문서, 도화 또는 전자기록등 특수매체기록을 기술적 수단을 이용하여 그 내용을 알아낸 자도 제1항의 형과 같다.

이 죄는 ① 봉함 기타 비밀장치한 ② 문서 또는 전자기록 등 특수매체기록을 ③ 기술적 수단을 이용하여 그 내용을 알아내는 행위가 구성요건이다.

그리고 전자기록 등 특수매체기록은 타인의 것으로서 비밀장치한 것, 즉 권한 없는 사람의 기록에 대한 접근을 방지하거나 곤란하게 하기 위한 장치가 되어 있는 것이어야 한다.[2] 따라서 전자기록 등 특수매체기록에 해당하더라도 봉함 기타 비밀장치가 되어 있지 아니한 것은 이를 기술적 수단을 동원해서 알아냈더라도 전자기록등내용탐지죄가 성립하지 않는다.

이 죄의 보호법익은 개인의 비밀이다. 비밀침해죄의 행위 모습은 비밀의 탐지에 있으며 실질적으로 보호하고자 하는 것은 비밀 자체이지 비밀의 내용이 아니다.

---

[2] 비밀장치는 컴퓨터나 기록 자체가 시정(자물쇠를 채워 문을 잠금)되어 있는 경우는 물론, 비밀번호, 지문인식과 같은 특수한 작동체계를 설정하여 둔 경우도 포함된다 (서울동부지법 2007. 7. 5. 선고 2007노318 판결).

(2) 범죄 객체

이 죄의 객체는 봉함 또는 비밀장치된 전자기록 등 특수매체기록이다. 전자기록 등 특수매체기록이란 일정한 저장매체에 전자방식이나 자기방식 또는 광기술 등 이에 준하는 방식에 의하여 저장된 기록을 의미한다. 특히 전자기록은 그 자체로는 물적 실체를 가진 것이 아니어서 별도의 표시·출력장치를 통하지 아니하고는 보거나 읽을 수 없고, 그 생성 과정에 여러 사람의 의사나 행위가 개재됨은 물론 추가 입력한 정보가 프로그램에 의하여 자동으로 기존의 정보와 결합하여 새로운 전자기록을 작출(作出: 새로 만들어 뽑아냄)하는 경우도 적지 않다. 또한 특수기록매체는 그 이용 과정을 보아도 그 자체로서 객관적·고정적 의미를 가지면서 독립적으로 쓰이는 것이 아니라 개인 또는 법인이 전자적 방식에 의한 정보의 생성·처리·저장·출력을 목적으로 구축하여 설치·운영하는 시스템에서 쓰임으로써 예정된 증명적 기능을 수행한다. 따라서 그 자체로서 객관적·고정적 의미를 가지면서 독립적으로 쓰이는 것이 아니라 개인 또는 법인이 전자적 방식에 의한 정보의 생성·처리·저장·출력을 목적으로 구축하여 설치·운영하는 시스템에서 쓰임으로써 예정된 증명적 기능을 수행하는 것은 전자기록에 포함된다.[3] 이에 따르면 전자방식에 의하여 노트북 컴퓨터에 저장된 아이디 등은 「형법」 제316조 제2항의 전자기록 등 특수매체기록에 해당한다.

이 죄의 취지가 사람의 지각으로 인식할 수 없는 기록에 대한 비밀보호에 있기 때문에, 특수기록매체에는 전자기록이나 광기록 이외에도 널리 녹음테이프, 녹화필름, 마이크로필름이 포함된다. 한편 앞에서 서술한 바와 같이 컴퓨터업무방해죄의 객체는 컴퓨터 등 정보처리장치에 사용이 가능한 기록에 한정되므로, 이 기록에는 녹음테이프, 녹화필름, 마이크로필름이 포함되지 않는다는 점에서 차이가 있다.

(3) 범죄 행위

이 죄는 비밀을 개봉하거나 기술적 수단을 이용하여 내용을 알아내는 행위에 적용된다. 예를 들어 해킹 등 기술을 이용하여 그 내용을 알아낸 경우

---

3 대법원 2022. 3. 31. 선고 2021도8900 판결.

를 말한다.

> **참고** 특수기록매체의 '내용'과 「정보통신망법」(제49조)의 '비밀'과의 비교
>
> • 「정보통신망법」 제49조(비밀 등의 보호): 누구든지 정보통신망에 의하여 처리·보관 또는 전송되는 타인의 정보를 훼손하거나 타인의 비밀을 침해·도용 또는 누설하여서는 아니 된다.
>
> - 이 규정에서 침해란 정보통신망에 의하여 처리·보관 또는 전송되는 타인의 비밀을 정보통신망에 침입하는 등 부정한 수단 또는 방법으로 취득하는 행위를 말한다.
>
> - 여기에서 비밀에는 정보통신망으로 실시간 처리·전송 중인 비밀, 나아가 정보통신망으로 처리·전송이 완료되어 원격지 서버에 저장·보관된 것으로 통신기능을 이용한 처리·전송을 거쳐야만 열람·검색이 가능한 비밀이 포함된다.
>
> • 「정보통신망법」 비밀침해죄(제49조)의 구성요건은 정보통신망에 의해 처리, 전송, 보관되는 비밀을 침해하는 행위이지만, 형법상 전자기록 내용침해죄의 구성요건은 비밀장치된 전자기록의 비밀장치 해독 등 비밀의 탐지 행위라는 점에서에 차이가 있다.

(4) 관련 판례

> **판례** 직원의 비밀번호 설정된 개인 PC를 다른 PC에 연결하여 그 내용을 알아낸 행위를 인정한 사례 (하지만 피고인의 정당행위가 인정되어 무죄) | 서울동부지방법원 2007. 7. 5. 선고 2007노318 판결 | 대법원 2009. 12. 24. 선고 2007도6243 판결
>
> **A. 사실관계**
>
> • 컴퓨터 관련 솔루션 개발업체인 A 회사의 대표이사인 피고인이 그 회사직원 B(영업차장)가 회사의 이익을 빼돌린다는 소문을 확인할 목적으로 다른 직원을 시켜 비밀번호가 설정된 B의 개인용 컴퓨터의 하드디스크를 떼어낸 뒤, 이를 다른 컴퓨터에 연결하여 '어헤드원'이라는 단어로 파일검색을 하여 B의 메신저 대화 내용과 이메일 등을 출력, 비밀 장치한 전자기록 등 특수매체 기록을 기술적 수단을 이용해 그 내용을 알아내었다.

B. 법원 판단

· 피해자는 자신이 사용하는 컴퓨터의 하드디스크에 비밀번호를 설정하여 둔 사실, 그리하여 피고인은 하드디스크에 저장된 정보의 내용을 알아내기 위하여 하드디스크 자체를 컴퓨터로부터 분리하여 다른 컴퓨터에 연결하는 방법으로 그 내용을 알아낸 사실을 인정할 수 있으므로, 위 하드디스크는 「형법」 제316조 제2항 소정의 비밀장치한 전자기록에 해당한다. (전자기록 내용탐지 인정)

※ 그러나 이 판결에서 피고인의 행위가 비밀침해 행위가 맞지만, 피고인과 같은 감독자에 대하여는 회사의 유지·존속 및 손해방지 등을 위해서 그러한 정보에 대한 접근이 허용될 필요가 있는 점 등을 종합하여 볼 때, 피고인의 행위는 사회통념상 허용될 수 있는 상당성이 있는 행위로서 「형법」 제20조에 정하여진 정당행위에 해당하여 위법성이 조각된다고 판단하였다.(무죄)

판례 해킹 프로그램으로 아이디등 알아내어 전자기록등 내용탐지 행위가 별도 비밀장치가 되지 않는 경우라면 전자기록 내용탐지죄가 성립하지 않는다고 판결한 사례 (정보통신망 침해행위죄는 유죄로 판결) | 대법원 2022. 3. 31. 선고 2021도8900 판결

A. 사실관계

· 피고인이 피해자의 컴퓨터에 해킹프로그램을 몰래 설치해 피해자의 ○○○○, □□□□, ●● 계정의 각 아이디 및 비밀번호(이 사건 아이디 등)를 알아내었다는 이유로 「형법」 제316조 제2항 소정의 전자기록등내용탐지죄로 기소되었다.

- 피고인이 사무실에서 직장 동료인 피해자의 노트북 컴퓨터에 해킹프로그램을 몰래 설치하였다.

- 위 프로그램은 그것이 설치된 컴퓨터의 사용자가 키보드로 입력하는 내용이나 방문한 웹사이트 등을 탐지해 이를 텍스트 파일 형식으로 저장한 후 이메일 등의 방법으로 프로그램 설치자에게 전송해 주는 속칭 '키로그' 프로그램이다.

- 피고인은 위 프로그램을 사용함으로써 피해자가 네이트온, 카카오톡, 구글 계정에 접속하는 과정에서 컴퓨터 키보드에 입력한 이 사건 아이디 등을 알아내었다.

B. 원심 판결(서울북부지방법원 2021. 6. 18. 선고 2021노205 판결)

· 형법은 본죄의 객체를 특수매체기록이라고 규정하여 문서에 준하는 것으로 취급하고 있고, 특수매체기록은 문자 또는 가독적 기호가 아니라 전기적 또는 자기적 신호 등에 의하여 기록된 것이라는 점에서 문서와 구별되는 것일 뿐이므로 본죄의 객체가 되기 위해서는 문서 등과 마찬가지로 기록된 것이어야 하고, 특정인의 의사가 표시되어야 한다.

- 그런데 이 부분 공소사실은 피고인이 해킹프로그램을 사용하여 피해자의 계정들의 아이디 및 비밀번호를 알아냈다는 것인 바, 각 계정 아이디 및 비밀번호 자체는 특정인의 의사를 표시한 것으로 보기 어려워 전기적 또는 자기적 신호 등에 의하여 기록된 특수매체기록이라고 볼 수 없으므로 기술적 수단을 사용하여 그 내용을 알아냈더라도 본죄가 성립하지 않는다.

※ 원심법원은 한편 피고인의 행위를 정보통신망 침해 행위로 인정하였다(각 정보통신망법 제71조 제1항 제9호, 제48조 제1항)

C. 대법원 판단

• 이 사건 아이디 등은 전자방식에 의하여 피해자의 노트북 컴퓨터에 저장된 기록으로서 「형법」 제316조 제2항의 '전자기록 등 특수매체기록'에 해당한다. 따라서 특정인의 의사가 표시되지 않았다는 점만을 들어 이 사건 아이디 등을 전자기록 등에서 제외한 원심의 판단은 잘못이다.

- 그럼에도 불구하고, 전자기록등내용탐지죄는 봉함 기타 비밀장치한 전자기록 등 특수매체기록을 기술적 수단을 이용하여 그 내용을 알아낸 자를 처벌하는 규정인 바,

- 전자기록 등 특수매체기록에 해당하더라도 봉함 기타 비밀장치가 되어 있지 아니한 것은 이를 기술적 수단을 동원해서 알아냈더라도 전자기록등내용탐지죄가 성립하지 않는다. (피해자의 노트북 컴퓨터 그 자체에는 비밀번호나 화면보호기 등 별도의 보안장치가 설정되어 있지 않았다)

※ 법원은 피해자의 각 계정 아이디 및 비밀번호에 대한 전자기록등내용탐지의 점은 무죄로 하였지만, 피고인이 이 사건 아이디 등을 이용해 피해자의 네이트온 계정 등에 접속한 행위 및 이를 통해 피해자와 다른 사람들 사이의 대화내용 등을 다운로드 받은 행위에 대해서는 「정보통신망법」의 정보통신망침해죄, 전자기록등내용탐지죄는 유죄 판결하였다.

4. 컴퓨터등사용사기죄

(1) 컴퓨터등사용사기죄 신설 배경

컴퓨터등사용사기죄는 컴퓨터 등 정보처리장치에 허위의 정보 또는 부정한 명령을 입력하거나 권한 없이 정보를 입력·변경하여 정보처리를 하게 함으로써 재산상의 이익을 취득하거나 제3자로 하여금 취득하게 하는 행위를 처벌하고 있다. 이는 재산변동에 관한 사무가 사람의 개입 없이 컴퓨터 등에 의하여 기계적·자동적으로 처리되는 경우가 증가함에 따라 이를 악용하여

불법적인 이익을 취하는 행위도 증가하였으나 이들 새로운 유형의 행위는 사람에 대한 기망행위나 상대방의 처분행위 등을 수반하지 않아 기존 사기죄로는 처벌할 수 없다는 점 등을 고려하여 신설한 규정이다.[4]

> **「형 법」**
>
> **제347조의2(컴퓨터등 사용사기)** 컴퓨터등 정보처리장치에 허위의 정보 또는 부정한 명령을 입력하거나 권한 없이 정보를 입력·변경하여 정보처리를 하게 함으로써 재산상의 이익을 취득하거나 제3자로 하여금 취득하게 한 자는 10년 이하의 징역 또는 2천만원 이하의 벌금에 처한다.

(2) 컴퓨터등사용사기죄의 구성요건 및 보호법익

이 죄는 컴퓨터등 정보처리장치에 ① 허위의 정보 또는 부정한 명령을 입력하거나 권한 없이 정보를 입력·변경하여 정보를 처리하게 함으로써 ② 재산상의 이익을 취득하거나 제3자로 하여금 취득하는 행위가 구성요건이다. 이 규정으로 보호하는 법익은 재산권이다.

컴퓨터등사용사기죄에서의 정보처리장치란 자동적으로 계산 또는 정보처리를 행하는 전자장치를 말한다. 컴퓨터는 주컴퓨터 뿐만 아니라 네트워크 시스템에서의 단말장치를 포함하므로 은행의 현금지급기도 여기에 포함된다. 이 규정에서 정보처리는 일반 사기죄에 있어서 피해자의 처분행위에 상응하는 것이므로 입력된 허위의 정보 등에 의하여 계산이나 데이터의 처리가 이루어짐으로써 직접적으로 재산처분의 결과를 초래하여야 한다. 행위자나 제3자의 재산상 이익 취득은 사람의 처분행위가 개재됨이 없이 컴퓨터 등에 의한 정보처리과정에서 이루어져야 한다.

또한 이 죄가 성립하기 위해서는 재산상의 이득을 취득했어야 한다. 재산상 이득을 취득하지 않은 경우에는 업무방해죄에 해당할 수 있다.

---

4 대법원 2014. 3. 13. 선고 2013도16099 판결.

(3) 범죄 객체

이 범죄의 객체는 재물이 아닌 재산상의 이익이다. 「형법」 제347조가 일반 사기죄를 재물죄 겸 이득죄로 규정한 것과 달리 「형법」 제347조의2는 컴퓨터등사용사기죄의 객체를 재물이 아닌 재산상의 이익으로만 한정하여 규정하고 있다. 예컨대 절취한 타인의 신용카드로 현금자동지급기에서 현금을 인출하는 행위가 재물에 관한 범죄임이 분명한 이상 이를 위 컴퓨터등 사용사기죄로 처벌할 수는 없다.[5]

(4) 범죄 행위

컴퓨터등사용사기죄의 구체적 행위는 허위의 정보 또는 부정한 명령을 입력하거나 권한 없이 정보를 입력·변경토록 하여 재산상의 이익을 취득하는 것이다. 여기서 부정한 명령의 입력은 당해 사무처리시스템에 예정되어 있는 사무처리의 목적에 비추어 지시해서는 안 될 명령을 입력하는 것을 의미한다. 따라서 설령 허위의 정보를 입력한 경우가 아니라고 하더라도 당해 사무처리시스템의 프로그램을 구성하는 개개의 명령을 부정하게 변개·삭제하는 행위는 물론 프로그램 자체에서 발생하는 오류를 적극적으로 이용하여 그 사무처리의 목적에 비추어 정당하지 아니한 사무처리를 하게 하는 행위도 특별한 사정이 없는 한 위 '부정한 명령의 입력'에 해당한다고 보아야 한다.[6]

권한 없는 정보의 입력은 타인의 진정한 정보를 권한 없는 자가 그 타인의 승낙 없이 사용하는 것을 의미한다. 즉 허위의 정보가 아닌 진정한 정보이지만 이를 처리할 권한이 없음에도 입력 또는 변경하는 것을 말한다. 그리고 '정보를 처리하게 한다'는 것은 정보 혹은 명령의 입력 등이 원인이 되어 진실에 반하거나 정당하지 아니한 기록을 만드는 것 또는 정당하지 아니한 사무처리를 하게 하는 것을 의미한다. 즉 정보처리 과정에 영향을 미친다는 것을 의미한다.

---

5 대법원 2003. 5. 13. 선고 2003도1178 판결

  6 대법원 2013. 11. 14. 선고 2011도4440 판결.

(5) 기타 관련 규정과의 관계

사람을 기망하여 그 사람으로 하여금 허위의 정보를 입력하게 하여 그 결과로 재산상 이익을 취득한 경우에는 일반 사기죄가 적용된다. 컴퓨터등사용사기죄는 사기죄에 대하여 보충관계에 있으므로 사기죄가 성립하는 경우에는 컴퓨터등사용사기죄가 성립하지 않는다. 한편 컴퓨터등사용사기죄로 업무방해가 발생하였다면 업무방해죄가 아닌 컴퓨터등사용사기죄가 적용된다.

컴퓨터등사용사기죄의 수단인 행위가 전자기록위작·변작죄(「형법」 제227조의2, 제232조의2) 또는 공문서행죄, 위조사문서행사죄(「형법」 제229조, 제234조)에 해당할 때에는 컴퓨터등사용사기죄와 상상적 경합이 된다. 상상적 경합(想像的 競合)이란 1개의 행위가 2개 이상의 범죄에 해당하는 경우를 말하는데 이때에는 가장 무거운 형벌로 처벌된다.[7]

(6) 관련 판례

판례 고의로 부탁받은 현금인출 금액을 초과하여 인출한 행위를 컴퓨터등사용사기죄로 판결한 사례 | 대법원 2006. 3. 24. 2005도3516 판결

A. 사실 관계
- 피고인이 예금주인 현금카드 소유자로부터 일정액의 현금을 인출해 오라는 부탁과 함께 현금카드를 건네받아 그 위임받은 금액을 초과한 현금을 인출하였다.

B. 법원 판단
- 예금주인 현금카드 소유자로부터 일정한 금액의 현금을 인출해 오라는 부탁을 받으면서 이와 함께 현금카드를 건네받은 것을 기화로 그 위임을 받은 금액을 초과하여 현금을 인출하는 방법으로 그 차액 상당을 위법하게 이득할 의사로 현금자동지급기에 그 초과된 금액이 인출되도록 입력하여 그 초과된 금액의 현금을 인출한 경우에는

---

7 「형법」 제40조(상상적 경합) 한 개의 행위가 여러 개의 죄에 해당하는 경우에는 가장 무거운 죄에 대하여 정한 형으로 처벌한다.

- 그 인출된 현금에 대한 점유를 취득함으로써 이 때에 그 인출한 현금 총액 중 인출을 위임받은 금액을 넘는 부분의 비율에 상당하는 재산상 이익을 취득한 것으로 볼 수 있으므로 이러한 행위는 그 차액 상당액에 관하여 형법 제347조의2(컴퓨터등사용사기)에 규정된 '컴퓨터 등 정보처리장치에 권한 없이 정보를 입력하여 정보처리를 하게 함으로써 재산상의 이익을 취득'하는 행위로서 컴퓨터 등 사용사기죄에 해당된다.

판례 고의로 부탁받은 현금인출 금액을 초과하여 인출한 행위를 컴퓨터등사용사기죄로 판결한 사례 | 대법원 2013. 11. 14. 선고 2011도4440 판결

A. 사실 관계

• 피고인이 甲 주식회사에서 운영하는 전자복권구매시스템에서 은행환불명령을 입력하여 가상계좌 잔액이 1,000원 이하로 되었을 때 복권 구매명령을 입력하면 가상계좌로 복권 구매요청금과 동일한 액수의 가상현금이 입금되는 프로그램 오류를 이용하여

- 잔액을 1,000원 이하로 만들고 다시 복권 구매명령을 입력하는 행위를 반복함으로써 피고인의 가상계좌로 구매요청금 상당의 금액이 입금되게 하였다.

B. 법원 판단

• 피고인은 일정한 조건하에 전자복권구매시스템을 구성하는 프로그램의 작동상 오류가 발생한다는 점을 분명히 인식하고서도,

- 부정한 재산상 이익을 취득할 의도로 일부러 은행환불명령을 통하여 가상계좌의 잔액 1,000원 이하인 상태를 설정한 뒤 전자복권 구매명령을 입력함으로써,

- 정상적인 사무처리절차와 달리 오히려 자신의 가상계좌에 그 구매요청금 상당의 금액이 입금되도록 한 것이니,

- 피고인의 이러한 행위가 설령 형법 제347조의2 소정의 '허위의 정보 입력'에 해당하지는 않는다고 하더라도, 이는 프로그램 자체에서 발생하는 오류를 적극적으로 이용하여 그 사무처리의 목적에 비추어 정당하지 아니한 사무처리를 하게 한 행위로서 위와 동일한 형벌규정에 정하여진 '부정한 명령의 입력'에 해당한다고 보아야 할 것이다.

판례 절취한 휴대전화에 정보를 입력하여 피해자에게 이용료를 부담하게 한 행위를 컴퓨터등사용사기죄에 해당하지 않는다고 판결한 사례 | 대법원 2010. 9. 9. 선고 2008도128 판결

A. 사실 관계

• 피고인이 절취한 피해자 소유의 정보처리장치인 휴대전화기에 권한 없이 정보를 입력하거나 부정한 명령을 입력하는 방법으로 전화통화를 하거나 무선인터넷서비스 등을 제공받아 피해자로 하여금 서비스이용료 등을 부담하게 하여 그 판시 금액 상당의 재산상 이익을 취득하였다.

B. 법원 판단

• 휴대전화의 경우 그 사용시마다 사용자가 정당한 사용권자인지에 관한 정보를 입력하는 절차가 없고, 이동통신회사가 서비스를 제공하는 과정에서 휴대전화를 통하여 입력된 신호에 대하여 신원확인절차를 거치지는 않는 점 등에 비추어 보면,

  – 휴대전화의 통화 또는 인터넷접속 버튼을 누르는 경우 기계적 또는 전자적 작동 과정에 따라 그대로 일정한 서비스가 제공되는 것이므로, 휴대전화기의 통화버튼이나 인터넷접속버튼을 누르는 것만으로 사용자에 의한 정보 혹은 명령의 입력이 행하여졌다고 보기 어렵고, 따라서 휴대전화 또는 이동통신회사에 의하여 그 입력된 정보 혹은 명령에 따른 정보처리가 이루어진 것으로 보기도 어렵다.

(7) 전자금융범죄와의 관계

명의를 도용하여 공인인증서를 발급받거나 타인의 보안카드번호를 편취하여 예금을 이체하는 행위 또는 악성프로그램을 유포하는 등 권한없는 자에 의한 정보처리 업무를 통해 재산상 이익을 취득하는 범죄행위는 전자금융범죄로 분류되지만 형법상 컴퓨터등사용사기죄를 적용하게 된다. 예를 들면 타인의 아이디와 패스워드를 입력하여 인터넷뱅킹에 접속한 다음에 자신의 계좌로 금전을 이체하는 내용의 정보를 입력하여 자신의 예금액을 증액시키는 행위는 컴퓨터등사용사기죄로 처벌된다.

참고로 전자금융범죄 행위는 컴퓨터등사용사기죄 이외에도 형법상 사기죄, 사기방조죄 및 공갈죄 등이 적용될 수 있다. 예를 들면 타인을 속여서 획득한 개인정보 및 금융거래정보를 이용하여 재산상 이익을 취득하는 범죄행위는 형법상 사기죄에 따라 처벌받을 수 있다.

A. 사기죄

- 일명 '보이스피싱' 사기 조직의 조직원들은 공소외 1, 2, 3, 4에게 대출광고 전화를 하여 대출을 해 주겠다고 하면서,

  - 이들에게 "대출을 위한 신용등급 상향을 위해서 거래실적이 필요하니 대출자 명의의 계좌에 돈이 입금되면 이를 인출하여 내가 지정한 사람에게 전달해 달라."고 말하여 공소외 1, 2, 3, 4가 자신의 계좌에 입금된 돈을 현금 수거책(일명 '말')에게 전달하도록 한 후,

  - 전화로 검사 또는 금융기관 직원을 사칭하거나, 사람을 납치한 것처럼 하면서 피해자를 기망하여 피해자로부터 공소외 1, 2, 3, 4 명의의 계좌로 돈을 송금 받고,

  - 공소외 1, 2, 3, 4로 하여금 자신의 계좌에서 돈을 인출하여 현금 수거책에게 전달하게 하는 방식으로 사기범행을 모의하였다.

- 피고인들은 공소외 5와 함께 보이스피싱 사기 조직의 위와 같은 범행에 가담하여

  - 공소외 5는 현금 수거책인 말의 역할을,

  - 피고인 e는 현금 수거책을 관리하는 일명 '레이다' 역할을,

  - 피고인 a, 피고인 b는 공소외 5가 인출한 편취금 중 일부를 지급받는 조건으로 공소외 5를 피고인 d 등 국내 현금인출조직에 현금 수거책으로 소개시켜 주고, 공소외 5가 현금인출 업무를 제대로 수행하고 있는지 여부를 관리하는 역할을,

  - 피고인 d, 피고인 c는 현금 수거책을 중국 내 콜센터 조직에 소개시켜 주고 현금 수거책들을 관리하는 관리총책과 총책역할을 각 담당하기로 함으로써, 보이스피싱 사기 조직의 조직원들과 범행을 순차로 공모하였다.

- 피고인들은 공소외 5와 함께 중국 내 보이스피싱 사기 조직의 조직원인 성명 불상자들과 공모하여, 은행직원을 사칭하여 각 피해자에게

  - ① "계좌 명의가 도용된 것 같으니 경찰에 신고를 해 주겠다.", ② "귀하가 신한은행 현금인출기에서 통장과 현금카드를 분실하여 사고계좌로 등록되었는데 이를 정상화하기 위한 비용으로 돈이 필요하다." 등 거짓말을 하여 이에 속은 피해자로부터 공소외 6, 7 명의의 계좌로 돈을 송금받아 이를 편취하였다.

B. 컴퓨터등사용사기죄

- 피고인들은 공소외 5와 함께 중국 내 보이스피싱 사기 조직의 조직원인 성명 불상자들과 공모하여,

- 위 조직원인 성명 불상자는 피해자에게 전화를 하여 검사를 사칭하면서 "당신이
  사기 사건에 연루되어 있는데 적금 통장에 돈을 놔 두면 국고로 환수될 수 있으니
  적금을 해약하여 일반 통장으로 옮겨 놓으세요. 검찰청 사이트에 접속해서 사건
  조회를 해 보세요."라고 말하여
- 피해자로 하여금 위 허위의 검찰청 인터넷 사이트에 접속하여 피해자의 주민등록
  번호, 은행 보안카드번호 등 금융정보를 입력하게 하고,
- 미리 설치한 악성코드를 이용하여 피해자의 위 금융정보를 취득한 후, 갑은행 인
  터넷뱅킹 사이트에 위 금융정보를 입력하여 피해자 명의의 갑은행계좌에서 공소
  외 3 명의의 갑은행 계좌로 19,000,000원을 이체함으로써,
- 컴퓨터 등 정보처리장치에 권한 없이 정보를 입력하고 정보처리를 하게 하여
  19,000,000원 상당의 재산상 이익을 취득하였다.
• 피고인들은 공소외 5와 함께 중국 내 보이스피싱 사기 조직의 조직원인 성명 불상
  자들과 공모하여,
- 위 조직원인 성명 불상자는 피해자에게 전화를 하여 검사를 사칭하면서 "당신 명
  의로 개설된 대신증권 계좌가 사이버범죄에 사용되어 피해자 130명이 발생하였
  습니다. 확인절차를 거쳐야 하니 검찰청 사이트에 접속해서 사건 조회를 해 보세
  요."라고 말하여
- 피해자로 하여금 위 허위의 검찰청 인터넷 사이트에 접속하여 피해자의 주민등록
  번호, 은행 보안카드번호 등 금융정보를 입력하게 하고,
- 미리 설치한 악성코드를 이용하여 피해자의 위 금융정보를 취득한 후, 을은행 인
  터넷뱅킹 사이트에 위 금융정보를 입력하여 피해자 명의의 을은행 계좌에서 공소
  외 3 명의의 정은행 계좌로 27,000,000원을 이체함으로써,
- 컴퓨터 등 정보처리장치에 권한 없이 정보를 입력하여 정보처리를 하게 함으로써
  27,000,000원 상당의 재산상 이익을 취득하였다.

5. 전자기록등손괴죄

(1) 전자기록등손괴죄의 구성요건과 보호법익

「형법」은 1995년 컴퓨터 관련 범죄를 신설하면서 재물손괴죄에 전자기록
등 특수매체기록을 행위의 객체로 추가하였다. 전자기록 등 특수매체도 재
물손괴죄의 객체가 됨을 명시한 것이다.

전자기록등손괴죄는 ① 타인의 전자기록 등 특수매체 기록을 ② 손괴 또

는 은닉 기타방법으로 ③ 그 효용을 해하는 행위가 구성요건이다. 여기서 타인의 전자기록이란 행위자 이외의 자가 기록으로서의 효용을 지배관리하고 있는 전자기록을 뜻한다.[8] 전자기록은 일정한 저장매체에 전자방식이나 자기방식 또는 광기술 등 이에 준하는 방식에 의하여 저장된 기록을 의미한다.

전자기록등 손괴죄의 보호법익은 정보이용권 또는 전자기록 등의 이용가치에 있다.

> **「형법」**
>
> **제366조(재물손괴등)** 타인의 재물, 문서 또는 전자기록등 특수매체기록을 손괴 또는 은닉 기타 방법으로 기 효용을 해한 자는 3년이하의 징역 또는 700만원 이하의 벌금에 처한다.

(2) 범죄 객체

전자기록등손괴죄의 객체는 타인의 전자기록 등 특수매체기록이다. 이 죄의 보호법익이 정보이용 또는 전자기록의 효용성에 있기 때문에 녹음테이프, 녹화필름, 마이크로필름도 포함된다고 보아야 한다.

(3) 범죄 의도

재물손괴죄의 범의를 인정함에 있어서는 반드시 계획적인 손괴의 의도가 있거나 물건의 손괴를 적극적으로 희망하여야 하는 것은 아니고, 소유자의 의사에 반하여 재물의 효용을 상실케 하는 데 대한 인식이 있으면 인정된다.

(4) 범죄 행위

가. 손괴

이 범죄에 적용되는 행위는 전자기록의 손괴 또는 은닉 기타 방법 등 행위이다. 이 죄에서 손괴[9]란 타인의 전자기록에 직접 유형력을 행사하여 그

---

8 대법원 2007. 11. 15. 선고 2007도5816 판결.

9 손괴: 어떤 물건을 망가뜨림(표준국어대사전).

이용가치를 침해하는 것을 말한다. 손괴로 인하여 전자기록 자체가 반드시 소멸될 것을 요하지 않으며, 그 전자기록이 가지고 있는 원래의 목적에 사용될 수 없게 하는 것이면 족하다. 즉 소유자의 이익에 반하는 물체의 상태 변화가 있으면 손괴라고 할 수 있다. 전자기록의 소거나 자력에 의한 교란도 포함한다. 재물을 본래의 목적에 사용할 수 없게 하는 것도 반드시 영구적임을 요하지 않고 일시적이라도 좋다.

나. 은닉

은닉이란 재물, 문서 또는 전자기록 등 특수매체기록의 소재를 불분명하게 하여 그 발견을 곤란 또는 불가능하게 함으로써 재물, 문서 또는 전자기록 등 특수매체기록이 가진 효용을 해하는 것을 말한다. 은닉은 물건 자체의 상태에 변화를 가져오는 것이 아니라는 점에서 손괴와 구별된다. 또한 전자기록의 점유가 행위자에게 이전될 것도 요하지 않는다. 따라서 피해자가 점유하는 장소에 숨겨 두고 이를 찾지 못하게 하는 것도 은닉에 해당한다.

한편 전자기록을 은닉하여 피해자의 권리행사가 방해될 우려가 있는 상태에 이르면 권리행사방해죄가 성립하는데, 실제로 권리행사가 방해되었을 것까지 필요로 하지 않는다.

다. 기타 방법

이 규정에서 기타 방법이란 손괴 또는 은닉 이외의 방법으로 재물, 문서 또는 전자기록 등 특수매체기록의 효용을 해하는 일체의 행위를 말한다. 물질적 훼손뿐만 아니라 사실상 또는 감정상 그 물건을 본래의 용도에 사용할 수 없게 하는 일체의 행위를 포함한다.

(5) 관련 판례

판례 퇴사 시 회사 컴퓨터에 저장된 파일을 삭제한 행위에 대해 전자기록등손괴죄를 인정한 사례 | 대법원 2007. 11. 15. 선고 2007도5816 판결

A. 사실 관계

- 결혼정보회사에 다니던 피고인이 회사에서 해고를 당하자 회사 컴퓨터에 저장되어 있던 경영성과 분석표 등 업무관련 파일을 임의로 삭제한 행위로 기소되었다.
  - 피고인은 2003. 7. 10.부터 2004. 11. 15.까지 결혼정보회사인 주식회사 F 수원지사에서 매칭팀장으로 근무하던 자인바, 2004. 11. 15. 수원시 영통구 K건물 3층 소재 위 회사 사무실에서 의사에 반하여 퇴사하게 되었다는 이유로 피고인이 사용하던 위 회사 컴퓨터 내에 저장되어 있던 경영성과분석표, 만남확정표 등의 업무관련 컴퓨터 파일을 임의로 삭제였다.

B. 법원 판단

- 피고인은 2004. 11. 15. 위 수원지사를 퇴사하면서 자신의 컴퓨터에 저장되어 있는 컴퓨터 파일들을 삭제하겠다는 단일한 범의를 가지고 그 범의가 계속된 가운데 동종의 범행인 전자기록 손괴행위를 동일한 방법으로 반복하여 행하였고,
  - 또 위 각 손괴행위의 피해법익도 모두 정보이용권 또는 전자기록 등의 이용가치인 것으로 동일하므로,
  - 피고인이 단일한 범의를 가지고 동일한 방법으로 여러 개의 컴퓨터 파일을 삭제한 행위는 포괄하여 전자기록등손괴죄에 해당한다.

6. 기타 전자기록 침해 관련 범죄

(1) 공용서류 등의 무효, 공용물의 파괴죄

「형법」

제141조(공용서류 등의 무효, 공용물의 파괴) ① 공무소에서 사용하는 서류 기타 물건 또는 전자기록등 특수매체기록을 손상 또는 은닉하거나 기타 방법으로 그 효용을 해한 자는 7년 이하의 징역 또는 1천만원 이하의 벌금에 처한다.

* 공무소란 공무원이 직무를 행하기 위해 국가 또는 공공단체에 의하여 설치된 장소를 말한다.

가. 범죄 객체

공무소에서 사용하는 서류 기타 물건 또는 전자기록 등 특수매체기록 등이 이 죄의 객체이다. 공용서류무효죄에 있어서의 객체는 그것이 공무소에서 사용하는 서류인 이상 공문서이거나 사문서인지 여부, 정식절차를 밟아 접수 또는 작성된 것이거나 문서가 완성되어 효력이 발생하였는지 여부 등과 무관하게 본 죄를 적용한다.

나. 범죄 의도(犯意)

피고인에게 공무소에서 사용하는 서류라는 사실과 이를 손상 또는 은닉하거나 기타 방법으로 그 효용을 해한다는 사실의 인식이 있음으로써 충분하다.

다. 범죄행위

이 죄는 정당한 권한 없이 공무소에서 사용하는 서류의 효용을 해함으로써 성립하는 죄로써 전자기록 등을 손상 또는 은닉하거나 기타 방법으로 그 효용을 해하거나 또는 파괴하는 행위이다.

(2) 공전자기록위작·변작죄

「형법」

제227조의2(공전자기록위작·변작) 사무처리를 그르치게 할 목적*으로 공무원 또는 공무소의 전자기록등 특수매체기록을 위작 또는 변작한 자는 10년 이하의 징역에 처한다.

* 위작 또는 변작된 전자기록이 사용됨으로써 시스템을 설치·운용하는 주체의 사무처리를 잘못되게 하는 것을 말한다.

가. 범죄 객체

이 죄의 객체는 공무원 또는 공무소의 전자기록 등 특수매체기록이다.

나. 범죄 행위

이 죄는 특수매체기록을 위작 또는 변작하는 행위에 적용된다.

> **참고** 위·변작 사례
> - 전자기록에 관한 시스템을 설치·운영하는 주체와의 관계에서 전자기록의 생성에 관여할 권한이 없는 사람이 전자기록을 작출하거나 전자기록의 생성에 필요한 단위 정보의 입력을 하는 경우
> - 시스템의 설치·운영 주체로부터 각자의 직무 범위에서 개개의 단위 정보의 입력 권한을 부여받은 사람이 그 권한을 남용하여 허위의 정보(진실에 반하는 정보)를 입력함으로써 시스템 설치·운영 주체의 의사에 반하는 전자기록을 생성하는 경우
> - 사례: 경찰범죄정보시스템에 접근하여 당해 사건의 처리정보를 입력할 수 있는 권한이 있는 담당 경찰관이 그 권한을 일탈, 남용하여 경찰범죄정보시스템에 허위의 정보를 입력한 행위는 공전자기록위작죄에서 말하는 위작에 해당한다.

(3) 사전자기록위작·변작죄

> **「형법」**
>
> 제232조의2(사전자기록위작·변작) 사무처리를 그르치게 할 목적으로 권리·의무 또는 사실증명에 관한 타인의 전자기록등 특수매체기록을 위작 또는 변작한 자는 5년 이하의 징역 또는 1천만원 이하의 벌금에 처한다.

가. 범죄 객체

이 죄의 객체는 권리, 의무 또는 사실증명에 관한 타인의 전자기록 등 특수매체기록이다.

나. 범죄 행위

이 죄는 특수매체기록을 위작 또는 변작하는 행위에 적용된다.

- **(사건개요)** 피고인들이 임의로 스포츠클럽에 관한 공사개요서에 변경을 가하여(전산자료를 변경입력한 행위가 원본파일의 변경까지 초래하지는 않았음), 이를 다른 A라는 문건의 일부로 편입하여 제출하고, 이 A문건 자체에 그 작성명의자가 B주식회사 지점장임이 명시되어 있는 사실 등 피고인들이 B주식회사 명의의 사문서인 A문서를 문서를 변조, 행사한 행위로 기소된 사건
- **(법원 판결)** 램에 올려진 전자기록은 원본파일과 불가분적인 것으로 원본파일의 개념적 연장선상에 있는 것이므로, 비록 원본파일의 변경까지 초래하지는 아니하였더라도 이러한 전자기록에 허구의 내용을 권한 없이 수정입력한 것은 그 자체로 그러한 사전자기록을 변작한 행위의 구성요건에 해당된다고 보아야 할 것이며 그러한 수정입력의 시점에서 사전자기록변작죄의 기수에 이르렀음

(4) 위조등 공문서의 행사죄

「형법」

제229조(위조등 공문서의 행사) 제225조 내지 제228조의 죄에 의하여 만들어진 문서, 도화, 전자기록등 특수매체기록, 공정증서원본, 면허증, 허가증, 등록증 또는 여권을 행사한 자는 그 각 죄에 정한 형에 처한다.

이 죄는 「형법」 제225조(공문서의 위조·변조), 제226조(자격모용에 의한 공문서 등의 작성), 제227조(허위공문서 작성등), 제228조(공정증서원본 등의 부실기재)의 죄에 의하여 만들어진 문서, 도화, 전자기록등 특수매체기록, 공정증서원본, 면허증, 허가증, 등록증 또는 여권을 행사한 자는 그 각 죄에 정한 형에 처한다. 이 죄의 주체는 공무원이든 아니든 불문한다.

용어 설명

- **공문서**: 공무원 또는 공무소가 그 명의로 직무상 작성한 문서를 말한다. 공무원증, 주민등록증, 등기부등본, 여권 등이 대표적인 공문서에 해당한다.
- **자격모용**: 공무소 또는 공무원의 지위를 허위로 기재하여 권리, 의무 또는 사

실 증명에 관한 문서를 작성하는 것을 말한다.

이 규정에서 행사는 위조·변조 등의 문서를 그 용법을 따라 진정·진실한 것으로 사용하는 것을 말하며(허위성 있는 문서를 진짜처럼 속이고 행사하는 것), 그 점을 알고서 행사하는 것이어야 한다. 또한 위조문서 그 자체를 행사하여야 한다. 즉 '행사할 목적'이라 함은 다른 사람으로 하여금 그 문서가 정당한 권한에 기하여 작성된 것으로 오신하게 할 목적을 말한다.

행사의 방법은 제시(提示)·교부(交付)·비치(備置) 등 어떤 방법에 의하여서도 상대방이 이것을 열독(閱讀: 책이나 문서 따위를 죽 훑어 읽음)할 수 있는 상태에 두기만 하면 된다.

제2절 기타 형사법 분야 사이버범죄
I. 사이버도박 범죄

1. 사이버도박 범죄 현황

도박사이트의 접근성이 쉬워지면서 사이버도박 행위자들은 성인을 비롯한 청소년층까지 사이버도박에 가담하게 되었다. 반면 도박사이트 개설자 등의 입장에서는 사이트 개설·운영에 드는 비용은 계속 줄어드는 반면 고액의 범죄수익 취득이 가능해져서 도박사이트 운영 가담자들의 규모가 커지고 역할이 분업화되는 특성이 나타나고 있다.

스마트폰 기기의 발달로 웹사이트·누리소통망(SNS)·메신저·앱(App) 등 각종 매체를 통한 사이버도박 노출 빈도가 높아지고 도박이 게임화되면서 사이버도박이 일상에 파고들어 범죄가 빈발하고 있다(〈그림 24〉 참조).[1]

범죄 유형별로는 파워볼 게임·여가용 온라인 게임(핀볼·사다리·달팽이 게임)·사설 에이치티에스(Home Trading System)를 이용한 주식·외환·선물상품 베팅 등 기타 유형이 42.1%로 가장 큰 비중을 차지하며, 불법 스포츠토토 (34.61%), 불법 경마·경륜·경정(12.01%), 불법 카지노(11.28%) 순으로 나타났다.

〈그림 24〉 사이버도박 유형별/피의자별 현황

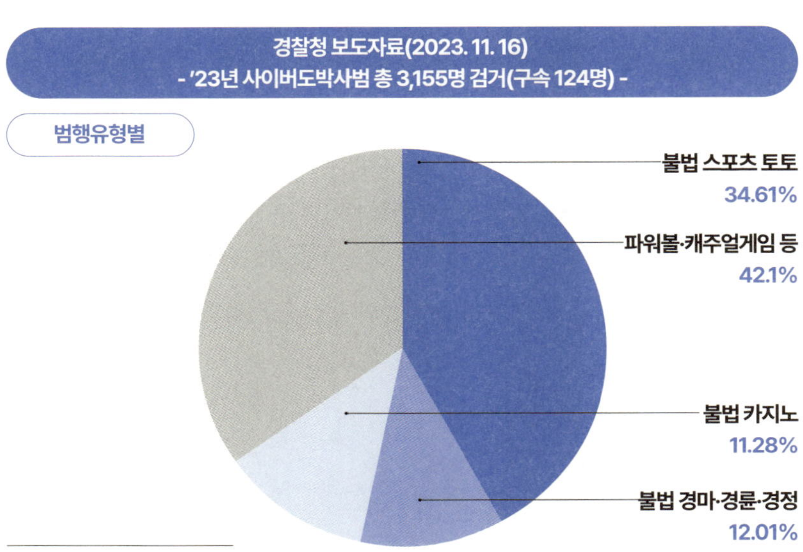

---

[1] 경찰청은 도박사이트 제작·운영·광고 행위 등 공급자(476명, 15%)와 더불어 도박행위자 등 수요자(2,679명, 85%)에 대해서도 집중적으로 단속하였다(2023. 3. 1.~10. 31.).

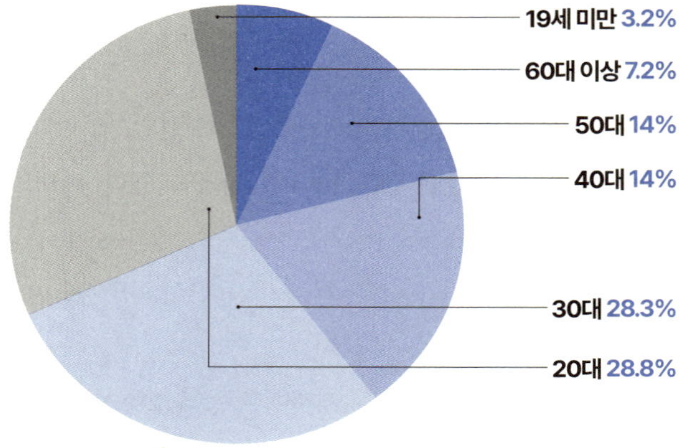

https://www.fss.or.kr/fss/main/contents.do?menuNo=200565

2. 도박과 사이버도박의 개념

(1) 도박의 개념

가. 도박의 정의

현행법은 도박에 대한 정의를 두고 있지 않다. 「형법」은 제246조에서 "도박을 한 사람은…"이라고 표현하고 있으며, 제247조에서는 "영리의 목적으로 도박을 하는 장소나 공간을 개설한 자는…"이라고 표현하여 도박에 대한 특별한 개념정의를 하지 않은 채 도박행위자와 도박장 개설자를 처벌하고 있다. 법원은 도박죄의 규제를 위해 도박을 "참여한 사람들이 서로 재물을 걸고 우연한 사정이나 사태에 따라 재물의 득실을 결정하는 것"이라고 정의하고 있다.[2]

---

  2 대법원 2017. 4. 7. 선고 2016도19704 판결.

제246조(도박, 상습도박) ① 도박을 한 사람은 1천만원 이하의 벌금에 처한다. 다만, 일시오락 정도에 불과한 경우에는 예외로 한다.

② 상습으로 제1항의 죄를 범한 사람은 3년 이하의 징역 또는 2천만원 이하의 벌금에 처한다.

제247조(도박장소 등 개설) 영리의 목적으로 도박을 하는 장소나 공간을 개설한 사람은 5년 이하의 징역 또는 3천만원 이하의 벌금에 처한다.[3]

한편 「사행행위 등 규제 및 처벌 특례법」(「사행행위규제법」 제2조 제1항 제1호)은 사행행위를 "여러 사람으로부터 재물이나 재산상의 이익을 모아 우연적 방법으로 득실을 결정하여 재산상의 이익이나 손실을 주는 행위를 말한다"고 정의하고 있는데, 사행행위와 도박은 개념적으로 동일한 것으로 판단된다.[4]

나. 도박죄의 구성요건과 보호법익

도박죄는 도박을 함으로써 성립한다. 이 죄의 보호법익은 정당한 근로에 의하지 아니한 재물의 취득을 처벌함으로써 경제에 관한 건전한 도덕법칙을 보호하는데 있다. 여기서 도박은 참여한 사람들이 서로 재물을 걸고 우연한 사정이나 사태에 따라 재물의 득실을 결정하는 것인데. 이때 재물 또는 재산상의 이익은 그 금액의 다과와 교환가치의 유무를 불문한다. 그리고 도박에 이용되는 재물 등의 액수가 미리 확정되어 있을 필요가 없으며 반드시 도박이 이루어지는 현장에 재물 등이 있어야 하는 것도 아니다.

그렇지만 도박에 해당할지라도 일시오락 정도에 불과한 것은 도박죄가 성립하지 않는다(「형법」 제246조 제1항 후단). 따라서 처벌의 대상이 되는 도박행

---

3 2013년 「형법」 개정을 통해 도박장소의 개설이 「국제연합국제조직범죄방지협약」의 대상범죄가 될 수 있도록 법정형을 "3년 이하의 징역 또는 2천만원 이하의 벌금"에서 "5년 이하의 징역 또는 3천만원 이하의 벌금"으로 상향하였다.

4 이범오, 「사이버도박의 주요 유형과 처벌법규 및 대응방안 연구」, 『법이론실무연구』 제8권 제4호(2020.11), (사단법인) 한국법이론실무학회.

위와 처벌을 받지 않는 일시오락을 구분하는 기준을 살펴볼 필요가 있다.

다. 도박과 오락을 구별하는 기준

도박죄를 처벌하는 이유는 정당한 근로에 의하지 아니한 재물의 취득을 처벌함으로써 경제에 관한 건전한 도덕법칙을 보호하기 위한 것에 있다. 그러나 도박죄를 처벌함에 있어서도 헌법이 보장하는 국민의 행복추구권이나 사생활의 자유와의 형평성을 고려하지 않을 수 없다. 도박죄의 입법취지가 건전한 근로의식을 배양보호함에 있다면 일반 서민대중이 여가를 이용하여 평소의 심신의 긴장을 해소하는 오락은 이를 인정함이 국가정책적 입장에서 보더라도 허용된다고 보아야 한다. 즉「형법」제246조 단서가 일시오락의 정도에 불과한 도박행위를 처벌하지 아니하는 이유도 여기에 있다고 해석하여야 할 것이다.[5]

그렇다면 우연한 승부에 재물을 거는 노름행위가 형법상 금지된 도박에 해당하는가, 아니면 일시적인 오락의 정도에 불과한 것인가 하는 점은 도박의 시간과 장소, 도박에 건 재물의 가액정도, 도박에 가담한 자들의 사회적 지위나 재산정도 및 도박으로 인한 이득의 용도 등 여러가지 객관적 사정을 참작하여 결정하여야 한다.[6] 이러한 이유로 도박에서의 재물(및 재산상 이익)이 바로 그 즉시 예정된 방법에 따라 소비되지 아니하고 어느 일방이 승패에 따라 그 재물을 차지하였다 하더라도 그 재물의 득실이 승패결정의 흥미를 북돋우기 위한 것이고, 그 재물의 경제적 가치가 근소하여 건전한 근로의식을 침해하지 않을 정도라면 일시오락의 정도에 불과하다고 해석된다.[7]

(2) 사이버도박의 개념

사이버도박은 간단히 현실 오프라인에서의 도박이 가상공간인 온라인에서 이루어지는 것이라고 할 수 있다. 즉 사이버도박은 가상공간인 사이버공간에서 전자화폐나 전자금융거래를 이용하여 결제가 이루어지는 도박이라

5　대법원 1983. 3. 22. 선고 82도2151 판결.
6　대법원 1985. 4. 9. 선고 84누692 판결.
7　대법원 1983. 3. 22. 선고 82도2151 판결.

고 할 수 있다. 따라서 사이버도박은 ① 재물이나 재산상 이익을 걸고 우연에 의해 승패 등을 결정하는 것이 인터넷과 같은 사이버공간에서 이루어진다는 점, ② 재물이나 재산상 이익이 사이버 머니라는 점이 기존의 도박과 가장 큰 차이라고 할 수 있다.[8]

경찰청 사이버범죄 유형 분류에 따르면, 사이버도박은 정보통신망(컴퓨터 시스템)을 통하여, 도박사이트를 개설하거나 도박행위(또는 사행행위)를 한 경우를 말한다. 예를 들면, 정보통신망(컴퓨터 시스템)을 통하여, ① 스포츠토토, ② 경마·경륜·경정 등의 경주 등을 이용하여 도박을 하게 하는 행위를 말한다.

3. 사이버도박 범죄

(1) 사이버도박 범죄 관련 법률

현재까지 사이버도박의 유형 분류에 대한 명확한 법률 규정은 없지만 위의 사이버도박 행위자 및 도박장 개설·운영자에 대한 처벌가능성을 개괄적으로 살펴보면 그에 대한 처벌규정들은 「형법」뿐만 아니라 다양한 「형사특별법」에 산재하여 규정되어 있다. 사이버도박과 관련한 특별법상의 처벌규정으로는 「사행행위 등 규제 및 처벌 특례법」, 「게임산업진흥에 관한 법률」(게임물 매개 도박), 「정보통신망 이용촉진 및 정보보호 등에 관한 법률」, 「경륜·경정법」(자전거, 모터보트 경주), 「관광진흥법」(내국인 출입금지 호텔 카지노), 「폐광지역개발 지원에 관한 특별법」(강원랜드와 같은 특정지역에서의 내국인 출입 도박), 「국민체육진흥법」(체육진흥투표권 발행), 「복권 및 복권기금법」(복권), 「전통 소싸움경기에 관한 법률」, 「한국마사회법」(스포츠토토, 경마) 등이 있다. 이들 법률에서 정한 합법화된 도박을 제외한 도박은 불법도박으로서 처벌대상이 된다.

실제로 최근에는 더욱 일반 현장에서의 도박과 사이버도박의 경계는 갈수록 불분명해 지고 있다. 그럼에도 이러한 도박 현상을 이해하기 위해서는 우선 형법상 도박 및 도박죄의 개념을 이해하는 것이 필요하다. 그리고 이에

---

8 전지연, 「사이버도박의 형사법적 대응에 관한 연구」, 『원광법학』 제35권 제2호, 2019, 원광대학교 법학연구소.

기초하여 관련 개별법들에서 규정하고 있는 처벌법규 들을 살펴볼 필요가 있다.

(2) 사이버도박과 사이버상 사행성 게임과의 구별

형법상의 사이버도박은 인터넷이나 온라인에서 진행되는 화투나 포커 등과 같은 사행성 게임과 구별되어야 한다. 인터넷 사행성 게임이 사이버공간에서 사이버머니를 걸고 게임이 행해진다는 점에서는 동일하지만 게임에 걸게 되는 사이버머니가 환금성이 있는지 여부에 따라 달라지기 때문에 사행성 온라인 게임이지만 사이버머니가 실제 환금성이 없다면 사이버도박이라고 볼 수 없으며 형사법상의 처벌대상에 포함되지 않는다.[9,10]

(3) 도박과 사기도박과의 구별

도박죄는 재물이나 재산상의 이익을 걸고 그 승패에 있어 우연성이 필요하나 사기도박의 경우에는 이러한 우연성이 결여되어 있으므로 도박죄가 성립하지 않는다. 즉 도박은 우연한 승패에 의하여 그 재물의 득실을 결정되어야 하나 사기도박과 같이 도박당사자의 일방이 사기의 수단으로써 승패의 수를 지배하는 경우에는 도박에서의 우연성이 결여되어 사기죄만 성립하고 도박죄는 성립하지 아니한다.[11] 즉 도박이란 2인 이상의 자가 상호간에 재물을 도(賭)하여(걸어서) 우연한 승패에 의하여 그 재물의 득실을 결정하는 것일 뿐이고 사기죄의 구성요건인 편취의 의사로 상대방을 기망하는 행위가 존재하지 않기 때문이다.

사이트운영자의 경우 도박개장죄로 처벌할 수 있으며 도박사이트의 설계자가 미리 프로그램을 조작하거나 또는 해킹 등을 통해 상대 도박행위자의 정보를 훔쳐보거나 공모자들이 서로 정보를 공유할 수 있도록 하여 상대 도

---

9 전지연, 「사이버도박의 형사법적 대응에 관한 연구」, 『원광법학』 제35권 제2호, 2019, 원광대학교 법학연구소.

10 우리나라의 도박처벌법규는 도박과 사행행위는 금지하면서도 한편으로는 사행성 게임물에 대하여는 허용하고 있는 등 도박과 사행행위의 개념이 혼재되어 있다고 볼 수 있다(이범오, 「사이버도박의 주요 유형과 처벌법규 및 대응방안 연구」, 『법이론실무연구』 제8권 제4호(2020.11), (사단법인) 한국법이론실무학회)

11 대법원 2011. 1. 13. 선고 2010도9330 판결.

박행위자들이 이길 수 없게 조작하는 경우에는 도박죄가 아니라 사기죄에 해당한다. 또한 각종 복권의 발행대상이 되는 스포츠 종목에 대한 승부조작은 「형법」 및 특별법에 의해 처벌될 수 있다. 예컨대 이러한 스포츠경기의 승부조작은 「형법」에서 규정한 사기죄 및 도박개장, 상습도박죄 등으로 처벌 가능성이 높다.

(4) 관련 판례

판례 불법도박사이트에서 도박행위를 도박죄(「국민체육진흥법」)로 인정한 사례 | 울산지방법원 2022. 2. 25. 2021고단4028

〈사실 관계 및 법원 판결〉

- 누구든지 서울올림픽 기념 국민체육진흥공단과 수탁사업자가 아닌 자가 체육진흥투표권 또는 이와 비슷한 것을 발행하여 결과를 적중시킨 자에게 재물이나 재산상의 이익을 제공하는 행위를 이용하여 도박을 하여서는 아니 된다.[12]
- 그럼에도 불구하고 피고인은 인터넷 불법 도박 사이트에 접속하여 회원으로 가입하여 위 도박 사이트에서 입금용 계좌로 관리하는 B 명의의 신한은행 계좌로 500,000원을 입금하고 동액 상당의 게임머니를 충전한 후 국내외 축구, 농구, 배구 등 스포츠 경기의 승·무·패를 맞추거나 기타 특정 상황에 대해 베팅을 하고 결과를 적중할 경우 정해진 배당률에 따라 배당금을 지급받는 방법으로 도박한 것을 비롯하여, 그 총 465회에 걸쳐 합계 475,760,000원으로 위와 같이 도박을 하였다.

판례 대한민국 영역 내에서 해외 스포츠 도박 사이트에 접속하여 베팅한 행위를 도박죄(「국민체육진흥법」 제26조 제1항 위반)로 판결한 사례 | 대법원 2022. 11. 30. 선고 2022도6462 판결

A. 사실 관계

- 피고인은 대한민국 영역 내에서 해외 스포츠 도박 사이트에 접속하여 베팅을 하는 방법으로 체육진흥투표권과 비슷한 것을 정보통신망을 이용하여 발행받은 다음 결

---

12 국민체육진흥법 제48조 제4호: 제26조제1항의 금지행위를 위반하여 도박행위를 한 자는 5년 이하의 징역이나 5천만원 이하의 벌금에 처한다.

제26조(유사행위의 금지 등) ① 서울올림픽기념국민체육진흥공단과 수탁사업자가 아닌 자는 체육진흥투표권 또는 이와 비슷한 것을 발행(정보통신망에 의한 발행을 포함한다)하여 결과를 적중시킨 자에게 재물이나 재산상의 이익을 제공하는 행위(이하 "유사행위"라 한다)를 하여서는 아니 된다, 제48조 제4호).

과를 적중시킨 경우 재산상 이익을 얻는 내용의 도박을 하였다.

B. 법원 판단

- 「국민체육진흥법」 제26조 제1항은 "서울올림픽기념국민체육진흥공단과 수탁사업자가 아닌 자는 체육진흥투표권 또는 이와 비슷한 것을 발행(정보통신망에 의한 발행을 포함한다)하여 결과를 적중시킨 자에게 재물이나 재산상의 이익을 제공하는 행위(이하 '유사행위'라고 한다)를 하여서는 아니 된다."라고 규정하면서 같은 법 제47조 제2호에서 이를 위반한 자를 7년 이하의 징역이나 7천만 원 이하의 벌금으로 처벌하도록 규정하는 한편,

- 같은 법 제48조 제3호는 "제26조 제1항의 금지행위를 이용하여 도박을 한 자"를 5년 이하의 징역이나 5천만 원 이하의 벌금으로 처벌하도록 규정하고 있다.

- 위 법의 취지는 정당한 체육진흥투표권 발행사업자가 아닌 자의 스포츠 도박 사업 운영에 참여하여 도박을 하는 행위를 근절함으로써 사행성이 높은 불법적인 스포츠 도박 행위를 규제하고 체육진흥투표권 발행사업의 안정성과 공정성을 확보하려는 데에 있다.

  - 한편 정보통신망을 이용하는 스포츠 도박 사업은 장소적 제약을 뛰어넘어 규제 정도가 낮은 국가의 정보통신망과 연동함으로써 쉽게 자국의 규제를 회피할 수 있고, 스포츠 도박이 합법화된 국가의 정보통신망을 이용하여 이루어지는 경우도 많다.

- 위와 같은 국민체육진흥법 규정의 내용, 유사행위 금지규정과 이를 이용한 도박 행위에 대한 처벌규정의 신설 경위, 정보통신망을 통한 스포츠 도박의 현황 등을 종합하여 보면,

  - 대한민국 영역 내에서 해외 스포츠 도박 사이트에 접속하여 베팅을 하는 방법으로 체육진흥투표권과 비슷한 것을 정보통신망을 이용하여 발행받은 다음 결과를 적중시킨 경우 재산상 이익을 얻는 내용의 도박을 하였다면,

  - 그 스포츠 도박 사이트를 통한 도박 행위는 「국민체육진흥법」 제26조 제1항에서 금지하고 있는 유사행위를 이용한 도박 행위에 해당하므로, 제48조 제3호에 따라 처벌할 수 있다.

  - 이는 그 스포츠 도박 사이트의 운영이 외국인에 의하여 대한민국 영역 외에서 이루어진 것이라고 하더라도 마찬가지이다.

4. 사이버도박개장죄

(1) 도박개장죄의 구성요건

도박개장죄는 ① 영리의 목적으로 ② 스스로 주재자가 되어 그 지배하에 ③ 도박하는 장소나 공간[13]을 개설하는 행위가 구성요건이다. 「형법」은 도박개장죄를 도박죄와는 별개의 독립된 범죄로 하여 도박죄보다 가중처벌한다. 이 규정은 일반 도박개장죄와 사이버도박개장죄 모두 적용된다.

> **「형 법」**
>
> 제247조(도박장소 등 개설) 영리의 목적으로 도박을 하는 장소나 공간을 개설한 사람은 5년 이하의 징역 또는 3천만원 이하의 벌금에 처한다.[14]

이 죄에서 영리의 목적이란 도박개장의 대가로 불법한 재산상의 이익을 얻으려는 의사를 의미하는 것이기 때문에 반드시 도박개장의 직접적 대가가 아니라 도박개장을 통하여 간접적으로 얻게 될 이익을 위한 경우에도 영리 목적이 인정되고 또한 현실적으로 그 이익을 얻었을 것을 요하지는 않는다.[15] 예컨대 재산상의 이익은 입장료, 수수료 등과 같이 도박하는 장소나 공간을 연 대가로 얻는 것을 말하며 도박을 통하여 얻는 것을 의미하는 것이 아니다. 영리의 목적이 있으면 족하며 현실로 이익을 얻었는가는 문제되지 않는다. 즉 어떠한 유형으로든 재산상 이익을 얻으려는 목적을 가지고 있으면 충분하기 때문에 설령 도박 개장 행위로 실제 이득을 얻지 못한 상황이라 하더라도 오히려 운영 자금 등을 지출하느라 현실적인 손해를 본 상황이라 하더라도 도박개장죄는 인정된다.

---

13 구 「형법」은 "도박을 개장"한 경우를 처벌하도록 규정되어 있어 도박할 수 있는 사이버 공간을 제공한 경우 처벌되지 않는 것으로 비추어 질 수 있어서 2013년 법을 개정하여 "장소나 공간을 개설"으로 개정하였다.

14 2013년 「형법」 개정을 통해 도박장소의 개설이 「국제연합국제조직범죄방지협약」의 대상범죄가 될 수 있도록 법정형을 "3년 이하의 징역 또는 2천만원 이하의 벌금"에서 "5년 이하의 징역 또는 3천만원 이하의 벌금"으로 상향하였다.

15 대법원 2008. 10. 23. 선고 2008도3970 판결.

그리고 주재자란 도박공간을 개설하여 그 도박공간으로 도박자를 유인하고 도박 도구를 제공하는 등 그의 지배·관리 하에 도박의 기회를 부여하는 자를 말한다. 주재자의 지위에 있는지는 도박공간의 지배와 관리, 수수료 등의 징수, 범인의 역할 등 여러 사정을 종합적으로 고려하여 판단하여야 한다.[16]

한편 인터넷이나 앱 개발을 통해 도박사이트를 개설한 자, 단순 가담(회원 관리, 홍보 등)을 통해 조직 내에서 역할이나 지위가 확고한 자, 도박행위를 실제 행한 자 등 모두 형사처벌에 해당된다. 실무적으로 도박사이트를 개설해 운영하기 전이고 이용자들이 도박사이트에 접속 해 도박을 한 사실 자체가 없더라도 이미 도박개장죄는 성립이 된 것으로 인정된다.

16 서울중앙지방법원 2017. 7. 18. 선고 2016노5445, 2017초기2047 판결.

(2) 관련 판례

> **판례** 성인피시방 운영자가 손님들로 하여금 컴퓨터에 접속하여 인터넷 도박게임을 하고 게임머니의 충전과 환전을 하도록 하면서 게임머니의 일정 금액을 수수료 명목으로 받은 행위를 도박개장죄로 인정한 사례 | 대법원 2008. 10. 23. 선고 2008도3970 판결

A. 사실 관계

- 피고인이 성인피시방에서 그곳을 찾은 손님들을 상대로 카운터에 설치된 컴퓨터장치를 이용하여 도박에 사용되는 손님 아이디로 현금을 충전해 주고, 현금을 충전 받은 손님들이 이를 이용해 게임머니를 구입하여 '아마존' 도박게임을 이용하게 하고,
  - 게임종료 후 남은 게임머니를 환전 사이트에서 환전을 받게 하며, 손님들이 게임머니를 구입한 금액의 5%를 수수료 명목으로 지급받아 이익을 취하였다.

B. 법원 판단

- '영리의 목적'이란 도박개장의 대가로 불법한 재산상의 이익을 얻으려는 의사를 의미하는 것으로, 반드시 도박개장의 직접적 대가가 아니라 도박개장을 통하여 간접적으로 얻게 될 이익을 위한 경우에도 영리의 목적이 인정되고, 또한 현실적으로 그 이익을 얻었을 것을 요하지는 않는다.
- 위 사실 관계에 비추어 도박개장죄로 인정된다.

> **판례** 인터넷 고스톱게임 사이트를 유료화하는 과정에서 사이트를 홍보하기 위하여 고스톱대회를 개최하면서 참가자들로부터 참가비를 받고 입상자들에게 상금을 지급한 행위에 대하여 도박개장죄를 인정한 사례. | 대법원 2002. 4. 12. 선고 2001도5802 판결

A. 사실 관계

- 피고인들은 인터넷 고스톱게임 사이트를 유료로 전환하는 과정에서 사이트를 홍보하기 위하여 '1차 고스톱 고별대회'를 개최하였고,
  - 대회에는 129명이 참가하였고, 참가자 1인당 3만 원씩 합계 387만 원의 참가비가 회사에 송금되었다.
  - 피고인들은 참가자들로 하여금 인터넷을 통해 사이트에서 제공하는 고스톱게임을 하게 하여 1등부터 9등까지를 선발하였다
  - 다만, 참가비 합계 387만 원의 수입을 얻는 데 비하여 대회 입상자에 대한 상금으로 합계 420만 원을 지출하였다.

B. 법원 판단

- 피고인들이 고스톱대회를 개최한 결과 손해를 보았다는 사정은 대회 참가자의 수가 적었다는 우연한 사정으로 발생한 것에 불과하므로, 피고인들에게 있어서 '영리의 목적'은 인정된다.
- 참가자들의 고스톱대회 참여는 재물을 걸고 우연한 승부에 의하여 재물의 득실을 다투는 '도박'에 해당한다고 판단되고,
  - 위 사실관계처럼 인터넷 고스톱게임 사이트를 유료화하는 과정에서 사이트를 홍보하기 위하여 고스톱대회를 개최하면서 참가자들로부터 참가비를 받고 입상자들에게 상금을 지급한 행위는 도박개장죄로 인정된다.

판례 「청소년성보호법」의 음란물제작·배포등죄 및 「형법」의 도박공간개설죄를 인정한 사례 | 대법원 2020. 9. 24. 선고 2020도8978 판결

〈사실 관계 및 법원 판단〉

- (구)「청소년성보호법」제11조 제2항은 영리를 목적으로 아동·청소년이용음란물을 공연히 전시한 자는 10년 이하의 징역에 처한다고 규정한다.[17]
  - 위 조항에서 규정하는 '영리의 목적'이란 위 법률이 정한 구체적 위반행위를 함에 있어서 재산적 이득을 얻으려는 의사 또는 이윤을 추구하는 의사를 말하며, 이는 널리 경제적인 이익을 취득할 목적을 말하는 것으로서 반드시 아동·청소년이용음란물 배포 등 위반행위의 직접적인 대가가 아니라 위반행위를 통하여 간접적으로 얻게 될 이익을 위한 경우에도 영리의 목적이 인정된다.
- 사설 인터넷 도박사이트를 운영하는 사람이, 먼저 ○○○○ 오픈채팅방을 개설하여 아동·청소년이용음란 동영상을 게시하고 1:1대화를 통해 불특정다수를 위 오픈채팅방 회원으로 가입시킨 다음,
  - 그 오픈채팅방에서 자신이 운영하는 도박사이트를 홍보하면서 회원들이 가입 시 입력한 이름, 전화번호 등을 이용하여 전화를 걸어 위 도박사이트 가입을 승인해

---

17 현행 「청소년성보호법」 제11조(아동·청소년성착취물의 제작·배포 등) ② 영리를 목적으로 아동·청소년성착취물을 판매·대여·배포·제공하거나 이를 목적으로 소지·운반·광고·소개하거나 공연히 전시 또는 상영한 자는 5년 이상의 유기징역에 처한다. (「청소년성보호법」 개정을 통해서 아동·청소년을 대상으로 하는 음란물은 그 자체로 아동·청소년에 대한 성착취 및 성학대를 의미하는 것임에도 불구하고, 막연히 아동·청소년을 '이용'하는 음란물의 의미로 가볍게 해석되는 경향이 있는바, '아동·청소년이용음란물'을 '아동·청소년성착취물'이라는 용어로 변경하였다.)

주는 등의 방법으로 가입을 유도하고 그 도박사이트를 이용하여 도박을 하게 하였
다면, 영리를 목적으로 도박공간을 개설한 행위가 인정됨은 물론,

- 나아가 영리를 목적으로 아동·청소년이용음란물을 공연히 전시한 행위도 인정된
다고 할 것이다.

II. 「성폭력처벌법」의 사이버범죄

1. 통신매체 이용 음란죄
(1) 통신매체이용음란죄 구성요건 및 보호법익

「성폭력범죄의 처벌 등에 관한 특례법」(「성폭력처벌법」) 제13조는 "자기 또는 다른 사람의 성적 욕망을 유발하거나 만족시킬 목적으로 전화, 우편, 컴퓨터, 그 밖의 통신매체를 통하여 '성적 수치심이나 혐오감을 일으키는 말, 음향, 글, 그림, 영상 또는 물건'(이하 '성적 수치심을 일으키는 그림 등')을 상대방에게 도달하게 한 사람"을 처벌하고 있다.

「성폭력 처벌법」

제13조(통신매체를 이용한 음란행위) 자기 또는 다른 사람의 성적 욕망을 유발하거나 만족시킬 목적으로 전화, 우편, 컴퓨터, 그 밖의 통신매체를 통하여 성적 수치심이나 혐오감을 일으키는 말, 음향, 글, 그림, 영상 또는 물건을 상대방에게 도달하게 한 사람은 2년 이하의 징역 또는 2천만원 이하의 벌금에 처한다.

통신매체이용음란죄의 보호법익은 '성적 자기결정권에 반하여 성적 수치심을 일으키는 그림 등을 개인의 의사에 반하여 접하지 않을 권리'를 보장하기 위한 것으로 성적 자기결정권과 일반적 인격권의 보호, 사회의 건전한 성풍속 확립하는데에 있다.[18] '개인의사에 반하여' 상대방에게 도달하게 하여야 하므로 서로의 합의, 혹은 연인 관계 등에서 애정 하에 통신매체를 사용한 것은 해당되지 않는다. 그렇지만 설령 피해자의 동의를 받아 촬영되었다고 하더라도 그림 등을 피해자에게 도달하게 할 당시 피해자의 의사에 반하여 이루어진 것이라면 통신매체이용음란죄가 성립할 수 있다.

여기서 통신매체(通信媒體)는 전화, 우편, 컴퓨터 기타 일체의 매체를 포함한다.[19] 또한 매체의 개방성·폐쇄성 및 정보의 전파 가능성(공연성) 등을

---

18 대법원 2018. 9. 13. 선고 2018도9775 판결
19 이메일, 파일 업로드 및 다운로드, 음란 채팅은 물론이고 당연히 블루투스나 AirDrop

구별하지 않는다. 정보의 내용 또한 부호, 문언(글), 음향(소리), 화상(그림), 영상 또는 사물 그 자체 등 형태와 종류에 구애받지 않는다.

카메라등이용촬영죄 보호법익은 기본적으로 성적자기결정권이며, 인격체인 피해자의 성적 자유와 함부로 촬영당하지 않을 자유이다. 이는 곧 피해자가 '성적 대상화되지 않고 함부로 촬영당하지 않을 자유'로서의 성적 자기결정권이라고 할 수 있다. 따라서 성적 자기결정권은 인격적 존재가 성적인 도구 및 객체로 전락함으로써 침해되는 것이다. 따라서 카메라등이용촬영죄의 핵심은 성적 대상화의 발현으로서의 촬영 행위에 있다고 할 수 있다.

(2) 범죄 의도

이 죄는 자기 또는 다른 사람의 성적욕망을 유발하거나 만족시킬 목적을 가지고 있으면 성립한다. '자기 또는 다른 사람의 성적 욕망을 유발하거나 만족시킬 목적'이 있는지는 피고인과 피해자의 관계, 행위의 동기와 경위, 행위의 수단과 방법, 행위의 내용과 태양, 상대방의 성격과 범위 등 여러 사정을 종합하여 사회통념에 비추어 합리적으로 판단하여야 한다. 여기서 '성적 욕망'에는 성행위나 성관계를 직접적인 목적이나 전제로 하는 욕망뿐만 아니라 상대방을 성적으로 비하하거나 조롱하는 등 상대방에게 성적 수치심을 줌으로써 자신의 심리적 만족을 얻고자 하는 욕망도 포함된다.[20]

나아가 고의성 여부와 상관없이 타인이 전송한 사진이나 영상, 메시지 등의 내용으로 피해자가 성적수치심이나 모욕감을 느꼈다면 이 죄가 성립된다. 따라서 통신매체이용음란죄는 범죄 성립요건이 광범위하게 인정되고 있다고 할 수 있다.

(3) 범죄 행위

통신매체음란죄가 성립하기 위해서는 '성적 수치심이나 혐오감을 일으키는 말, 음향, 글, 그림, 영상 또는 물건'을 상대방에게 도달하게 하여야 한다. 여기서 성적 수치심이나 혐오감을 일으키는 것이라 함은 피해자에게 단순히

등으로 음란한 정보를 공유하는 등의 행위도 포함된다.

20 대법원 2018. 9. 13. 선고 2018도9775 판결.

부끄러움이나 불쾌감을 주는 것으로는 부족하고 인격적 존재로서의 수치심이나 모욕감을 느끼게 하거나 싫어하고 미워하는 감정을 느끼게 할 만한 것을 말한다. 이 때에 성적 수치심 또는 혐오감의 유발 여부는 일반적이고 평균적인 사람들을 기준으로 하여 판단함이 타당하고, 특히 성적 수치심의 경우 피해자와 같은 성별과 연령대의 일반적이고 평균적인 사람들을 기준으로 하여 그 유발 여부를 판단하여야 한다.[21]

'상대방에게 도달하게 한다'는 것은 상대방이 성적 수치심을 일으키는 그림 등을 직접 접하는 경우뿐만 아니라 상대방이 실제로 이를 인식할 수 있는 상태에 두는 것을 의미한다. 따라서 행위자의 의사와 그 내용, 웹페이지의 성격과 사용된 링크기술의 구체적인 방식 등 모든 사정을 종합하여 볼 때 상대방에게 성적 수치심을 일으키는 그림 등이 담겨 있는 웹페이지 등에 대한 인터넷 링크를 보내는 행위를 통해 그 그림 등이 상대방에 의하여 인식될 수 있는 상태에 놓이게 되어 실제로 그 그림 등을 직접 전달하는 것과 다를 바 없이 상대방이 이러한 링크를 이용하여 별다른 제한 없이 그 그림 등에 바로 접할 수 있는 상태가 실제로 조성되었다면, 그러한 행위는 전체로 보아 성적 수치심을 일으키는 그림 등을 상대방에게 도달하게 한다는 구성요건을 충족한다.[22]

한편 음란한 그림 등을 특정인에게 전송하지 않고 인터넷 게시판에 글을 올린 경우와 같이 일반 대중을 대상으로 음란물을 배포, 판매 전시하는 행위는 「정보통신망법」(제44조의7, 불법정보의 유통금지 등)의 규제를 받는다.

판례 피해자와의 성관계 사진을 피해자에게 카카오톡 메신저로 전송한 행위를 통신매체이용음란죄로 인정한 사례 | 대법원 2017. 6. 8. 선고 2016도21389 판결

A. 사실 관계

• 피고인은 피해자와 식당을 동업하면서 알게 되었는데, 피해자와 성관계를 하면서 찍은 피해자의 나체 사진 2장(이 사건 사진)을 다른 사람과 함께 있는 피해자에게 휴대전화 카카오톡 메신저를 이용하여 전송하였다.

---

21 대법원 2017. 6. 8. 선고 2016도21389 판결.

22 대법원 2017. 6. 8. 선고 2016도21389 판결.

B. 법원 판단

- 이 사건 사진은 피고인이 피해자와 성관계를 하면서 찍은 피해자의 나체 사진으로서 피해자뿐만 아니라 피해자와 같은 성별과 연령대의 일반적이고 평균적인 사람들의 성적 도의관념에 비추어 성적 수치심이나 혐오감을 일으키는 그림이나 영상에 해당한다.
- 피고인은 이 사건 당시 단순히 피해자에게 이 사건 사진을 보여주려는 목적만을 가지고 있었다기보다는 사이가 나빠진 피해자에게 둘이 성관계를 한 사진을 보유하고 있다는 사실을 알리고 피해자에게 자신과 내연관계에 있었다는 사실을 상기시킴으로써 자신의 성적 욕망을 만족시키거나 피해자에게 보복이나 고통을 줄 목적으로 피해자에게 이 사건 사진을 보낸 것으로 보인다.
- 피고인이 휴대전화로 이 사건 사진이 저장된 이 사건 인터넷 링크를 피해자에게 보낸 것은, 이를 통해 피해자가 이 사건 사진을 바로 접하여 인식할 수 있는 상태가 조성되었고 실질적으로 이 사건 사진을 직접 전달하는 것과 같으므로, 성적 수치심을 일으키는 그림 등을 상대방에게 도달하게 한 경우에 해당한다.
- 이 사건 사진이 피해자의 동의를 받아 촬영된 것인지 여부, 피고인에게 이 사건 사진 내용이 제3자에게 공개되거나 피해자로 하여금 성적 수치심을 느끼게 하려는 목적이 있었는지 여부는 이 사건 공소사실의 구성요건이 아니다. 설령 피해자의 동의를 받아 촬영되었다고 하더라도 이 사건 사진을 피해자에게 도달하게 할 당시 피해자의 의사에 반하여 이루어진 것이라면 통신매체이용음란죄가 성립할 수 있다.

2. 카메라등이용촬영죄

(1) 카메라등이용촬영죄 등의 제정 배경

카메라등이용촬영죄는 성적 욕망을 유발하거나 만족시킬 목적으로 타인의 신체를 몰래 촬영하는 이른바 '몰래카메라'의 폐해가 사회문제가 되면서, 그러한 촬영 행위를 처벌하기 위하여 1995년에 신설되었다. 신설될 당시에는 '카메라 기타 이와 유사한 기능을 갖춘 기계장치를 이용하여 성적 욕망 또는 수치심을 유발할 수 있는 타인의 신체를 그 의사에 반하여 촬영한 자'를 처벌하는 규정만 두었고, 촬영물의 반포 등 행위는 처벌하지 않았다. 이후 2006년에 본인 의사에 반하여 촬영한 촬영물을 반포·판매·임대 또는 공연히 전시·상영한 자를 처벌하는 규정을 신설하였다. 또한 영리목적으로 위 촬영물을 정보통신망을 이용하여 유포한 자를 가중처벌하는 규정도 신설하였다.

(2) 카메라등이용촬영죄 등의 구성요건

가. 카메라등이용촬영죄

이 죄의 구성요건은 ① 카메라나 그 밖에 이와 유사한 기능을 갖춘 기계장치(카메라등)를 이용하여 ② 성적 욕망 또는 수치심을 유발할 수 있는 ③ 다른 사람의 신체를 그 의사에 반하여 촬영하는 행위이다.

「성폭력처벌법」

제14조(카메라 등을 이용한 촬영) ① 카메라나 그 밖에 이와 유사한 기능을 갖춘 기계장치를 이용하여 성적 욕망 또는 수치심을 유발할 수 있는 사람의 신체를 촬영대상자의 의사에 반하여 촬영한 자는 7년 이하의 징역 또는 5천만원 이하의 벌금에 처한다.

여기에서 카메라는 '사진이나 영상을 촬영하는 광학기기'를 말하고, '그 밖에 이와 유사한 기능을 갖춘 기계장치'란 카메라는 아니지만 사진이나 영상을 촬영하는 기능을 갖춘 기계장치, 예를 들어 카메라가 내장된 휴대폰이나 태블릿 컴퓨터 등을 의미한다.[23]

이 규정에서 촬영한 부위가 '성적 욕망 또는 수치심을 유발할 수 있는 타인의 신체'에 해당하는지 여부는 객관적으로 피해자와 같은 성별, 연령대의 일반적이고도 평균적인 사람들의 입장에서 성적 욕망 또는 수치심을 유발할 수 있는 신체에 해당되는지 여부를 고려해야 한다. 동시에 해당 피해자의 옷차림, 노출의 정도 등은 물론, 촬영자의 의도와 촬영에 이르게 된 경위, 촬영 장소와 촬영 각도 및 촬영 거리, 촬영된 원판의 이미지, 특정 신체 부위의 부각 여부 등을 종합적으로 고려하여 구체적·개별적·상대적으로 결정하여야 한다.[24]

---

23 헌법재판소 2016. 12. 29.자 2016헌바153 결정.

24 대법원 2008. 9. 25. 선고 2008도7007 판결. 이 판결에서 야간에 버스 안에서 휴대폰

또한 이 규정은 촬영의 대상을 '다른 사람의 신체'로 규정하고 있으므로, 다른 사람의 신체 그 자체를 직접 촬영하는 행위만이 구성요건에 해당하고, 다른 사람의 신체 이미지가 담긴 영상을 촬영하는 행위는 이에 해당하지 않는다.[25]

3. 카메라등이용촬영물반포죄

카메라등이용촬영물반포등죄의 구성요건은 제1항의 ① 촬영물과 그 복제물을 반포, 판매, 임대, 제공 또는 공공연하게 전시, 상영(이하 '반포등') 행위와 ② 촬영 시 대상자의 동의가 있었더라도 사후에 대상자의 의사에 반하여 반포등 행위이다.

「성폭력처벌법」

제14조(카메라 등을 이용한 촬영)
② 제1항에 따른 촬영물 또는 복제물(복제물의 복제물을 포함한다. 이하 이 조에서 같다)을 반포·판매·임대·제공 또는 공공연하게 전시·상영(이하 "반포등"이라 한다)한 자 또는 제1항의 촬영이 촬영 당시에는 촬영대상자의 의사에 반하지 아니한 경우(자신의 신체를 직접 촬영한 경우를 포함한다)에도 사후에 그 촬영물 또는 복제물을 촬영대상자의 의사에 반하여 반포 등을 한 자는 7년 이하의 징역 또는 5천만원 이하의 벌금에 처한다.

카메라로 옆 좌석에 앉은 여성(18세)의 치마 밑으로 드러난 허벅다리 부분을 촬영한 행위를 유죄로 인정하였다.

[25] 대법원 2018. 8. 30. 선고 2017도3443 판결. 피고인이 갑과 성관계하면서 합의 하에 촬영한 동영상 파일 중 일부 장면 등을 찍은 사진 3장을 지인 명의의 휴대전화 문자메시지 기능을 이용하여 갑의 처 을의 휴대전화로 발송함으로써, 촬영 당시 갑의 의사에 반하지 아니하였으나 사후에 그 의사에 반하여 '갑의 신체를 촬영한 촬영물'을 을에게 제공하였다고 하여 성폭력범죄의 처벌 등에 관한 특례법 위반(카메라등이용촬영)으로 기소된 사안에서, 피고인이 성관계 동영상 파일을 컴퓨터로 재생한 후 모니터에 나타난 영상을 휴대전화 카메라로 촬영한 촬영물은 같은 법 제14조 제2항에서 규정한 촬영물에 해당하지 아니한다고 한 사례

4. 카메라등이용촬영물의 영리목적반포죄

이 죄의 구성요건은 제1항의 촬영물을 ① 영리를 목적으로 ② 촬영대상자의 의사에 반하여 ③ 정보통신망을 이용하여 ④ 반포등 행위이다.

5. 카메라등이용촬영물소지죄

촬영물소지등죄의 구성요건은 제1항의 촬영물을 소지, 구입, 저장 또는 시청한 행위이다.

여기에서 소지라 함은 '카메라등 이용 촬영물 등을 사실상의 점유 또는 지배 하에 두는 행위'를 의미하 는 것으로서 행위자가 카메라등 이용 촬영물에 접근 가능하고, 보관·유포·공유할 수있는 상태에 있으며, 이를 지배할 의도가 있으면 소지한 것으로 평가할 수 있다.[26]

한편 다른 사람의 신체를 그 사람의 의사에 반하여 촬영한 자가 그 촬영물을 스스로 소지하게 되는 경우에도 그 소지행위를 위 촬영에 수반된 소지를 넘어서 별도의 새로운 소지로 평가할 만한 사정이 없는 이상, 카메라등이

---

  26 수원지방법원 2021. 6. 24. 선고 2021고단20 판결.

용촬영물소지등죄는 카메라등이용촬영·반포등죄에 흡수된다.[27, 28]

6. 관련 판례

판례 피해자(여, 15세)를 속여 카메라로 피해자를 촬영한 행위를 카메라등이용촬영죄로 판결한 사례 | 대법원 2022. 4. 28. 선고 2021도9041 판결

A. 사실 관계

- 피고인이 랜덤채팅 애플리케이션을 통해 알게 된 피해자(여, 15세)에게 연예기획사에서 일하는 매니저와 사진작가의 1인 2역을 하면서 거짓말을 하여 피해자로 하여금 모델이 되기 위한 연기 연습 및 사진 촬영 연습의 일환으로 성관계를 한다는 착각에 빠지게 한 후, 마치 자신이 위 매니저가 소개한 사진작가인 것처럼 행세하면서 피해자를 간음한 것을 비롯해, 같은 방법으로 10회에 걸쳐 위계로써 아동·청소년인 피해자를 간음하였다.
- 피고인이 위와 같이 피해자를 속여 간음하는 것을 기회로 나체 상태의 피해자를 카메라로 촬영하고 간음 영상을 비디오카메라로 녹화한 것을 비롯해, 같은 방법으로 9회에 걸쳐 나체 상태의 피해자를 촬영함으로써 카메라를 이용하여 성적 욕망 또는 수치심을 유발할 수 있는 피해자의 신체를 피해자의 의사에 반하여 촬영하였다.

B. 원심 판단 (무죄)

- 피해자가 피고인이 자신의 신체를 촬영하거나 성관계 장면을 녹화하는 것을 충분히 예상하고 있었고 이를 거부한 사실이 없었던 점,
  - 피해자가 피고인의 말에 기망당한 것이 아니라 명시적 또는 묵시적 동의 하에 촬영에 응하였을 가능성을 배제할 수 없는 점,
  - 설령 피해자가 피고인의 말에 기망당하여 촬영에 응하였다고 하더라도 「성폭력처벌법」 제14조 제1항은 의사에 반하여 신체를 촬영한 행위만을 처벌할 뿐인바, 하자 있는 동의에 의하여 신체를 촬영한 행위에 대하여는 명확한 처벌규정이 없다.

---

[27] 대구고등법원 2022. 4. 21. 선고 2021노502 판결

[28] 이 경우는 '법조경합' 및 '불가벌적 수반행위'를 고려한다. '법조경합'은 1개의 행위가 외관상 수개의 죄의 구성요건에 해당하는 것처럼 보이나 실질적으로 1죄만을 구성하는 경우를 말하며, 실질적으로 1죄인가 또는 수죄인가는 구성요건적 평가와 보호법익의 측면에서 고찰하여 판단하여야 한다. 그리고 이른바 '불가벌적 수반행위'란 법조경합의 한 형태인 흡수관계에 속하는 것으로서, 행위자가 특정한 죄를 범하면 비록 논리 필연적인 것은 아니지만 일반적·전형적으로 다른 구성요건을 충족하고 이때 그 구성요건의 불법이나 책임 내용이 주된 범죄에 비하여 경미하기 때문에 처벌이 별도로 고려되지 않는 경우를 말한다(대법원 2012. 10. 11. 선고 2012도1895 판결).

C. 대법원 판단(유죄)

- 피해자는 연예기획사 매니저와 사진작가의 1인 2역 행세를 한 피고인의 거짓말에 속아 피고인이 요구한 나체 촬영과 성관계 등에 응하면 피고인이 자신을 모델 등으로 만들어 줄 것으로 오인, 착각에 빠졌음은 앞서 인정한 바와 같은바,

  - 피해자는 이러한 심적 상태에서 피고인의 촬영 요구 등에 응하였다고 보이고, 피고인 또한 그와 같은 피해자의 심적 상태를 유발하고 이를 적극적으로 이용하였다고 할 것이므로, 피해자가 피고인에 대하여 자신의 신체 촬영을 승낙한 것은 피해자의 자유로운 의사에 기초한 것이라고 보기 어렵고, 따라서 피고인의 위 행위는 피해자의 의사에 반한다고 볼 여지가 충분하다.

  ※ 대법원은 이 판결에서 「청소년성보호법」 제7조제5항(위계등간음죄) 유죄도 인정하였다.

판례 화장실에 여성의 모습을 몰래 촬영한 행위를 카메라등이용촬영죄의 유죄 판결한 사례 | 대법원 2014. 7. 24. 선고 2014도6309 판결

A. 사실 관계

- 피고인은 화장실에서 재래식 변기를 이용하는 여성의 모습을 촬영하였고, 피해자들의 용변 보는 모습이 촬영되지는 않았으나, 용변을 보기 직전의 무릎 아래 맨 다리 부분과 용변을 본 직후의 무릎 아래 맨 다리 부분이 각 촬영되었다.

B. 법원 판결

- 촬영한 부위가 '성적 욕망 또는 수치심을 유발할 수 있는 다른 사람의 신체'에 해당하는지 여부는, 객관적으로 피해자와 같은 성별, 연령대의 일반적이고도 평균적인 사람들의 입장에서 성적 욕망 또는 수치심을 유발할 수 있는 신체에 해당되는지 여부를 고려함과 아울러,

  - 당해 피해자의 옷차림, 노출의 정도 등은 물론, 촬영자의 의도와 촬영에 이르게 된 경위, 촬영장소와 촬영 각도 및 촬영 거리, 촬영된 원판의 이미지, 특정 신체부위의 부각 여부 등을 종합적으로 고려하여 구체적·개별적·상대적으로 결정하여야 한다.

  - 이 사건 촬영 장소와 촬영 각도 및 촬영 거리, 촬영된 원판의 이미지 등을 종합적으로 고려하여, 피고인이 촬영한 피해자들의 다리 부분은 '수치심을 유발할 수 있는 다른 사람의 신체'에 해당한다고 봄이 타당하다.

A. 사실 관계

- 피고인은 2019. 9. 5.부터 2021. 3. 19.까지 엉덩이 부분이 딱 맞는 청바지를 입은 여성의 뒷모습을 5,000장 이상 촬영하였다.

  - 피고인이 촬영한 사진 중에는 피고인이 청바지를 입은 여성을 따라다니면서 계단을 오르는 모습을 바로 뒤에서 엉덩이를 부각하여 촬영한 사진도 있지만, 특별히 엉덩이를 부각하지 않고 청바지를 입은 여성의 뒷모습 전신을 어느 정도 떨어진 거리에서 촬영한 사진도 있다.

B. 법원 판결

- 이 사건 엑셀 파일에 정리된 사진 중 피고인이 청바지를 입은 여성을 따라다니면서 계단을 오르는 모습을 바로 뒤에서 엉덩이를 부각하여 촬영한 경우는 성적 수치심을 유발할 수 있다고 볼 여지가 있다.

- 그러나 특별히 엉덩이를 부각하지 않고 일상복인 청바지를 입은 여성의 뒷모습 전신을 어느 정도 떨어진 거리에서 촬영하였을 뿐이라면 일반적이고 평균적인 사람들의 관점에서 성적 욕망이 유발될 수 있다거나 그와 같은 촬영을 당하였을 때 성적 수치심을 유발할 수 있는 경우에 해당한다고 단정하기 어렵다.

제3장

금융분야 사이버범죄

I. 전기통신금융사기와 보이스피싱 범죄

1. 전기통신금융사기와 「통신사기피해환급법」의 제·개정

전기통신금융사기는 기망의 방법에 따라 보이스피싱(전화사용)[1], 스미싱 (SMS Pishing, 문자사용), 파밍(Pharming) 등으로 구분된다. 일반적으로는 이 들을 통칭하여 보이스피싱이라고 부르기도 한다. 「전기통신금융사기 피해 방지 및 피해금 환급에 관한 특별법」[2](이하 「통신사기피해환급법」)에서는 보이스피싱 등을 통칭하여 전기통신금융사기로 규정하고 있다.[3]

보이스피싱: 2006년 초반 공공기관(검찰·경찰·국세청 등)을 사칭해 개인정보 또는 금융거래정보를 알아내어 자금을 송금·이체하는 방식의 범죄가 등장하 였고, 이를 개인정보(Private data)와 낚는다(Fishing)를 합성한 피싱(Phishing)과 음성(Voice)을 결합시켜 '보이스피싱(Voice Phishing)'으로 지칭하고 있다.

「통신사기피해환급법」이 시행되었지만 보이스피싱 범죄 수법의 진화로 이 법의 적용대상인 보이스피싱 유형(사기범의 계좌로 송금 이체하도록 하 는 계좌이체형 범죄) 피해자는 감소 추세에 있는 반면에, 이 법에서 규정하 지 않았던 새로운 보이스피싱 유형의 범죄로 인한 피해가 증가하였다.[4] 이에

---

1 전화를 사용하는 전기통신금융사기는 좁은 의미의 보이스피싱으로 불린다.
2 이 법은 2011년 제정되어 보이스피싱 피해자가 소송절차를 거치지 않고도 피해금을 신속히 돌려받을 수 있도록 피해금 환급절차 등을 규정하였다.
3 김현석·박진주, 「금융회사의 보이스피싱 대응 역할 및 책임에 대한 법적 고찰」, 『은행 법연구』 제16권 제2호, 2023. 11, 황석진, 「전기통신금융사기 근절을 위한 고찰 – 보이 스 피싱을 중심으로」 『경찰학연구』 제21권 제21호(통권 제65호), 2021. 등 참조
4 입법조사처, 「보이스피싱 피해구제를 위한 통신사기피해환급법의 최근 개정내용 및 향후 과제」, 『이슈와 논점』 제2119호, 2023. 7. (이 보고서에는 국회정무위원회의 「통 신사기피해환급법 개정안에 대한 검토보고」(2022. 9.)를 언급하고 있는데, 국무조정 실·경찰청 제출자료에 따르면 계좌이체형·대면편취형 보이스피싱 발생건수의 경우 2018년에는 그 비중이 계좌이체형 93%(31,585건), 대면편취형 7%(2,547건)의 비중이

따라 「통신사기피해환급법」을 개정하여(2023. 5월) 그 규제대상을 대면편취형[5]·출금형[6]·절도형[7] 보이스피싱까지로 확대하였고, 확대된 전기통신금융사기의 범위에 맞추어 범죄의 객체를 재산상의 이익에서 자금 또는 재산상의 이익으로 변경하였다. 또한 처벌 대상을 전기통신금융사기를 행한 자로 규정하여 이 법에서 규율하는 모든 유형의 전기통신금융사기가 처벌 대상이 되도록 하였다.

이와 같이 전기통신금융사기의 범위를 확대한 개정「통신사기피해환급법」에 따라 대부분 전기통신금융사기 행위가 이 법의 적용을 받게 됨에 따라 (제15조의2 제1항), 기존의 보이스피싱과 관련된 판례는 개정법을 적용하게 되면 다른 결과의 판결이 나올 수 있게 되었다.[8]

2. 전기통신금융사기 정의

전기통신금융사기란 ①전기통신을 이용하여 ②타인을 기망·공갈함으로써 ③자금을 송금·이체하도록 하거나, ④개인정보를 알아내어 자금을 송금·이체하도록 하는 행위를 말한다.

었으나 2021년에는 계좌이체형이 27%(8,230건), 대면편취형이 73%(22,752건)의 비중을 나타내고 있다고 한다.

5 대면편취형은 사기범이 피해자를 직접 만나 자금을 편취하는 보이스피싱 유형을 말한다.

6 출금형은 사기범이 피해자로부터 통장카드 등을 전달받아 자금을 출금하는 보이스피싱 유형을 말한다.

7 절도형은 피해자에게 자금을 특정 장소에 두도록 한 뒤, 사기범이 절도하는 보이스피싱 유형을 말한다.

8 예를 들면 다음의 (구)「통신사기피해환급법」을 적용한 2개 판례의 경우에는 처벌규정이 없었다. ①대법원 2016. 2. 19. 선고 2015도15101 전원합의체 판결은 "전기통신금융사기로 인하여 피해자의 자금이 사기이용계좌로 송금·이체된 후 계좌에서 현금을 인출하기 위하여 정보처리장치에 사기이용계좌 명의인의 정보 등을 입력하는 행위는 '전기통신금융사기를 목적으로 하는 행위'가 아닐 뿐만 아니라 '전기통신금융사기의 대상이 된 사람의 정보를 이용한 행위'가 아니라서, 처벌조항이 정한 구성요건에 해당하지 않는다."고 판결하였다. ②대법원 2003. 5. 13. 선고 2003도1178 판결에서는 "절취한 타인의 신용카드로 현금자동지급기에서 현금을 인출한 행위는 재물에 관한 범죄이므로 범죄 객체를 '재산상의 이익'으로만 한정할 경우 해당 범죄를 전기통신금융사기죄로 처벌하기 어렵다"고 판결하였다.

제2조(정의) 이 법에서 사용하는 용어의 뜻은 다음과 같다.

2. "전기통신금융사기"란 「전기통신기본법」 제2조제1호에 따른 전기통신을 이용하여 타인을 기망(欺罔)·공갈(恐喝)함으로써 자금 또는 재산상의 이익을 취하거나 제3자에게 자금 또는 재산상의 이익을 취하게 하는 다음 각 목의 행위를 말한다. 다만, 재화의 공급 또는 용역의 제공 등을 가장한 행위는 제외하되, 대출의 제공·알선·중개를 가장한 행위는 포함한다.

가. 자금을 송금·이체하도록 하는 행위

나. 개인정보를 알아내어 자금을 송금·이체하는 행위

다. 자금을 교부받거나 교부하도록 하는 행위

라. 자금을 출금하거나 출금하도록 하는 행위

제15조의2(벌칙) ① 전기통신금융사기를 행한 자는 1년 이상의 유기징역 또는 범죄수익의 3배 이상 5배 이하에 상당하는 벌금에 처하거나 이를 병과(倂科)할 수 있다.

② 제1항의 미수범은 처벌한다.

③ 상습적으로 제1항의 죄를 범한 자는 그 죄에 대하여 정하는 형의 2분의 1까지 가중

3. 전기통신금융사기 유형과 사기방법 및 과정

(1) 전기통신금융사기 유형

보이스피싱으로 대표되는 전기통신금융사기의 대표적 유형은 ①보이스피싱(전화금융사기), ②대출사기, ③파밍, ④메신저피싱, ⑤스미싱, ⑥메모리해킹 등을 들 수 있다. ①보이스피싱은 검찰, 경찰, 금융감독원 등을 사칭하여 자산 보호 또는 보상 제공을 명목으로 송금을 유도하는 범죄이고, ②대출사기는 금융기관 직원을 사칭하여 기존 대출 상환, 저금리 대환대출, 대출 수수료 등의 사유로 송금을 유도하는 범죄이다. ③파밍은 보안 강화 등을 빙자하여 악성코드가 설치된 사이트로 유도 후 이용자의 금융거래 정보를 가로채 사기범이 자금을 직접 이체하여 편취하는 범죄이다. ④메신저피싱은 문자메세지 또는 모바일 메신저를 통해 가족·지인을 사칭하여 송금을 유도(개인 정보를 직·간접적으로 탈취하여 자금을 편취하는 사례 포함)하는 범죄이

고, ⑤스미싱은 문자메시지(SMS)와 피싱(Phishing)의 합성어로, 악성 앱 주소가 포함된 휴대폰 문자(SMS)를 대량으로 전송 후 이용자가 악성 앱을 설치하도록 유도하여 금융정보 등을 탈취하는 행위를 말한다. ⑥메모리해킹은 피해자 PC 메모리에 상주한 악성코드로 인하여 정상 은행사이트에서 보안 프로그램을 무력하게 만들어서 보안카드번호 앞, 뒤 2자리만 입력해도 부당 인출하는 수법[9]이다.

한편 ①대금사기, 중고물품 거래 사기, 인터넷 쇼핑몰 사기 등 재화의 공급을 가장한 행위와 ②알선 및 중개 수수료 빙자 관련 사기, 인터넷 게임 아이템 사기, 온라인 주식 사기, 인터넷 취업사기 등 용역의 제공 등을 가장한 행위, ③조건만남, 몸캠피싱 등 비정상적인 재화의 공급 또는 용역의 제공 등의 행위는 전기통신금융사기에서 제외된다.

이외에 경찰청은 보이스피싱은 아니지만 사이버금융범죄의 분류에 몸캠피싱을 포함시키고 있는데, 몸캠피싱은 음란화상채팅(몸캠) 후, 영상을 유포하겠다고 협박하여 금전을 갈취하는 행위를 말한다. 예를 들면 스카이프 등 스마트폰 채팅 어플을 통해 음란 화상 채팅(몸캠피싱)을 하자고 접근하여 상대방의 음란한 행위를 녹화한 후 피해자의 스마트폰에 악성코드를 심어 피해자 지인의 연락처를 탈취한 다음 지인들에게 녹화해둔 영상(사진)을 유포하겠다고 협박하여 금전을 갈취하는 행위[10]를 말한다.

(2) 전기통신금융사기 방법

금융감독원은 다음과 같은 행위를 전기통신금융사기의 주요 방법으로 설명하고 있다.[11]

---

9 메모리해킹은 「정보통신망법」의 악성프로그램 유포, 해킹을 통한 정보 등의 훼손 및 누설 등 규정이 적용되어 처벌받게 된다.

10 몸캠피싱은 「정보통신망법」 제71조제9호, 제72조 제1항 제1호(악성프로그램 유포, 정보통신망 침입), 「형법」 제350조(공갈) 등이 적용될 수 있다.

11 https://www.fss.or.kr/fss/main/contents.do?menuNo=200565 (금융감독원, 2024.3.22. 기준)

① 자녀 납치 및 사고 빙자 편취

② 메신저상에서 지인을 사칭하여 송금을 요구

③ 인터넷뱅킹을 이용해 카드론 대금 및 예금 등 편취

④ 금융회사, 금감원 명의의 허위 긴급공지 문자메시지로 기망, 피싱사이트로 유도하여 예금 등 편취

⑤ 전화통화를 통해 텔레뱅킹 이용정보를 알아내어 금전 편취

⑥ 피해자를 기망하여 자동화기기로 유인 편취

⑦ 피해자를 기망하여 피해자에게 자금을 이체하게 하여 편취

⑧ 신용카드 정보 취득 후 ARS를 이용한 카드론 대금 편취

⑨ 상황극 연출에 의한 피해자 기망 편취

⑩ 물품대금 오류송금 빙자로 피해자를 기망하여 편취

위 방법 이외에도 전기통신금융사기 수법이 진화하고 있다. 최근에는 낮은 이율로 대출해주겠다면서 조정비, 보증금, 수수료 등 명목으로 금원을 편취하는 대출형 전기통신금융사기가 빈번하게 발생하고 있다. 또한 피해자로부터 피해금을 직접 건네받는 대면편취형 수법, 또한 사회관계망서비스(SNS) 등을 통한 대리입금이나 허위광고 등 변종·신종 수법이 증가하고 있다. 나아가 전기통신금융사기는 관련 부처의 인허가 또는 등록 없는 주식리딩방(불특정 다수에게 오픈채팅방, 스팸메시지 등을 통해 무료로 주식종목을 추천하고 유료회원 가입 시에 비공개 채팅방으로 초대) 유튜브(특정 주식종목 등을 불특정 다수인에게 조언하는 인터넷 주식방식에 연락처를 남겨 유료회원 모집) 등을 통해 검증되지 않은 정보를 불법적으로 제공하면서 부당이득을 취득하는 방법으로도 진화하고 있다.

(3) 전기통신금융사기 과정

전기통신금융사기는 주로 다음과 같은 과정으로 이루어진다(〈그림 25〉 참조).

〈그림 25〉 전기통신금융사기 과정[12]

① 사기이용계좌 확보 (예금통장 매입, 대출 등 미끼로 편취)

이 단계에서는 신용불량자, 노숙자 등을 이용하여 통장(대포통장)을 개설·매입하거나 대출 또는 취업을 미끼로 예금통장을 편취한다.

② 전화·문자메시지 시도 (해외(중국 등) 콜센터에서 국내로 전화)

이 단계에서는 해외(중국 등)에 본부를 둔 사기단이 금융기관 및 검찰, 경찰, 금융감독원 등 공공기관의 대표전화로 발신자번호를 조작하여 무작위로 국내에 전화한다.

③ 기망·공갈(개인정보 유출, 범죄사건 연루 등으로 기망)

이 단계에서는 금융기관 및 검찰, 경찰, 금융감독원 등 공공기관을 사칭하는 자가 개인정보 유출, 범죄사건 연루 등의 명목으로 피해자를 기망하여 피해자의 개인정보 또는 금융거래정보를 탈취한다.

④ 계좌이체 (송금·이체유도 또는 사기범이 직접 이체)

이 단계에서는 계좌보호 조치 또는 범죄혐의 탈피 등 명분하에 사기계좌로 이체를 유도하거나 피해자로부터 편취한 정보로 공인인증서를 재발급 받아 사기범이 직접 이체한다.

⑤ 인출·송금(현금인출책·송금책을 통해 해외송금)

이 단계에서는 점조직으로 이루어진 현금인출책이 송금책의 계좌로 입금하면 송금책이 환치기 등의 방법으로 범죄집단 본부로 송금한다. 글로벌 체크카드 이용 시에는 해외에서 직접 출금한다.

(4) 보이스피싱 범죄조직 특징

보이스피싱 사기범죄는 전체적으로 범죄를 계획하고 지시하는 총책, 피해자를 기망하는 유인책, 편취금을 이체받을 계좌와 통장을 확보하는 모집책, 편취금이 입금된 계좌에서 돈을 인출하는 현금인출책 또는 계좌명의자가 인출한 돈을 받아오는 현금수거책, 인출된 현금을 순차로 총책에게 전달하는 현금전달책 또는 송금책, 현금인출책과 수거책, 전달책을 감시하는 이른바 레이더와 이들에게 지시를 내리고 관리하는 관리책 등 여러 단계의 점조직을 갖추어 지능적으로 이루어지는 조직적인 범죄로서 위 단계의 조직원들 사이에 순차적 또는 암묵적으로 공모관계가 형성되는 것이 일반적이다.[13]

4. 기타 보이스피싱 관련 법률[14]

현행법상 보이스피싱 범죄에 대한 형사처벌 규정으로는 그 범죄유형에 따라 형법상 사기죄(방조)[15], 컴퓨터 등 사용사기죄,[16] 공갈죄 등을 적용할 수 있으며, 그 외에 특별법으로는 「통신사기피해환급법」, 「전자금융거래법」 등이 있다. 예를 들면 「전자금융거래법」은 전기통신금융사기에서 대포통장의 유통을 근절하기 위한 처벌 규정을 두고 있지만 획일적으로 접근매체의 교부를 처벌 대상으로 규정하는 것이 아니라 교부의 태양 등에 따라 접근매체의 양도, 대여, 전달, 질권 설정을 구분하는 등 구성요건을 세분화하고 있다 (제6조 제3항, 제49조 제4항).[17]

---

13 신이철, 「전기통신금융사기에 있어서 접근매체의 유통 등의 규제」, 전북대학교 법학연구소, 『법학연구』, 통권 제73집 2023.12.

14 신이철, 「전기통신금융사기에 있어서 접근매체의 유통 등의 규제」, 전북대학교 법학연구소, 『법학연구』 통권 제73집 2023.12.

15 통장 및 현금카드 등이 사기범행에 사용될 것을 알고도 이를 양도한 경우에는 「전자금융거래법」 위반죄와는 별도로 형법상 사기 방조죄에 따른 처벌을 받을 수 있다. 대법원도 피고인은 사기 범행에 이용되리라는 사정을 알고서도 자신의 명의로 은행 예금계좌를 개설하여 계좌의 통장, 현금카드, 비밀번호를 甲에게 양도함으로써 甲이 乙을 속여 乙로 하여금 현금을 위 계좌로 송금하게 한 사건에서 피고인은 사기 범행을 방조하였다고 판시한 바가 있다(대법원 2010. 12. 9. 선고 2010도6256 판결).

16 전자금융범죄는 명의를 도용하여 공인인증서를 발급받거나 타인의 보안카드번호를 편취하여 예금을 이체하는 행위 또는 악성프로그램을 유포하는 등 권한없는 자에 의한 정보처리 업무를 통해 재산상 이익을 취득하는 범죄행위에 해당하므로 형법상 컴퓨터사용사기죄로 처벌받을 수 있다.

17 접근매체 양도 등 범죄에 대해서는 이하 Ⅱ. 「전자금융거래법」의 사이버범죄에서 자세하게 설명한다.

II. 「전자금융거래법」의 사이버범죄

1. 「전자금융거래법」 개요

(1) 제정 배경

「전자금융거래법」의 제정 당시(2007.1월)에는 IT기술의 발전으로 인터넷 뱅킹·온라인 주식거래 등 전자금융거래가 급격히 확산되고, 전자상거래의 급속한 발전으로 전자화폐, 전자채권 등 새로운 전자지급결제수단이 등장함과 더불어 전자금융 사고발생이 증가하였다.

새로 등장한 전자금융거래는 제정 당시의 법적 규제 측면에서 살펴보면 기존의 「민법」, 「상법」과 「은행법」, 「여신전문금융업법」 등 금융 관련 법률로 부분적으로 규율되고 있었으나 〈표 22〉와 같은 문제가 존재하였다.

<표 22〉 전자금융거래법 제정 이전의 문제점

① 非서면성, 非대면성이라는 전자적 특성 때문에 파생되는 법적 문제(오류정정, 해킹 등 사고)에 대한 명확한 규율이 곤란하였다.
② 전자상거래의 지급결제를 규율하는 법적 인프라가 구축되지 않아 전자상거래의 발전에 장애가 되었다.
③ 금융과 통신의 융합현상이 진전되고 있으나, 통신회사 등 비금융기관이 수행할 수 있는 금융업무 범위가 모호하고 이에 대한 감독장치가 미비하였다.
④ IT발전으로 금융기관들이 주요 업무의 아웃소싱이 증대하고 있으나 이런 아웃소싱의 감독, 안전성 확보에 대한 규율이 미흡하였다.

이와 같은 문제점으로 결국 전자지급결제를 포함한 전자금융거래의 법제화를 통하여 건전한 전자금융거래 질서의 유지와 전자금융거래의 활성화를 촉진할 필요성이 제기되었다. 이에 따라 「전자금융거래법」을 제정하여 비대면성(非對面性) 등과 같은 전자금융거래의 특성을 반영하여 거래당사자의 권리·의무 등 법률관계를 명확히 하는 한편, 전자금융업무를 영위하는 자에 대한 허가·등록 및 감독에 관한 사항을 체계적으로 정비함으로써 전자금융거래의 안전성과 신뢰성을 확보하고자 하였다(2006.4.28. 제정, 2007.1.1. 시행)

(2) 「전자금융거래법」의 구성과 적용 범위

이 법은 모든 전자금융거래에 적용된다. 주로 금융회사(은행, 여신전문금융회사, 보험사, 증권금융회사, 신용정보회사, 농업협동조합 등)와 전자금융업자를 규제대상으로 한다.

(3) 주요 용어 정의

제2조(정의) 이 법에서 사용하는 용어의 뜻은 다음과 같다.

1. "전자금융거래"라 함은 금융회사 또는 전자금융업자가 전자적 장치를 통하여 금융상품 및 서비스를 제공(이하 "전자금융업무"라 한다)하고, 이용자가 금융회사 또는 전자금융업자의 종사자와 직접 대면하거나 의사소통을 하지 아니하고 자동화된 방식으로 이를 이용하는 거래를 말한다.

2. "전자지급거래"라 함은 자금을 주는 자(이하 "지급인"이라 한다)가 금융회사 또는 전자금융업자로 하여금 전자지급수단을 이용하여 자금을 받는 자(이하 "수취인"이라 한다)에게 자금을 이동하게 하는 전자금융거래를 말한다.

8. "전자적 장치"라 함은 전자금융거래정보를 전자적 방법으로 전송하거나 처리하는데 이용되는 장치로서 현금자동지급기, 자동입출금기, 지급용단말기, 컴퓨터, 전화기 그 밖에 전자적 방법으로 정보를 전송하거나 처리하는 장치를 말한다.

여기서 전자금융거래란 기존의 금융거래를 전자화하여 주로 지급거래와 관련한 전자방식의 새로운 금융거래라 할 수 있고, 전자지급거래란 협의의 전자금융거래라고 할 수 있다.

2. 전자금융기반시설 침해죄

「전자금융거래법」은 전자금융기반시설[18]에 대한 침해행위를 규정하여 엄

---

[18] 전자금융기반시설이란 전자금융거래에 이용되는 정보처리시스템 및 「정보통신망 이용촉진 및 정보보호 등에 관한 법률」 제2조제1항제1호에 따른 정보통신망을 말한다(「전자금융거래법」 제2조 제21호).

격하게 규제하고 있다.[19]

「전자금융거래법」

제21조의4(전자적 침해행위 등의 금지) 누구든지 다음 각 호의 어느 하나에 해당하는 행위를 하여서는 아니 된다.

1. 접근권한을 가지지 아니하는 자가 전자금융기반시설에 접근하거나 접근권한을 가진 자가 그 권한을 넘어 저장된 데이터를 조작·파괴·은닉 또는 유출하는 행위
2. 전자금융기반시설에 대하여 데이터를 파괴하거나 전자금융기반시설의 운영을 방해할 목적으로 컴퓨터 바이러스, 논리폭탄 또는 메일폭탄 등의 프로그램을 투입하는 행위
3. 전자금융기반시설의 안정적 운영을 방해할 목적으로 일시에 대량의 신호, 고출력 전자기파 또는 데이터를 보내거나 부정한 명령을 처리하도록 하는 등의 방법으로 전자금융기반시설에 오류 또는 장애를 발생하게 하는 행위

제49조(벌칙) ① 다음 각 호의 어느 하나에 해당하는 자는 10년 이하의 징역 또는 1억원 이하의 벌금에 처한다.

1. 제21조의4제1호를 위반하여 전자금융기반시설에 접근하거나 저장된 데이터를 조작·파괴·은닉 또는 유출한 자
2. 제21조의4제2호를 위반하여 데이터를 파괴하거나 컴퓨터 바이러스, 논리폭탄 또는 메일폭탄 등의 프로그램을 투입한 자
3. 제21조의4제3호를 위반하여 일시에 대량의 신호, 고출력 전자기파 또는 데이터를 보내거나 전자금융기반시설에 오류 또는 장애를 발생시킨 자

---

[19] 전자금융기반시설 침해범죄에 대해서는 「정보통신망법」 제48조 제1항~제3항 규정과 거의 동일한 내용이므로 제7장 제1절에서 서술한 정보통신망 침해 범죄로 그 설명을 대체한다.

3. 접근매체 위·변조, 양도, 대여죄

(1) 접근매체의 정의

제2조(정의)

10. "접근매체"라 함은 전자금융거래에 있어서 거래지시를 하거나 이용자 및 거래
내용의 진실성과 정확성을 확보하기 위하여 사용되는 다음 각 목의 어느 하나
에 해당하는 수단 또는 정보를 말한다.

가. 전자식 카드 및 이에 준하는 전자적 정보

나. 「전자서명법」 제2조제3호에 따른 전자서명생성정보 및 같은 조 제6호에 따
른 인증서

다. 금융회사 또는 전자금융업자에 등록된 이용자번호

라. 이용자의 생체정보

마. 가목 또는 나목의 수단이나 정보를 사용하는데 필요한 비밀번호

위 규정의 정의에 따르면 접근매체는 자동화기기, 전화기 및 컴퓨터 등의 전자적 장치를 이용하기 위한 수단이며, 전자적 장치를 통하여 전자금융거래에 이용되는 경우에 접근매체의 효력이 발생된다. 예를 들면 이용자가 예금통장(뒷면 매그네틱)을 이용하여 자동화 기기에서 출금을 한 경우에 이 예금통장이 바로 접근매체이다. 하지만 계약해지 등 거래가 불가능한 예금통장은 접근매체에 해당하지 않는다.

(2) 접근매체 위·변조, 판매알선죄

「전자금융거래법」은 접근매체를 위조 또는 판매, 판매알선, 수·출입, 부정한 취득과 이를 이용한 전자금융거래, 횡령, 속이거나 공갈 등으로 획득한 접근매체를 판매알선, 판매 등 행위를 한 자를 처벌한다. 이는 전자금융거래에서 거래지시를 하거나 이용자 및 거래내용의 진실성과 정확성을 확보하기 위하여 사용되는 접근매체를 이용자 본인의 의사에 따라 사용 및 관리되도록 함으로써 전자금융거래의 법률관계를 명확히 하고자 하는 것이다.[20]

---

20 대법원 2021. 12. 30. 선고 2020도7840 판결.

제49조(벌칙)

② 다음 각 호의 어느 하나에 해당하는 자는 7년 이하의 징역 또는 5천만원 이하의 벌금에 처한다.

1. 접근매체를 위조하거나 변조한 자

2. 위조되거나 변조된 접근매체를 판매알선·판매·수출 또는 수입하거나 사용한 자

3. 분실되거나 도난된 접근매체를 판매알선·판매·수출 또는 수입하거나 사용한 자

4. 전자금융기반시설 또는 전자금융거래를 위한 전자적 장치에 침입하여 거짓이나 그 밖의 부정한 방법으로 접근매체를 획득하거나 획득한 접근매체를 이용하여 전자금융거래를 한 자

5. 강제로 빼앗거나, 횡령하거나, 사람을 속이거나 공갈하여 획득한 접근매체를 판매알선·판매·수출 또는 수입하거나 사용한 자

(3) 접근매체 양도, 양수, 대여죄

「전자금융거래법」은 접근매체의 양도, 양수, 대가를 전제로 한 접근매체 대여, 보관, 전달 등 행위, 범죄 목적(또는 범죄에 이용될 것)을 알면서 접근매체를 대여받거나 대여하는 행위 등도 처벌하고 있다.

이 규정을 위반하여 접근매체를 양도하는 자들은 사익을 도모하고자 전자금융거래의 건전성과 신뢰성을 훼손하여 거래질서를 교란한다는 사회적인 비난을 면하기 어렵고, 실제 이러한 자들로부터 접근매체를 양도받은 자들이 이른바 보이스피싱 등의 금융사기범죄를 저질러 그 피해자들이 양산되고 있다. 따라서 여기서 양도를 금지하는 것은 전자금융거래의 건전성과 신뢰성을 확보하여 국민의 금융편의를 꾀하고 국민경제의 발전에 이바지할 목적으로 전자금융사기 등의 범죄에 이용될 가능성이 높은 접근매체의 양도를 원칙적으로 금지하는 것이다.[21]

---

  21 헌법재판소 2011. 7. 28. 선고 2010헌바115 전원재판부.

제6조(접근매체의 선정과 사용 및 관리)

③ 누구든지 접근매체를 사용 및 관리함에 있어서 다른 법률에 특별한 규정이 없는 한 다음 각 호의 행위를 하여서는 아니 된다. 다만, 제18조에 따른 선불전자지급수단이나 전자화폐의 양도 또는 담보제공을 위하여 필요한 경우(제3호의 행위 및 이를 알선·중개하는 행위는 제외한다)에는 그러하지 아니하다.

1. 접근매체를 양도하거나 양수하는 행위

2. 대가를 수수(授受)·요구 또는 약속하면서 접근매체를 대여받거나 대여하는 행위 또는 보관·전달·유통하는 행위

3. 범죄에 이용할 목적으로 또는 범죄에 이용될 것을 알면서 접근매체를 대여받거나 대여하는 행위 또는 보관·전달·유통하는 행위

4. 접근매체를 질권의 목적으로 하는 행위

5. 제1호부터 제4호까지의 행위를 알선·중개·광고하거나 대가를 수수(授受)·요구 또는 약속하면서 권유하는 행위

제49조(벌칙)

④ 다음 각 호의 어느 하나에 해당하는 자는 5년 이하의 징역 또는 3천만원 이하의 벌금에 처한다.

1. 제6조제3항제1호를 위반하여 접근매체를 양도하거나 양수한 자

2. 제6조제3항제2호 또는 제3호를 위반하여 접근매체를 대여받거나 대여한 자 또는 보관·전달·유통한 자

3. 제6조제3항제4호를 위반한 질권설정자 또는 질권자

4. 제6조제3항제5호를 위반하여 알선·중개·광고하거나 대가를 수수(授受)·요구 또는 약속하면서 권유하는 행위를 한 자

5. 제6조의3을 위반하여 계좌와 관련된 정보를 제공받거나 제공한 자 또는 보관·전달·유통한 자

가. 접근매체 양도, 양수의 의미

처벌대상이 되는 접근매체의 양도는 타인에게 접근매체의 소유권 내지 처분권을 확정적으로 이전하여 주는 것을 의미하고 무상의 대여나 일시적인

사용을 위한 위임 등은 포함되지 아니한다.[22]

접근매체의 양수는 양도인의 의사에 기하여 접근매체의 소유권 내지 처분권을 확정적으로 이전 받는 것을 의미하고, 단지 대여받거나 일시적인 사용을 위한 위임을 받는 행위는 이에 포함되지 아니한다. 따라서 「전자금융거래법」 제49조 제4항 제1호, 제6조 제3항 제1호에서 금지하는 접근매체의 양도는 피고인이 상대방에게 접근매체의 소유권 또는 처분권을 확정적으로 이전하는 것을 의미한다.[23]

나. 접근매체 대여의 의미

접근매체의 대여는 대가를 수수·요구 또는 약속하면서 일시적으로 다른 사람으로 하여금 접근매체 이용자의 관리·감독 없이 접근매체를 사용해서 전자금융거래를 할 수 있도록 접근매체를 빌려주는 행위를 가리킨다. 전자금융거래 기능이 포함된 예금통장에서 접근매체로서 기능을 하는 것은 그 통장에 부착된 마그네틱 띠이므로, 이용자가 대가를 수수·요구 또는 약속하면서 제3자에게 예금통장에 부착된 마그네틱 띠에 포함된 전자정보를 이용하여 전자금융거래를 할 수 있도록 예금통장을 빌려주었다면 이는 접근매체의 대여에 해당한다. 그러나 예금통장에 기재된 계좌번호가 포함된 면을 촬영하도록 허락한 것에 지나지 않는다면 이는 접근매체를 용도대로 사용하는 것이 애초에 불가능하므로, 접근매체의 대여에 해당한다고 볼 수 없다.[24]

여기에서 대가란 접근매체의 대여에 대응하는 관계에 있는 경제적 이익을 말한다. 이때 접근매체를 대여하는 자는 접근매체 대여에 대응하는 경제적 이익을 수수·요구 또는 약속하면서 접근매체를 대여한다는 인식을 가져야 한다.[25]

다. 보관, 전달의 의미

접근매체의 보관은 타인 명의 금융계좌를 불법적으로 거래하거나 이용할

---

22 광주지법 2010. 10. 20. 선고 2010노1887 판결(확정).
23 대법원 2023. 4. 13. 선고 2021도6965 판결.
24 대법원 2017. 8. 18. 선고 2016도8957 판결.
25 대법원 2021. 4. 15. 선고 2020도16468 판결.

수 있도록 타인 명의 접근매체를 점유 또는 소지하는 행위를 말한다.[26] 접근
매체의 전달은 타인 명의 금융계좌의 불법적인 거래나 이용에 기여하는 접
근매체의 점유 또는 소지의 이전 행위를 말한다.[27]

(4) 관련 판례

판례 접근매체 보관 및 전달한 행위는 대가를 받았으므로 법 위반 인정한 사례 | 대법원 2021. 12. 30. 선고 2020도9972 판결

A. 사실 관계

- 피고인은 성명불상자(카카오톡 대화명 'C')로부터 "세금 정산 등의 일을 하는 현금 업무를 직접 하면 일당을 두둑히 더 주겠다. 신대방역 1번 출구에 있는 16번 보관함에서 카드 3장을 찾아서 가지고 있다가 내가 돈이 입금되었다는 연락을 하면 돈을 인출해라"는 지시를 받고, 지하철 신대방역 1번 출구 16번 보관함에 들어 있던 D 명의의 체크카드 3장을 꺼내어 보관하였다. 이로써 피고인은 성명불상자와 공모하여 대가를 약속하면서 전자금융거래의 접근매체인 체크카드 3장을 전달받아 보관하였다.

B. 법원 판단

- 피고인은 성명불상자의 지시에 따라 이 사건 체크카드 3장을 신대방역 1번 출구에 있는 보관함에서 꺼내어 가지고 있다가 위 성명불상자로부터 위 카드 3장을 이용하여 현금을 인출하라는 지시를 받기 전까지 이를 성명불상자를 위하여 계속 배타적으로 점유하고 있었으므로,
  - 비록 장시간 동안은 아니었더라도 위와 같은 행위에 대하여는 이 사건 체크카드 3장에 대한 관리의사도 충분히 인정되는 점, 피고인이 이 사건 체크카드 3장을 위와 같이 보관하고 있었던 이유는 성명불상자로부터 "현금 업무를 하면 좀 더 돈을 주겠다."라는 말을 듣고 이를 승낙하였기 때문인바, 이는 곧 피고인이 성명불상자로부터 대가를 지급받기로 약속한 것에 해당하는 점이 인정된다.

---

26 대법원 2021. 12. 30. 선고 2020도9972 판결.
27 대법원 2021. 12. 30. 선고 2020도1709 판결.

판례 대출받기로 약속하고 접근매체 대여한 경우에 대가가 인정되어 유죄로 인정된 사례 | 대법원 2019. 6. 27. 선고 2017도16946 판결

A. 사실 관계

- 피고인은 피고인의 집 앞에서, 이름을 알 수 없는 사람에게서 300만 원을 대출받기로 약속하고 전자금융거래의 접근매체인 피고인 명의의 신한은행 계좌와 연결된 체크카드를 퀵서비스를 이용하여 이름을 알 수 없는 사람에게 송부하였다.

B. 원심 판단 (무죄)

- 피고인은 대출과정에서 체크카드가 필요하다는 공소외인 팀장이라는 사람의 거짓말에 속아 체크카드를 교부하였던 것으로 보인다.

  - 피고인이 공소외인 팀장이라는 사람에게서 '피고인의 계좌 거래실적을 늘리기 위해 가공의 입출금이 이루어질 수 있다'는 말을 들었더라도, 그러한 사정만으로 피고인이 대출받을 기회를 얻을 목적으로 상대방에게 피고인의 계좌에 대한 자유로운 사용권한을 넘겨준 것이라고 단정하기 어렵고, 달리 이를 인정할 증거가 부족하다.

C. 대법원 판단 (유죄)

- 피고인은 인터넷으로 여러 군데 대출상담을 받았지만 대부분 어렵다는 답변을 들었으므로 정상적인 방법으로 대출받기 어려웠다. 피고인은 공소외인 팀장이라는 사람에게서 접근매체인 체크카드를 통해 가공으로라도 입출금내역 거래실적을 만들어 신용한도를 높이는 방법으로 대출받을 기회를 얻을 수 있다는 설명을 들은 다음 막연히 대출 절차가 마무리되면 다시 돌려받기로 하고 체크카드를 송부하였다.

- 피고인은 대출받을 기회를 얻기로 약속하면서 일시적으로 다른 사람으로 하여금 접근매체 이용자의 관리·감독 없이 접근매체를 사용해서 전자금융거래를 할 수 있도록 접근매체를 빌려주었고,

  - 피고인이 정상적인 방법으로 대출받기 어려운 상황인데도 대출받을 기회를 얻은 것은 접근매체의 대여와 대응하는 관계, 즉 대가관계가 있다고 볼 여지가 있다.

판례 접근매체 대여자가 이의 대가에 대한 인식을 가지지 않아 무죄로 인정한 사례 | 대법원 2022. 7. 28. 선고 2022도5903 판결

A. 사실 관계

- 피고인은 성명불상자로부터 대출 관련 광고성 전화를 받아 성명불상자에게 대출문의를 하였다.

- 성명불상자는 피고인에게 원금과 이자의 상환은 피고인의 계좌와 체크카드를 이용하여 이루어지므로 원금과 이자를 상환할 체크카드를 자신에게 맡겨야 한다고 안내하였다.
- 피고인은 성명불상자의 요구에 따라 퀵서비스를 이용해 성명불상자에게 체크카드를 건네주고, 전화로 비밀번호를 알려주었다.
- 피고인은 이 사건 이전에 보이스피싱 범행에 연루된 적이 없다.

B. 법원 판단
- 원심은 피고인이 성명불상자로부터 향후 대출을 받을 수 있는 무형의 기대이익을 대가로 약속하고 성명불상자에게 접근매체를 대여한 것으로 보아 이 사건 공소사실을 유죄로 판단하였다.
- 그러나 위 사실관계에 따르면, 피고인은 대출금과 이자를 지급하기 위해 필요하다는 성명불상자의 기망으로 이 사건 카드를 교부한 사람으로서, 피고인이 대출의 대가로 접근매체를 대여했다거나 이 사건 카드를 교부할 당시 그러한 인식을 하였다고 단정하기 어렵다.

4. 전자화폐 위·변조죄

(1) 전자화폐의 정의

전자화폐란 IC칩이 내장된 카드나 공중정보통신망과 연결된 PC 등 전자기기에 전자 기호 형태로 화폐적 가치를 저장했다가 상품을 구매할 수 있도록 하는 전자 지급수단을 말한다. 결제 수단으로서 주화나 지폐가 지닌 속성을 그대로 가지고 있지만, 그것을 전자적인 정보로 변환시켰다. 온라인상에서 이루어지는 모든 자금 거래 수단을 전자화폐라고 할 수 있다. 「전자금융거래법」은 전자화폐를 다음과 같이 규정하고 있다.

제2조(정의)

15. "전자화폐"라 함은 이전 가능한 금전적 가치가 전자적 방법으로 저장되어 발행된 증표 또는 그 증표에 관한 정보로서 다음 각 목의 요건을 모두 갖춘 것을 말한다.

가. 대통령령이 정하는 기준* 이상의 지역 및 가맹점에서 이용될 것

(* 2개 이상의 광역지방자치단체 및 500개 이상의 가맹점을 말한다.)

나. 제14호 가목*의 요건을 충족할 것

(* "선불전자지급수단"으로서 발행인 외의 제3자로부터 재화 또는 용역을 구입하고 그 대가를 지급하는데 사용될 것)

다. 구입할 수 있는 재화 또는 용역의 범위가 5개 이상으로서 대통령령이 정하는 업종 수 이상일 것 (* 대통령령이 정하는 업종 수 : 5개 업종)

라. 현금 또는 예금과 동일한 가치로 교환되어 발행될 것

마. 발행자에 의하여 현금 또는 예금으로 교환이 보장될 것

(2) 전자화폐 위변조 처벌 규정

「전자금융거래법」은 전자화폐를 위조, 변조, 자격모용에 의한 작성, 허위작성 등 행위에 대해 전자화폐를 「형법」의 유가증권[28] 위조 등 규정을 적용하여 처벌하고 있다.

제49조(벌칙)

③ 전자화폐는 「형법」 제214조 내지 제217조에 정한 죄의 유가증권으로 보아 각 그 죄에 정한 형으로 처벌한다.

〈형법의 유가증권 관련 규정〉

제214조(유가증권의 위조 등) ① 행사할 목적으로 대한민국 또는 외국의 공채증서 기타 유가증권을 위조 또는 변조한 자는 10년 이하의 징역에 처한다.

---

[28] 증권은 권리를 증명한 종이 쪼가리를 줄인 말이다. 따라서 유가증권이란 유가, 즉 돈으로서의 가치가 있는 종이 쪼가리를 말한다. 즉, 우리가 흔히 알고 있는 돈, 수표, 주식 등을 말한다.

② 행사할 목적으로 유가증권의 권리의무에 관한 기재를 위조 또는 변조한 자도 전항의 형과 같다.

제215조(자격모용에 의한 유가증권의 작성) 행사할 목적으로 타인의 자격을 모용하여 유가증권을 작성하거나 유가증권의 권리 또는 의무에 관한 사항을 기재한 자는 10년 이하의 징역에 처한다.

제216조(허위유가증권의 작성 등) 행사할 목적으로 허위의 유가증권을 작성하거나 유가증권에 허위사항을 기재한 자는 7년 이하의 징역 또는 3천만원 이하의 벌금에 처한다.

* 허위의 유가증권을 작성한다는 것은 작성권한 있는 자가 작성명의를 모용하지 않고 단순히 유가증권에 허위의 내용을 기재하는 것을 말하며, 허위의 사항을 기재하는 것은 기재권한 있는 자가 기존의 유가증권에 진실에 반하는 사항을 기재하는 것을 말한다.

제217조(위조유가증권 등의 행사 등) 위조, 변조, 작성 또는 허위기재한 전3조 기재의 유가증권을 행사하거나 행사할 목적으로 수입 또는 수출한 자는 10년 이하의 징역에 처한다.

가. 유가증권(전자화폐) 위조죄

위 규정에서 유가증권의 위조란 작성권한이 없는 자가 타인의 명의로 유가증권을 작성하는 것을 말하며, 대리인이 대리권의 범위를 초과하여 증권을 작성하는 것이 이에 해당된다. 위조의 방법에는 제한이 없고 외형상 일반인으로 하여금 진정하게 작성된 유가증권으로 오해하게 할 정도면 족하다. 변조란 이미 진정하게 작성된 타인명의의 유가증권을 권한 없이 그 유가증권의 동일성을 해야지 않는 범위 내에서 내용에 변경을 가하는 것을 말한다.

나. 자격모용에 의한 유가증권(전자화폐) 작성죄

타인의 자격모용은 대리권, 대표권이 없는 자가 타인의 대리인, 대표자로서의 자격을 사칭하여 유가증권을 작성하는 것을 의미한다. 행사할 목적이라 함은 그 문서가 정당한 권한에 기하여 작성된 것처럼 다른 사람으로 하여금 오신하도록 하게 할 목적을 말한다.

다. 허위의 유가증권(전자화폐) 작성죄

허위의 유가증권을 작성한다는 것은 작성권한 있는 자가 작성명의를 모용하지 않고 단순히 유가증권에 허위의 내용을 기재하는 것을 말하며, 허위의 사항을 기재하는 것은 기재권한 있는 자가 기존의 유가증권에 진실에 반하는 사항을 기재하는 것을 말한다.

5. 가상화폐(가상자산)의 재산성 관련 판례
(1) 가상화폐의 정의

가상화폐(Virtual Currency)는 지폐 또는 동전 등의 실물 없이 온라인 네트워크상에서 발행되어 온라인과 오프라인에서 사용할 수 있는 디지털 화폐의 일종으로, 금전적 가치가 전자적 형태로 저장, 이전 또는 거래될 수 있는 민간통화이다.[29] 그런데 비트코인은 우리 사회에 엄청난 돌풍을 불러일으키면서 음란물유포, 도박 등의 결제수단으로서 활용되어 왔으며 이제는 사기, 강도 등 다양한 재산죄의 객체로 문제되고 있다.

그러나 가상화폐는 최근에 등장한 새로운 형태의 디지털 화폐이므로 기존의 법정화폐 개념으로는 정확하게 설명하기 어렵다.[30] 다만, 「특정 금융거래정보의 보고 및 이용 등에 관한 법률」(이하 「특정금융정보법」)에서 가상자산으로 개념을 정의하고 있다. 「특정금융정보법」 제2조 제3호에서 가상자산은 "경제적 가치를 지닌 것으로서 전자적으로 거래 또는 이전될 수 있는 전자적 증표(그에 관한 일체의 권리를 포함한다)를 말한다"고 규정하고 있다. 하지만 이 정의에 대해서 여전히 가상화폐를 둘러싼 법적인 쟁점들에 대해 입법적으로 부족한 부분이 많다는 견해가 있다.[31]

---

29 한국은행 법규제도실, 「한국은행법 해설」, 한국은행(2018) 201쪽, 노상채·김상범, 『화폐금융론』(제5판), 박영사, 2011, 246~247쪽.

30 최민준, 「가상화폐의 금전성 – 대법원 2019도1462 판결(원심 서울중앙지방법원 2018노2816 판결)에 대한 판례 평석」, 『형사법의 신동향』 통권 제72호(2021·가을).

31 최민준, 「가상화폐의 금전성 – 대법원 2019도1462 판결(원심 서울중앙지방법원 2018노2816 판결)에 대한 판례 평석」, 『형사법의 신동향』 통권 제72호(2021·가을).

(2) 가상화폐의 법적 지위[32]

비트코인과 같은 종래의 가상화폐는 이미 교환가치수단 또는 지급결제수단으로서 상거래 등에서 화폐와 유사하게 사용되고 있으나 국가가 아닌 주체에 의해 발행이 되고, 국가에 의한 강제적 통용력이 인정되지 않으며, 전자화된 정보의 형태로만 존재하여 물건으로 보기는 어렵다는 점에서 기존의 금전 또는 법정화폐라고 보기 어렵다.

법정화폐로서 인정되기 위해서는 모든 거래에 무제한 통용성을 지녀야 하나 비트코인이 현실세계에서 용역과 서비스에 전면적·범용적 교환성을 인정하기는 어렵기 때문이다. 비트코인의 애초의 출발점이 블록체인의 기술에 기반하여 중앙은행의 규제에서 벗어난 탈중앙화에 있다는 점에서 더욱 법정화폐라고 보기는 어렵다. 이뿐만 아니라 가치저장 기능과 가치척도의 기능의 관점에서도 비트코인은 법정화폐로 보기 어려운 점이 존재한다.

(3) 가상화폐의 재산성 문제와 관련 판례

가. 재산적 가치가 있는 무형의 재산이라고 인정한 판례[33]

① 사실 관계

피고인은 음란물유포 인터넷사이트를 운영하면서 「정보통신망법」 위반(음란물유포)죄와 도박개장 방조죄에 의하여 비트코인(Bitcoin)을 취득하였다. 피고인은 미국에 서버를 둔 'G'라는 성인사이트를 개설하여 운영하며, 유료회원들로 하여금 미리 컬쳐랜드 상품권이나 비트코인 등으로 결제하여 위 G 사이트 내 포인트를 적립케 한 다음 유료회원들이 원하는 영상이나 사진 등을 내려받을 경우 회원들로부터 대가를 지급받으며 위 G 사이트를 운영하였다.

② 법원 판단

피고인의 「정보통신망법」 위반(음란물유포)죄와 도박개장방조죄는 「범

---

32 이승준, 「착오이체된 비트코인의 임의 소비와 배임죄의 성부」, 『저스티스』 통권 제196호(2023. 6), 37~60면

33 대법원 2018.5.30. 선고 2018도3619 판결

죄수익은닉규제법」에 정한 중대범죄에 해당하며, 비트코인은 경제적인 가치를 디지털로 표상하여 전자적으로 이전, 저장 및 거래가 가능하도록 한, 이른바 가상화폐의 일종인 점, 피고인은 위 음란사이트를 운영하면서 사진과 영상을 이용하는 이용자 및 음란사이트에 광고를 원하는 광고주들로부터 비트코인을 대가로 지급받아 재산적 가치가 있는 것으로 취급한 점에 비추어 비트코인은 재산적 가치가 있는 무형의 재산이라고 보아야 하고, 몰수의 대상인 비트코인이 특정되어 있다는 이유로 피고인이 취득한 비트코인을 몰수할 수 있다고 판결하였다.[34]

③ 평가

이 판결은 가상화폐를 최초로 재산적 가치가 있는 무형의 재산(재물인 현금과는 구분되는 개념으로 볼 수 있다.)이라고 인정한 것에 그 의의가 있다. 이 판결은 이후 「특정금융정보법」에서 가상자산 규정을 신설하는 기초가 되었다고 평가받고 있다. 다만, 이 판결은 물건을 전제로 하는 형법상의 몰수보다 그 대상이 확대되어 있는 「범죄수익은닉규제법」상의 범죄수익, 재산적 가치가 인정되는 무형재산으로 본 것으로 판단된다.

나. 가상화폐의 금전성[35]

① 사실 관계

피고인들은 피해자들에게 비트코인 채굴사업에 관하여 설명하면서 "30비트코인을 투자하면 1일에 0.2코인을 채굴하여 12만 원의 수익이 발생하므로 1년을 결산하면 2,580만 원의 순수익을 볼 수 있다. 5개월 정도면 원금을 회수하며 그 이후부터는 수익이 난다. 투자금을 투자한 후 하위 사업자를 모집하면 하위 사업자의 실적에 따라 실적의 20~30%를 추천인에게 지급한다"라고 말하여 피해자들로부터 합계 약 15억 8,000만 원 상당의 비트코인을 교부받았다.

---

34 처벌법규, 「아동·청소년의성보호에관한법률」위반(음란물제작·배포등)·「국민체육진흥법」위반·「전자금융거래법」위반·「정보통신망이용촉진및정보보호등에관한법률」위반(음란물유포)·도박개장방조

 35 대법원 2019.5.30. 선고 2019도1462 판결

② 법원 판단

비트코인은 경제적인 가치를 디지털로 표상하여 전자적으로 이전, 저장 및 거래가 가능하도록 한 이른바 가상화폐의 일종이다. … 이 사건 사업은 투자금 및 수익금을 산정하거나 수수하는 단위 내지 매개로서 비트코인을 활용하였을 뿐 그 실질은 금전의 거래라고 봄이 타당하다. 따라서 이 사건 사업에 대한 투자 모집은 「유사수신행위 규제에 관한 법률」(이하 「유사수신행위법」) 제2조에 정한 자금을 조달하는 행위에 해당하고, 또한 「방문판매 등에 관한 법률」 제24조 제1항 제1호에 정한 '재화 등의 거래 없이 금전거래를 하거나 재화 등의 거래를 가장하여 사실상 금전거래만을 하는 행위'에 해당한다.[36]

③ 평가

이 판결은 앞의 가. 판례의 가상화폐의 재산적 가치가 있는 무형의 재산이라는 개념이 아닌 금전의 성격을 인정하였다. 「유사수신행위법」은 금전을 객체로 하고 있는데, 이 법의 위반을 인정함으로서 비트코인에 대해 금전으로서의 성격을 부정하지 않았다고 볼 수 있다.

④ [참고] 「유사수신행위법」 개정

「유사수신행위법」 개정(2024. 2. 27. 개정, 2024. 5. 28. 시행)을 통해 가상자산이라는 용어를 사용하면서, 다른 법령에 따른 인가·허가를 받지 아니하거나 등록·신고 등을 하지 아니하고 불특정 다수인으로부터 가상자산을 포함한 자금을 조달하는 것을 업으로 하는 행위를 유사수신행위에 포함하도록 하였다.

「전자금융거래법」

제2조(정의) 이 법에서 "유사수신행위"란 다른 법령에 따른 인가·허가를 받지 아니하거나 등록·신고(「특정 금융거래정보의 보고 및 이용 등에 관한 법률」 제7조에 따른 신고를 포함한다) 등을 하지 아니하고 불특정 다수인으로부터 자금[가상자산(「가상자산 이용자 보호 등에 관한 법률」 제2조제1호의 가상자산을 말한다)을 포함한다]을 조달하는 것을 업(業)으로 하는 행위로서 다음 각 호의 어느 하나에 해당하는 행위를 말한다.

---

36 처벌법규: 「유사수신행위법」, 「방문판매법」

1. 장래에 출자금의 전액 또는 이를 초과하는 금액을 지급할 것을 약정하고 출자금을 받는 행위
2. 장래에 원금의 전액 또는 이를 초과하는 금액을 지급할 것을 약정하고 예금·적금·부금·예탁금 등의 명목으로 금전을 받는 행위
3. 장래에 발행가액(發行價額) 또는 매출가액 이상으로 재매입(再買入)할 것을 약정하고 사채(社債)를 발행하거나 매출하는 행위
4. 장래의 경제적 손실을 금전이나 유가증권으로 보전(補塡)하여 줄 것을 약정하고 회비 등의 명목으로 금전을 받는 행위

제3조(유사수신행위의 금지) 누구든지 유사수신행위를 하여서는 아니 된다.

제6조(벌칙) ① 제3조를 위반하여 유사수신행위를 한 자는 5년 이하의 징역 또는 5천만원 이하의 벌금에 처한다.

다. 재산적 가치가 있는 무형의 재산이라고 인정한 판례[37]

① 사실관계

피고인 1이 ○○○○ 이벤트에 참가한 직후 즉시 6,000BTC을 피고인 1, 공소외 1, 공소외 2 명의의 이 사건 3인 계좌로 돌려줄 것처럼 공소외 1, 공소외 2를 기망하였고, 그로 인하여 공소외 1, 공소외 2가 피고인 1을 믿고 6,000BTC을 피고인 1의 단독명의계좌에 이체하였다.

② 법원 판단

비트코인은 경제적인 가치를 디지털로 표상하여 전자적으로 이전, 저장 및 거래가 가능하도록 한 이른바 가상화폐의 일종으로서, 비트코인 거래에 관한 당사자들이 이를 재산적 가치가 있는 것으로 취급한 이상 비트코인은 재산적 가치가 있는 무형의 재산으로 보아야 하고(대법원 2018. 5. 30. 선고 2018도3619 판결 등 참조), 이러한 비트코인에 관하여 다른 사람을 기망하여 이를 이전받는 행위는 사기죄에 해당한다.[38]

---

37 대법원 2021. 11. 11. 선고 2021도9855 판결

38 처벌법규: 형법 사기죄.

③ 평가

이 사건에서 법원은 가상화폐를 재산적 가치가 있는 무형의 재산 개념을 인정하고 있다. 즉 비트코인은 이 중 가상자산의 일종으로 사기죄의 객체인 재산상의 이익에 해당한다는 입장을 명확히 밝혔다.

라. 가상화폐의 재산상 이익은 인정하지만 법정화폐와 동일한 보호는 부정한 판례[39]

① 사실 관계

피고인은 알 수 없는 경위로 피해자의 'B' 거래소 가상지갑에 들어 있던 199.999비트코인(이하 '이 사건 비트코인')을 자신의 계정으로 이체 받았으므로 착오로 이체된 이 사건 비트코인을 반환하기 위하여 이를 그대로 보관하여야 할 임무가 있었는데도 그중 29.998비트코인을 자신의 'C' 계정으로, 169.996비트코인을 자신의 'D' 계정으로 이체하여 재산상 이익인 합계 약 1,487,235,086원 상당의 총 199.994비트코인(29.998 비트코인 + 169.996비트코인)을 취득하여 피해자에게 동액 상당의 손해를 가하였다.

이 사건에서 법원은 가상화폐(가상자산)가 배임죄에서의 재산상의 이익에 해당하는지 여부, 나아가 「형법」을 적용하면서 가상자산에 대해 법정화폐와 동일하게 보호해야 하는지 여부, 원인불명으로 비트코인을 착오로 이체받은 자가 이를 사용·처분한 경우, 신의칙을 이유로 배임죄로 처벌할 수 있는지 여부에 대해 중요한 판단을 하였다.

② 법원 판단

가상자산은 국가에 의해 통제받지 않고 블록체인 등 암호화된 분산원장에 의하여 부여된 경제적인 가치가 디지털로 표상된 정보로서 재산상 이익에 해당한다. 가상자산은 보관되었던 전자지갑의 주소만을 확인할 수 있을 뿐 그 주소를 사용하는 사람의 인적사항을 알 수 없고, 거래 내역이 분산 기록되어 있어 다른 계좌로 보낼 때 당사자 이외의 다른 사람이 참여해야 하는 등 일반적인 자산과는 구별되는 특징이 있다.

이와 같은 가상자산에 대해서는 현재까지 관련 법률에 따라 법정화폐에 준하는 규제가 이루어지지 않는 등 법정화폐와 동일하게 취급되고 있지 않고 그 거래에 위험이 수반되므로, 「형법」을 적용하면서 법정화폐와 동일하게 보호해야 하는 것은 아니다. 원인불명으로 재산상 이익인 가상자산을 이체 받은 자가 가상자산을 사용·처분한 경우 이를 형사처벌하는 명문의 규정이 없는 현재의 상황에서 착오송금 시 횡령죄 성립을 긍정한 판례(대법원 2010. 12. 9. 선고 2010도891 판결 등 참조)를 유추하여 신의칙을 근거로 피고인을 배임죄로 처벌하는 것은 죄형법정주의에 반한다.

③ 평가

법원은 ① 가상자산(가상화폐)이 '재산상 이익'에 해당하지만, ② 가상자산에 대해 「형법」을 적용하면서 법정화폐와 동일하게 보호할 것은 아니라고 판단했다.

마. 가상화폐의 증권성(루나 사건 이슈)

가상화폐 루나 사건은 2022년 5월경, 피고인이 발행한 암호화폐 테라 USD(UST)와 그 가치를 유지하기 위한 자매 코인인 루나(LUNA)가 대폭락한 사건이다. 이 사건에서 검찰은 전자화폐 루나가 「자본시장과 금융투자업」에 관한 법률(이하 「자본시장법」) 상 투자계약증권[40]에 해당한다고 보고 「자본시장법」 위반(사기적 부정거래, 공모규제 위반, 무인가영업)을 수사하고 있다. 하지만 「자본시장법」을 적용하는데 법적 논란이 진행 중이다.[41]

이와 같은 가상화폐의 법적 지위에 대한 논란 때문에 「가상자산 이용자 보호 등에 관한 법률」(「가상자산이용보호법」, 2023. 7. 18 제정, 2024. 7. 19. 시행)이 제정되었다. 이 법은 가상자산 이용자 자산의 보호와 불공정거래행위 규제 등

---

[40] 「자본시장법」 제6조 제6항: 이 법에서 투자계약증권이란 특정 투자자가 그 투자자와 타인(다른 투자자를 포함한다. 이하 이 항에서 같다) 간의 공동사업에 금전등을 투자하고 주로 타인이 수행한 공동사업의 결과에 따른 손익을 귀속받는 계약상의 권리가 표시된 것을 말한다.

[41] 법조계의 견해는 전자화폐의 증권성을 입증하기가 어렵다는 것이 지배적인 것으로 보인다. (2024. 3월 말 기준)

에 관한 사항을 정함으로써 가상자산 이용자의 권익을 보호하고 가상자산시장의 투명하고 건전한 거래질서를 확립하는 것을 목적으로 한다.[42]

이 법의 주요 내용은 가상자산의 미공개 중요정보 이용, 시세조종, 부정거래 등 불공정거래행위를 금지[43]한 부분이다. 관련 규정을 위반할 경우 벌금부터 1년 이상의 유기징역까지 형사처벌도 가능해졌다. 이 법은 가상자산을 경제적 가치를 지닌 것으로서 전자적으로 거래 또는 이전될 수 있는 전자적 증표로 정의하고 게임머니, 전자화폐, 전자등록주식, 전자어음, 전자선하증권 등을 가상자산에서 제외되는 대상으로 열거하고 있다.[44]

---

[42] 「가상자산이용자보호법」은 전반적으로 「자본시장법」에서 정하고 있는 불공정거래행위 유형을 상당 부분 차용하는 형태로 입법이 이루어졌다.

[43] 이 법은 또한 불공정거래 위험성이 높은 자기발행 가상자산의 거래를 제한한다.

[44] 가상자산·가상자산사업자의 정의는 기존 「특정금융정보법」과 동일하게 규정하되, 가상자산에서 제외되는 범위에 한국은행 디지털통화인 CBDC(Central Bank Digital Currency))를 추가하였다.

제4장

개인정보 침해범죄

I. 개인정보의 개념

1. 개인정보의 정의

「개인정보보호법」은 개인정보를 다음과 같이 정의한다.

「개인정보보호법」

제2조(정의) 이 법에서 사용하는 용어의 뜻은 다음과 같다.

1. "개인정보"란 살아 있는 개인에 관한 정보로서 다음 각 목의 어느 하나에 해당하는 정보를 말한다.

가. 성명, 주민등록번호 및 영상 등을 통하여 개인을 알아볼 수 있는 정보

나. 해당 정보만으로는 특정 개인을 알아볼 수 없더라도 다른 정보와 쉽게 결합하여 알아볼 수 있는 정보. 이 경우 쉽게 결합할 수 있는지 여부는 다른 정보의 입수 가능성 등 개인을 알아보는 데 소요되는 시간, 비용, 기술 등을 합리적으로 고려하여야 한다.

다. 가목 또는 나목을 제1호의2에 따라 가명처리함으로써 원래의 상태로 복원하기 위한 추가 정보의 사용·결합 없이는 특정 개인을 알아볼 수 없는 정보(이하 "가명정보"라 한다)

1의2. "가명처리"란 개인정보의 일부를 삭제하거나 일부 또는 전부를 대체하는 등의 방법으로 추가 정보가 없이는 특정 개인을 알아볼 수 없도록 처리하는 것을 말한다.

(1) 살아 있는 개인에 관한 정보

개인정보를 보호하는 법적 이익(프라이버시권, 인격권 등)은 권리의 주체와 분리할 수 없고 죽은 자는(死者) 이 권리를 행사하기 어려우므로 살아 있는 개인의 정보를 보호 대상으로 한다.

(2) 개인에 관한 정보

개인에 관한 정보란 성명, 주소, 성별, 생년월일, 얼굴사진 등 개인을 식별하는 정보에 한정되지 않으며, 정보주체와 관련되어 있는 객관적 사실에 관한 정보와 평가 등 주관적 평가 등에 관한 모든 정보가 개인정보에 해당된

다. 또한 개인정보 취득 후 해당 정보에 추가된 개인에 관한 정보로서 취득 시에 특정인을 식별할 수 없었지만, 취득 후 새로운 정보가 추가되거나 대조한 결과 해당 특정인을 식별할 수 있는 경우에는 그 시점부터 개인정보에 해당된다.

개인정보의 주체는 자연인이어야 하며 법인 또는 단체에 관한 정보는 개인정보에 해당하지 않는다. 그러나 법인 또는 단체에 관한 정보이면서 동시에 개인에 관한 정보인 대표자를 포함한 임원진과 업무 담당자의 이름·주민등록번호·자택주소 및 개인 연락처, 사진 등 그 자체로 개인을 식별할 수 있는 정보는 개별 상황에 따라 법인 등의 정보에 그치지 않고 개인정보로 취급될 수 있다.

한편 사람이 아닌 사물에 관한 정보는 원칙적으로 개인정보에 해당하지 않는다. 그러나 해당 사물 등의 제조자 또는 소유자 등을 나타내는 정보는 개인정보에 해당한다. 예를 들어 특정 건물이나 아파트의 소유자가 자연인인 경우 그 건물이나 아파트의 주소가 특정 소유자를 알아보는데 이용된다면 개인정보에 해당한다.

개인에 관한 정보는 반드시 특정 1인에 관한 정보이어야 한다는 의미가 아니며, 직·간접적으로 2인 이상에 관한 정보는 각자의 정보에 해당한다. SNS에 단체 사진을 올린다면 사진의 영상정보는 사진에 있는 인물 모두의 개인정보에 해당하며, 의사가 특정 아동의 심리치료를 위해 진료기록을 작성하면서 아동의 부모 행태 등을 포함하였다면 그 진료기록은 아동과 부모 모두의 개인정보에 해당한다.

(3) 개인에 관한 정보의 유형

개인정보에 해당되는 정보의 내용·형태 등은 특별한 제한이 없어서 개인을 알아볼 수 있는 모든 내용과 형태의 정보가 개인정보가 될 수 있다. 디지털 형태나 수기 형태, 자동 처리나 수동 처리 등 그 형태 또는 처리방식과 관계없이 모두 개인정보에 해당할 수 있다. 그리고 정보가 반드시 '사실'이거나 '증명된 것'이 아닌 부정확한 정보 또는 허위의 정보라도 특정한 개인에 관한 정보라면 개인정보에 포함된다.

(4) 개인을 알아볼 수 있는 정보(제1호 가목)

개인정보는 성명, 주민등록번호 및 영상 등 특정한 개인을 다른 사람과 구분하여 알아볼 수 있도록 하는 정보, 즉 식별가능성이 있는 정보를 말한다. 여기에서 식별가능성은 해당 정보를 처리하는 자의 입장에서 합리적으로 활용될 가능성이 있는 수단을 고려하여 개인을 알아볼 수 있음을 의미하는 것이다. 현재 처리하는 자 외에도 제공 등에 따라 향후 처리가 예정된 자도 포함된다. 여기서 처리란 법 제2조 제2호에 따른 개인정보의 수집, 생성, 연계, 연동, 기록, 저장, 보유, 가공, 편집, 검색, 출력, 정정(訂正), 복구, 이용, 제공, 공개, 파기(破棄), 그 밖에 이와 유사한 행위를 말한다.

한편, 주민등록번호와 같은 고유식별정보는 해당 정보만으로도 정보주체인 개인을 알아볼 수 있지만, 생년월일의 경우에는 같은 날 태어난 사람이 여러 사람일 수 있으므로 다른 정보 없이 생년월일 그 자체만으로는 개인을 알아볼 수 있다고 볼 수 없다.

(5) 다른 정보와 쉽게 결합하여 개인을 알아볼 수 있는 정보(제1호 나목)

다른 정보와 쉽게 결합하여 특정 개인을 알아볼 수 있으면 개인정보에 해당한다. 여기서 입수 가능성은 두 개 이상의 정보를 결합하기 위해 그 결합에 필요한 다른 정보에 합법적으로 접근하여 이에 대한 지배력을 확보할 수 있어야 하며 해킹·절취(切取) 등 불법적인 방법으로 취득한 정보까지 포함한다고 볼 수 없다.

아울러 다른 정보와 쉽게 결합할 수 있는지 여부는 입수 가능성 외에 현재의 기술 수준이나 충분히 예견될 수 있는 기술 발전 등을 고려하여 시간이나 비용, 노력이 비합리적으로 과다하게 수반되지 않아야 한다. 따라서 일반적으로 사업자가 구매하기 어려울 정도로 고가의 컴퓨터가 필요한 경우라면 쉽게 결합하기 어렵다고 보아야 한다.

(6) 가명정보(제1호 다목)

위의 가목 또는 나목의 개인정보를 가명처리[1]함으로써 원래의 상태로 복원하기 위한 추가 정보의 사용·결합 없이는 특정 개인을 알아볼 수 없는 정보(가명정보)는 개인정보에 해당한다.

가명처리란 개인정보의 일부를 삭제하거나 일부 또는 전부를 대체하는 등의 방법으로 추가 정보가 없이는 특정 개인을 알아볼 수 없도록 처리하는 것을 말한다. 가명정보 그 자체만으로는 개인을 식별할 수 없지만, 추가정보를 사용하여 쉽게 결합하여 특정 개인을 식별할 수 있는 정보이기 때문에 가명처리를 한 경우에도 여전히 개인정보에 해당된다.

가명정보는 데이터의 안전한 활용을 위해 도입된 개념으로 기본적으로 개인정보에 해당한다는 점에서 법 제58조의2에 규정된 "시간·비용·기술 등을 합리적으로 고려할 때 다른 정보를 사용하여도 더 이상 개인을 알아볼 수 없는 정보"와 다르다. 또한 가명정보와 제2조 제1호 나목의 개인정보는 모두 해당 정보만으로는 특정 개인을 알아볼 수 없지만, 가명정보는 추가 정보의 사용·결합을 통해 특정 개인을 알아볼 수 있는 정보라는 점에서 다른 정보와 쉽게 결합하여 특정 개인을 알아볼 수 있는 정보인 제2조 제1호 나목의 개인정보와 구분된다.

추가 정보란 가명처리 과정에서 개인정보의 전부 또는 일부를 대체하는 데 이용된 수단이나 방식(알고리즘 등), 가명정보와의 비교·대조 등을 통해 삭제 또는 대체된 개인정보 부분을 복원할 수 있는 정보를 말한다.

---

1 「개인정보보호법」 제2조 1의2: "가명처리"란 개인정보의 일부를 삭제하거나 일부 또는 전부를 대체하는 등의 방법으로 추가 정보가 없이는 특정 개인을 알아볼 수 없도록 처리하는 것을 말한다.

2. 개인정보의 종류

〈그림 26〉 개인정보의 종류

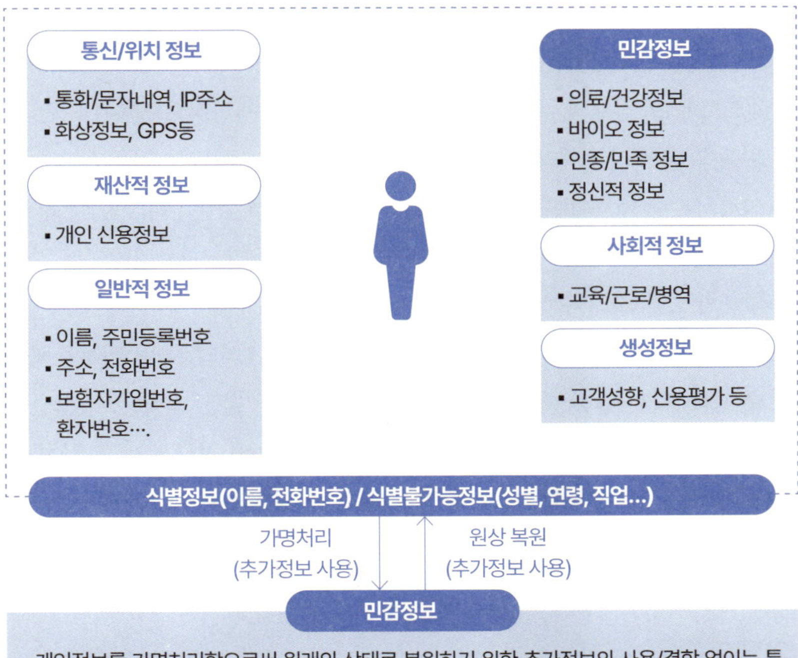

3. 「개인정보보호법」의 적용 대상

(1) 보호 대상 및 정보주체의 의미

「개인정보보호법」의 보호대상은 정보주체의 개인정보이다. 여기에서 개인정보자기결정권의 개념을 이해하는 것은 중요한데 이 기본적 권리가 「개인정보보호법」의 핵심이기 때문이다. 개인정보자기결정권은 인간의 존엄과 가치, 행복추구권(「헌법」 제10조 제1문)에 근거한 일반적 인격권 및 사생활의 비밀과 자유(「헌법」 제17조)에 의하여 보장되는 권리로서, 자신에 관한 정보가 언제 누구에게 어느 범위까지 알려지고 또 이용되도록 할 것인지를 정보주체가 스스로 결정할 수 있는 권리이다. 개인정보자기결정권의 보호대상이 되는 개인정보는 개인의 신체, 신념, 사회적 지위, 신분 등과 같이 개인의 인격 주체성을 특징짓는 사항으로서 개인의 동일성을 식별할 수 있게 하는 일체의 정보라고 할 수 있고, 반드시 개인의 내밀한 영역에 속하는 정보에 국한되지 않고 공적 생활에서 형성되었거나 이미 공개된 개인정보까지 포함한다.

「개인정보보호법」의 정보주체란 처리되는 정보에 의하여 알아볼 수 있는 사람으로서 그 정보의 주체가 되는 사람을 말하며, 개인정보보호에 의한 권리의 귀속 및 행사주체라고 할 수 있다. 이 법의 보호를 받는 정보주체가 되기 위해서는 첫째 처리되는 정보에 의하여 알아볼 수 있는 사람이어야 하고, 둘째 법인이나 단체가 아닌 살아있는 사람이어야 하며, 셋째 처리되는 정보의 주체가 되는 자이어야 한다.

그가 살아 있는 사람인 한, 국적이나 신분에 관계없이 누구나 정보주체가 될 수 있다. 다시 말해 대한민국 국적을 가지고 있지 않은 외국인도 이 법에 따라 개인정보가 처리되는 경우에는 정보주체가 될 수 있고 소비자, 근로자, 학생, 교사, 군인, 공무원, 환자, 피의자, 수형자, 행정조치 대상자 등 누구든지 공평하게 이 법에 의해 보호를 받는 정보주체가 될 수 있다.

(2) 규제 대상

「개인정보보호법」의 적용 대상자는 기본적으로 개인정보처리자이다. 즉 개인정보처리자는 「개인정보보호법」을 준수하여야 한다는 의미이다. 「개인정보보호법」의 적용대상인 개인정보처리자의 정의와 개념을 명백히 알고 있는 것이 중요한데, 어떤 행위자에 대해 「개인정보보호법」 적용 여부 및 위반 여부를 판단하기 위한 기초가 되기 때문이다. 「개인정보보호법」은 개인정보처리자를 다음과 같이 규정한다.

「개인정보보호법」

제2조(정의) 이 법에서 사용하는 용어의 뜻은 다음과 같다.
  5. "개인정보처리자"란 업무를 목적으로 개인정보파일을 운용하기 위하여 스스로 또는 다른 사람을 통하여 개인정보를 처리하는 공공기관, 법인, 단체 및 개인 등을 말한다.

공공기관, 영리·비영리 법인, 영리·비영리 단체, 개인이 모두 개인정보처리자에 해당될 수 있다. 주식회사와 같은 영리기업은 물론 동창회·동호회와 같은 비영리단체도 포함된다. 개인정보처리자인 개인은 1인 사업자, 개인활동가 등 본인의 업무를 목적으로 개인정보를 처리하는 자 등을 말한다. 개인정보처리자는 스스로 개인정보를 처리할 수도 있지만 다른 사람을 통해서도 개인정보를 처리할 수 있다.

개인정보처리자는 개인정보취급자와는 구분됨을 유의하여야 한다. 개인정보처리자는 개인정보 처리에 대해 궁극적으로 책임을 지는 공공기관이나 사업자·단체 등을 의미하지만, 개인정보취급자는 개인정보처리자의 지휘·감독을 받아 개인정보를 처리하는 임직원, 파견근로자, 시간제근로자 등을 말한다. 즉 단체, 개인 등의 대리인, 사용인, 그 밖의 종업원으로서의 지위에 있는 개인은 개인정보처리자에 해당하지 않는다.[2] 개인정보처리자에 해당하기 위해서는 아래의 요건을 충족하여야한다.

가. 업무를 목적으로 하여야 한다.

개인정보처리자가 되기 위해서는 업무를 목적으로 개인정보를 처리하여야 한다. 순수한 개인적인 활동이나 가사 활동을 위해서 개인정보를 수집·이용·제공하는 자는 개인정보처리자가 아니다. 예를 들어 사적인 친분관계를 위하여 휴대폰에 연락처 정보, 이메일 주소록 등을 저장하는 경우는 개인정보처리자에 해당하지 않는다. 업무란 직업상 또는 사회생활상의 지위에 기하여 계속적으로 종사하는 사무나 사업의 일체를 의미하는 것으로 보수 유무나 영리 여부와는 관계가 없으며 단 1회의 행위라도 계속·반복의 의사가 있다면 업무로 볼 수 있다.

---

2 예를 들면 경찰이 「개인정보보호법」을 위반한 경우에는 개인정보취급자에 해당한다. 개인정보처리자는 관할 경찰청이 된다.

나. 개인정보파일[3]을 운용하기 위한 것이어야 한다.

개인정보를 수집·이용·제공하고 있다고 해서 모두가 개인정보처리자가 되는 것은 아니다. 개인정보보호법상 개인정보처리자가 되기 위해서는 개인정보파일을 운용하기 위하여 개인정보를 처리하는 자만이 개인정보처리자가 된다. 일회성 메모나 문서작성 행위까지 개인정보 처리로 본다면 법이 개인의 사소한 행위에까지 규제하게 되어 불합리한 결과를 초래하게 된다.

개인정보파일은 개인의 이름이나 고유식별정보, ID 등을 색인(Index)이나 검색 값으로 하여 쉽게 검색할 수 있도록 체계적으로 배열·구성한 집합물을 말한다. 개인정보파일은 일반적으로 전자적 형태로 구성된 데이터베이스(DataBase; DB)를 의미하는 경우가 많지만, 그 외에 체계적인 검색·열람을 위한 색인이 되어 있는 수기(手記) 문서 자료 등도 포함된다.

다. 공공기관[4], 법인, 단체, 개인 등이어야 한다.

「개인정보보호법」은 개인정보 보호를 위한 일반법이므로 개인정보를 수집, 이용, 제공 등 처리하는모든 자에게 적용될 수 있도록 개인정보처리자의 개념을 폭넓게 정의하였다. 적용 대상을 특정 목적이나 업종으로 한정하는 것은 개인정보 보호 사각지대 해소라는 법률 제정 취지에 부합하지 않기 때문이다. 개인정보처리자는 공공기관, 영리·비영리 법인, 영리·비영리 단체, 개인이 모두 포함된다.

기존 「공공기관 개인정보 보호법」, 「정보통신망법」 등과 달리 공공부문과 민간부문이 모두 포함되며, 주식회사와 같은 영리기업은 물론 동창회·동호회와 같은 비영단체도 포함된다. 개인에는 1인 사업자, 개인활동가 등 본인의 업무를 목적으로 개인정보를 처리하는 경우가 포함된다.

---

3 「개인정보보호법」 제2조 제4호: "개인정보파일"이란 개인정보를 쉽게 검색할 수 있도록 일정한 규칙에 따라 체계적으로 배열하거나 구성한 개인정보의 집합물(集合物)을 말한다.

4 「개인정보보호법」 제2죄 제6호: "공공기관"이란 다음 각 목의 기관을 말한다.
   가. 국회, 법원, 헌법재판소, 중앙선거관리위원회의 행정사무를 처리하는 기관, 중앙행정기관(대통령 소속 기관과 국무총리 소속 기관을 포함한다) 및 그 소속 기관, 지방자치단체
   나. 그 밖의 국가기관 및 공공단체 중 대통령령으로 정하는 기관

(3) 다른 법률과의 관계

「개인정보보호법」은 개인정보 보호에 관한 일반법적 성격을 가지므로, 다른 법률에 특별한 규정이 있는 경우에는 그 법률의 규정이 우선하여 적용된다. 이는 해당 분야의 특수성을 고려한 것이다. 「신용정보법」, 「위치정보의 보호 및 이용 등에 관한 법률」, 「전자상거래 등에서의 소비자보호에 관한 법률」 등 다수의 개별법에서 개인정보의 처리 및 보호에 관한 규정을두고 있다. 따라서 「개인정보보호법」과 각 개별법의 규정을 검토하여 어느 법이 적용될 것인지 검토하여야 한다.

4. 「개인정보보호법」의 적용 제외

「개인정보보호법」은 다음의 경우에 적용하지 아니한다.

개인정보 보호를 지나치게 강조하면 국가안전보장, 공공의 안녕과 질서 등 「헌법」의 기본적인 가치와 언론의 자유, 선교활동의 자유, 정당활동의 자유 등 다른 헌법상의 권리들이 오히려 위축되는 결과를 초래할 수 있다. 따라서 개인정보를 적절히 보호하면서도 다른 헌법적 가치들과 균형을 위하여 일정한 목적과 유형의 개인정보 처리에 대해서는 법률의 일부 적용을 제외하고 있다.

II. 「개인정보보호법」의 개인정보 침해 범죄

1. 공공기관 개인정보 처리업무 방해죄

「개인정보보호법」

제70조(벌칙) 다음 각 호의 어느 하나에 해당하는 자는 10년 이하의 징역 또는 1억 원 이하의 벌금에 처한다.

1. 공공기관의 개인정보 처리업무를 방해할 목적으로 공공기관에서 처리하고 있는 개인정보를 변경하거나 말소하여 공공기관의 업무 수행의 중단·마비 등 심각한 지장을 초래한 자

2. 개인정보 불법 취득 및 제3자 제공죄

「개인정보보호법」

제70조(벌칙) 다음 각 호의 어느 하나에 해당하는 자는 10년 이하의 징역 또는 1억 원 이하의 벌금에 처한다.

2. 거짓이나 그 밖의 부정한 수단이나 방법으로 다른 사람이 처리하고 있는 개인 정보를 취득한 후 이를 영리 또는 부정한 목적으로 제3자에게 제공한 자와 이를 교사·알선한 자

3. 개인정보를 처리하거나 처리하였던 자의 개인정보 불법 취득·누설죄
(1) 처벌 규정 개요

「개인정보보호법」은 개인정보를 처리[5]하거나 처리하였던 자가 ① 거짓이나 그 밖의 부정한 수단이나 방법으로 개인정보를 취득하거나 개인정보 처리에 관한 동의를 받는 행위를 한 자 및 그 사정을 알면서도 영리 또는 부정한 목적으로 개인정보를 제공받은 자, ② 업무상 알게된 개인정보 누설 또는

---

[5] 「개인정보보호법」 제2조 제2호: "처리"란 개인정보의 수집, 생성, 연계, 연동, 기록, 저장, 보유, 가공, 편집, 검색, 출력, 정정(訂正), 복구, 이용, 제공, 공개, 파기(破棄), 그 밖에 이와 유사한 행위를 말한다.

제공한 자, ③ 타인의 개인정보를 이용, 훼손, 변경, 유출 등 행위자에 대해 다음과 같이 처벌 규정을 두고 있다.

여기에서 주목할만한 내용은 위 제59조 제3호의 "다른 사람의 개인정보를 이용, 훼손, 멸실, 변경, 위조 또는 유출하는 행위"이라는 문구에서 '이용'이라는 용어가 새로 신설(2023. 3. 14)되었다는 점이다. 구법에는 '이용'이라는 용어가 없어 개인정보를 처리하는 자 등이 정당한 권한없이 타인의 개인정보를 이용하는 행위에 대해서는 법적용 사각지대가 존재하여 처벌할 수 없는 문제가 발생하였고(〈표 23〉 참조), 법 개정을 통해 이 문제를 해결하였다.

〈표 23〉 개인정보취급자 관련 개인정보보호위원회의 유권해석

〈개인보호위원회 결정: 경찰관의 개인정보 사적 이용행위 관련 법령해석에 관한 건〉

(의안번호 제2019-22-354호 – 경찰관의 개인정보 사적 이용행위 관련 법령해석에 관한 건)

(결정 요지)

▪ 경찰관이 민원인의 휴대전화번호를 이용하여 해당 민원인에게 사적으로 연락한 행위는 개인정보보호법상 처벌대상에 해당하지 않는다."

→ 개인정보를 이용하여 사적으로 연락한 행위가 「개인정보보호법」(구법)의 훼손, 멸실, 변경, 위조 또는 유출하는 행위의 어디에도 해당되지 않는다.

1. **(사실관계)** 한 여성은 국제운전면허증 발급을 위해 고창경찰서에 방문했고, 국제운전면허증 발급을 위해 작성해야 하는 서식에 개인 인적사항(이름, 주소, 연락처)를 기입 후 담당 경찰관에게 제출하였다. 그 날 담당경찰관은 "국제 면허증을 발급해 준 사람인데 마음에 들어 연락을 했다. 괜찮나?"라는 내용의 카카오톡 메시지를 보냈다.

2. **위원회 결정**

▪ 개인정보처리자가 아닌 개인정보취급이다.

- 국제운전면허증의 발급 업무를 목적으로 개인정보를 처리하는 '개인정보처리자'는 전국의 각 경찰서로서 본 사안의 경우 고창경찰서이며, 고창경찰서 국제운전면허증 발급 담당자인 경찰관 A는 고창경찰서의 지휘·감독을 받아 개인정보를 처리하는 '개인정보취급자'에 해당한다.

- 따라서 고창경찰서 국제운전면허증 발급 담당자로서 민원인의 개인정보를 처리하는 경찰관은 「개인정보보호법」 제2조 제5호의 개인정보처리자로 볼 수 없다.

▪ 「개인정보보호법」 처벌대상이 아니다.

- 경찰관 A가 해당 민원인의 휴대전화번호를 타인에게 제공하거나 외부에 공개하는 등 누설 또는 유출로 볼 만한 사정이 없는 이상 민원인에게 연락한 행위에 대해 「개인정보보호법」 제71조 제5호 및 제6호를 적용하기도 어려울 것으로 판단된다.

- 따라서 경찰관 A가 민원인의 휴대전화번호를 이용하여 해당 민원인에게 사적으로 연락한 행위는 개인정보보호법상 처벌대상에 해당하지 않는다.

위와 관련하여 개인정보취급자의 개념도 명확히 이해할 필요가 있다. 「개인정보보호법」은 개인정보취급자를 개인정보처리자와 구분하여 다음과 같이 규정한다.

제28조(개인정보취급자에 대한 감독) ① 개인정보처리자는 개인정보를 처리함에 있어서 개인정보가 안전하게 관리될 수 있도록 임직원, 파견근로자, 시간제근로자 등 개인정보처리자의 지휘·감독을 받아 개인정보를 처리하는 자(이하 "개인정보취급자"라 한다)의 범위를 최소한으로 제한하고, 개인정보취급자에 대하여 적절한 관리·감독을 하여야 한다.

이 규정에 따르면 개인정보취급자는 개인정보 처리업무를 담당하고 있는 자라면 정규직, 비정규직, 하도급, 시간제 등 모든 근로형태를 불문한다. 고용관계가 없더라도 실질적으로 개인정보처리자의 지휘·감독을 받아 개인정보를 처리하는 자는 개인정보취급자에 포함된다.[6] 결국 개인정보취급자는 개인정보처리자가 아니고, 개인정보를 처리하거나 개인정보를 처리하였던 자에 해당되므로 법 제59조(금지행위)를 적용하여 규제하게 된다.

(2) 개인정보를 처리하거나 처리하였던 자와 개인정보처리자의 구분 필요성

우선 ① 개인정보처리자의 개인정보 무단 제공행위 및 그로부터 개인정보를 무단으로 제공받는 행위에 관하여는 제71조 제1호, 제17조 제1항에 의하여 별도로 규제되고 처벌할 수 있다. 그리고 ② 이 법 제59조의 의무주체는 개인정보를 처리하거나 처리하였던 자로서 제15조(개인정보의 수집·이용), 제17조(개인정보의 제공), 제18조(개인정보의 목적 외 이용·제공 제한) 등의 의무주체인 '개인정보처리자'와는 법문에서 명백히 구별되고 있다.

또한 ③ 「개인정보보호법」은 그 조항에서 규제대상을 일반적으로 개인정보처리자로 하고 있는데, 개인정보를 처리하거나 처리하였던 자를 의무주체로 하는 금지행위에 관하여는 별도로 제8장 보칙의 장에 따로 제59조를 두어 개인정보처리자 외의 자에 의하여 이루어지는 개인정보 침해행위로 인한

---

6 한편 개인정보 처리업무 등을 수탁받아 처리하고 있는 수탁자도 개인정보취급자라고 할 수 있으나, 수탁자에 대한 교육 및 관리·감독규정은 제26조에서 별도로 규정하고 있으므로 이 조항을 적용한다.

폐해도 방지하는 것이 그 입법취지라고 볼 수 있다.[7]

위 내용을 종합하면 개인정보처리자에게 소속되어 개인정보를 처리하고 있거나 처리한 적이 있는 전·현직 임직원, 파견직, 수탁자 등이 개인정보를 처리하거나 처리하였던 자에 해당된다.

(3) 거짓, 부정한 수단이나 방법의 의미(제1호)

'거짓이나 그 밖의 부정한 수단이나 방법'이란 개인정보를 취득하거나 또는 그 처리에 관한 동의를 받기 위하여 사용하는 위계(僞計)[8] 및 기타 사회통념상 부정한 방법이라고 인정되는 것으로서, 개인정보 취득 또는 그 처리에 동의할지에 관한 정보주체의 의사결정에 영향을 미칠 수 있는 적극적 또는 소극적 행위를 뜻한다.

구체적으로 '거짓'에는 사기 또는 기망과 같은 의미로 사람을 속이는 행위가 포함되며, '그 밖의 부정한 수단이나 방법'에는 공갈·협박 및 그 외 착오·오인 유발행위가 포함된다. 언어·문서에 의하든 적극적인 동작이나 소극적인 부작위(不作爲)에 의하든 이를 불문한다. 최근 금융기관, 검찰 등 직원을 사칭하여 정보주체로부터 카드번호, 주민번호, 비밀번호 등의 개인정보를 빼내가는 보이스피싱(전화금융사기)이 대표적인 사례라고 할 수 있다.

이와 같은 부정, 거짓, 동의 여부 등에 대한 적법성을 판단할 때에는 개인정보처리자가 그에 관한 동의를 받는 행위 자체만을 분리하여 개별적으로 판단하여서는 안 되고, 개인정보처리자가 개인정보를 취득하거나 처리에 관한 동의를 받게 된 전 과정을 살펴보아 거기에서 드러난 개인정보 수집 등의 동기와 목적, 수집 목적과 수집 대상인 개인정보의 관련성, 수집 등을 위하여 사용한 구체적인 방법, 「개인정보보호법」 등 관련 법령을 준수하였는지 및 취득한 개인정보의 내용과 규모, 특히 민감정보·고유식별정보 등의 포함 여부 등을 종합적으로 고려하여 사회통념에 따라 판단하여야 한다.[9]

---

7 대법원 2016. 3. 10. 선고 2015도8766 판결.

8 위계: 남을 속이기 위해 거짓으로 꾸민 계획

9 대법원 2017. 4. 7. 선고 2016도13263 판결.

(4) 업무상 알게 된 개인정보 및 누설의 의미(제2호)

업무상 알게 된 개인정보란 넓게 업무를 처리하는 과정에서 우연히 알게 된 것으로 충분하고 반드시 자신에게 부여된 업무를 처리하는 과정에서 적법하게 알게 된 것이어야 할 필요는 없다. 누설이란 아직 이를 알지 못하는 타인에게 알려주는 일체의 행위를 말한다.

(5) 정당한 권한의 의미

'정당한 권한 없이'란 처음부터 권한을 부여받지 못하였거나 부여받은 권한을 박탈당한 상태에서 마치 권한이 있는 것처럼 한 행위를 말하고, '허용된 권한을 초과하여'란 권한을 부여받기는 하였으나 부여받은 권한을 넘어서서 행사하는 것을 말한다.

(6) "사정을 알면서 영리 또는 부정한 목적으로 개인정보를 제공받은 자"의 의미

개인정보를 제공하는 자가 누구인지에 관하여는 문언상 아무런 제한을 두지 않고 있고, 그 사정을 알면서도 영리 또는 부정한 목적으로 개인정보를 제공받은 자를 처벌하도록 규정하고 있을 뿐이다. 「개인정보호법」의 입법 목적 등을 고려할 때, 개인정보를 처리하거나 처리하였던 자가 업무상 알게 된 개인정보를 누설하거나 권한 없이 다른 사람이 이용하도록 제공한 것이라는 사정을 알면서도 영리 또는 부정한 목적으로 개인정보를 제공받은 자라면, 개인정보를 처리하거나 처리하였던 자로부터 직접 개인정보를 제공받지 아니하더라도 「개인정보보호법」 제71조 제9호 및 제72조 제2호의 '개인정보를 제공받은 자'에 해당한다.

즉 개인정보를 처리하거나 처리하였던 자가 업무상 알게 된 개인정보를 누설하거나 권한 없이 다른 사람이 이용하도록 제공한 것이라는 사정을 알면서도 영리 또는 부정한 목적으로 개인정보를 제공받은 자라면, 개인정보를 처리하거나 처리하였던 자로부터 직접 개인정보를 제공받지 아니하더라도 이 법의 개인정보를 제공받은 자에 해당한다.

(7) 관련 판례

판례 "개인정보를 처리하였던 자"에 대한 범위를 확인한 사례 | 대법원 2016. 3. 10. 선고 2015도8766 판결

A. 사실 관계

- 피고인 2(아파트 관리사무소장인)가 아파트 선거관리위원장으로부터 일부 입주민들이 제출한 동·호수, 이름, 전화번호, 서명 등이 연명으로 기재된 동대표 해임동의서를 해임요청의 적법 여부 검토를 위해 교부받은 다음,
  - 해임동의 대상자인 102동 동대표 피고인 1에게 열람하도록 제공함으로써 업무상 알게 된 개인정보를 누설하였고,
  - 피고인 1은 위와 같은 사정을 알면서도 피고인 2로부터 부정한 목적으로 개인정보를 제공받았다.(는 것이 공소 요지이다)

B. 원심 판단 (무죄)

- 피고인 2는 소정의 업무를 목적으로 '개인정보파일'을 '운용'하기 위하여 스스로 또는 다른 사람을 통하여 개인정보를 처리하는 '개인정보처리자'의 지위에 있게 되는 것이 아니므로 제59조 제2호의 구성요건에 해당하지 않는다. (무죄)

C. 대법원 판단 (파기환송)

- 「개인정보보호법」 제59조 제2호 소정의 의무주체인 '개인정보를 처리하거나 처리하였던 자'는 제2조 제5호 소정의 '개인정보처리자' 즉 업무를 목적으로 개인정보파일을 운용하기 위하여 스스로 또는 다른 사람을 통하여 개인정보를 처리하는 공공기관, 법인, 단체 및 개인 등에 한정되지 않고, 업무상 알게 된 '개인정보'를 '처리'하거나 '처리'하였던 자를 포함한다고 보아야 할 것이다.

판례 수사기관에 개인정보 등 자료 제출 행위가 누출에 해당한다고 판단한 사례 | 대법원 2022. 11. 10. 선고 2018도1966 판결

A. 사실 관계

- 피고인이 경찰서에 B조합의 조합장에게 「농업협동조합법」 위반 등의 혐의가 있다고 주장하는 내용의 고발장을 제출하면서 피고인이 위 조합의 경제상무로 근무할 때 확보하여 보관하고 있던 개인정보가 담긴 자료들을 첨부하여 제출함으로써 「개인정보보호법」 제71조 제5호, 제59조 제2호를 위반하여 개인정보를 처리하거나 처리하였던 사람이 업무상 알게 된 개인정보를 누설하였다. (는 것이 공소 요지이다)

B. 대법원 판단 (파기환송)

- 피고인이 고소·고발에 수반하여 이를 알지 못하는 수사기관에 개인정보를 알려 주었다고 하더라도, 그러한 행위를 「개인정보보호법」에 따른 개인정보 '누설'에서 제외할 수는 없다(다만, 피고인의 위 행위가 범죄행위로서 처벌대상이 될 정도의 위법성을 갖추고 있지 않아 위법성이 조각될 수 있는지는 별개의 문제이다).

판례 회사 재직 시 취급하였던 조합원 정보를 지인에게 제공한 행위를 불법 개인 정보 제3자 제공이라고 인정한 사례 | 대법원 2018. 1. 24. 선고 2015도16508 판결

A. 사실 관계

- 피고인 1은 ○○○○택시운송사업조합 총무부장으로 재직하면서 조합원들의 개인정 보를 업무상 취급하였던 사람으로서, 위 조합에서 퇴사하면서 조합원들의 성명, 연령, 차량번호, 휴대전화번호, 주소 등이 기재된 조합원명부 엑셀파일을 피고인의 이메일 편지함으로 옮겨 보관하였다.

  - 피고인 1은 피고인 6의 영업활동(AS 등), 나머지 피고인들의 선거후보 활동 등 목적 의 요청으로 위 보관하던 엑셀파일을 제공하였다.

- 피고인 8은 피고인 2로부터 "피고인 1로부터 조합원명부를 메일로 받은 것이 있는데, 메일로 보내드릴까요"라는 질문을 받고, 피고인 2에게 "처(피고인의 처 공소외 5)에게 메일주소를 알려달라고 하고, 처가 알려주는 메일로 파일을 보내라"는 말을 들었다. 이 에 피고인은 피고인 2로부터 피고인의 처 공소외 5의 이메일 계정으로 조합원명부 엑 셀파일을 전송받았다.

- 피고인들은 피고인 1이 업무상 알게 된 개인정보를 다른 사람에게 이용하도록 제공할 권한이 없음을 알면서도 영리 또는 부정한 목적으로 개인정보를 제공받았다.

B. 원심 판단(대법원 동일 취지 판결)

- (피고인 6) ① 피고인은 △△자동차가 직영으로 운영하는 판매지점의 영업팀장으로 재직하고 있고, AS를 직접 담당하고 있지 않은 점, ② 피고인은 AS를 위하여 조합원들 의 개인정보를 전달받았다고 주장하나, 피고인으로부터 택시를 구입한 조합원들은 피고인이 개인정보를 이미 알고 있었고, 피고인으로부터 택시를 구입하지 않았지만 AS를 부탁한 조합원들에 대해서는 차종 등을 직접 물어볼 수 있었으므로 피고인이 AS 만을 위하여 개인정보를 전달받았다고 보기 어려운 점, ③ 피고인이 먼저 조합원들의 개인정보를 요구하였고, △△자동차를 가지고 있지 않은 조합원들의 개인정보도 모 두 받은 점 등을 종합하여 보면, 피고인은 영리 목적으로 개인정보를 제공받은 사실이 인정된다.

- (피고인 8)「개인정보보호법」은 개인정보를 제공받은 사람이 누구로부터 정보를 제공받았는지 제한하지 않고, 다만 제공받은 사람이 해당 정보가 개인정보를 처리하거나 처리하였던 자가 업무상 알게 된 개인정보를 누설하거나 권한 없이 다른 사람이 사용하도록 제공한 것이라는 사정을 알 것을 요구하고 있을 뿐이다.
  - 따라서 피고인이 개인정보를 처리하였던 피고인 1로부터 직접 개인정보를 제공받지 않았다고 하더라도 피고인 1이 권한 없이 다른 사람에게 제공한 정보라는 사정을 알고 있었던 이상「개인정보보호법」의 구성요건에 해당한다.
- (나머지 피고인) 피고인들은 선거활동 목적 등 피고인 1이 업무상 알게 된 개인정보를 다른 사람에게 이용하도록 제공할 권한이 없음을 알면서도 영리 또는 부정한 목적으로 개인정보를 제공받았다.

4. 민감정보 및 고유식별정보 처리위반죄

민감정보(건강정보 등)와 고유식별정보(여권번호, 자동차면허번호, 외국인등록번호)는 정보주체의 별도의 동의 또는 법령에서 허용하는 경우 외에는 처리할 수 없다.

「개인정보보호법」

제23조(민감정보의 처리 제한) ① 개인정보처리자는 사상·신념, 노동조합·정당의 가입·탈퇴, 정치적 견해, 건강, 성생활 등에 관한 정보, 그 밖에 정보주체의 사생활을 현저히 침해할 우려가 있는 개인정보로서 대통령령으로 정하는 정보(이하 "민감정보"라 한다)를 처리하여서는 아니 된다. 다만, 다음 각 호의 어느 하나에 해당하는 경우*에는 그러하지 아니하다.

1. 정보주체에게 제15조제2항 각 호 또는 제17조제2항 각 호의 사항을 알리고 다른 개인정보의 처리에 대한 동의와 별도로 동의를 받은 경우
2. 법령에서 민감정보의 처리를 요구하거나 허용하는 경우

제24조(고유식별정보의 처리 제한) ① 개인정보처리자는 다음 각 호의 경우*를 제외하고는 법령에 따라 개인을 고유하게 구별하기 위하여 부여된 식별정보로서 대통령령으로 정하는 정보(이하 "고유식별정보"라 한다)를 처리할 수 없다.

  1. 정보주체에게 제15조제2항 각 호 또는 제17조제2항 각 호의 사항을 알리고 다른 개인정보의 처리에 대한 동의와 별도로 동의를 받은 경우

  2. 법령에서 구체적으로 고유식별정보의 처리를 요구하거나 허용하는 경우

제71조(벌칙) 다음 각 호의 어느 하나에 해당하는 자는 5년 이하의 징역 또는 5천만원 이하의 벌금에 처한다.

  4. 제23조제1항(제26조제8항에 따라 준용되는 경우를 포함한다)을 위반하여 민감정보를 처리한 자

  5. 제24조제1항(제26조제8항에 따라 준용되는 경우를 포함한다)을 위반하여 고유식별정보를 처리한 자

  * 주민등록번호의 불법처리에 대해서는 위 규정과 달리 과징금 또는 3천만원이하의 과태료가 부과되므로 형사처벌 근거규정은 없다.

5. 가명정보의 처리위반죄

누구든지 특정개인을 알아보기 위한 목적으로 가명정보를 처리할 수 없다.

「개인정보보호법」

제28조의5(가명정보 처리 시 금지의무 등) ① 누구든지 특정 개인을 알아보기 위한 목적으로 가명정보를 처리해서는 아니 된다.

제71조(벌칙) 다음 각 호의 어느 하나에 해당하는 자는 5년 이하의 징역 또는 5천만원 이하의 벌금에 처한다.

  8. 제28조의5제1항(제26조제8항에 따라 준용되는 경우를 포함한다)을 위반하여 특정 개인을 알아보기 위한 목적으로 가명정보를 처리한 자

III. 「위치정보법」의 개인위치정보 침해 범죄

1. 위치정보 개념
(1) 위치정보의 정의

위치정보란 사람 또는 휴대전화나 네비게이션과 같은 고정되지 않은 '이동성' 있는 물건의 위치에 관한 정보로서 인터넷망과 같은 전기통신회선설비를 통하여 수집되어야 위치정보에 해당한다. 위치정보 중 특정 개인의 위치정보를 알 수 있는 정보를 개인위치정보라고 한다. 「위치정보의 보호 및 이용에 관한 법률」(「위치정보법」)은 아래와 같이 정의하고 있다.

> **「위치정보법」**
>
> **제2조(정의)** 이 법에서 사용하는 용어의 정의는 다음과 같다.
> 1. "위치정보"라 함은 이동성이 있는 물건 또는 개인이 특정한 시간에 존재하거나 존재하였던 장소에 관한 정보로서 「전기통신사업법」 제2조제2호 및 제3호에 따른 전기통신설비 및 전기통신회선설비를 이용하여 수집된 것을 말한다.
> 2. "개인위치정보"라 함은 특정 개인의 위치정보(위치정보만으로는 특정 개인의 위치를 알 수 없는 경우에도 다른 정보와 용이하게 결합하여 특정 개인의 위치를 알 수 있는 것을 포함한다)를 말한다.
> 3. "개인위치정보주체"라 함은 개인위치정보에 의하여 식별되는 자를 말한다.
> ※ "사물위치정보"는 "개인위치정보"가 포함되지 않는 위치정보를 말한다.

이와 같은 위치정보 추적자료는 정보주체인 전기통신가입자가 이동전화 등을 사용하는 때에 필연적으로 생성되는 것으로, 정보주체가 특정한 시간에 존재하거나 존재하였던 장소에 관한 정보를 제공한다.

(2) 위치정보와 개인정보의 특성 비교

위치정보는 일반 개인정보와는 달리 수시로 움직이는 정보이고, 이 정보가 개인과 연결되는 경우에는 곧 개인의 위치추적(사생활 추적)이 가능하여 심각한 인권 침해가 발생할 수 있다.

수사기관의 입장에서 이러한 정보는 개인의 사적 생활의 비밀과 자유에 관한 것이 될 수 있으므로, 수사기관에 제공될 경우 정보주체에 대한 통신의 자유 및 개인정보자기결정권의 침해로 연결될 수 있다.

위치정보와 개인정보의 특성을 비교하면 아래 〈표 24〉와 같이 요약할 수 있다.

〈표 24〉 위치정보와 개인정보의 특성 비교

	정보의 성질	정보의 변동성	유출 시 위험성
위치정보	제작정보	동적(動的) 정보	민감정보
개인정보	고유정보	정적(靜的) 정보	일반정보

① 정보의 성질 측면에서 개인정보는 성명·주민등록번호 등과 같이 이용자 고유의 정보인데 반하여 위치정보는 위치인식장치 내지 설비에 의해서 비로소 만들어지는 정보라는 점에서 정보제작자 및 수집자에 의한 활용 범위가 보다 광범위하다.

② 정보의 변동성 측면에서 보면 개인정보는 정보주체의 고유정보의 특성상 비교적 장시간에 걸쳐 유지되는 정적 정보인 반면, 위치정보는 시간의 경과와 함께 계속적으로 변화하는 동적(動的) 정보로서 시간적으로 과거 - 현재의 정보분석을 통해서 미래의 위치정보까지 예측가능하다는 점에서 간접적인 식별정보로서의 기능을 가진다.

③ 위치정보는 유출되거나 오·남용 시에는 즉시 혹은 장래에 있어서 생명·신체에 대한 물리적 침해의 유발 위험성이 높은 민감정보의 특성을 가지기 때문에 일반적인 개인정보에 비하여 보다 강력한 보호가 필요하다.

〈표 25〉 위치정보 유출 시 위험성

- **침해 즉시성** 위치정보의 수입 및 제공을 통해서 위치정보주체의 현재 위치가 실시간으로 추적 가능하고, 이로 인해 정보주체에 대한 침해가 즉각적으로 발생할 수 있음
- **미래위험 유발가능성** 현재의 위치 뿐만 아니라 특정시간상의 위치 및 이동방향성에 대한 결합과 분석을 통해서 정보주체의 예상경로 및 이동목적지 등 장래의 위치정보까지 유추해내는 것도 가능함
- **생명·신체에 대한 침해가능성** 정보주체를 위험지역에 노출시키거나 인명사고를 유발하는 등 피해자에게 직접적·물리적 위험으로 연결될 수 있음

2. 위치정보 불법 수집, 이용 등 범죄

(1) 불법 수집 등 범죄 개요

누구든지 개인위치정보주체의 동의를 받지 아니하고 해당 개인위치정보를 수집·이용 또는 제공할 수 없다. 즉 타인의 개인위치정보를 수집, 이용 및 제공하기 위해서는 반드시 해당 개인위치정보주체로부터 동의를 받아야 한다. 다만 ① 소방서 등 긴급구조기관[10]과 ② 경찰관서[11] 등의 긴급요청 등 예외를 제외하고는 위치정보주체의 동의 없이 개인위치정보를 처리할 수 없다.[12]

「위치정보법」

제15조(위치정보의 수집 등의 금지) ① 누구든지 개인위치정보주체의 동의를 받지 아니하고 해당 개인위치정보를 수집·이용 또는 제공하여서는 아니 된다. 다만, 다음 각 호의 어느 하나에 해당하는 경우에는 그러하지 아니하다.

---

[10] 「재난 및 안전관리 기본법」 제3조 제7호 "긴급구조기관"이란 소방청·소방본부 및 소방서를 말한다. 다만, 해양에서 발생한 재난의 경우에는 해양경찰청·지방해양경찰청 및 해양경찰서를 말한다.

[11] 경찰관서란 「국가경찰과 자치경찰의 조직 및 운영에 관한 법률」에 따른 경찰청·시·도경찰청·경찰서를 말한다.

[12] 수사기관이 피의자의 위치정보를 추적하기 위해서는 주로 「통신비밀보호법」의 법원 허가 등 절차를 거쳐야 한다(자세한 내용은 제5장 수사기관의 개인정보 등 압수절차 참조).

1. 제29조제1항에 따른 긴급구조기관의 긴급구조요청 또는 같은 조 제7항에 따른 경보발송요청이 있는 경우

2. 제29조제2항에 따른 경찰관서의 요청이 있는 경우

3. 다른 법률에 특별한 규정이 있는 경우

제40조(벌칙) 다음 각 호의 어느 하나에 해당하는 자는 3년 이하의 징역 또는 3천만원 이하의 벌금에 처한다.

4. 제15조제1항을 위반하여 개인위치정보주체의 동의를 받지 아니하고 해당 개인위치정보를 수집·이용 또는 제공한 자

(2) 관련 판례

판례 승용차에 GPS 추적기 이용 위치정보 수집한 행위를 「위치정보법」 위반이라고 인정한 사례 (1) | 대구지방법원 2019. 10. 11. 선고 2019노1352 판결

A. 사실 관계

• 피고인은 2015. 11.경부터 2017. 9.경까지 피해자와 교제하였던 사이로, 피해자로부터 일방적으로 이별 통보를 받자 피해자가 다른 남성을 만난다고 의심하여 피해자의 위치를 추적하였다.

- 피고인은 2017. 12.경 장소를 알 수 없는 곳에서 피해자가 운행하는 i30 승용차의 뒤 범퍼 부분에 피해자의 위치정보를 수집할 수 있는 GPS 단말기를 몰래 부착한 뒤, 그 때부터 2018. 6. 8.경까지 사이에 피고인의 휴대전화에 설치된 위치추적어플을 통하여 위 GPS단말기로 수집한 피해자의 개인위치정보를 수집하였다.

B. 법원 판단

• 누구든지 개인위치정보주체의 동의를 받지 아니하고 해당 개인위치정보를 수집·이용 또는 제공하여서는 아니 된다.

- 그럼에도 위 사실관계와 같이 GPS단말기로 수집한 피해자의 개인위치정보를 수집하였다. 이로써 피고인은 개인위치정보주체인 피해자의 동의를 받지 아니하고 피해자의 개인 위치정보를 수집하였다. (위치정보법을 위반하였다)

• 이러한 행위는 피해자의 사생활의 비밀을 정면으로 침해하는 것이어서 그 책임이 가볍다고 할 수 없다. 피해자는 피고인의 위와 같은 범행으로 인하여 상당한 공포 내지 불안감을 느꼈을 것으로 보인다. 피고인은 명백한 증거에도 불구하고 수사과정에서 원심에 이르기까지 피해자를 탓하면서 범행을 부인하였고, 당심에 이르기까지 피해자로부터 용서받지도 못하였다.

3. 위치정보사업자의 개인위치정보 불법처리죄

위치정보사업자[13]등은 요금정산 등 정당한 사유가 없는 경우를 제외하고 개인위치정보 또는 위치정보 이용·제공사실 확인자료를 목적 외로 이용하거나 제공할 수 없다. 이를 위반하면 5년 이하의 징역 또는 5천만원 이하의 벌금에 처한다. 여기서 위치정보 이용·제공사실 확인자료라 함은 위치정보를 제공받는 자, 취득경로, 이용·제공일시 및 이용·제공방법에 관한 자료(위치정보는 제외한다)를 말한다(「위치정보법」 제2조 제5호).

---

13 '위치정보사업자등'은 위치정보사업자 및 위치기반서비스사업자를 말한다. 위치정보사업이라 함은 위치정보를 수집하여 위치기반서비스사업을 하는 자에게 제공하는 것을 사업으로 영위하는 것을 말한다. 위치기반서비스사업이라 함은 위치정보를 이용한 서비스(이하 "위치기반서비스"라 한다)를 제공하는 것을 사업으로 영위하는 것을 말한다.

제21조(개인위치정보 등의 이용·제공의 제한 등) 위치정보사업자등은 개인위치정보주체의 동의가 있거나 다음 각 호의 어느 하나에 해당하는 경우를 제외하고는 개인위치정보 또는 위치정보 수집·이용·제공사실 확인자료*를 제18조제1항 및 제19조제1항·제2항에 의하여 이용약관에 명시 또는 고지한 범위를 넘어 이용하거나 제3자에게 제공하여서는 아니된다.

1. 위치정보 및 위치기반서비스 등의 제공에 따른 요금정산을 위하여 위치정보 수집·이용·제공사실 확인자료가 필요한 경우
2. 통계작성, 학술연구 또는 시장조사를 위하여 특정 개인을 알아볼 수 없는 형태로 가공하여 제공하는 경우

IV. 「신용정보법」의 개인신용정보 침해 범죄

1. 신용정보 및 개인신용정보의 정의

신용정보란 거래 상대방의 신용을 판단하기 위해 필요한 정보로서 특정 신용정보 주체를 식별할 수 있는 정보, 거래내용, 신용도, 신용거래 능력을 판단할 수 있는 정보 및 이외의 신용정보주체의 신용을 판단할 때 필요한 정보를 말한다. 개인신용정보란 위 신용정보 중에 기업 및 법인에 관한 정보를 제외한 살아있는 개인에 관한 정보로서 특정 개인을 식별할 수 있거나, 해당 정보만으로는 특정 개인을 식별할 수 없더라도 다른 정보와 쉽게 결합하여 특정 개인을 식별할 수 있는 정보를 말한다.

「신용정보법」

제2조(정의) 이 법에서 사용하는 용어의 뜻은 다음과 같다.

1. "신용정보"란 금융거래 등 상거래에서 거래 상대방의 신용을 판단할 때 필요한 정보로서 다음 각 목의 정보를 말한다.

   가. 특정 신용정보주체를 식별할 수 있는 정보(나목부터 마목까지의 어느 하나에 해당하는 정보와 결합되는 경우만 신용정보에 해당한다)

   나. 신용정보주체의 거래내용을 판단할 수 있는 정보

   다. 신용정보주체의 신용도를 판단할 수 있는 정보

   라. 신용정보주체의 신용거래능력을 판단할 수 있는 정보

   마. 가목부터 라목까지의 정보 외에 신용정보주체의 신용을 판단할 때 필요한 정보

   (이하 1의2. ~ 1의6. 생략)

2. "개인신용정보"란 기업 및 법인에 관한 정보를 제외한 살아 있는 개인에 관한 신용정보로서 다음 각 목의 어느 하나에 해당하는 정보를 말한다.

   가. 해당 정보의 성명, 주민등록번호 및 영상 등을 통하여 특정 개인을 알아볼 수 있는 정보

   나. 해당 정보만으로는 특정 개인을 알아볼 수 없더라도 다른 정보와 쉽게 결합하여 특정 개인을 알아볼 수 있는 정보

2. 「신용정보법」의 규제 대상

　「신용정보법」의 주요 규제대상은 '신용정보회사등'이다. 신용정보회사등은 ① 신용정보회사, ② 본인신용정보관리회사, ③ 채권추심회사, ④ 신용정보집중기관 및 ⑤ 신용정보제공·이용자를 말한다. 여기에서 신용정보제공·이용자란 고객과의 금융거래 등 상거래를 위하여 본인의 영업과 관련하여 얻거나 만들어 낸 신용정보를 타인에게 제공하거나 타인으로부터 신용정보를 제공받아 본인의 영업에 이용하는 자(은행 등)와 그 밖에 이에 준하는 자로서 대통령령으로 정하는 자(체신관서, 상호저축은행중앙회 등)를 말한다. 이와 같이 「신용정보법」은 그 대상이 개인이 아니라 주로 신용정보회사등이다.[14]

3. 신용정보·개인 비밀 누설죄

　신용정보회사등과 「신용정보법」 관련 자는 업무 상 알게 된 타인의 신용정보 및 개인비밀을 업무 목적 외로 누설하거나 이용할 수 없다.

> **「신용정보법」**
>
> **제42조(업무 목적 외 누설금지 등)** ① 신용정보회사등과 제17조제2항에 따라 신용정보의 처리를 위탁받은 자의 임직원이거나 임직원이었던 자(이하 "신용정보업관련자"라 한다)는 업무상 알게 된 타인의 신용정보 및 사생활 등 개인적 비밀(이하 "개인비밀"이라 한다)을 업무 목적 외에 누설하거나 이용하여서는 아니 된다.
>
> ② 신용정보회사등과 신용정보업관련자가 이 법에 따라 신용정보회사등에 신용정보를 제공하는 행위는 제1항에 따른 업무 목적 외의 누설이나 이용으로 보지 아니한다.
>
> ③ 제1항을 위반하여 누설된 개인비밀을 취득한 자(그로부터 누설된 개인비밀을 다시 취득한 자를 포함한다)는 그 개인비밀이 제1항을 위반하여 누설된 것임을 알게 된 경우 그 개인비밀을 타인에게 제공하거나 이용하여서는 아니 된다.
>
> ④ 신용정보회사등과 신용정보업관련자로부터 개인신용정보를 제공받은 자는 그 개인신용정보를 타인에게 제공하여서는 아니 된다. 다만, 이 법 또는 다른 법률에 따라 제공이 허용되는 경우에는 그러하지 아니하다.

---

[14] 따라서, 수사기관이 금융기관 등을 대상으로 하는 경우에는 보다 주의깊게 수사를 진행하여야 한다.

제50조(벌칙) ① 제42조제1항 또는 제3항을 위반한 자는 10년 이하의 징역 또는 1억원 이하의 벌금에 처한다.

② 다음 각 호의 어느 하나에 해당하는 자는 5년 이하의 징역 또는 5천만원 이하의 벌금에 처한다.

8. 제42조제4항을 위반한 자

4. 신용정보전산시스템 정보침해죄

누구든지 권한 없이 신용정보전산시스템의 정보를 이용할 수 없게 하거나 권한 없이 신용정보를 검색·복제 등 이용할 수 없다.

제19조(신용정보전산시스템의 안전보호) ① 신용정보회사등*은 신용정보전산시스템(제25조제6항에 따른 신용정보공동전산망을 포함한다. 이하 같다)에 대한 제3자의 불법적인 접근, 입력된 정보의 변경·훼손 및 파괴, 그 밖의 위험에 대하여 대통령령으로 정하는 바에 따라 기술적·물리적·관리적 보안대책을 수립·시행하여야 한다.

제50조(벌칙) ② 다음 각 호의 어느 하나에 해당하는 자는 5년 이하의 징역 또는 5천만원 이하의 벌금에 처한다.

5. 권한 없이 제19조제1항에 따른 신용정보전산시스템의 정보를 변경·삭제하거나 그 밖의 방법으로 이용할 수 없게 한 자 또는 권한 없이 신용정보를 검색·복제하거나 그 밖의 방법으로 이용한 자

5. 개인신용정보 불법이용죄

누구든지 개인신용정보를 신용정보주체의 동의획득, 상거래관계의 설정 및 유지 여부 등을 판단하기 위한 목적 등 법에서 정한 경우 외의 목적으로 이용할 수 없다.

제33조(개인신용정보의 이용) ① 개인신용정보는 다음 각 호의 어느 하나에 해당하는 경우에만 이용하여야 한다.

1. 해당 신용정보주체가 신청한 금융거래 등 <u>상거래관계의 설정 및 유지 여부 등</u>을 판단하기 위한 목적으로 이용하는 경우
2. 제1호의 목적 외의 다른 목적으로 이용하는 것에 대하여 신용정보주체로부터 동의를 받은 경우
3. 개인이 직접 제공한 개인신용정보(그 개인과의 상거래에서 생긴 신용정보를 포함한다)를 제공받은 목적으로 이용하는 경우(상품과 서비스를 소개하거나 그 구매를 권유할 목적으로 이용하는 경우는 제외한다)
4. 제32조제6항 각 호의 경우 (개인신용정보 이용의 예외적 인정)
5. 그 밖에 제1호부터 제4호까지의 규정에 준하는 경우로서 대통령령으로 정하는 경우*

   * 채권추심 목적의 정보제공 등

제50조(벌칙)

② 다음 각 호의 어느 하나에 해당하는 자는 5년 이하의 징역 또는 5천만원 이하의 벌금에 처한다.

7. 제33조(제34조에 따라 준용하는 경우를 포함한다)를 위반한 자

V. 「클라우드컴퓨팅법」의 이용자정보 침해 범죄

1. 「클라우드컴퓨팅법」 개요

「클라우드컴퓨팅 발전 및 이용자 보호에 관한 법률」(「클라우드컴퓨팅법」)(2015. 3.27. 제정, 2015.9.28. 시행)은 제정 당시 클라우드컴퓨팅 산업의 초기단계에 있는 우리나라의 글로벌 경쟁력을 강화하고 국민경제의 발전을 도모하고자, 클라우드컴퓨팅의 발전 및 이용을 촉진하기 위한 각종 시책의 추진 근거를 마련하기 위해 제정되었다. 또한 이용자 보호를 위한 방안을 마련하여 이용자가 클라우드컴퓨팅서비스를 안전하게 이용할 수 있는 환경을 조성하는 내용도 포함하고 있다.

> **참고** 「클라우드컴퓨팅법」의 정의
>
> - "클라우드컴퓨팅"(Cloud Computing)이란 집적·공유된 정보통신기기, 정보통신설비, 소프트웨어 등 정보통신자원(이하 "정보통신자원"이라 한다)을 이용자의 요구나 수요 변화에 따라 정보통신망을 통하여 신축적으로 이용할 수 있도록 하는 정보처리체계를 말한다(제2조 제1호).
> - "클라우드컴퓨팅기술"이란 클라우드컴퓨팅의 구축 및 이용에 관한 정보통신기술로서 가상화 기술, 분산처리 기술 등 대통령령으로 정하는 것을 말한다(제2조 제2호)
>   1. 집적·공유된 정보통신기기, 정보통신설비, 소프트웨어 등 정보통신자원(이하 "정보통신자원"이라 한다)을 가상으로 결합하거나 분할하여 사용하게 하는 기술
>   2. 대량의 정보를 복수의 정보통신자원으로 분산하여 처리하는 기술
>   3. 그 밖에 정보통신자원의 배치와 관리 등을 자동화하는 기술 등 클라우드컴퓨팅의 구축 및 이용에 관한 정보통신자원을 활용하는 기술
> - "클라우드컴퓨팅서비스"란 클라우드컴퓨팅을 활용하여 상용(商用)으로 타인에게 정보통신자원을 제공하는 서비스로서 대통령령으로 정하는 것을 말한다.
>   1. 서버, 저장장치, 네트워크 등을 제공하는 서비스
>   2. 응용프로그램 등 소프트웨어를 제공하는 서비스
>   3. 응용프로그램 등 소프트웨어의 개발·배포·운영·관리 등을 위한 환경을 제공하는 서비스
>   4. 그 밖에 제1호부터 제3호까지의 서비스를 둘 이상 복합하는 서비스

2. 클라우드컴퓨팅서비스제공자등의 이용자정보 침해죄

클라우드컴퓨팅서비스 제공자 및 이 제공자로부터 이용자 정보를 제공받은 제3자는 법원의 제출명령이나 법관이 발부한 영장에 의해서만 이용자정보를 제3자에게 제공하거나 목적 외의 용도로 이용할 수 있다. 여기서 '이용자 정보'란 클라우드컴퓨팅서비스 이용자가 클라우드컴퓨팅서비스를 이용하여 클라우드컴퓨팅서비스 제공자의 정보통신자원에 저장하는 정보로서 이용자가 소유 또는 관리하는 정보를 말한다.

「클라우드컴퓨팅법」

제27조(이용자 정보의 보호) ① 클라우드컴퓨팅서비스 제공자는 법원의 제출명령이나 법관이 발부한 영장에 의하지 아니하고는 이용자의 동의 없이 이용자 정보를 제3자에게 제공하거나 서비스 제공 목적 외의 용도로 이용할 수 없다. 클라우드컴퓨팅서비스 제공자로부터 이용자 정보를 제공받은 제3자도 또한 같다.

이 규정을 위반하여 ① 이용자의 동의 없이 이용자 정보를 이용하거나 제3자에게 제공한 자 및 ② 이용자의 동의 없음을 알면서도 영리 또는 부정한 목적으로 이용자 정보를 제공받은 자는 5년 이하의 징역 또는 5천만원 이하의 벌금에 처한다.

참고문헌

- 강석구·이원상, 「사이버범죄 관련 법령 정비 방안」, 한국형사정책연구원, 2014.
- 강준수, 「뉴로맨서에 나타난 기술공포주의」, 『스토리앤이미지텔링』(12), 건국대학교 스토리앤이미지텔링연구소, 2016.
- 국가수사본부 사이버수사국, 「사이버범죄 트렌드(2023)」, 경찰청, 2023.
- 권영성, 『헌법학원론』, 법문사, 2010.
- 권오걸, 「디지털증거의 개념·특성 및 증거능력의 요건」, 『IT와 법연구』(제5집), 2011.
- 김윤섭·박상용, 「형사증거법상 디지털증거의 증거능력- 증거능력의 선결요건 및 전문법칙의 예외요건을 중심으로」, 『형사정책연구』(26-2), 형사정책연구, 2015.
- 김현귀, 「패킷감청에 대한 위헌심사 –헌재 2018. 8. 30. 2016헌마263 결정을 중심으로」, 『헌법학연구』(제25권 제2호), 2019.
- 김현석·박진주, 「금융회사의 보이스피싱 대응 역할 및 책임에 대한 법적 고찰」, 『은행법연구』(제16권 제2호), 2023.
- 노명선 외 2인, 『디지털포렌식』, 고시계사, 2017.
- 데이비드 월(David Wall), 정태진 역, 『사이버범죄』, 진영사, 2013.
- 박성호, 「사이버공간의 매체적 특성과 사회적 영향에 관한 연구-사이버공간의 자유와 규제를 중심으로」, 『한국방송학보』(17-1), 한국방송학회, 2003.
- 박종혁, 「디지털증거」, 2011.
- 배덕현, 「사이버공간의 정의와 특징-몇가지 사례를 중심으로」, 『문화역사지리』(제27권 제1호), 한국문화역사지리학회, 2016.
- 백원기, 「형사소송법 제308조가 규정하고 있는 자유심증주의의 의미와 그 한계에 관하여」, 『형사법의 신동향』(70), 대검찰청, 2021.
- 사법연수원, 『과학수사론』, 사법연수원, 2015.
- 손지영·김주석, 「디지털증거의 증거능력 판단에 관한 연구」, 『사법정책연구원 연구총서』, 2015.
- 신이철, 「전기통신금융사기에 있어서 접근매체의 유통 등의 규제」, 『법학연구』(통권 제73집), 전북대학교 법학연구소, 2023.
- 이관희·김기범, 「디지털증거의 증거능력 인정요건 재고」, 『디지털포렌식연구』(12-1), 한국디지털포렌식학회, 2018.

- 이광수, 「위법수집증거의 증거능력배제 기준에 관한 고찰」, 『일감법학』(제14호), 건국대학교 법학연구소, 2008.
- 이규호, 『형사소송법상 증명의 기본원칙』, 사법행정, 2019.
- 이범오, 「사이버도박의 주요 유형과 처벌법규 및 대응방안 연구」, 『법이론실무연구』(제8권 제4호), (사단법인) 한국법이론실무학회, 2020.
- 이성대, 「신종 사이버범죄에 대응하기 위한 법제 정비 방안」, 『형사법의 신동향』(통권 제67호), 대검찰청, 2020.
- 이숙연, 「디지털증거 및 그 증거능력과 증거조사방법: 형사절차를 중심으로 한 연구」, 『사법논집』(제53집), 법원도서관, 2011.
- 이숙연, 「디지털증거의 증거능력 동일성 무결성 등의 증거법상 지위 및 개정 형사소송법 제313조와의 관계」, 『저스티스』, 한국법학원, 2017.
- 이승준, 「착오이체된 비트코인의 임의 소비와 배임죄의 성부」, 『저스티스』(통권 제196), 한국법학원, 2023.
- 이재상 외, 『형사소송법』, 박영사, 2023.
- 국회입법조사처, 「보이스피싱 피해구제를 위한 통신사기피해환급법의 최근 개정내용 및 향후 과제」, 『이슈와 논점』(제2119호), 국회입법조사처, 2023.
- 장승혁, 「검찰권의 제한-개정 형사소송법, 검찰청법 및 공수처법에 대한 평가와 향후 과제」, 『형사법연구』(제32권 제2호), 한국형사법학회, 2020.
- 전명길, 「디지털증거의 수집과 증거능력」, 『법학연구』(제41집), 한국법학회, 2011.
- 전지연, 「사이버도박의 형사법적 대응에 관한 연구」, 『원광법학』(제35권 제2호), 원광대학교 법학연구소, 2019.
- 최민준, 「가상화폐의 금전성-대법원 2019도1462 판결(원심 서울중앙지방법원 2018노2816 판결)에 대한 판례 평석」, 『형사법의 신동향』(통권 제72호), 대검찰청, 2021.
- 황석진, 「전기통신금융사기 근절을 위한 고찰-보이스 피싱을 중심으로」, 『경찰학연구』(통권 제65호), 경찰대학 경찰학연구편집위원회, 2021.

사이버범죄 수사론

초판 1쇄 발행 2025년 9월 10일

지은이 강달천
펴낸이 서명진
펴낸곳 밝은서가

출판등록 2022년 10월 4일(제 2022-000113호)
전자우편 editor@balgeunseoga.com
홈페이지 www.balgeunseoga.com

© 강달천, 2025

ISBN 979-11-980574-1-9(93360)